中國飲食文化史　中北地區卷

The History of Chinese Dietetic Culture
Volume of North Middle Region

感　謝

北京稻香村食品有限責任公司對本書出版的支持

中國農業科學院農業信息研究所對本書出版的支持

浙江工商大學暨旅遊學院對本書出版的支持

黑龍江大學歷史文化旅遊學院對本書出版的支持

The History of Chinese Dietetic Culture

飲其流者
懷其源

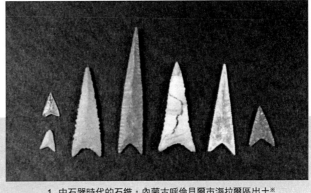

1. 中石器時代的石鏃，內蒙古呼倫貝爾市海拉爾區出土※

2. 遼代三彩鴛鴦壺（內蒙古赤
峰市博物館藏）

3. 遼代綠釉雞冠壺，內
蒙古赤峰地區出土

4. 新石器時代的鱗紋彩陶壺，
內蒙古察哈爾右翼前旗廟子
溝文化遺址出土

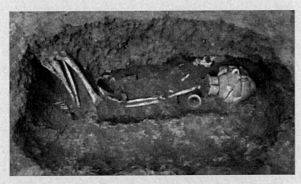

5. 新石器時代——小河沿文化的
隨葬飲食器，見於內蒙古赤峰
元寶山區的哈拉海溝墓地

The History of Chinese Dietetic Culture

※ 編者註：書中圖片來源除有標註者外，其餘均由作者提供。對於作者從網站或其他出版物等途徑獲得的圖
片也做了標註。

2. 東漢樺樹皮壺，內蒙
古滿洲裡市扎賚諾爾
鮮卑墓葬出土

1. 青銅時代——夏家店下層文化
的灰陶鬲，內蒙古敖漢旗夏家
店下層文化遺址出土

3. 北魏狩獵紋銀盤，山西省大同市
封和突墓出土

4. 北魏《狩獵圖》壁畫，發現於內蒙古和林格爾縣雞鳴驛北魏墓葬

5. 魏晉《洗燙家禽圖》磚畫，發現於甘肅省嘉峪關市魏晉時期墓葬

1. 唐代鎏金摩羯紋海棠形銀杯，
內蒙古和林格爾縣出土

2. 遼代《進飲圖》，發現於內蒙古敖漢旗下灣
子五號墓

3. 遼代的牡丹紋銀執壺，內
蒙古赤峰市巴林右旗白音
漢窖藏出土

4. 遼代《西瓜圖》壁畫，發現於內蒙古敖漢旗羊山一號墓

5. 遼代《茶道圖》壁畫，發現於內蒙古敖漢旗羊山一號墓

6. 遼代《進食圖》壁畫，發現於內蒙古巴林左旗滴
水壺遼墓

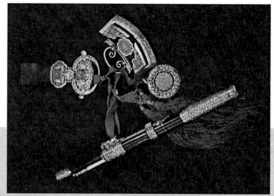

1. 清代龍紋蒙古刀（內蒙
   古博物院院藏）

2. 現代內蒙古地區家庭
   在晾肉乾

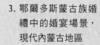

3. 鄂爾多斯蒙古族婚
   禮中的婚宴場景，
   現代內蒙古地區

4. 現代蒙古族牧民轉場的情景

序言

鴻篇巨帙　繼往開來
——《中國飲食文化史》（十卷本）序

中國飲食文化是中國傳統文化的重要組成部分，其內涵博大精深、歷史源遠流長，是中華民族燦爛文明史的生動寫照。她以獨特的生命力佑護著華夏民族的繁衍生息，並以強大的輻射力影響著周邊國家乃至世界的飲食風尚，享有極高的世界聲譽。

中國飲食文化是一種廣視野、深層次、多角度、高品位的地域文化，她以農耕文化為基礎，輔之以漁獵及畜牧文化，傳承了中國五千年的飲食文明，為中華民族鑄就了一部輝煌的文化史。

但長期以來，中國飲食文化的研究相對滯後，在國際的學術研究領域沒有占領制高點。一是研究隊伍不夠強大，二是學術成果不夠豐碩，尤其缺少全面而系統的大型原創專著，實乃學界的一大憾事。正是在這樣困頓的情勢下，國內學者勵精圖治、奮起直追，發憤用自己的筆撰寫出一部中華民族的飲食文化史。中國輕工業出版社與撰寫本書的專家學者攜手二十餘載，潛心勞作，殫精竭慮，終至完成了這一套數百萬字的大型學術專著——《中國飲食文化史》（十卷本），是一件了不起的事情！

《中國飲食文化史》（十卷本）一書，時空跨度廣遠，全書自史前始，一直敘述至現當代，橫跨時空百萬年。全書著重敘述了原始農業和畜牧業出現至今的一萬年左右華夏民族飲食文化的演變，充分展示了中國飲食文化是地域文化這一理論學說。

該書將中國飲食文化劃分為黃河中游、黃河下游、長江中游、長江下游、東

南、西南、東北、西北、中北、京津等十個子文化區域進行相對獨立的研究。各區域單獨成卷，每卷各章節又按斷代劃分，分代敘述，形成了縱橫分明的脈絡。

全書內容廣泛，資料翔實。每個分卷涵蓋的主要內容包括：地緣、生態、物產、氣候、土地、水源；民族與人口；食政食法、食禮食俗、飲食結構及形成的原因；食物原料種類、分布、加工利用；烹飪技術、器具、文獻典籍、文化藝術等。可以說每一卷都是一部區域飲食文化通史，彰顯出中國飲食文化典型的區域特色。

中國飲食文化學是一門新興的綜合學科，它涉及歷史學、民族學、民俗學、人類學、文化學、烹飪學、考古學、文獻學、食品科技史、中國農業史、中國文化交流史、邊疆史地、地理經濟學、經濟與商業史等學科。多學科的綜合支撐及合理分布，使本書具有頗高的學術含量，也為學科理論建設提供了基礎藍本。

中國飲食文化的產生，源於中國厚重的農耕文化，兼及畜牧與漁獵文化。古語有云：「民以食為天，食以農為本」，清晰地說明了中華飲食文化與中華農耕文化之間不可分割的緊密聯繫，並由此生發出一系列的人文思想，這些人文思想一以貫之地體現在人們的社會活動中。包括：

「五穀為養，五菜為助，五畜為益，五果為充」的飲食結構。這種良好飲食結構的提出，是自兩千多年前的《黃帝內經》始，至今看來還是非常科學的。中國地域廣袤，食物原料多樣，江南地區的「飯稻羹魚」、草原民族的「食肉飲酪」，從而形成中華民族豐富、健康的飲食結構。

「醫食同源」的養生思想。中華民族自古以來並非代代豐衣足食，歷代不乏災荒饑饉，先民歷經了「神農嚐百草」以擴大食物來源的艱苦探索過程，千百年來總結出「醫食同源」的寶貴思想。在西方現代醫學進入中國大地之前的數千年，「醫食同源」的養生思想一直護佑著炎黃子孫的健康繁衍生息。

「天人合一」的生態觀。農耕文化以及漁獵、畜牧文化，都是人與自然間最和諧的文化，在廣袤大地上繁衍生息的中華民族，篤信人與自然是合為一體的，人類的所衣所食，皆來自於大自然的饋贈，因此先民世世代代敬畏自然，愛護生態，尊重生命，重天時，守農時，創造了農家獨有的二十四節氣及節令食俗，「循天道行人事」。這種寶貴的生態觀當引起當代人的反思。

「尚和」的人文情懷。農耕文明本質上是一種善的文明。主張和諧和睦、勤勞耕作、勤和為人，崇尚以和為貴、包容寬仁、質樸淳和的人際關係。中國飲食講

究的「五味調和」也正是這種「尚和」的人文情懷在烹飪技術層面的體現。縱觀中國飲食文化的社會功能，更是對「尚和」精神的極致表達。

「尊老」的人倫傳統。在傳統的農耕文明中，老人是農耕經驗的積累者，是向子孫後代傳承農耕技術與經驗的傳遞者，因此一直受到家庭和社會的尊重。中華民族尊老的傳統是農耕文化的結晶，也是農耕文化得以久遠傳承的社會行為保障。

《中國飲食文化史》（十卷本）的研究方法科學、縝密。作者以大歷史觀、大文化觀統領全局，較好地利用了歷史文獻資料、考古發掘研究成果、民俗民族資料，同時也有效地利用了人類學、文化學及模擬試驗等多種有效的研究方法與手段。對區域文明肇始、族群結構、民族遷徙、人口繁衍、資源開發、生態制約與變異、水源利用、生態保護、食物原料貯存與食品保鮮防腐等一系列相關問題都予以了充分表述，並提出一系列獨到的學術觀點。

如該書提出中國在漢代就已掌握了麵食的發酵技術，從而把這一科技界的定論向前推進了一千年（科技界傳統說法是在宋代）；又如，對黃河流域土地承載力遞減而導致社會政治文化中心逐流而下的分析；對草地民族因食料制約而頻頻南下的原因分析；對生態結構發生變化的深層原因討論；對《齊民要術》《農政全書》《飲膳正要》《天工開物》等經典文獻的識讀解析；以及對筷子的出現及歷史演變的論述等。該書還清晰而準確地敘述了既往研究者已經關注的許多方面的問題，比如農產品加工技術與食品形態問題、關於農作物及畜類的馴化與分布傳播等問題，這些一向是農業史、交流史等學科比較關注而又疑難點較多的領域，該書對此亦有相當的關注與精到的論述。體現出整個作者群體較強的科研能力及科研水平，從而鑄就了這部填補學術空白、出版空白的學術著作，可謂是近年來不可多得的精品力作。

本書是填補空白的原創之作，這也正是它的難度之所在。作者的寫作並無前人成熟的資料可資借鑑，可以想見，作者須進行大量的文獻爬梳整理、甄選淘漉，閱讀量浩繁，其寫作難度絕非一般。在拼湊摘抄、扒網拼盤已成為當今學界一大痼疾的今天，這部原創之作益發顯得可貴。

一套優秀書籍的出版，最少不了的是出版社編輯們默默無聞但又艱辛異常的付出。中國輕工業出版社以文化堅守的高度責任心，苦苦堅守了二十年，為出版這套不能靠市場獲得收益、然而又是填補空白的大型學術著作嘔心瀝血。進入編輯階段以後，編輯部嚴苛細緻，務求嚴謹，精心提煉學術觀點，一遍遍打磨稿

件。對稿件進行字斟句酌的精心加工，並啟動了高規格的審稿程序，如，他們聘請國內頂級的古籍專家對書中所有的古籍以善本為據進行了逐字逐句的核對，並延請史學專家、民族宗教專家、民俗專家等進行多輪審稿，全面把關，還對全書內容做了二十餘項的專項檢查，翦除掉書稿中的許多瑕疵。他們不因卷帙浩繁而存絲毫懈怠之念，日以繼夜，忘我躬耕，使得全書體現出了高質量、高水準的精品風範。在當前浮躁的社會風氣下，能堅守這種職業情操實屬不易！

本書還在高端學術著作科普化方面做出了有益的嘗試，如對書中的生僻字進行注音，對專有名詞進行注釋，對古籍文獻進行串講，對正文配發了許多圖片等。凡此種種，旨在使學術著作更具通俗性、趣味性和可讀性，使一些優秀的學術思想能以通俗化的形式得到展現，從而擴大閱讀的人群，傳播優秀文化，這種努力值得稱道。

這套學術專著是一部具有劃時代意義的鴻篇巨帙，它的出版，填補了中國飲食文化無大型史著的空白，開啟了中國飲食文化研究的新篇章，功在當代，惠及後人。它的出版，是中國學者做的一件與大國地位相稱的大事，是中國對世界文明的一種國際擔當，彰顯了中國文化的軟實力。它的出版，是中華民族五千年飲食文化與改革開放三十多年來最新科研成果的一次大梳理、大總結，是樹得起、站得住的歷史性文化工程，對傳播、振興民族文化，對中國飲食文化學者在國際學術領域重新建立領先地位，將起到重要的推動作用。

作為一名長期從事農業科技文化研究的工作者，對於這部大型學術專著的出版，我感到由衷的欣喜。願《中國飲食文化史》（十卷本）能夠繼往開來，為中國飲食文化的發揚光大，為中國飲食文化學這一學科的崛起做出重大貢獻。

盧良恕

二〇一三年七月

序言

一部填補空白的大書
——《中國飲食文化史》（十卷本）序

　　中國輕工業出版社通過我在中國社會科學院歷史研究所的老同事，送來即將出版的《中國飲食文化史》（十卷本）樣稿，厚厚的一大疊。我仔細披閱之下，心中深深感到驚奇。因為在我的記憶範圍裡，已經有好多年沒有見過系統論述中國飲食文化的學術著作了，況且是由全國眾多專家學者合力完成的一部十卷本長達數百萬字的大書。

　　正如不久前上映的著名電視片《舌尖上的中國》所體現的，中國的飲食文化是悠久而輝煌的中國傳統文化的一個重要組成部分。中國的飲食文化非常發達，在世界上享有崇高的聲譽，然而，或許是受長時期流行的一些偏見的影響，學術界對飲食文化的研究卻十分稀少，值得提到的是國外出版的一些作品。記得二十世紀七〇年代末，我在美國哈佛大學見到張光直先生，他給了我一本剛出版的《中國文化中的食品》（英文），是他主編的美國學者寫的論文集。在日本，則有中山時子教授主編的《中國食文化事典》，其內的「文化篇」曾於一九九二年中譯出版，題目就叫《中國飲食文化》。至於國內學者的專著，我記得的只有上海人民出版社《中國文化史叢書》裡面有林乃燊教授的一本，題目也是《中國飲食文化》，也印行於一九九二年，其書可謂有篳路藍縷之功，只是比較簡略，許多問題未能展開。

　　由趙榮光教授主編、由中國輕工業出版社出版的這部十卷本《中國飲食文化史》規模宏大，內容充實，在許多方面都具有創新意義，從這一點來說，確實是前所未有的。講到這部巨著的特色，我個人意見是不是可以舉出下列幾點：

首先，當然是像書中所標舉的，是充分運用了區域研究的方法。我們中國從來是一個多民族、多地區的國家，五千年的文明歷史是各地區、各民族共同締造的。這種多元一體的文化觀，自「改革開放」以來，已經在歷史學、考古學等領域起了很大的促進作用。《中國飲食文化史》（十卷本）的編寫，貫徹「飲食文化是區域文化」的觀點，把全國劃分為十個文化區域，即黃河中游、黃河下游、長江中游、長江下游、東南、西南、東北、西北、中北和京津，各立一卷。每一卷都可視為區域性的通史，各卷間又互相配合關聯，形成立體結構，便於全面展示中國飲食文化的多彩面貌。

　　其次，是盡可能地發揮了多學科結合的優勢。中國飲食文化的研究，本來與歷史學、考古學及科技史、美術史、民族史、中外關係史等學科都有相當密切的聯繫。《中國飲食文化史》（十卷本）一書的編寫，努力吸取諸多有關學科的資料和成果，這就擴大了研究的視野，提高了工作的質量。例如在參考文物考古的新發現這一方面，書中就表現得比較突出。

　　第三，是將各歷史時期飲食文化的演變過程與當時社會總的發展聯繫起來去考察。大家知道，把研究對象放到整個歷史的大背景中去分析估量，本來是歷史研究的基本要求，對於飲食文化研究自然也不例外。

　　第四，也許是最值得注意的一點，就是這部書把飲食文化的探索提升到理論思想的高度。《中國飲食文化史》（十卷本）一開始就強調「全書貫穿一條鮮明的人文思想主線」，實際上至少包括了這樣一系列觀點，都是從遠古到現代飲食文化的發展趨向中歸結出來的：

　　一、五穀為主兼及其他的飲食結構；

　　二、「醫食同源」的保健養生思想；

　　三、尚「和」的人文觀念；

　　四、「天人合一」的生態觀；

　　五、「尊老」的傳統。

　　這樣，這部《中國飲食文化史》（十卷本）便不同於技術層面的「中國飲食史」，而是富於思想內涵的「中國飲食文化史」了。

　　據了解，這部《中國飲食文化史》（十卷本）的出版，經歷了不少坎坷曲折，前後過程竟長達二十餘年。其間做了多次反覆的修改。為了保證質量，中國輕工業出版社邀請過不少領域的專家閱看審查。現在這部大書即將印行，相信會得到

有關學術界和社會讀者的好評。我對所有參加此書工作的各位專家學者以及中國輕工業出版社同仁能夠如此鍥而不捨深表敬意，希望在飲食文化研究方面能再取得更新更大的成績。

李學勤

二〇一三年九月

於北京清華大學寓所

前言

「飲食文化圈」理論認知中華飲食史的嘗試
——中國飲食文化區域性特徵

很長時間以來，本人一直希望海內同道聯袂在食學文獻梳理和「飲食文化區域史」「飲食文化專題史」兩大專項選題研究方面的協作，冀其為原始農業、畜牧業以來的中華民族食生產、食生活的文明做一初步的瞰窺勾測，從而為更理性、更深化的研究，為中華食學的堅實確立準備必要的基礎。為此，本人做了一系列先期努力。一九九一年北京召開了「首屆中國飲食文化國際學術研討會」，自此，也開始了迄今為止歷時二十年之久的該套叢書出版的艱苦歷程。其間，本人備嘗了時下中國學術堅持的艱難與苦澀，所幸的是，《中國飲食文化史》（十卷本）終於要出版了，作為主編此時真是悲喜莫名。

將人類的食生產、食生活活動置於特定的自然生態與歷史文化系統中審視認知並予以概括表述，是三十多年前本人投諸飲食史、飲食文化領域研習思考伊始所依循的基本方法。這讓我逐漸明確了「飲食文化圈」的理論思維。中國學人對民眾食事文化的關注淵源可謂久遠。在漫長的民族飲食生活史上，這種關注長期依附於本草學、農學而存在，因而形成了中華飲食文化的傳統特色與歷史特徵。初刊於一七九二年的《隨園食單》可以視為這種依附傳統文化轉折的歷史性標誌。著者中國古代食聖袁枚「平生品味似評詩」，潛心戮力半世紀，以開創、標立食學深自期許，然限於歷史時代侷限，終未遂其所願——抱定「皓首窮經」「經國濟世」之理念建立食學，使其成為傳統士子麇集的學林。

食學是研究不同時期、各種文化背景下的人群食事事象、行為、性質及其規律的一門綜合性學問。中國大陸食學研究熱潮的興起，文化運氣系接海外學界之

後，二十世紀中葉以來，日、韓、美、歐以及港、臺地區學者批量成果的發表，蔚成了中華食文化研究熱之初潮。社會飲食文化的一個最易為人感知之處，就是都會餐飲業，而其衰旺與否的最終決定因素則是大眾的消費能力與方式。正是餐飲業的持續繁榮和大眾飲食生活水準的整體提高，給了中國大陸食學研究以不懈的助動力。在中國飲食文化熱持續至今的三十多年中，經歷了「熱學」「顯學」兩個階段，而今則處於「食學」漸趨成熟階段。以國人為主體的諸多富有創見性的文著累積，是其漸趨成熟的重要標誌。

人類文化是生態環境的產物，自然環境則是人類生存發展依憑的文化史劇的舞台。文化區域性是一個歷史範疇，一種文化傳統在一定地域內沉澱、累積和承續，便會出現不同的發展形態和高低不同的發展水平，因地而宜，異地不同。飲食文化的存在與發展，主要取決於自然生態環境與文化生態環境兩大系統的因素。就物質層面說，如俗語所說：「一方水土養一方人」，其結果自然是「一方水土一方人」，飲食與飲食文化對自然因素的依賴是不言而喻的。早在距今一萬至六千年，中國便形成了以粟、菽、麥等「五穀」為主要食物原料的黃河流域飲食文化區、以稻為主要食物原料的長江流域飲食文化區、以肉酪為主要食物原料的中北草原地帶的畜牧與狩獵飲食文化區這不同風格的三大飲食文化區域類型。其後西元前二世紀，司馬遷曾按西漢帝國版圖內的物產與人民生活習性作了地域性的表述。山西、山東、江南（彭城以東，與越、楚兩部）、龍門碣石北、關中、巴蜀等地區因自然生態地理的差異而決定了時人公認的食生產、食生活、食文化的區位性差異，與史前形成的中國飲食文化的區位格局相較，已經有了很大的發展變化。而後再歷二十多個世紀至十九世紀末，在今天的中國版圖內，存在著東北、中北、京津、黃河下游、黃河中游、西北、長江下游、長江中游、西南、青藏高原、東南十一個結構性子屬飲食文化區。再以後至今的一個多世紀，儘管食文化基本區位格局依在，但區位飲食文化的諸多結構因素卻處於大變化之中，變化的速度、廣度和深度，都是既往歷史上不可同日而語的。生產力的結構性變化和空前發展；食生產工具與方式的進步；信息傳遞與交通的便利；經濟與商業的發展；人口大規模的持續性流動與城市化進程的快速發展；思想與觀念的更新進化等，這一切都大大超越了食文化物質交換補益的層面，而具有更深刻、更重大的意義。

各飲食文化區位文化形態的發生、發展都是一個動態的歷史過程，「不變中有

變、變中有不變」是飲食文化演變規律的基本特徵。而在封閉的自然經濟狀態下，「靠山吃山靠水吃水」的飲食文化存在方式，是明顯「滯進」和具有「惰性」的。所謂「滯進」和「惰性」是指：在決定傳統餐桌的一切要素幾乎都是在年復一年簡單重複的歷史情態下，飲食文化的演進速度是十分緩慢的，人們的食生活是因循保守的，「周而復始」一詞正是對這種形態的概括。人類的飲食生活對於生息地產原料並因之決定的加工、進食的地域環境有著很強的依賴性，我們稱之為「自然生態與文化生態環境約定性」。生態環境一般呈現為相當長歷史時間內的相對穩定性，食生產方式的改變，一般也要經過很長的歷史時間才能完成。而在「雞犬之聲相聞，民至老死不相往來」的相當封閉隔絕的中世紀，各封閉區域內的人們是高度安適於既有的一切的。一般來說，一個民族或某一聚合人群的飲食文化，都有著較為穩固的空間屬性或區位地域的植根性、依附性，因此各區位地域之間便存在著各自空間環境下和不同時間序列上的差異性與相對獨立性。而從飲食生活的動態與飲食文化流動的屬性觀察，則可以說世界上絕大多數民族（或聚合人群）的飲食文化都是處於內部或外部多元、多渠道、多層面的、持續不斷的傳播、滲透、吸收、整合、流變之中。中華民族共同體今天的飲食文化形態，就是這樣形成的。

隨著各民族人口不停地移動或遷徙，一些民族在生存空間上的交叉存在、相互影響（這種狀態和影響自古至今一般呈不斷加速的趨勢），飲食文化的一些早期民族特徵逐漸地表現為區位地域的共同特徵。迄今為止，由於自然生態和經濟地理等諸多因素的決定作用，中國人主副食主要原料的分布，基本上還是在漫長歷史過程中逐漸形成的基本格局。宋應星在談到中國歷史上的「北麥南稻」之說時還認為：「四海之內，燕、秦、晉、豫、齊、魯諸蒸民粒食，小麥居半，而黍、稷、稻、粱僅居半。西極川、雲，東至閩、浙、吳楚腹焉……種小麥者二十分而一……種餘麥者五十分而一，閭閻作苦以充朝膳，而貴介不與焉。」這至少反映了宋明時期麥屬作物分布的大勢。直到今天，東北、華北、西北地區仍是小麥的主要產區，青藏高原是大麥（青稞）及小麥的產區，黑麥、燕麥、蕎麥、葆麥等雜麥也主要分布於這些地區。這些地區除麥屬作物之外，主食原料還有粟、秫、玉米、稷等「雜糧」。而長江流域及以南的平原、盆地和壩區廣大地區，則自古至今都是以稻作物為主，其山區則主要種植玉米、粟、蕎麥、紅薯、小麥、大麥、旱稻等。應當看到，糧食作物今天的品種分布狀態，本身就是不斷演變的歷史性結

果，而這種演變無論表現出怎樣的相對穩定性，它都不可能是最終格局，還將持續地演變下去。

歷史上各民族間飲食文化的交流，除了零星漸進、潛移默化的和平方式之外，在災變、動亂、戰爭等特殊情況下，出現短期內大批移民的方式也具有特別的意義。其間，由物種傳播而引起的食生產格局與食生活方式的改變，尤具重要意義。物種傳播有時並不依循近鄰滋蔓的一般原則，伴隨人們遠距離跋涉的活動，這種傳播往往以跨越地理間隔的童話般方式實現。原產美洲的許多物種集中在明代中葉聯袂登陸中國就是典型的例證。玉米、紅薯自明代中葉以後相繼引入中國，因其高產且對土壤適應性強，於是長江以南廣大山區，魯、晉、豫、陝等大片久耕密植的貧瘠之地便很快迭相效應，迅速推廣開來。山區的瘠地需要玉米、紅薯這樣的耐瘠抗旱作物，傳統農業的平原地區因其地力貧乏和人口稠密，更需要這種耐瘠抗旱而又高產的作物，這就是各民族民眾率相接受玉米、紅薯的根本原因。這一「根本原因」甚至一直深深影響到二十世紀八〇年代以前。中國大陸長期以來一直以提高糧食畝產、單產為壓倒一切的農業生產政策，南方水稻、北方玉米，幾乎成了各級政府限定的大田品種種植的基本模式。

嚴格說來，很少有哪些飲食文化區域是完全不受任何外來因素影響的純粹本土的單質文化。也就是說，每一個飲食文化區域都是或多或少、或顯或隱地包融有異質文化的歷史存在。中華民族飲食文化圈內部，自古以來都是域內各子屬文化區位之間互相通融補益的。而中華民族飲食文化圈的歷史和當今形態，也是不斷吸納外域飲食文化更新進步的結果。一九八二年筆者在新疆歷時半個多月的一次深度考察活動結束之後，曾有一首詩：「海內神廚濟如雲，東西甘脆皆與聞。野駝渾烹標青史，肥羊串炙喜今人。乳酒清洌爽筋骨，奶茶濃郁尤益神。朴勞納仁稱異饌，金特克缺愧寡聞。胡餅西肺欣再睹，葡萄密瓜連筵陳。四千文明源泉水，雲裡白毛無銷痕。晨鐘傳於二三聲，青眼另看大宛人。」詩中所敘的是維吾爾、哈薩克、柯爾克孜、烏孜別克、塔吉克、塔塔爾等少數民族的部分風味食品，反映了西北地區多民族的獨特飲食風情。中國有十個少數民族信仰伊斯蘭教，他們主要或部分居住在西北地區。因此，伊斯蘭食俗是西北地區最具代表性的飲食文化特徵。而西北地區，眾所周知，自漢代以來直至西元七世紀一直是佛教文化的世界。正是來自阿拉伯地區的影響，使佛教文化在這裡幾乎消失殆盡了。當然，西北地區還有漢、蒙古、錫伯、達斡爾、滿、俄羅斯等民族成分。西

北多民族共聚的事實，就是歷史文化大融匯的結果，這一點，同樣是西北地區飲食文化獨特性的又一鮮明之處。作為通往中亞的必由之路，舉世聞名的絲綢之路的幾條路線都經過這裡。東西交會，絲綢之路飲食文化是該地區的又一獨特之處。中華飲食文化通過絲綢之路吸納域外文化因素，確切的文字記載始自漢代。張騫（？-前114年）於漢武帝建元三年（西元前138年）、元狩四年（西元前119年）的兩次出使西域，使內地與今天的新疆及中亞的文化、經濟交流進入到了一個全新的歷史階段。葡萄、苜蓿、胡麻、胡瓜、蠶豆、核桃、石榴、胡蘿蔔、蔥、蒜等菜蔬瓜果隨之來到了中國，同時進入的還有植瓜、種樹、屠宰、截馬等技術。其後，西漢軍隊為能在西域伊吾長久駐紮，便將中原的挖井技術，尤其是河西走廊等地的坎兒井技術引進了西域，促進了灌溉農業的發展。

至少自有確切的文字記載以來，中華版圖內外的食事交流就一直沒有間斷過，並且呈與時俱進、逐漸頻繁深入的趨勢。漢代時就已經成為黃河流域中原地區的一些主食品種，例如餛飩、包子（籠上牢丸）、餃子（湯中牢丸）、麵條（湯餅）、饅首（有餡與無餡）、餅等，到了唐代時已經成了地無南北東西之分，民族成分無分的、隨處可見的、到處皆食的大眾食品了。今天，在中國大陸的任何一個中等以上的城市，幾乎都能見到以各地區風味或少數民族風情為特色的餐館。而隨著人們消費能力的提高和消費觀念的改變，到異地旅行，感受包括食物與飲食風情在內的異地文化已逐漸成了一種新潮，這正是各地域間食文化交流的新時代特徵。這其中，科技的力量和由科技決定的經濟力量，比單純的文化力量要大得多。事實上，科技往往是文化流變的支配因素。比如，以筷子為食具的箸文化，其起源已有不下六千年的歷史，漢以後逐漸成為漢民族食文化的主要標誌之一；明清時期已普及到絕大多數少數民族地區。而現代化的科技烹調手段則能以很快的速度為各族人民所接受。如電飯煲、微波爐、電烤箱、電冰箱、電熱炊具或氣體燃料新式炊具、排煙具等幾乎在一切可能的地方都能見到。真空包裝食品、方便食品等現代化食品、食料更是無所不至。

黑格爾說過一句至理名言：「方法是決定一切的」。筆者以為，飲食文化區位性認識的具體方法儘管可能很多，儘管研究方法會因人而異，但方法論的原則卻不能不有所規範和遵循。

首先，應當是歷史事實的真實再現，即通過文獻研究、田野與民俗考察、數學與統計學、模擬重複等方法，去盡可能摹繪出曾經存在過的飲食歷史文化構

件、結構、形態、運動。區位性研究，本身就是要在某一具體歷史空間的平臺上，重現其曾經存在過的構建，如同考古學在遺址上的工作一樣，它是具體的，有限定的。這就要求我們對於資料的篩選必須把握客觀、真實、典型的原則，絕不允許研究者的個人好惡影響原始資料的取捨剪裁，客觀、公正是絕對的原則。

其次，是把飲食文化區位中的具體文化事象視為該文化系統中的有機構成來認識，而不是將其孤立於整體系統之外釋讀。割裂、孤立、片面和絕對地認識某一歷史文化，只能遠離事物的本來面目，結論也是不足取的。文化承載者是有思想的、有感情的活生生的社會群體，我們能夠憑藉的任何飲食文化遺存，都曾經是生存著的社會群體的食生產、食生活活動事象的反映，因此要把資料置於相關的結構關係中去解讀，而非孤立地認斷。在歷史領域裡，有時相近甚至相同的文字符號，卻往往反映不同的文化意義，即不同時代、不同條件下的不同信息也可能由同一文字符號來表述；同樣的道理，表面不同的文字符號也可能反映同一或相近的文化內涵。也就是說，我們在使用不同歷史時期各類著述者留下來的文獻時，不能只簡單地停留在文字符號的表面，而應當準確透析識讀，既要盡可能地多參考前人和他人的研究成果，還要考慮到流傳文集記載的版本等因素。

再次，飲食文化的民族性問題。如果說飲食文化的區域性主要取決於區域的自然生態環境因素的話，那麼民族性則多是由文化生態環境因素決定的。而文化生態環境中的最主要因素，應當是生產力。一定的生產力水平與科技程度，是文化生態環境時代特徵中具有決定意義的因素。《詩經》時代黃河流域的漬菹，本來是出於保藏的目的，而後成為特別加工的風味食品。今日東北地區的酸菜、四川的泡菜，甚至朝鮮半島的柯伊姆奇（泡菜）應當都是其餘韻。今日西南許多少數民族的粑粑、餌塊以及東北朝鮮族的打糕等蒸舂的稻穀粉食，是古時杵臼搗制餈餌的流風。蒙古族等草原文化帶上的一些少數民族的手扒肉，無疑是草原放牧生產與生活條件下最簡捷便易的方法，而今竟成草原情調的民族獨特食品。同樣，西南、華中、東南地區許多少數民族習尚的熏臘食品、酸酵食品等，也主要是由於貯存、保藏的需要而形成的風味食品。這也與東北地區人們冬天用雪埋、冰覆，或潑水掛臘（在肉等食料外潑水結成一層冰衣保護）的道理一樣。以至北方冬天吃的凍豆腐，也竟成為一種風味獨特的食料。因為歷史上人們沒有更好的保藏食品的方法。因此可以說，飲食文化的民族性，既是地域自然生態環境因素決定的，也是文化生態因素決定的，因此也是一定生產力水平所決定的。

又次，端正研究心態，在當前中華飲食文化中具有特別重要的意義。冷靜公正、實事求是，是任何學科學術研究的絕對原則。學術與科學研究不同於男女談戀愛和市場交易，它否定研究者個人好惡的感情傾向和局部利益原則，要熱情更要冷靜和理智；反對偏私，堅持公正；「實事求是」是唯一可行的方法論原則。

多年前北京釣魚台國賓館的一次全國性飲食文化會議上，筆者曾強調食學研究應當基於「十三億人口，五千年文明」的「大眾餐桌」基本理念與原則。我們將《中國飲食文化史》（十卷本）的付梓理解為「飲食文化圈」理論的認知與嘗試，不是初步總結，也不是什麼了不起的成就。

儘管飲食文化研究的「圈論」早已經為海內外食學界熟知並逐漸認同，十年前《中國國家地理雜誌》以我提出的「舌尖上的秧歌」為封面標題出了「圈論」專號，次年CCTV-10頻道同樣以我建議的「味蕾的故鄉」為題拍攝了十集區域飲食文化節目，不久前一位歐洲的博士學位論文還在引用和研究。這一切也還都是嘗試。

《中國飲食文化史》（十卷本）工程迄今，出版過程歷經周折，與事同道幾易其人，作古者凡幾，思之唏噓。期間出於出版費用的考慮，作為主編決定撤下叢書核心卷的本人《中國飲食文化》一冊，儘管這是當時本人所在的杭州商學院與旅遊學院出資支持出版的前提。雖然，現在「杭州商學院」與「旅遊學院」這兩個名稱都已經不復存在了，但《中國飲食文化史》（十卷本）畢竟得以付梓。是為記。

趙榮光

夏曆癸巳年初春，西元二〇一三年三月
杭州西湖誠公齋書寓

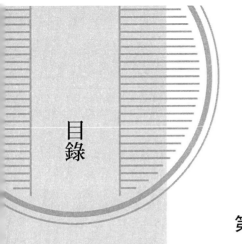

目
錄

Contents

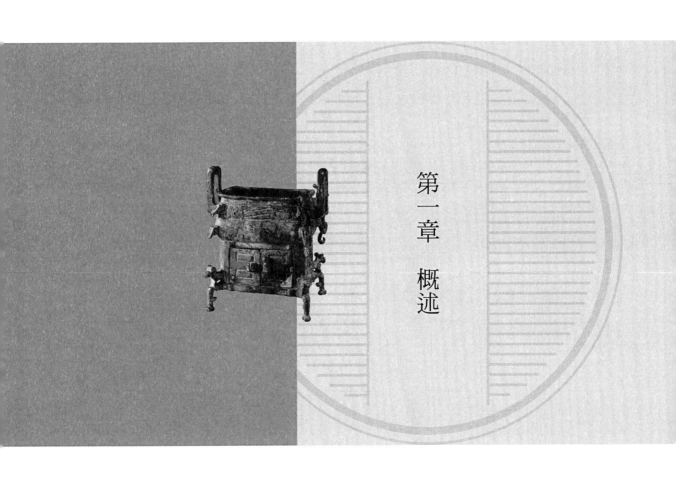

第一章　概述

中北地區的飲食文化在形成與發展過程中，與東北、西北、黃河流域、長江流域、西南、華南等地區的飲食文化共存並行。特別是與東北地區、西北地區、黃河流域地區的飲食文化相互影響、相互補充，共同締造了中華民族傳統的飲食文化。

一、中北飲食文化區的界定與歷史分期

❶ · 中北飲食文化區的界定

談到飲食文化區的界定，必然涉及文化人類學中關於文化區或文化圈的概念。德國傳播學派的代表人弗羅貝紐斯（Leo Frobenius）在《非洲文化起源》中，明確將剛果河流域、下幾內亞河和上幾內亞河沿岸劃分為「西非文化圈」，這是在學術界第一次提出文化圈的概念。國內學術界對飲食文化區的劃分，在浙江工商大學教授趙榮光著的《飲食文化概論》中首次專章論述。以前只是有人對各地的菜系進行劃分，有六系說、八系說、十二系說等，沒有以飲食文化區的概念對中國的飲食文化予以劃分。書中認為：「經過漫長歷史過程的發生、發展、整合的不斷運動，中國域內大致形成了東北飲食文化區、京津飲食文化區、黃河中游飲食文化區、黃河下游飲食文化區、長江中游飲食文化區、長江下游飲食文化區、中北飲食文化區、西北飲食文化區、西南飲食文化區、東南飲食文化區、青藏高原飲食文化區、素食文化區。」[1]※這一對中國飲食文化區劃分的觀點，基本上為學術界所接受。

根據趙榮光教授劃分的中國飲食文化區的理論，以地域為特徵的飲食文化內涵，主要是由歷史上的地理環境、政治經濟、民族心理、風俗習慣等因素影響而形成的。從行政區劃看，中北地區是指以內蒙古為中心，包括甘肅、寧夏、陝西、山西、河北、遼寧、吉林、黑龍江的部分地區。古代民族有東胡系統、匈奴系統、突

1　趙榮光、謝定源：《飲食文化概論》，中國輕工業出版社，2000年，第49頁。

※　編者註：為方便讀者閱讀，本書將連續占有三行及以上的引文改變了字體。對於在同一個自然段（或同一個內容小板塊）裡的引文，雖不足三行但斷續密集引用的也改變了字體。

厥系統和党項族，現代民族有蒙古族和部分鄂溫克族、達斡爾族等。從而決定了中北地區飲食文化的地域性特徵從一開始就十分典型，在游牧民族誕生以後，形成以游牧和畜牧業為主的生產生活方式。由於這些民族活動的範圍超越了本地區，因此在飲食文化區的劃分上與西北飲食文化區和東北飲食文化區有著交叉的現象，甚至與蒙古、俄羅斯等國的飲食文化相互滲透。考慮到中北地區各個民族飲食文化的完整性和獨立性，故而對東北地區和西北地區飲食文化與中北地區飲食文化的重疊部分在本卷中雖有所涉及，但不做重點論述。

❷·中北地區飲食文化的歷史分期

從社會發展歷程看，中北地區迄今已有50餘萬年的歷史，該地區的飲食文化發展史也是如此。對中北地區文化的分期，學術界存在著不同的看法和依據。有的按照不同歷史時期出現的不同語種分期，有的按照不同歷史時期出現的各個民族社會性質變化分期，有的按照游牧民族出現的先後順序再結合歷史劃分去分期。內蒙古社會科學院的何天明研究員根據歷史分期的普遍內涵和古代中北地區文化分期的特殊性，結合社會歷史發展的實際情況，對中北地區文化的分期重新進行大膽的設想，提出三期說的觀點：

（1）以原創游牧文化為主要特點的區域文化形成期（西元前209-西元906年）；

（2）拓展地域空間和經濟類型的文化跨越發展期（西元907-1205年）；

（3）在統一中國的大背景下創新與吸融相互滲透的全面發展時期（西元1206-1911年）。[1]筆者較認同該觀點，這種分期恰好比較符合中國北方游牧文化的歷史分期，但第一期還應向前延伸至西元前十六世紀，就是游牧文化出現的歷史背景，包括游牧文化的真正產生。中北地區文化作為一種地域性、民族性的復合文化，「古代」應該將原始時期囊括在內；同理，「現代」應該將中華民國和中華人民共和國兩個時期包括進去，這樣的分期才更具有完整性。

1　何天明：《中國古代北方草原文化的連續性與階段性》，《論草原文化》第三輯，內蒙古教育出版社，2007年，第16-37頁。

中北飲食文化的發展歷史與整體文化是同步進行的，從某種意義上說，中北飲食文化發展歷史就是我國中北地域歷史發展的縮影。從歷史分期的角度來說，可將中北飲食文化發展過程分為六個階段。

第一階段是以採集和狩獵為生的原始飲食文化階段（距今50萬-1萬年）。中北地區在50萬年前就出現了人類活動的遺跡——大窯文化遺址，在距今五萬年和一萬年分別由河套人和扎賚（lài）諾爾人創造了薩拉烏蘇文化與扎賚諾爾文化。當時的人們用打製石器從事簡單的採集與狩獵活動，以大窯文化遺址出土的三棱大尖狀器和龜背形刮削器最具特色。這種地域性文化特色，區別於中國其他地區的舊石器時代文化，標誌著該地區的飲食文化發展歷史揭開了帷幕。

第二階段是以原始農業經濟類型為主的飲食文化階段（距今8000-3600年）。中北地區進入距今8000年以後，這裡的氣候溫暖濕潤，適宜原始農業的開發，種植粟、稷等農作物，飼養馬、牛、羊、豬、狗、雞，並以採集和狩獵為補充。出現了實用的飲食器，盛食、進食、汲水、飲用等分工明確，並在此基礎上創造了飲食器的造型藝術。在社會習俗方面，喪葬與祭祀中的飲食行為比較明顯，尤其是隨葬飲食器與家禽、野生動物，並以飲食器作為供奉用具的現象較為普遍。飲食文化在原有區域性特徵的基礎上又融入中原地區的文化因素，同時對遼河流域和中原地區的文化影響甚大。

第三階段為游牧經濟初始的飲食文化階段（西元前1600-前250年前後）。在西元前十六世紀，由於氣候逐漸向寒冷、乾旱轉變，不適宜農作物生長，但適宜草的生長，原來從事農業的群體遂向從事牧業轉變，但還沒有完全脫離農業生產活動，形成典型的半農半牧經濟類型。在西周時期（西元前1046-前771年），隨著馬的被馴服，為游牧經濟的出現創造了條件，飲食文化更多地體現出這一經濟類型所具備的特徵。

第四階段為原生游牧經濟明顯的飲食文化階段（西元前250年前後-西元906年）。在這個時間段，相當於中原地區的戰國晚期至北方游牧民族契丹國的建立。中北地區先後有匈奴、丁零、烏桓、鮮卑、敕勒、柔然、突厥、回紇等游牧民族在

此生息，牧業經濟占絕對優勢，除了鮮卑拓跋部入主中原後接受漢化外，這些民族原生的文化比較清晰，雖然也接受外來文化的影響，但民族主體文化占很大比重，因而飲食文化的原生性也比較明顯。

第五階段為多種經濟類型並存的飲食文化階段（西元907-1911年）。在這一階段內，在中北地區生活的游牧民族有契丹、党項、女真、蒙古等，這些民族都建立了自己的政權，社會制度存在著原始部落制—奴隸制—封建制的轉變過程，有的民族甚至統一了中國，建立了強大的草原帝國。由於在政治、經濟、軍事、經濟、文化方面，不同程度地受到中原和西方文化的影響，形成了以牧業經濟為主導，農業與牧業並駕齊驅的經濟類型。這就決定了這一時期肉、乳、米、麵、蔬菜、水果共存的飲食結構，並引申出多樣化的飲食文化內涵。

第六階段為新時期的飲食文化階段（1912年至今）。一九一二年，資產階級民主革命推翻了清王朝，成立了中華民國，結束了中國兩千餘年的封建統治，中華民族進入了新的歷史階段。一九四九年，中國共產黨領導全國人民歷經艱難，推翻了國民黨的獨裁統治，建立了中華人民共和國，進入了社會主義建設時期，各項事業蒸蒸日上。一九七八年，中國共產黨第十一屆三中全會的召開，標誌著我國社會主義建設進入一個新的時期。隨著改革開放的實施，以及世界全球經濟一體化和文化多樣性格局的形成，飲食文化也呈現出多姿多彩的發展態勢。

二、中北地區飲食文化的研究現狀

從學術界研究的實際情況看，對中北地區飲食文化進行系統研究的成果較少，多數是零散的介紹，或作為著作中的一小部分，或以論文的形式出現，涉及的學科有民族學、考古學、歷史學、民俗學等，真正從飲食人類學的角度去研究的成果可謂鳳毛麟角。這就需要我們重新審視中北地區飲食文化，需要有更適合的學科理論與方法作為研究的指導，需要梳理近百年來國內外的研究成果，以便更好地對中北地區飲食文化做綜合的、跨學科的研究。飲食人類學的研究方法決定了若要做好中

北地區飲食文化史的研究，必須掌握前人研究的大量資料，並在人類學田野調查的前提下，深入分析飲食文化方面的文獻，哪怕是一些細微的記錄都要關注，這樣才能挖掘出中北地區飲食文化精深博大的內涵。現將主要研究成果列舉如下：（更多請見文後參考文獻）

已在中國翻譯出版的國外相關著述中還沒有看到專門的研究成果，只是在一些考古學、民族學、歷史學的研究成果中有零散的記述，主要偏重於對飲食器具和飲食風俗的記錄。如日本學者箭內亙所著的《蒙古史研究》（陳捷、陳清泉譯，商務印書館，1932年）、法國學者沙畹著《西突厥史料》（馮承鈞譯，商務印書館，1934年）、蒙古國學者策・達木丁蘇隆著《蒙古秘史》（謝再善譯，中華書局，1956年再版）、俄國學者符拉基米爾佐夫著《蒙古社會制度史》（劉榮焌譯，中國社會科學出版社，1980年）、法國學者格羅塞著《蒙古帝國史》（龔鉞譯，商務印書館，1989年）等。

在國內的中北地區飲食文化研究中，古籍文獻主要有《二十四史》和《清史稿》的「北方民族傳」中有所涉及；元朝司農司編纂的《農桑輯要》、王禎著《農書》、魯明善著《農桑衣食撮要》和忽思慧著《飲膳正要》等書，都涉及中北地區的農業活動和農畜產品加工等內容。

近現代著作中，關於中北地區飲食文化研究的成果也比較零散，多數僅涉及某一學科範圍，並沒有以「中北」這個區域為題系統地研究其飲食文化。如在考古學的研究成果中，多見對草原地區飲食器具的類型和造型藝術、飲食來源的描述。有賈蘭坡著《河套人》（龍門聯合書局，1951年）、《內蒙古文物資料選集》（內蒙古人民出版社，1964年）、內蒙古文化廳主辦的《內蒙古文物考古》（半年刊，1981年創刊）、內蒙古文物考古研究所編著的《內蒙古文物考古文集》（一至三輯）（中國大百科全書出版社，1997年、1999年、2004年）、內蒙古文化廳主編的《草原文化》（香港商務印書館，1996年）、高延青主編的《北方民族文化新論》（黑龍江教育出版社，2001年）、田廣金著《北方文化與匈奴文明》（鳳凰出版社，2005年）等。

在民族學的研究成果中，主要是在對北方民族的經濟類型、文化藝術、民俗風

情的研究中涉及飲食文化的內容。如何健民編著的《匈奴民族考》（上海中華書局，1939年）、內蒙古自治區編輯組編著的《蒙古族社會歷史調查》（內蒙古人民出版社，1986年）、史金波著《西夏文化》（吉林教育出版社，1986年）、王迅等著《蒙古族風俗志》（中央民族學院出版社，1990年）、徐英著《中國北方游牧民族造型藝術》（內蒙古大學出版社，2007年）等。

在歷史學和飲食文化研究成果方面，涉及中北飲食文化部分內容的成果較多，但仍缺乏系統性。如馬長壽著《突厥人和突厥汗國》（上海人民出版社，1957年）、馬長壽著《烏桓與鮮卑》（上海人民出版社，1962年）、林幹著《匈奴通史》（人民出版社，1986年）、楊聖敏著《回紇史》（吉林教育出版社，1991年）、羅佑賢著《元代民族史》（四川民族出版社，1996年）、烏雲畢力格等著《蒙古民族通史》（內蒙古大學出版社，1993年）、魯克才主編《中華民族飲食風俗大觀》（世界知識出版社，1992年）、張碧波等主編《中國古代北方民族文化史》（黑龍江人民出版社，2001年）等。

本書作者從一九九八年開始涉足對北方游牧民族飲食文化的研究，取得較大的成績，形成系列研究成果，主要著作如：《中國北方游牧民族飲食文化研究》（文物出版社，2008年）、《中國飲食器具發展史》（上海古籍出版社，2011年）、《中國古代北方民族的箸文化》（《中國箸文化研討會論文集》，1998年）、《論草原生態環境與北方游牧民族飲食文化的關係》（《論草原文化》第一輯，內蒙古教育出版社，2005年）、《論中國北方游牧民族飲食文化的定位》（《論草原文化》第二輯，內蒙古教育出版社，2006年）、《中國北方草原飲食非物質文化遺產的界定》（《留住祖先餐桌的記憶——亞洲食學論壇學術論文集》，雲南人民出版社，2011年）等，以及二〇〇八年國家社會科學基金特別委託項目「草原文化研究二、三期工程」的子項目《草原飲食文化研究》。

根據現有的研究成果，我們可以將國內外對中北地區飲食文化的研究分為三個階段。第一階段是二十世紀二〇年代至四〇年代末，總體研究成果較少，而且外國學者的成果較多，但不繫統。主要反映在考古學、歷史學、民族學方面，偏重於飲

食器具和飲食風俗，為後來中北飲食文化的縱深研究奠定了基礎。第二階段是二十世紀五〇年代至七〇年代，研究成果開始增多。由於新中國剛剛建立，為此由國家民族事務委員會組織進行了民族識別和少數民族社會歷史調查的工作，直接接觸到中北地區少數民族的飲食狀況、飲食風俗、飲食來源等。在考古學方面，對紅山文化，以及匈奴、鮮卑、契丹的飲食器具有諸多的論述。在歷史學方面涉及匈奴、烏桓、鮮卑、突厥、契丹、蒙古的飲食文化。第三階段是二十世紀八〇年代至今，隨著改革開放，學術界呈現出「百花齊放，百家爭鳴」的局面，中北地區飲食文化研究也出現了新的氣象，反映在民族學、考古學、歷史學等領域中的研究成果如雨後春筍般地湧現出來，雖然不夠系統、全面，但已開始探求中北地區飲食文化的深層內涵。其內容主要包括飲食器具的類型與造型、飲食來源、飲食風味、飲食結構、飲食禮俗、飲食行為等。所以，可以說本書的寫作與出版，是在前人研究和作者已有研究成果的基礎上深入挖掘，是對中北地區飲食文化系統研究的嘗試，為中國飲食文化史的研究增添新的內容。

三、中北地區飲食文化的研究方法與實踐

中北地區飲食文化在歷史的發展過程中，形成了區域性和民族性特徵的文化內涵，並成為該地域文化的重要組成部分。通過對中國飲食文化的區域劃分，又可看到中北地區飲食文化的主要特徵和在中國飲食文化發展史中的重要地位。飲食文化作為物質文化的重要組成部分，涉及制度文化和精神文化領域，存在於每一個民族的歷史發展過程中，包括了生產生活的各個方面。本書以馬克思主義關於民族學、歷史唯物主義和辯證唯物主義為理論基礎，在研究方法上運用了文化人類學的直接參與觀察法，結合歷史文獻分析法、跨學科綜合分析法，突出了歷時性和共時性相結合的方法，對中北飲食文化進行綜合研究。同時，本書進一步認為，飲食文化是多學科交叉研究的對象，屬於文化人類學的研究重點，其學科的特殊性和重要性日趨顯著，亟需創建一門飲食人類學，作為人類學的分支學

科，以便系統地研究一個民族或群體在相對固定區域中形成的飲食文化。

❶ · 直接參與觀察法

在研究方法中，文化人類學的直接參與觀察法對飲食文化研究有直接的借鑑意義。這種方法，就是要求研究者深入到現今的民族地區，對一些民族文化現象作詳細的調查，以解釋這些文化現象。英國人類學功能學派要求人類學家學習當地土語，與土著居民生活在一起，進行直接的觀察瞭解，從而獲得第一手資料，稱為「參與觀察法」。英國人類學家馬林諾夫斯基（B.K.Malinowski）曾指出：一位民族學家進行研究，如果僅僅侷限在文獻資料，或宗教，或技術，或社會組織方面，而省略掉人工的田野訪問，那麼他的工作將會有嚴重的缺陷。[1]他在《科學的文化理論》中指出：「必須從事民族誌的田野工作，即經驗型研究……必須同時諳熟觀察藝術，即民族學田野工作，同時又是文化理論的專家，……兩者齊頭並進，否則，其中任何一者都毫無價值。觀察就是在理論的基礎上進行選擇、歸類和離析。建構理論就是總結過去觀察到的相關性，並預見其對現有理論難題的經驗證實或證偽。」[2]他還在《西太平洋的航海者》一書中，提出民族學調查方法的三原則：（1）真正的科學目的、民族學的價值和標準；（2）住在土人中間，便有好的工作條件；（3）使用各種方法收集處理各種材料，要像獵人一樣主動尋找、核實，帶的問題越多，越能深入瞭解，要有良好的理論。美國人類學家博厄斯（Franz Boas）重視田野調查及其科學性，認為民族學既要分析研究社會文化的最小單位，如物質生活上的用品、社會生活的基層組織等，又要將一種民族文化作整體研究。為此，必須重視具體的實地田野調查。且調查者一定要參加到被調查對象的生活中去，成為其中的一員，而且要站在被調查者立場上思考問題、觀察問題，這就是文化人類學和民族學的重要方法論——參與觀察法。所以，進行飲食文化研究時，必須進行實地調查，否則閉門造車，就會成為空中樓閣。在本書的寫作過程中，筆者深入到內蒙古、黑龍江、吉

1　Bronislaw Kaspar Malinowski：Argonauts of the Western Pacific，George Routledge，1922，p.11.

2　馬林諾夫斯基著，黃建波等譯：《科學的文化理論》，中央民族大學出版社，1999年，第34頁。

林、遼寧、寧夏等地，實地考察中北地區飲食文化，並根據調查資料分析與飲食相關的文化現象，這種方法對直觀深入地研究飲食文化起了重要的作用。

❷・跨文化比較研究法

跨文化比較研究方法是文化人類學的又一個重要的方法。英國人類學家泰勒（Edward Burnett Tylor）在前人的基礎上成功地運用和發展了比較法，利用民族誌資料進行跨文化研究，用比較法對各種文化特徵進行分類，研究文化的起源與發展，判定文化發展水平的高低。他還闡述了「殘存法」，「殘餘指的是一類過程、習俗、見解等，習慣勢力使它們進入了與其所源出的社會狀態全然不同的新的社會狀態，它們因而成為新文化狀態所源出的舊文化狀態的物證和實例。」[1]英國人類學家弗雷澤（Sis James George Frazer）深受泰勒的影響，雖然沒有做過文化人類學的田野調查，但能廣泛利用其他人收集到的民族誌資料，運用比較法，對宗教信仰儀式和社會風俗制度進行比較研究。法國人類學家杜爾干（Emile Durkheim）強調要正確運用比較法，在研究社會現象的因果關係時，應比較它們同時或不同時出現的情況，考察它們在不同的環境組合中出現的變化是否能證明一個現象取決於另一個現象，具體採用殘餘法和相異法。在調查中北地區飲食文化發展歷史的過程中，需要收集第一手資料進行分析，並與其他地區飲食文化對比，採用客位研究的方法，進一步分析飲食表象後面的文化含義。

❸・歷史文獻研究法

歷史文獻研究法是在田野調查資料的基礎上進行歷史文獻的分析，由於文化人類學與民族學之間的特殊關係，這種方法必然成為研究古今民族文化的一個重要手段。在第二次世界大戰以前，一些西方的學者將人類文化分為兩個範疇，無文字的各族文化和有文字的各族文化。認為民族學研究前一種文化，而研究後一種文化的

1　E.B.Tylor，The Orins of Culture，Harper and Brothers Publishers，New York，1958，p.16.

屬於歷史科學。[1]而民族學現在也開始轉向重點研究有文字的各族文化，這就需要把歷史文獻的記載作為一個重要的參考資料。如人類學歷史學派的代表人博厄斯提出「歷史特殊論」，認為人類學的任務就是研究社會生活現象的全部總和。蘇維埃民族學更加重視民族的歷史研究，認為將世界各族人民當作人類全部歷程中的創造歷史的主體來研究，特別是對各個民族的族源和原始社會歷史的研究尤其重要。中北地區的各個民族都有其發展的歷史，在文獻中記載了大量的相關資料，同樣飲食文化也有其發展歷史，我們只有藉助於歷史文獻的記載進行分析，才能客觀地對飲食文化有個歷史上的認識。

❹‧考古地層學和類型學

在考古學中，主要運用的研究方法有地層學和類型學。考古「地層學」是借用地質地層學對地層的研究原理，在田野考古發掘中，科學地取得研究資料的方法，也是考古學研究中最基礎的方法之一。考古學中的地層學，以主要因人類活動而形成的各種文化堆積（文化層）為研究對象，目的在於探明人類文化堆積形成的原因和過程。考古地層學研究的首要問題，就是要盡可能準確地將性質不同、時間不同的文化堆積層次區別開來，確定它們的相對年代——即在時間上的先後關係。在中北地區遺留下來的文化遺址中，由於時間和空間上的人類活動次序，存在著具有早晚關係的文化堆積層，在每一堆積層中都不同程度的包含有各種飲食器及其所反映出的飲食文化現象，為我們瞭解人類各時期典型飲食器的形成和飲食文化發展的歷史提供了可能。「類型學」是考古學研究整理出土資料、進行比較研究的一種方法。考古學上的遺跡、遺物、花紋的形態都有一定規律，考古類型學就是研究這種變化的規律。而考古類型學是通過對遺存形態的分類排比，研究遺存演化序列的學說，是研究遺存相對年代早晚和文化傳承、交流的重要途徑。在對中北地區飲食器的分類研究中，需要結合考古類型學的方法進行對比排列，以便找出飲食器的特徵、

1　列維‧斯特勞斯：《近代人類學的危機》，轉引自楊堃譯：《論列維‧斯特勞斯的結構人類學派》，《民族學研究》第1輯，民族出版社，1981年。

造型藝術和不同時期的異同。另外，以飲食器為載體，還可以進一步研究中北地區與中原地區、南方地區，以及與西方國家之間的文化交流情況。

歷史學以人類社會的發展過程為研究對象，揭示人類社會發展的規律。以歷史文獻分析方法，研究中北地區飲食文化的發展歷史、飲食的階層性、飲食的社會功能等內容。在現存的《二十四史》和《清史稿》，以及大量的野史、別史、雜史、專史、通史、斷代史等古籍中，涉及很多關於中北地區飲食文化的資料，需要經過勘誤、考證、註釋、校對史料的真實性，發掘出歷史上各階段飲食文化的真實內容。另外，本書還運用了文化學、生態學、民俗學等學科的理論和研究方法，結合中北地區飲食文化發展規律，呈現了飲食文化的特性、飲食文化與草原生態環境的關係、飲食文化與民族節日等方面的內容。

❺ · 關於「飲食人類學」的提法及內涵

飲食人類學作為文化人類學的一門分支學科，運用文化人類學的理論和方法研究人類的食生產和食生活以及相關的文化現象。飲食人類學的提法，在國內外一些出版物中都有涉及，也有一些學者著書撰文探討。如葉舒憲、戶曉輝翻譯美國學者馬文・哈里斯著的《好吃：食物與文化之謎》，譯本序的題目為《飲食人類學：求解人與文化之謎的新途徑》，向讀者展示了飲食人類學專題研究的嘗試。作者從肉食主義與素食主義的爭執入手，把人類社會中由吃所引發的種種奇特現象和風俗作為解析對象，把讀者引入飲食人類學的知識視野，告訴我們吃的文化差異和民族個性，以及在特定的社會中應該吃什麼、怎樣吃，如何看待各個文化特有的飲食禁忌等。[1]書中反覆強調了飲食人類學對人的歸類概括基點，即「人是一種雜食動物」，這種說法蘊含了很深的文化特性。英國考古學家馬丁・鐘斯（Martin Jones）著《宴饗的故事》（Feasr，2007），通過食物遺存考古的方法，結合現實生活中參與各種宴會的體驗，對人類社會普遍的共食行為作了專門的研究，重點考察了食物與家庭、

1　馬文・哈里斯著，葉舒憲、戶曉輝譯：《食物與文化之謎》，山東畫報出版社，2001年，第1-2頁。

身分、權力的關係。美國人類學家詹姆斯‧華生（James L.Watson）著《飲食全球化：跟著麥當勞，深入東亞街頭》（臺灣譯本，2007年），通過個案研究展示麥當勞在東亞五個城市（北京、香港、臺北、首爾、東京）的落腳、發展情景，以麥當勞作為社會文化變遷的連接點，對二十世紀九〇年代以後的經濟增長引發中國人對美國文化的追求、獨生子女亞文化引發餐飲領域的消費革命、老齡化問題、食品安全問題，以及由麥當勞引導的排隊文明等社會現象做了深入的田野調查與分析。作者雖然沒有提出飲食人類學的概念，但研究方法和所涉及的飲食問題都是飲食人類學的內容。

飲食象徵文化也是飲食人類學研究的一個方面。雲南大學瞿明安教授著《隱藏民族靈魂的符號──中國飲食象徵文化論》（雲南大學出版社，2001年），把「象徵人類學」的理論和方法引入中國飲食文化的研究領域，提出飲食象徵文化，對基本的理論框架、價值取向、社會功能作了詳細的探討和闡述。書中說：「飲食象徵文化研究所依託的則是象徵人類學、飲食民族學、民俗學、社會學、宗教學、符號學、文化史等方面的理論和方法，它所關注的是人的飲食活動與自身觀念意識的相互關係，所以在研究過程中就偏重於理論性的闡釋和典型的個案分析。」[1] 提到了飲食民族學，但沒有深入解釋。

陳運飄、孫蕭韻著《中國飲食人類學初論》（《廣西民族研究》2005年第3期），從中國飲食人類學的發展狀況，對其研究內容、理論方法等問題進行了探討，認為這是建設和發展這一人類學分支學科的重要工作之一。通過對以往人類學的飲食文化領域的研究回顧，結合人類學對飲食文化與飲食行為的相關理論分析，可以獲得對飲食人類學這一分支學科的基本理論認識，並由此而形成關於中國飲食人類學發展的基本看法。譚志國著《從文化人類學的角度看中國飲食文化研究》（《湖北經濟學院學報》2004年第2期），認為與燦爛輝煌的中國飲食文化相比，中國飲食文化研究明顯落後。有著各種學術背景的學者從不同角度對飲食文化作了比較深入的研

1　瞿明安：《隱藏民族靈魂的符號──中國飲食象徵文化論》，雲南大學出版社，2001年，第3頁。

究，但中國飲食文化研究還遠未形成完整的學科體系。用文化人類學中的某些理論研究中國飲食文化，這種視角能為中國飲食文化研究提供一條新的思路。徐建新等著《飲食文化與族群邊界——關於飲食人類學的對話》（《廣西民族學院學報》2005年第6期），從飲食與文化、食物與邊界等方面，探討了人類、飲食、文化的關聯性，分析了飲食文化的層次性、多樣性和豐富性。李自然的《生態文化與人——滿族傳統飲食文化研究》（民族出版社，2002年），主要分析了滿族及其先民在不同時期吃什麼、怎麼吃和為什麼吃，同時敘述了滿族飲食時間軸的發展歷程，敘述了清宮滿漢全席的禮儀、器具和上菜程序等橫斷面的內容。張景明的《中國北方游牧民族飲食文化研究》（文物出版社，2008年），站在文化人類學的視角，並綜合運用考古學、歷史學、生態學等學科的理論、方法和資料，提出了一些比較新穎的觀點。作者梳理了國內外飲食人類學的研究現狀，對飲食人類學做出了學科界定，認為飲食人類學有眾多的人類學流派的理論和方法為基礎，可以形成獨立的分支學科，旨在研究人類社會發展過程中飲食生產、飲食生活以及相關的文化現象，是符合學科整合發展規律的。「飲食人類學」的提法，具有學科規範化的特點，更有利於對一個民族或群體的飲食以及由此而衍生的各種文化現象進行系統研究。

　　從上述飲食人類學的理論與實踐看，飲食人類學是以人類學各種流派的理論為基點，同時還運用歷史學、考古學、文化學等學科的理論、方法作為重要參考，為研究飲食文化提供了學科理論上的支撐。在國內外對飲食人類學的研究中，雖然有些學者運用了這一概念，但系統性的論述較少，甚至不能在理論和實踐中予以學科的構建。因此，飲食人類學作為一個人類學的分支學科，還需對其理論、方法進行探討，真正建立一套完整的學科體系。本書就是綜合中北地區飲食文化的資料，站在飲食人類學的視野中進行較為系統研究的一次嘗試。

四、中北地區生態環境下的飲食觀念

　　中北地區由於獨特的自然環境、經濟環境和社會文化環境，在文化上呈現出草

▲圖1-1 中石器時代的石鏃，內蒙古呼倫貝爾市海拉爾區出土

原區域性和游牧民族的特徵。同時，中北地區在遵循「崇尚自然、踐行開放」的草原文化核心理念之下，包容地接受外來文化，使中北飲食文化具有多樣性的特點。馬克思指出：「資本的祖國不是草木繁茂的熱帶，而是溫帶。不是土壤的絕對肥力，而是它的差異性和它的自然產品的多樣化，形成社會分工的自然基礎，並且通過人所處的自然環境的變化，促使他們自己的需要、能力、勞動資料和勞動方式趨於多樣性。」[1]這對於瞭解中北地區飲食文化多樣性有重要的指導意義。文化的多樣除了融入外來文化因素外，還有在不同的地理環境下文化的多樣發展，由此產生了中北地區飲食生態觀。

❶．草原生態環境下的飲食文化

目前，學術界認為，中國從新石器時代起就形成了三大生態文化區，即北方和西北遊牧兼事漁獵文化區、黃河中下游旱地農業文化區、長江中下游水田農業文化區。其中，北方和西北遊牧兼事漁獵文化區以細石器為代表的新石器文化，其文化

1　馬克思：《資本論》第一卷，人民出版社，1975年，第561頁。

遺址中缺乏陶器共存，或陶器不發達，體現了隨畜遷徙的「行國」特點。[1]其實，從中北地區歷史發展過程中的生態變化看，這種說法值得商榷。考古學資料表明，中北地區的舊石器時代，處於狩獵和採集經濟階段。在距今一萬年前後的舊石器時代晚期，在內蒙古呼和浩特市東郊大窯村南山二道溝北口[2]和內蒙古呼倫貝爾市海拉爾地區即發現有細石器文化遺址與遺存[3]，遺址中出土了大量的細石器工具，種類有小石核、小石葉、刮削器、尖狀器、雕刻器、石鏃等，其中石鏃的數量最多，製作也精緻。雖然在這些遺址或遺存中沒有發現代表農業經濟的陶器與居址，但這是符合狩獵經濟的運行規律和文化特徵的。到了新石器時代的內蒙古地區，無論是東南部和中南部考古學文化的發展體系中，諸文化類型的陶器都很發達，並且有定居的聚落形態，完全符合原始農業時期的標準特徵。內蒙古東南部地區的原始文化遺址不但普遍發現了細石器，還在多數遺址中發現了很多的陶器和磨製石器，其中個別文化類型的打製石器數量較多，陶器顯得粗糙，狩獵經濟的比重較大。所以這一階段並未出現游牧或者相關的遺跡，直至西元前十六世紀或稍早時期，因氣候的變化，生態環境發生演變，隨之形成了以牧業和農業活動並重的經濟類型。尤其是在西周時期，隨著馬的馴服，開始出現了游牧民族，形成了游牧式的生產和生活，同時創造了具有民族性、地域性的中北地區飲食文化。商周時期，部落或部族分佈林立，處於北方游牧民族的發生時期。其中，商代在內蒙古中南部、陝西省北部、山西省北部出現了鬼方、土方、舌方、林胡、樓煩等部落或部族，西周時期在內蒙古東南部、河北省北部出現了山戎部族。這些部落或部族主要從事牧業生產，兼營農業，飲食文化具有農牧結合的特徵。直到西周晚期，游牧民族的生產和生活方式開始定型，產生了游牧式的飲食文化。因此，中北地區並非從新石器時代開始就處於游牧階段，而是處於原始農業經濟時代，並一直延續到夏代晚期，直至游牧經濟出現

1　文物編輯委員會：《文物考古工作三十年》，文物出版社，1979年。

2　內蒙古博物館、內蒙古文物工作隊：《呼和浩特市東郊舊石器時代石器製造場發掘報告》，《文物》，1977年第5期。

3　馬克思：《資本論》第一卷，人民出版社，1975年，第561頁。

以後，才最終形成草原生態游牧文化區。

從西元前十六世紀前後開始形成的中北地區草原生態系統，是草原地區生物和草原地區非生物環境構成的進行物質循環與能量交換的基本機能單位。草原生態系統在其結構、功能過程等方面與森林生態系統、農田生態系統具有完全不同的特點，它不僅是重要的畜牧業生產基地，而且是重要的生態屏障。草原上的植物以草本植物為主，有的有少量的灌木叢。由於降雨稀少，喬木非常少見。以內蒙古草原為主體的北方溫帶草原區，東與大興安嶺森林區相連，至嫩江—西遼河流域，西至賀蘭山東麓，北至中蒙、中俄邊界，南至冀、晉、陝、寧、甘五省區，南部邊緣是黃土高原地區，橫跨三北地區。該草原區既是我國北部邊陲的一道強大的生態防護帶，又是游牧民族和草原文化的發源地和搖籃，以其多樣性的生態功能為北方游牧民族的繁衍生息提供服務。它曾經是世界上最完整的草地生態系統，獨特的游牧生產方式保證了草原的更新繁育，維持了生物多樣性的自然演化與寶貴基因資源的相對穩定，為家畜適度繁育提供了資源保障。歷史上草原常見的野生動物有虎、狼、鹿、麀、羚羊、黃羊、跳鼠、狐、刺蝟、鷹等，家畜有牛、馬、羊、駱駝等，是游牧民族主要的生活來源。如今，由於過度放牧以及鼠害、蟲害等原因，中北地區的草原面積正在不斷減少，有些牧場正面臨著沙漠化的威脅，草原生態系統破壞嚴重，影響了人民的生產和生活。因此，必須加強對草原的合理利用和保護。

古代北方游牧民族的草原生態理念，構成了中北地區飲食文化的價值內涵。草原生態是由北方游牧民族的生產方式、生活方式、風俗習慣、思想意識等文化因素構成的統一體，追求人與自然協調發展，維護人類與自然界共存的共同利益。依據生態文化觀念，通過對歷史上自發形成的游牧文化進行對比，特別是對相應飲食生態觀進行一種理性自覺地再認識，使飲食文化與草原生態觀念思想結合起來。草原生態觀念的形成有其自己的發展淵源。從北方游牧民族的自然崇拜來看，中北地區在新石器時代，就已經出現了人類對大自然物像的崇拜。如紅山文化系統中的玉器，最早在內蒙古自治區赤峰市敖漢旗的興隆窪文化中就已發現，出土的器類有玉玦、玉匕、玉斧等，選料講究，雕工精細，造型各異，內涵深邃，蘊含著原始人

▲圖1-2　新石器時代──紅山文化的玉豬龍，
　　　　內蒙古巴林右旗出土

類對大自然和人文現象模糊認識的神祕色彩。紅山文化的玉器，多為反映自然界的物像和帶有神化色彩的動物。如雲形玉珮、玉龍、玉豬龍、玉鴞（xiāo）、玉龜、玉蟬、玉蠶等，其中的玉豬龍就是農業經濟的象徵，雲形玉珮是崇拜上天的禮器。同時，在陶器上也出現對神物的崇拜和對田園生活的追求。如同在敖漢旗境內的趙寶溝文化中出土了鳳形陶杯、神鹿紋陶尊等，在陶器中出現的豬首蛇身、鹿首、鳥首、鳳形等動物紋並不是單純的寫實形象，屬於原始崇拜的「神靈」圖案，具有神化的效果，也反映了當時飲食器在原始禮儀方面的作用。敖漢旗境內的小河沿文化的符號紋陶罐，在表面刻畫有田園風光，表現了原始人類男耕女織的生活場景，這是中北飲食文化中原始生態觀念具體實證的反映。另外北方游牧民族還常以草原上常見的動物為器物造型，並將動物作為圖騰崇拜的對象。還普遍存在著將天地、山川、日月、星辰、林木、風雨等自然現象作為崇拜的對象。因而在中北飲食文化的形成過程中，體現了樸素的「天地人合一」的生態哲學與思想。

在受到中原文化的影響之前，北方游牧民族的生產生活一直遵循著「長生天」可持續發展的規律，以「天地人合一」的樸素辯證思想為指導，充分體現在他們的飲食生活中，並以文化的形式表現出來。游牧民族普遍認為自然界的動物、植物是他們賴以生存的生活資料，是與之有血緣關係的，所以他們常將動植物作為圖騰來崇拜。無論是在經濟活動的決定與實施、飲食風俗習慣的確立，還是飲食器物的製

中國飲食文化史　中北地區卷

18

作、飲食理論等方面，都將草原生態的觀念融入進去。如匈奴以馬、牛、羊、虎、狼、鷹等動物作為圖騰，用此製作各種造型的器物，這是匈奴草原生態觀念在飲食器製作中的具體表現。在牧業經濟活動中，蒙古族一直實行夏、秋、冬季牧場的輪牧方式，一方面可以增加生活資料的來源，另一方面又能很好地保護草場，維持草原生態環境的良性循環。在飲食理論方面，由於獨特的生態環境，游牧民族在經營牧業經濟的過程中，一直認識到水草豐美的地方能夠使牲畜肥壯，可以滿足人們所需要的生活資料，從而總結出牲畜飼養、繁殖和牧場管理的經驗，總結出釀酒、乳酪製作和奶酒的配方以及製作方法等，形成了一系列飲食理論著作。

根據生態人類學的觀點，北方游牧民族由於所處的草原生態環境決定了其游牧式的生產和生活方式，並由此產生了游牧文化，成為中北整體文化的核心所在，這裡包括具有草原特徵的飲食文化。這種文化在適應草原生態環境的過程中，在人們的日常生活、經濟活動、政治軍事、人生禮俗、人際交往、宗教信仰、飲食藝術、文化交流、飲食理論等文化現象中表現出很大的功能，發揮著重要作用。中北飲食文化的顯著特徵在於充分利用自然、適應自然，來延續游牧人的生存技能和生產

▲圖1-3　現代蒙古族牧民轉場的情景

方式。中北整體文化的獨特價值在於「天地人合一」的思維方式，游牧民族視天地為父母，視水草為血液和神靈，視動物為生存的資料。他們關於家的概念是那樣廣闊，在他們看來，家就是整個草原，而山水花鳥、野獸家畜都是家裡的成員。「天地人合一」是游牧民族評判人與自然關係好壞的尺度，通過人的活動影響自然，以達到人與自然間的轉換，這就涉及如何「人化自然」的問題。因此，游牧民族在創造飲食文化的過程中，充分考慮到草原生態的觀念，以此來表達游牧人維護草原生態平衡的思想，反映游牧人維繫生產與生活的親近感情。

英國人類學家馬林諾夫斯基（B.K.Malinowski）認為：「在一般人，特別是初民，是常以自己形象來想像客觀世界的；動植物等既有行動的方式，而且於人有益有害，必然也是秉承了靈魂或精神的。初民哲學與宗教的有靈觀，即以這種觀察與推斷為基礎。」[1]北方游牧民族的動物造型，就是一種人與動植物以及草原生態環境之間的相互關係。造型藝術的功能、樣式、質材等，大多與草原環境有關，同時又與游牧式的生產和生活方式相關。如游牧民族在特定的草原環境中，皮、木器和帶（pàn）、耳的器物比較發達，就是為了適應游牧式的生產和生活方式，可以就地取材，便於攜帶。德國學者卡西爾（E.Cassirer）指出：「人類知識的最初階段一定是全部都只涉及外部世界的，因為就一切直接需求和實踐利益而言，人都是依賴於他的自然環境的。如果不能不斷地使自己適應於周圍世界的環境，人就不可能生存下去。走向人的理智和文化生活的那些最初步驟，可以說是一些包含著對直接環境進行某種心理適應的行為。」[2]就是說，社會的人必然要依賴自然界，同時也要對自然界有正確的認識和適應心理，這一點在北方游牧民族的草原飲食生態觀中尤為突出。

❷·飲食文化的多種表現形式

中北地區在舊石器時代早期開始出現人類活動的痕跡，揭開了中北地區飲食文

1　馬林諾夫斯基著，李安宅譯：《巫術科學宗教與神話》，上海文藝出版社，1987年，第2頁。
2　卡西爾著，甘陽譯：《人論》，上海譯文出版社，1985年，第5頁。

中國飲食文化史　中北地區卷

化發展的歷史。當人類進入新石器時代以後，在內蒙古東南部與中南部地區形成兩大原始文化發展序列，因當時氣候條件的允許，人們主要從事農業生產活動，以採集和狩獵為謀生的補充手段，並產生了相應的飲食文化。直到早商時期，特別是西周北方游牧民族誕生以後，牧業經濟成為這一地區的主業，這種狀況一直延續到近現代，「食肉飲酪」及其產生的文化現象成為中北地區飲食文化的範式。同時，秦漢時期，統治者在此設置郡縣，進行屯田種植農作物，再加上中北的東北部有著天然的原始森林，在草原、森林、農田等多種生態環境下，中北地區飲食文化呈現出多樣化。

生計方式決定了飲食結構。在中北地區，西周至春秋中期牧業經濟占據主導地位，農業、狩獵、捕魚、採集在社會經濟中占有一定的比例。秦漢以後，一方面中原王朝對中北地區進行開發，另一方面北方游牧民族的經濟活動離不開中原地區的農耕經濟，特別是建立政權的游牧民族十分重視農業發展，加大了農業在經濟活動中的比重。因此，中北地區飲食結構以肉食、奶食為主，配以農作物、野菜、瓜果等。這一飲食範式一直延續到近現代。

飲食器的種類和裝飾藝術，也與中北地區多種生態環境有關。適宜於游牧生活方式的飲食器頗具特點。如東胡系民族的青銅雙聯罐、六聯豆，匈奴民族的青銅四系背壺、青銅刀，鮮卑民族的樺樹皮罐、銅鍑（fù），契丹民族的仿皮囊陶瓷雞冠壺、四繫穿帶瓶，蒙古民族的六耳鐵鍋、鏊耳金盃、銀碗、蒙古刀等，多用草原上常見的動物、植物的形象作為器物的裝飾。同時，具有中原農耕特徵的器物也大量存在，如各種陶瓷器、金銀器、青銅器等。

在繪畫、音樂、舞蹈方面，飲食作為重要的內容出現，如契丹族的墓葬壁畫，直接反映了當時的生計方式、備食、進食、宴飲、茶道等飲食場面，其中以野外宴飲最具民族特色。從壁畫中可以看出，契丹在舉行重大典禮儀式中，參加者在宴飲的同時，可以欣賞美妙的音樂和歡快的歌舞。而宴飲的壁畫有的如同宋朝以來常見的「開芳宴」壁畫風格，歌舞中的飲食次序卻是漢族的禮儀形式，反映了中北地區少數民族與中原地區的飲食文化交流。

在軍事、法律、政策上，與諸民族的飲食生活來源有關。在遇到自然災害時，必然南下中原，掠取必須的生活資料。如匈奴民族幾次發生風災雨雪、嚴寒旱疫，造成牲畜大量死亡，人民飢餓困死。在這種情況下，他們採取了對中原王朝及周邊民族發動戰爭的策略，以解決飲食來源。同時，諸民族以習慣法和建立政權後的法律形式，保護牧業、農業、狩獵等經濟的發展，確保各種飲食形態的共存和飲食來源的豐足。

居所可以反映飲食群體的穩定性與聚餐形式。北方游牧民族隨「水草遷徙」，以氈帳為居住形式，過著游而不定的生活，飲食群體不穩定，在氈帳內架火炊煮，圍火進食。有的民族建立政權後，仿漢制築造城池，城內留出了大片空地搭蓋氈帳居住。只有在皇親貴族的宮府生活中，飲食群體才趨於穩定，但仍然擺脫不了游牧式的居住形式。保藏形式以地窖、冰窖、牛羊胃貯藏食物，或把奶食、肉食製作成干食，便於游牧時攜帶。

在禮俗上，北方游牧民族形成各自的飲食風俗，具體表現於人生禮俗、歲時節慶、人際交往、宗教祭祀等方面。如契丹族在婚姻、喪葬、祭祀、節日、娛樂、宗教信仰、宮廷禮儀等場合，食物、器皿、宴飲等出現於各種禮俗的過程中。尤其是進酒、行酒、飲酒的飲食行為，無不滲透到契丹民族的禮儀之中。對於飲食衛生和保健，游牧民族都有自己的一套理論，約定俗成了諸如飲食結構的合理配置、按時令牧畜、進食前後注意衛生等，這顯示出諸民族的獨特文化魅力。

北方游牧民族以牛、羊、馬、駝等牧畜和鹿、麏等野生動物的乳、肉為食物，還有野菜、乾果等副食品。他們常將這些食物通過朝貢、賞賜、聯姻、榷場等形式，與周邊民族和中原地區進行交流。最大的交流對像是中原地區，可以換取農作物和飲食器，並吸收漢式的飲食風俗。如突厥民族「自俟斤以來，其國富強，有凌轢（línglì）中夏之志。朝廷既與之和親，歲給繒絮、錦彩十萬段。突厥在京師者，又待以優禮，衣錦食肉，常以千數。齊人懼其寇掠，亦傾府藏以給之……建德二年（西元573年），他缽遣使獻馬。及齊滅，齊定州刺史、范陽王高紹義自馬邑奔之。他缽立紹義為齊帝，……宣政元年（西元578年）四月，他缽

遂入寇幽州……是冬，他缽復寇邊，圍酒泉，大掠而去。大象元年，他缽復請和親……」[1]記錄了突厥與北齊、北周的往來，包括飲食文化交流狀況。

中北地區飲食文化包含與游牧經濟相關的飲食結構、飲食器具、飲食相關政策、飲食衛生保健、飲食禮俗、飲食文化交流等內容，其核心為乳肉組合的飲食結構，並衍生出一系列的飲食文化內涵。同時，它也包含了農業經濟及與之相關的飲食文化內涵。這兩部分共同融合成為中北飲食文化的整體，二者缺一不可，這是中北地區各族人民在幾千年的生產生活實踐中總結得來的寶貴財富。

北方游牧民族在歷史發展過程中，其飲食資源的獲取手段也是一個多樣化選擇的過程，主要集中在草原放牧與墾地農耕之間的博弈上。

秦始皇統一六國後，深感北方的匈奴對其是很大的威脅。西元前二一四年，派大將蒙恬率30萬大軍北擊匈奴，占領了今內蒙古境內的黃河以南地區。次年，又越過黃河，占據了陰山以南的匈奴地，派兵屯戍。隨後修築長城，設置管理機構，置雲中（治所在今內蒙古托克托縣）、九原（治所在今內蒙古烏拉特前旗）、雁門（治所在今山西省右玉縣南）、上郡（治所在今陝西省榆林市東南）、上谷（治所在今河北省懷來縣東南）、漁陽（治所在今北京市密雲區西南）、右北平（治所在今內蒙古寧城縣西）、遼西（治所在今遼寧省義縣西）八郡，對長城沿線地區進行開發。西漢時期，經過一系列的戰爭，漢王朝修繕舊長城，築造新長城，從西到東設置張掖（治所在今甘肅省張掖市）、朔方（治所在今內蒙古磴口縣）、五原（原九原郡）、雲中、定襄（治所在今內蒙古和林格爾縣）、西河（治所在今內蒙古杭錦旗）、上郡、漁陽、右北平等十一郡，並從中原地區遷徙大量的農業人口到這些郡墾田種地，破壞了原有的草原生態，衝擊了草原游牧民族的飲食生態系統。

鮮卑從大興安嶺南遷至今呼和浩特地區後，在今和林格爾縣北先後建立了代和北魏政權，該地區臨近中原地區，在歷史上就已被開發為農業區或半農半牧區，因受中原農業區的影響也開始逐漸把一些草原地帶開墾為農田。如北魏建立之初，

1　李延壽：《北史·突厥傳》，中華書局，1974年。

拓跋珪在都城盛樂（故城在今內蒙古和林格爾縣北）附近「息眾課農」，又在邊塞進行屯田，還把內地的居民遷入盛樂附近從事農業生產。突厥占據草原地區時期，由於陰山以南的黃河流域地帶土地肥沃，又有墾殖的歷史。唐朝為了對突厥加強管理，在漠南地設置都督府、都護府，把農業生產技術帶入突厥地，進行農業生產。對牧區的農業開發，在一定程度上影響了鮮卑、突厥等游牧民族傳統的飲食文化。

遼代契丹民族統治草原地區時期，因內蒙古黃河沿岸、岱海盆地、山西省北部、河北省北部、東北平原的西部土地肥沃，便於灌溉，遂把內地從事農業的人口遷徙此地，變草原為耕地，發展農業經濟。其中契丹的發源地西遼河流域，地處燕山山脈和大興安嶺山脈的夾角地帶，是銜接華北平原、東北平原和蒙古高原的三角區域，「負山抱海」「地沃宜耕植，水草便畜牧」，加之山巒疊伏，草木茂盛，河湖交錯，有著十分優越的農、林、牧、副、漁多種經濟資源。上京臨潢府（故城在今內蒙古巴林左旗東）與松遼平原接壤，又有眾多的河流、湖泊，「地宜耕種」，逐漸形成半農半牧的地區，出現以農養牧、以牧帶農的景象。此外，遼代還在今海拉爾河、石勒喀河、克魯倫河流域的水草豐美之地開墾耕種。這些原生的自然條件和變牧為農的開發，對契丹族飲食文化有一定的影響，食物結構出現了米、麵、肉、乳兼容的局面。

元明時期，繼續對水草豐美的地區開墾種地，造成了一定程度的草原生態的破壞。但包括這一時期及此前的幾次開發，多為中原地區農耕民族的自發遷徙或政府的局部遷徙，人口數量有限，開墾的草原面積較小，被破壞的草原生態很快恢復。根據我國氣候史研究成果，歷史上曾發生四個寒冷期，即西元前一〇〇〇年（夏家店上層文化初期）、西元四〇〇年（十六國末期）、西元一二〇〇年（金代中晚期）、西元一七〇〇年（清代前期），這四個寒冷期影響了草原生態環境的良性循環，出現草原退化、沙化現象。氣候回升到溫暖期後，草原植被又會恢復，基本上沒有造成太大的破壞，因而對飲食文化的影響較小。

清朝晚期至民國時期實行的開放蒙荒和蒙地放墾政策，使內地農民大量湧入內蒙古地區，在荒地、牧場上開田種地，嚴重破壞了草原植被，致使生態失衡、水土

流失，加之空氣乾燥、降水量減少、無霜期縮短等自然氣候的影響，草原大面積沙化。其嚴重後果是水土流失逐年加劇，降水量普遍減少，風沙天氣增多，自然災害頻繁發生，草原退化及能量流失。以致於「歷史上，被匈奴貴族赫連勃勃選作大夏國都城的統萬城不見了；西漢中葉以後穿過崑崙山北麓和天山南麓的南北兩道中外聞名的絲綢之路不見了；一千多年前豐美無比的鄂爾多斯大草原不見了……」[1]蒙古族土默特部傳統的飲食文化也不見了，所處地已是一片農田，無法聯想到「天蒼蒼，野茫茫，風吹草低見牛羊」的自然景觀。飲食文化幾乎全部漢化，蒙古族「農重於牧，操作也如漢人」了。其他蒙古族諸部也因生態的變遷，傳統的飲食文化正在弱化和消失。

二十世紀五〇年代以來，片面強調「以糧為綱」的政策，曾經對許多牧場進行盲目開發，加之自然條件的持續惡化，導致了草原退化、沙化及能量流失嚴重。近年來，隨著國家和地方政府頒佈實施恢復生態的政策與措施，如圈養牲畜、退耕還草、退耕還林等政策，自然條件逐步得到恢復和發展，有效地遏止了草原沙化、退化及能量流失，對實現草原生態環境的良性循環起了一定的作用，也對現今民族傳統飲食文化的保留和傳承有著積極影響。

如此，在歷史的發展過程中，隨著自然現象的變化和人為因素的影響，草原生態環境也隨之發生變化，中北地區傳統的飲食文化，呈現出多樣化發展的趨勢。

1　何博傳：《山坳上的中國》，貴州人民出版社，1989年，第251-252頁。

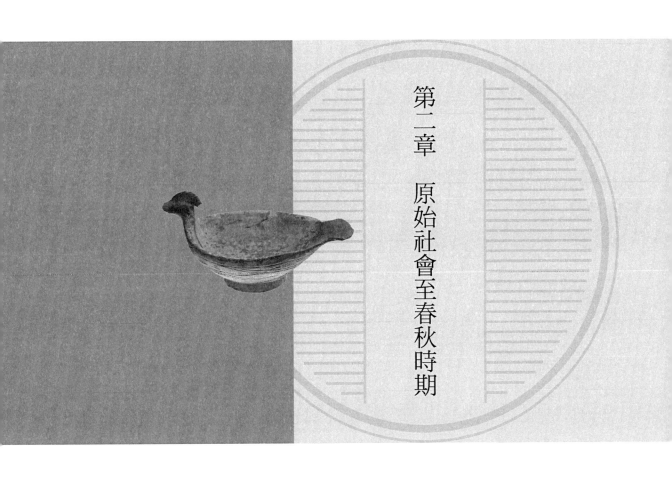

第二章　原始社會至春秋時期

人類從原始時期就產生了初級形態的飲食文化，中北地區也不例外。但這一時期沒有產生文字，我們只能從考古學的資料中進行分析，以文化學、生態學等資料作為佐證，一窺中北地區原始飲食文化。從考古學上看，原始時期可分為舊石器時代和新石器時代兩個發展階段，即距今50萬年至4000年，包括了原始群婚時期、血緣家族時期、母系氏族時期、父系氏族時期等社會發展階段。社會經濟經歷了由最初的採集、狩獵到原始農業的發展階段，從而揭開了中北地區飲食文化的歷史帷幕。在原始社會晚期，貧富分化現象的嚴重，私有制的產生，階級的出現，促使氏族社會迅速崩潰，人類迎來了文明的曙光。恩格斯指出：「文明時代是學會對天然產物進一步加工的時期，是真正的工業和藝術產生的時期。」[1]夏、商、周時期，中北地區的氏族部落分佈林立，處於北方游牧民族的發生時期。其中，商代在鄂爾多斯地區出現的林胡和樓煩，是兩個較大的部族。西周時期，在中北地區的東南部出現了山戎。從文化特徵看，草原風格的飲食文化已經出現，即「食肉飲酪」的飲食文化範式開始形成，與之相應的飲食文化現象在獨特的生態環境影響下呈現出地域性、民族性的特點。

第一節　飲食文化的產生與初步發展

在中北地區，考古學資料表明在距今50萬年就已經有人類活動的遺跡，以內蒙古呼和浩特地區為中心形成了大型砍砸器—尖狀器的舊石器時代早期文化系統，一直延續到舊石器時代晚期。在距今5萬至3.5萬年，鄂爾多斯地區又形成了以小型刮削器為代表的文化系統。在新石器時代，內蒙古中南部和東南部地區形成了原始文化的區系類型，當時處於一個原始農業經濟時代，兼營狩獵和採集經濟，還沒有出現游

---

[1] 恩格斯：《家庭、私有制和國家的起源》，《馬克思恩格斯選集》第四卷上，人民出版社，第23頁。

牧。這一時期的飲食文化處於產生和初步發展階段。

一、原始生態環境下飲食文化的產生

中北地區原始時期可分為兩個階段：第一個階段從距今50萬年至1萬年，考古學上稱為舊石器時代；第二個階段從距今1萬年至4000年，考古學上稱為新石器時代。舊石器時代文化遺址，以內蒙古呼和浩特市大窯文化遺址、鄂爾多斯市薩拉烏蘇文化遺址、滿洲裡市扎賚諾爾人類化石遺跡為主，分別代表了該地區中部、西部、東部三大區域的原始文化特徵，從各遺址文化層中所包含的植物孢粉、哺乳動物組合、文化遺物等情況可以反映當時的生態環境狀況，並可看出飲食文化的基本情況。

大窯文化遺址[1]位於內蒙古呼和浩特市東郊大窯村南山四道溝和二道溝，屬於該文化的還有陰山山脈的各個舊石器時代文化遺址或石器地點，如呼和浩特市東郊榆林鄉前乃莫板村、馬鬃山南坡、保合少鄉南水泉村、卓子山縣三道營鄉後營子村、武川縣大青山鄉二道窪村、四子王旗供濟堂鄉阿瑪烏蘇村北、巴彥淖爾市烏拉特後旗杭蓋戈壁西南等。[2]特別是大窯文化包括了從50萬年前延續到1萬年前舊石器時代早期、中期、晚期的人類活動遺跡和文化內涵。根據遺址地層出土的動物化石和孢粉取樣測試結果，可知當時的氣候與環境狀況。地質學上的中更新世晚期（舊石器時代中期）離石黃土中，哺乳動物化石有五目十六屬種，下部土層多含腫骨鹿、三門馬、斑鹿、馬等大型哺乳動物化石，以草食動物為主，表明這一時期有大面積的草原植被環境；上層土層多含嚙齒類、兔形類小型哺乳動物化石，還有鴕鳥蛋片，以耐旱動物為主，說明氣候乾旱，多風沙。從植物孢粉測定看，中更新世

1　內蒙古博物館、內蒙古文物工作隊：《呼和浩特市東郊舊石器時代石器製造場發掘報告》，《文物》，1977年第5期；汪宇平：《呼和浩特市大窯村四道溝東區舊石器時代石器製造場1983年發掘報告》，《史前研究》，1987年第2期；汪宇平：《大窯村南山四道溝西區1983年發掘報告》，《內蒙古文物考古》，1986年第4期。

2　汪宇平：《內蒙古陰山地帶的石器製造場》，《內蒙古文物考古》，1981年創刊號。

早期（舊石器時代早期）是半乾旱草原向針闊葉林草原過渡的植被帶，該帶頂部的木本植物比例有所上升。這一孢粉帶，以耐旱草本植物占絕對優勢，反映了大陸性半乾旱為主導的古氣候型，但其中有一段針闊葉木本成分有所增長的時期，說明此期古氣候較為溫濕，該帶反映的氣候具有乾旱—濕潤旋回的特徵。中更新世晚期以草本植物為主，木本植物幾乎不見，植被帶為標準的蒿藜乾旱草原，反映的古氣候為乾旱型，並多風沙。晚更新世（舊石器時代晚期）的植被帶以草本植物為主，木本植物的比例增加，表明氣候開始轉暖，溫度、濕度均有增高。這樣，大窯文化遺址所處的陰山南麓地區，從早到晚氣候由溫濕向干寒轉變，又由干寒轉向溫濕，是一種森林草原生態環境。

薩拉烏蘇文化遺址[1]正好處於鄂爾多斯高原的南部，包括烏審旗大溝灣、嘀哨溝灣、楊四溝灣、清水溝灣、曲家溝灣、范家溝灣、邵家溝灣、米糧溝灣、劉家溝灣、楊樹溝灣等，寧夏靈武市水洞溝文化遺址[2]也屬於這個文化系統。距今3.5萬年至3萬年之間，處於舊石器時代晚期，從出土的第四紀哺乳動物化石看，草食動物占多數，這裡曾經佈滿了草原、森林和湖泊。我國著名考古學家裴文中先生指出：「特別是在陰山山脈的南麓，可能在一個廣大的地區中，有由山上積雪彙集而成的河流和湖泊，成為許多動物和人類聚集之地。河套人生活在現在的薩拉烏蘇河的兩岸，在河的兩旁是廣大的平原草地，在河湖的附近生長著草木。在平原草地上，有河套大角鹿、有赤鹿、有野豬，也有善於奔馳的羚羊、野驢和野馬。不怕乾旱的，還有駱駝和一些嚙齒類。在河旁有水牛及原始牛，來吃河旁比較豐富的水草。有決定意義的是納瑪象、披毛犀和赤鹿，都生活在水草之上。」[3]在舊石器時代晚期，薩拉烏蘇河一帶的氣候較為溫暖、濕潤，在密佈的草原中，湖泊與

1   汪宇平：《伊盟薩拉烏蘇河考古調查簡報》，《文物參考資料》，1957年第4期；《內蒙伊盟南部舊石器時代文化的新收穫》，《考古》，1961年第10期；黃慰文、衛奇：《薩拉烏蘇河的河套人及其文化》，《鄂爾多斯文物考古文集》（內部資料），1981年，第24-32頁；衛奇：《薩拉烏蘇河舊石器時代考古史（上）、（下）》，《文物春秋》，2005年第5、6期。

2   寧夏文物考古研究所：《水洞溝》，科學出版社，2003年。

3   李榮：《鄂爾多斯遠古史初探》，《鄂爾多斯文物考古文集》（內部資料），1978年，第23頁。

河流隨處可見，還有沙漠和稀疏的森林，其間生存有許多的草食動物和數量較少的肉食動物。如薩拉烏蘇組地層中出土有犀牛、象、馬、狼等晚更新世常見的動物化石，為人類生存和原始經濟的發展提供了條件。

扎賚諾爾人化石地點[1]位於內蒙古呼倫貝爾市滿洲裡東部，在扎賚諾爾人活動的範圍內，發現小孤山和蘑菇山舊石器時代晚期遺址[2]。從古人類化石出土的地層下含植物莖葉較多的黑色黏土和含人類化石沙層中的孢粉分析，草本植物占孢粉總數的80%，蒿的花粉占孢粉總數的52%，還有禾本科、藜科、蓼科、傘形花科和菊科。喬灌木花粉占孢粉總數的17%，有松、冷杉、樺、櫟、椴、榆、胡桃等落葉闊葉和常綠針葉樹種的花粉。這表明在1萬年前，扎賚諾爾地區並不是全部被草原覆蓋，而是呈現森林草原景觀。在孢粉取樣中，還經常發現生長在淺水、淡水和靜水池沼中的短棘盤星藻、雙星藻、香蒲、苔蘚等，表明該地還有一定數量的湖泊和沼澤。通過孢粉分析，扎賚諾爾人生活在冰後期氣溫較好轉的時期，前期湖泊、沼澤分佈很廣，森林較多；後期森林減少，草原擴大。這些生態環境的形成，為當地飲食文化的產生與發展奠定了基礎。

馬克思說過：「人們為了能夠『創造歷史』，必須能夠生活。但是為了生活，首先就需要衣、食、住以及其他東西。因此第一個歷史活動就是生產滿足這些需要的資料，即生產物質生活本身。」[3]歷史唯物主義認為：「人們首先必須吃、喝、住、穿，然後才能從事政治、科學、藝術、宗教等；所以，直接的物質的生活資料的生產，從而一個民族或一個時代的一定的經濟發展階段，便構成為基礎，人們的國家設施、法的觀點，藝術以至宗教觀念，就是從這個基礎上發展起來的。」[4]人類誕生後，首要的活動是如何尋找食物，然後才能從事其他活動，在生產實踐中創造出最

1　扎賚諾爾考查小組：《扎賚諾爾第四紀地質新知》，《東北地質科技情報》，1976年第1期。
2　汪宇平：《扎賚諾爾蘑菇山舊石器時代晚期遺址》，《內蒙古文物考古文集》第一輯，中國大百科全書出版社，1994年，第62-71頁。
3　《馬克思恩格斯選集》第一卷，人民出版社，1972年，第32頁。
4　《馬克思恩格斯選集》第三卷，人民出版社，1972年，第574頁。

▲圖2-1 舊石器時代晚期的細小石器，內蒙古烏審旗薩拉烏蘇文化遺址出土

初的飲食文化，在此基礎上從而上升到制度文化、精神文化領域，最後形成具有區域性、民族性的飲食文化。

　　中北地區從距今50萬年就開始有人類活動，並為生存而從事簡單的勞動，主要是獲取自然界的植物、動物來維持生活，靠採集、狩獵等原始經濟活動獲取飲食資料。大窯文化遺址出土的哺乳動物化石有鬣狗、三門馬、野驢、披毛犀、馬、犀牛、腫骨鹿、斑鹿、馬鹿、普氏羚羊、原始牛、野牛、兔、鼠等，還出土有砍砸器、尖狀器、刮削器、石錘等生產生活用具，石器的體型較大，形成了舊石器時代的砍砸器─三棱大尖狀器大型石器文化系統。這些工具雖然非常簡陋和粗糙，但根據用途的不同製造形狀各異的工具，如砍砸器用來砍伐樹木，尖狀器用於採集植物的根、莖，刮削器用於刮剝獸皮和製作狩獵、採集用的工具，石錘是用作開採石料和製作大型工具，說明原始人類已經為了生存製作簡單的生產工具。在薩拉烏蘇文化中，發現有典型的第四紀哺乳動物化石和刮削器、尖狀器、石葉等細小石器，屬於舊石器時代的刮削器─雕刻器小型石器文化系統。這樣的小型工具，一方面是限於石料的缺乏，另一方面大型工具用起來不方便，而小型工具使用更為靈便，這樣使原始人類製作工具向小型化發展，標誌著生產工具的進步。寧夏靈武水洞溝舊石器時代晚期遺址也屬於小型石器文化系統，出土了用骨片磨成的骨錐和鴕鳥蛋皮磨製的圓形穿孔飾物，說明當時的人們除了食取動物肉食外，已經懂得將

動物骨骼製作成最初的藝術品，出現了原始的與飲食相關的造型藝術。這樣在中北地區的核心地就包括了我國舊石器時代的兩大石器文化系統，其文化的發展處於同時期其他地區的前列，揭開了中北地區飲食文化的歷史帷幕。

二、原始經濟與飲食文化的初步發展

進入新石器時代以後，人類的活動足跡已遍布整個中北地區。由於東、西部生態環境的差異和受中原地區原始文化影響的不同，這一時期從以內蒙古為中心的原始文化區系類型看，可分為東南部地區和中南部地區兩大發展序列，時間在距今8000年至4000年之間。內蒙古東南部地區的原始文化發展序列為興隆窪文化、趙寶溝文化、富河文化、紅山文化、小河沿文化，[1] 中南部地區原始文化發展序列為白泥窯文化遺存、廟子溝文化遺存、阿善文化遺存、老虎山文化遺存、永興店文化遺存、客省莊文化系統遺存。[2] 諸文化所反映的飲食內涵或前後承繼，或並行發展，或相互影響，並與周邊地區及黃河中下游地區的原始飲食文化相互交融。

中北地區飲食文化出現的歷史條件分為兩個方面，即自然條件和社會歷史條件。自然條件就是生態環境的變遷，對中北飲食文化的產生起了很大的作用。中北地區的原始時期，先以採集、狩獵、捕魚為生，後又從事原始農業生產，兼營採集、狩獵、飼養等經濟活動，飲食文化的發展是隨著當時的經濟活動的發展而發展的。當氣候條件和地理環境不再適應農業經濟的發展時，牧業經濟迅速代替其主導地位，當地的主體文化也隨之從畜牧向游牧式特點轉變，從而產生了中北地區飲食文化發展的範式。

1　郭治中：《內蒙古東部地區新石器——青銅時代的考古發現與研究》，《內蒙古文物考古文集》第二輯，中國大百科全書出版社，1997年，第13-23頁。

2　魏堅、崔璇：《內蒙古中南部原始文化的發展與研究》，《內蒙古文物考古文集》第一輯，中國大百科全書出版社，1994年，第125-143頁。

❶ · 原始經濟的發展

在北方的長城地帶，是歷史上最明顯的農牧交錯分佈的地區。這一時期，東南部新石器時代諸文化遺址，都出土了數量較多的農業生產工具，以磨製石器為主，特別是趙寶溝文化和紅山文化石耜的出現，說明已進入耜耕農業階段。農業經濟的繁盛，推動了飼養業的發展，在8000年前的興隆窪文化中已經飼養豬，如墓葬中發現有人豬合葬的現象，表明已經將日常飼養的家豬作為殉葬品隨葬，也可能是用肉食品作為某種祭祀的犧牲。到了紅山文化時期已經馴養了豬、牛、羊。但在諸文化遺址中，未見農作物遺跡。根據當時的氣候狀況和農業發展程度以及內蒙古地區農作物的生長情況，原始人類種植的農作物以粟為主，兼種黍、稷等。可見，當時的農業經濟非常發達，為人類的飲食提供了豐富的原料。

狩獵在原始社會經濟發展中始終占有重要的地位，根據地理沉積環境研究，內蒙古東南部地區新石器時代屬於暖溫氣候，植被為草原、森林，且森林面積分佈很廣，適於野生動物的生存，這為古人類提供了優越的發展狩獵經濟的條件。在各個文化遺址中，幾乎都發現了狩獵工具和動物骨骼。狩獵工具主要有石球、石鏃、刮削器、骨梗石刃器，其中，細石器是狩獵經濟的重要標誌。從動物種類看，出土的骨骼多為鹿、麕，人類除食用其肉類，還用肢骨和角製作工具。如在趙寶溝文化遺址中，出土的野生動物有馬鹿、斑鹿、麕、牛、貉、獾、熊、鼴鼠、黃鼠、天鵝、雉等，成為當時人類獵獲的主要對象。在富河文化遺址中，農業生產工具比較粗

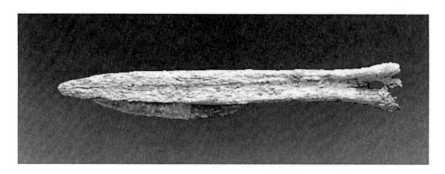

▲圖2-2　新石器時代——小河沿文化的骨梗石刃刀，內蒙古赤峰元寶山區哈拉海溝墓地出土

糙，打製石器占優勢，農業經濟不很發達，但細石器和骨器數量較多，狩獵經濟在社會經濟中占主要地位。

另外，採集始終作為原始經濟的一種補充手段，從內蒙古敖漢旗興隆窪文化和趙寶溝文化遺址中出土的胡桃楸果核看，這類植物比較多，人類把富有營養的胡桃楸作為採集的食物。從採集工具看，有石製的尖狀器、骨製的角錐，有的農業生產工具如石刀、蚌刀等也是多功能工具，可作為採集工具使用。隨著農業的發展，採集經濟的比重逐漸減少。在一些遺址中還出土有骨魚鏢、骨梗石刃魚鏢、骨魚鉤和蚌貝裝飾品，說明漁業經濟在社會經濟中也占有一定的比例。綜上所述，內蒙古東南部地區新石器時代的經濟，以原始農業為主，兼營狩獵、採集、飼養、捕魚等經濟活動，農作物、植物的根、莖、葉、果、家畜、野生動物和水生動物等成為古人類的飲食來源。

❷·原始飲食文化的發展

陶器的發明和燒製，使人類擺脫了手捧進食階段，進入有烹具飲食的時期。飲食器以陶器為主，有個別的玉石器、骨器，在用途上分為盛食器、進食器、炊煮器、飲水器、酒器和貯藏器，類別有陶缽、碗、盤、豆、尊、杯、罐、甕、壺、石製筒形罐、骨匕、玉匕等。器表除素面外，還有較多的紋樣裝飾，有彩陶或彩繪陶或仿生造型，使飲食器具有多彩多姿的造型藝術。在諸文化類型中，陶器表面裝飾的「之」字紋為主要特徵，這是內蒙古東南部地區文化系統的共性。興隆窪文化的陶器外表形成弦紋帶、附加紋帶、主體紋帶的「三段式」紋飾，佈局錯落有致，有的器表直接施之字紋、橫人字紋等。進食器玉匕也出現了。趙寶溝文化的陶器外表多數經磨光後施幾何紋、之字紋、動物紋、指甲窩紋、壓劃形紋等。動物紋最具特色，通常施於尊形器的腹部，主體圖案為鹿形瑞獸，集多種動物為一體，體現了原始人類豐富的想像力，或為某種原始圖騰的象徵。彩陶比較少，均施黑彩條帶紋，開始出現色彩藝術。在內蒙古翁牛特旗徵集到一件鳳形陶杯，具有圓雕的藝術風格。紅山文化的陶器表面多數施紋樣，有之字紋、篦點紋、指甲紋、戳印紋、席

紋、附加堆紋，彩陶大量出現，原始色彩藝術進一步發展。玉器中多出現仿生造型，如玉龍、玉豬龍、玉鳳、玉鴞、玉龜、玉蟬、玉蠶等。小河沿文化與紅山文化的承襲關係，出土有彩陶器和磨光黑陶器。陶器的外表多數裝飾紋樣，富於變化，基本上脫離了之字紋裝飾，除固有的劃紋、印紋外，還出現繩紋，並有代替之勢。磨光黑陶器標誌著新石器時代陶器發展的最高階段。在少量陶器上刻繪文字符號，彩繪陶有黑、紅、白三彩，以直線為主，並構成菱形、三角形、半圓形幾何紋圖案，有的在其間填補動物紋。這些都反映了飲食器原始造型藝術的豐富和發展。

從居住形式和墓葬隨葬、祭祀情況可以看出當時人類的飲食方式與飲食社會功能。在各個文化遺址中，普遍發現聚落遺址，房址居住面的中央設置灶坑，除了取火保暖外，主要是用於炊煮食物，圍灶而食。如興隆窪文化的房址發現有用石板壘砌的灶坑，紅山文化的房址發現有壁灶。由此可以看出與飲食相關的文化初步發展。原始人類在生活資料獲得滿足的同時，對自然界的一些現象和其祖先產生了某種敬畏感，產生了用飲食與飲食器供奉的方式，以示對自然現象和祖先的敬意。他們還認為人死後靈魂依然存在，按生前的生活習慣予以埋葬，可以使死者的靈魂得以安息，一般隨葬有生產工具、飲食器、食物原料，表現了人類的飲食在禮俗方面的重要性。如興隆窪文化墓葬中的人豬合葬現象、紅山文化墓葬中的隨葬陶器等。在小河沿文化的墓葬中，男性多隨葬生產工具，女性多見紡織工具，男女的社會分

◀圖2-3　新石器時代──趙寶溝文化的鳳形陶杯，
　　　　內蒙古敖漢旗翁牛特旗徵集

工非常明確，並且出現夫妻合葬墓，說明一夫一妻制家庭已經在社會組織結構中存在，人類已邁進了文明的門檻。

內蒙古中南部地區，從現在的地理氣候環境看，在黃河流域的河曲內，氣候較為溫暖，土地肥沃，利於農業經濟的發展，屬於典型的農區，其間還有農牧交錯地帶。在河流階地兩側、黃土丘陵區、覆沙低丘陵、覆沙波狀高平原地區及沖洪積平原上多闢農田，以旱作農業為主，部分地區發展為水澆地；在中低山地、陡坡丘陵地區、沙地開闢為牧區；在一些中、低山地還開闢林區，但不占主要地位。新石器時代，這裡氣候比現在濕潤，河流和湖泊分佈較廣，宜於開發農業生產，促進了原始農業氏族的形成。

從諸文化遺址看，當時人類過著定居的生活，農業經濟一直是主要的經濟部門。農業生產工具非常先進，以磨製為主，種類增多，器體變薄，鑽孔技術頗為發達，廣泛使用裝柄的復合工具，提高了社會生產力。陶器的製作和家畜的飼養，也能看出當時農業經濟發展的狀況。飲食器主要為陶器，製作相當精緻，在很長一段時期內平底器占出土陶器的多數；到新石器時代晚期，三足器的數量開始增多，在有的遺址中居主導地位，說明農業經濟相當發達。家畜飼養是這一時期的重要經濟特徵，廟子溝文化遺存中出土有許多豬、狗、牛、羊的骨骼，只有農業經濟發展了，飼養業才會迅速發展起來，最後演變為畜牧經濟，並從農業中分離出來，產生了社會的第一次大分工。

諸遺址中出土了狩獵工具，有石鏃、石球、刮削器、骨梗石刃刀等類型，有的遺址出土的數量和種類較多，說明狩獵業仍在經濟中占有重要的地位。從內蒙古涼城縣王墓山坡上遺址[1]出土的動物骨骼看，有麂、馬鹿、黃鼠、鼢鼠、鳥等。在其他文化遺址中出土有用鹿或麂的角製成的骨角器，鹿和麂是當時人類捕獵的主要對象，並作為重要的食物。但與內蒙古東南部地區相比，狩獵在這裡顯得不那麼主

1　內蒙古文物考古研究所：《涼城縣王墓山坡上遺址發掘報告》，《內蒙古文物考古文集》第二輯，中國大百科全書出版社，1997年，第238-270頁。

要，這與地理條件和農業的發達程度有很大關係。在內蒙古中南部地區，新石器時代的農業經濟一開始就比較發達，人類已不需要把採集經濟作為生存的手段，它甚至退居最次要的地位。在眾多的文化遺存中，僅見廟子溝文化遺存有角錐等採集工具，生產工具以磨製為主，說明採集經濟已退居次要位置，人類不再主要依靠採集獲取天然植物生存。早期文化遺址中出土有骨魚鏢等捕魚工具，還有魚、螺螄、蚌殼等水生動物遺骸，捕撈經濟仍占有一定的地位。由此可見，內蒙古中南部地區新石器時代的經濟以農業為主，飼養業較為發達，兼有狩獵、採集、捕撈等，反映在飲食結構方面則以農作物食物為主，與內蒙古東南部地區新石器時代的飲食結構相比，有較大的差異。

飲食器具主要為陶器，分盛食器、進食器、飲水或盛水器、汲水器、炊煮器、貯藏器和酒器等類別，具體有缽、碗、盤、豆、瓶、壺、罐、甕、匕、杯、甗（yǎn）、鬲（lì）、盂、尊、甑（zèng）、簋等，器類增多。在器表一般裝飾紋樣，還有彩繪藝術，可看出與農業的發展對飲食器具發展的促進作用。在已發現的文化遺存中，較為典型的如白泥窯文化遺存，它相當於中原地區仰韶文化的早、中期，陶器分泥質紅陶、泥質褐陶、泥質灰陶、夾砂紅陶、夾砂褐陶，多為紅陶。器口變化較多，以平底器為主，還有圓底器和尖底器，缺少圈足器。陶器外表除素面外，裝飾有

◀圖2-4　新石器時代 ── 廟子溝文化的鱗紋彩陶壺，
　　　　內蒙古察哈爾右翼前旗廟子溝文化遺址出土

彩繪、線紋、弦紋、附加堆紋和器鈕。在相當於仰韶文化晚期時，該地的文化又受到大司空文化、仰韶文化廟底溝類型、紅山文化的多重影響，形成了廟子溝文化遺存，以聚落遺址、彩陶、石器為特徵。陶器分泥質灰陶、泥質紅陶、泥質黑陶、夾砂褐陶等，均為手製。以平底器為主，不見圈足器和三足器。器耳很發達，多呈環狀，造型藝術有所發展。泥質陶器表面多素面磨光或施籃紋；夾砂陶主體紋飾以繩紋為主，有的並見方格紋與線紋，配合主體紋飾的有附加堆紋、劃紋、壓印紋、連點紋。彩陶較為發達，色彩有紅、褐、黑、紫、赭色，紋樣有方格網紋、鱗紋、渦紋、曲線紋、垂弧紋、直線紋、三角紋、鋸齒紋、橢圓點紋、草葉紋等，常見內彩和復彩。又如阿善文化遺存，相當於仰韶文化向龍山文化的過渡時期，陶器有泥質灰陶、泥質黑陶、夾砂褐陶，還有少量的黃陶和白陶，均手製。器口變化多樣，以平底器為主，偶見圈足器。罐、瓶、杯多附雙耳或單耳，耳呈拱形，除起鋬手的作用外，更注重器物造型的美觀。器表紋飾多為籃紋，還有連點刺紋、方格紋、附加堆紋、壓印紋、刻畫紋。彩陶不見，只有少量的彩繪陶。而在內蒙古中南部發現的4000年前的老虎山文化遺存，是農業文明在中北地區的第二次碰撞，其標誌就是石城聚落群和三空袋足器的出現。陶器以平底器為主，三足器的比例有增多的趨勢，耳、鋬發達。器表紋飾主要為繩紋、籃紋，還有附加堆紋、方格紋、刻畫紋、戳印紋、弦紋等，飲食器裝飾藝術趨於簡化。老虎山文化陶器中的尖底腹斝（jiǎ，古代青銅製的酒器，圓口，三足。）──斝式鬲的發展譜系，對內蒙古東部地區夏家店下層文化和山西的陶寺類型有很大的影響，促成了這些地區「方國」的形成與發展。

　　新石器時代，與飲食相關的禮俗主要表現在葬俗和祭祀中。人死後，生者為了保留死者生前的生活狀況，用飲食器和生產工具等作為隨葬品，來祭奠死者。在新石器時代晚期，還出現了用狗和豬的上、下頜骨隨葬現象。另外，人類還專門築祭壇，擺設飲食用具和食物祭祀祖先和天地。用動物的肩胛骨製成卜骨，來占測人的生死病災和日常生活中的事情。

　　綜上所述，在中北地區，由於受自然生態環境的制約和影響，舊石器時代的原始人類製造粗糙的生產工具，從事簡單的狩獵、採集活動。新石器時代原始人類以

農業經濟為主，兼事狩獵、採集、捕魚等經濟活動，增加飲食來源的手段不斷增多。飲食器不但結束了原始人類手烹的歷史，還將自然界的物像用於器物的裝飾和造型，並運用於原始禮儀之中，豐富了飲食器的文化內涵。

三、飲食階層性的產生

飲食文化所反映的階層性，是指一個地域內民族或群體的人們由於政治、經濟、文化地位的不同，從而形成的飲食生活和飲食文化的差異性。這種差異主要是由貧富懸殊造成的，在階級社會中是由階級差異造成的。在中國飲食文化的研究領域中，把封建時代的飲食文化層次分為果腹層、小康層、富家層、貴族層、宮廷層。[1]中北地區的飲食階層在新石器時代晚期就已經出現，在其後的時期和在誕生的游牧民族中更加明顯，可以分為上層社會、中層社會、下層社會三個層面。

飲食文化階層性與社會階層性的產生是一致的。在人類誕生以後，飲食的歷史也便開始，我國從距今170萬年就發現有人類活動的遺跡，可見飲食的發展經歷了漫長的歷史時期。在中北地區，大約在距今50萬年出現了大窯古人類，這標誌著中北地區飲食史的開端，並且在原始時期歷經飲食共有、飲食私有萌芽和飲食私有階段。中北地區與中國整個歷史時期一樣，都經歷了前氏族、母系氏族、父系氏族以及向階級社會過渡階段。特別是進入夏商以後，飲食的階層性凸顯，這主要是由於私有制的發展而造成的。

❶·共有制階段的飲食文化

在前氏族階段，社會生產力十分低下，古人類完全依靠向自然界獲取生活資料為生，內蒙古呼和浩特市東郊大窯舊石器時代早期文化遺址代表了中北地區這一階段的社會發展狀況，約從距今50萬年延續到距今15萬年左右。從大窯古人類的原

1　趙榮光、謝定源：《飲食文化概論》，中國輕工業出版社，2000年，第90頁。

始生產能力極低的狀況看，無法保障飲食供給及粗糙的飲食，直接影響著人類的健康，一般壽命較短。在大窯文化舊石器時代早期遺址中，共出土石製品1300餘件，可以說明當時的人口並不很多。但根據石器製造場的規模看，已經形成具有一定人口的血緣家族，為後來以相同血緣關係結合的人類社會群體——氏族的產生創造了條件。

大約在距今五六萬年，人類進入了母系氏族社會階段，氏族成員之間以母系血緣為紐帶。由於生產力水平仍然低下，為了更好地生存，人們依靠氏族集體的力量，共同勞動，逐漸在氏族內部形成了生產和生活資料的公有制。而共同勞動、集體生產、產品平均分配、共同消費，是母系氏族階段的分配原則。在中北地區，這一階段恰好是大窯舊石器時代晚期和薩拉烏蘇文化時期，並且一直延續到以紅山文化為代表的新石器時代中期。

新石器時代的社會組織仍以血緣關係為紐帶，處於母系氏族和父系氏族時期，氏族成員共同勞動，共同分享勞動果實，由氏族首領統一安排生產和生活活動。如在內蒙古東南部地區的興隆窪文化，其聚落由環壕圍繞，一個氏族處於同一地域內。在居住址內發現有石雕女神像，這是對母系制祖先的崇拜物，說明當時正處於以母系血緣關係為紐帶的母系氏族社會。墓葬以單人葬為主，個別有雙人葬，而且多在居室內埋葬，隨葬品多為裝飾品，少見陶器，是對偶婚[1]的表現形式。他們儲存食物和生產、生活用具的窖穴多在居住址的外面，說明這些東西屬集體所有，尚未出現私有現象。

在這一時期，人類很大一部分的飲食來源依靠從自然界獲取，為了更好地生存和抵禦自然災害，集體的力量尤為重要，形成了集體勞動平均分配，財產共享的生活方式。那麼，在飲食的分配和消費方式上也是如此，說明人類社會發展史上存在著共食的現象。

1　對偶婚是原始社會後期群婚向單偶婚過渡的一種婚姻形態。不同氏族的一對男女結為配偶，一般為男子夜晚在女家留宿，清晨回自己村莊勞動。沒有共同的經濟生活。結合不穩固，子女歸母親。

❷·私有制萌芽階段的飲食文化

距今5000年，進入了考古學上的新石器時代中期，在社會組織上處於母系氏族向父系氏族社會過渡的時期。從經濟類型上看，這一時期已經進入耜耕農業階段，農業與飼養業進一步發展，採集和狩獵為補充。以家族為單位的生產方式逐漸取代以氏族為單位的生產方式，私有的觀念逐漸產生。但同時，隨著氏族的擴大，結成了共同的利益氏族聯盟，為獲取更多的飲食等生活資料提供了條件。農業的進步和氏族的擴張，使食物出現了剩餘，也使氏族和家族產生了私慾，財產私有和社會分配不平等的現象隨之產生。

中北地區的考古學資料表明，從距今五六千年的紅山文化聚落形態來看，當時已開始步入文明時代。如在祭廟遺址中出土了石雕女神像或陶塑女神像，說明此時處於母系氏族時期的繁榮階段。但從墓葬規模來看，已有大、小之分。大型墓葬結構講究，多隨葬玉器，小型墓葬只有少量或沒有任何隨葬品。有單人葬和多人葬，多人葬為二次葬，先葬者隨葬品豐富，後葬者隨葬品極為簡陋，表明已有等級之分，私有制和階級開始萌芽。

❸·私有階段的飲食文化

人類的社會結構在距今4000年時發生了根本性質的變化。原始農業的發展達到了鼎盛時期，飼養業、手工業也有了更快的發展，男子在社會中的核心作用越來越大，婚姻形態也由對偶婚過渡到一夫一妻制，從而確立了以家庭為單位的生產和生活形式，正式進入父系氏族社會階段，按照男系計算世系和父系繼承權。正如恩格斯所說：「母權制讓位給父權制，與此同時，正在產生的私有財富，在氏族制度上打開了一個缺口。⋯⋯一句話，氏族制度已經走到了盡頭。社會一天天成長，越來越超出氏族制度的範圍；即使是最嚴重的壞事在它眼前發生，它也既不能阻止，又不能剷除了。但在這時，國家已經不知不覺地發展起來了。」[1]在私有制產生以後，

1　恩格斯：《家庭·私有制和國家的起源》，《馬克思恩格斯選集》第四卷上，人民出版社，1972年，第111頁。

便出現了社會階級的現象，反映在飲食方面就形成了階層性，並且一直延續到後來的奴隸制社會和封建制社會。

在中北地區的原始社會晚期，考古學資料證實了父系氏族社會產生的過程和私有制的確立。如，內蒙古自治區小河沿文化的墓葬就反映了當時社會組織的變化。在氏族公共墓地中，墓葬排列有序，有單人葬、雙人葬、無骨架葬、無頭骨葬等。單人葬男子多隨葬生產工具，女子多隨葬裝飾品和生活用具，說明男女社會分工的不同，男子在社會生產中居於主導地位，以父系血緣為紐帶的血親集團已產生，即進入了父系氏族時期。雙人葬為成年男女合葬，男子在北，女子在南，一夫一妻制家庭已萌芽。無頭葬是氏族社會晚期階段所特有的現象。隨葬品雖然有多寡之分，但差別不大，貧富分化剛剛產生。阿善文化遺存偏晚階段的居住址周圍普遍出現石築圍牆，在圍牆內的地面石建築多為房子，也有的是祭壇和大房子等公共設施。老虎山文化遺存中發現石築圍牆，內有石築的房子和祭壇，意味著社會組織發生了重大變化。由此可見，從聚落形態和埋葬風習反映出社會組織由母系氏族到父系氏族的發展過程。說明到新石器時代晚期，社會已出現貧富分化，私有制產生，最初的階級對立初露端倪，飲食文化方面體現的階層性特點開始出現。

第二節　草原風格飲食文化的形成

進入夏朝以後，中北地區仍然延續了新石器時代的農業經濟，飲食來源進一步擴大，飲食結構以農作物為主，飲食器的製作和功能更加精緻與明確，飲食禮儀在墓葬和祭祀遺跡中有明顯體現，飲食階層的分化越加清晰。但在早商時期，隨著氣候由溫暖、濕潤開始向寒冷、乾旱轉變，中北地區已經不再適宜農業經濟的發展，隨之出現了牧業經濟，形成半農半牧的經濟類型，飲食文化也隨之發生改變。直到西周時期，游牧經濟誕生，具有草原風格的飲食文化逐漸形成，並一直延續到現代。

一、延續農業經濟類型的飲食文化

從考古學資料看，夏商以後，夏家店下層文化[1]（西元前2000-前1500年）和朱開溝文化[2]（西元前2000-前1300年）分別代表了內蒙古東南部地區和中南部地區的典型文化類型。在夏家店下層文化中，發現有固定的聚落遺址、製作精緻的生產工具和陶器，處於原始農業比較發達的階段。在遺址中發現有炭化的穀物籽粒，說明當時的農業發展情況。同時，儲藏糧食的窖穴和牛、羊、豬、狗等家畜遺骨的發現，揭示了當時畜牧業、飼養業、狩獵業與農業並存的狀況。在飲食器方面，除了新石器時代常見的陶器、玉器、石器、骨器外，還出現了青銅器、編織器、漆木器等，製作飲食器的材料選用範圍進一步擴大。陶器以泥質黑陶為主，陶胎多呈褐色或紅褐色。大部分陶器為手製，以泥條盤築成器壁，並有輪修痕跡，鬲、甗的空足部分為模製。器種有鬲、甗、鼎、簋、豆、缽、杯、鬶、盉、爵、尊等，以三足器和平底器為主，圈足器占有一定的比例。有部分罐帶蓋，蓋的形狀為圈足缽和三足缽形，或整體呈塔式器形，器物兩側附環形耳或乳

◄圖2-5　青銅時代──夏家店下層文化的灰陶鬲，內蒙古敖漢旗夏家店下層文化遺址出土

1　中國社會科學院考古研究所：《大甸子──夏家店下層文化遺址與墓地發掘報告》，科學出版社，1996年。
2　內蒙古自治區文物考古研究所等：《朱開溝──青銅時代早期遺址發掘報告》，文物出版社，2000年。

釘，具有外表美觀和立體感，飲食器造型藝術有了很大發展。多數器物表面經過壓磨，有光澤感，凡器表未經磨光的部位，常有縱向的繩紋印痕，平行密佈，甚至在經過輕度壓磨的表面還能隱約看出原飾繩紋，這證明表面印繩紋不是修飾器表的目的，而以壓磨去掉繩紋為修飾。少數器表有保存局部繩紋於設想的紋飾框格之中，利用它做出裝飾效果。籃紋極少，施於罐的下腹部。依施紋方法可分為壓印及劃紋、附加堆紋、鑲嵌紋三類。此外，用彩色繪畫裝飾的陶器數量很多，常與壓印、附加、鑲嵌紋配合使用。彩繪紋飾多施於鬲、罐、鼎、壺、尊、簋等，以黑灰色陶器表面為底色，繪以白、紅雙色花紋。夏家店下層文化是中國北方青銅文明較為典型的代表，屬於早期青銅時期。到商代中晚期，青銅鑄造技術達到一個新的水平，出現了大型青銅炊煮器鼎和甗。在墓葬中，多見隨葬陶質飲食器，使飲食的社會功能更加突出。

內蒙古伊金霍洛旗朱開溝文化二至四階段遺址，分別代表了夏代早、中、晚期的文化遺存。社會經濟以農業為主，出土的器物中農業生產工具占多數，以磨製石器為主，農具種類有砍伐農具、翻土農具、收割農具、加工農具，以砍伐農具數量最多，說明農作物的種植面積的擴大。收割農具多為直刃，加快了勞動效率。翻土農具的刃部寬，器體扁薄，提高了生產能力。朱開溝文化的人群過著定居生活，從遺址中發現在房屋之間存在著數量眾多、形制規整的貯存糧食的窖穴。還發現有糧食作物的炭化物，種類是粟、黍、稷等，以及豬、羊、牛等牲畜的遺骨，直接說明了農業的興盛和發展，亦可見家畜飼養業在當時所處的重要地位。

豐富和穩定了飲食來源，為創造燦爛的朱開溝文化提供了物質條件。反映在發達的製陶業上，朱開溝文化第二階段遺址的陶器有泥質灰陶、夾砂灰陶、泥質褐陶、夾砂褐陶、泥質黑陶五種陶系，其中灰陶占多數，輪製技術已運用到陶器的製作中。器口變化較多，有敞口、斂口、侈口、直口，唇部有方、圓、卷沿等類。三足器多為炊煮器和貯藏器，既實用，又美觀。圈足器用於部分盛食器，增加了立體效果。罐除小口鼓腹外，附單耳或雙耳，鬲也有附單把的類型，耳、把

呈半環狀，增加了器物外表美觀。新出現一種砂質薄胎陶器，部分陶器已使用輪製技術，使器物形狀不再單一，並逐步規整化。器表多施紋飾，以籃紋為主，繩紋次之，還有少量的方格紋、弦紋、壓印紋、刮劃紋、圓圈紋、三角紋，新出現一種類似爬行蛇狀的細泥條附加堆紋，稱為蛇紋，多裝飾在鬲的外表，有的附加堆紋組成菱形圖案。黑陶外表磨光，灰褐陶罐、盃、三足甕的口沿也部分磨光。

第三階段遺址的陶器以灰陶為大宗，泥質灰陶的數量增多，褐陶的數量增加，黑陶減少，輪製的陶器比例上升。三足器仍很發達。雙耳罐、雙大耳罐和高領罐，輪製痕跡清晰，造型工整、輕薄。除少量的磨光黑陶外，灰褐陶鬲、甗、罐等口沿磨光的現象少見。器表紋飾仍以籃紋和繩紋為主，還有弦紋、方格紋、壓印紋、楔形點狀紋、鉚釘紋和蛇紋，鬲口部裝飾花狀附加堆紋仍很盛行。

第四階段遺址的陶器有泥質灰陶、夾砂灰陶、泥質褐陶、夾砂褐陶四種陶系，灰陶數量有所減少，褐陶數量繼續增加，輪製陶器的比例上升。三足器繼續保持優勢。輪製技術已普遍使用，陶器造型規整。黑陶不見，褐陶和砂質薄胎陶數量增加。器表紋飾以繩紋為主，還有方格紋、蛇狀附加堆紋，鬲的口部裝飾花狀附加堆紋仍然流行，裝飾藝術有明顯的進步。從遺址墓葬的出土情況來看，將盃、長頸壺、四足方杯、小圓杯等酒具作為隨葬品的重要組成部分，說明飲酒已成為朱開溝人的日常飲食活動，證明這一時期已出現釀酒業，並較為發達。

二、草原風格飲食文化的出現

在夏代向商代的過渡時期，內蒙古的黃河兩岸、大青山南麓具備了轉向畜牧經濟的條件，在夏晚期時開始發展。早商時期，內蒙古中南部地區由於氣候條件發生變化，植被逐漸向典型草原演變，牧業經濟逐漸發展起來。根據夏家店上層文化（西元前800-前300年）和朱開溝文化第五階段遺存的出土情況分析，這一時期處於農業與畜牧經濟並駕齊驅的階段，形成了典型的半農半牧經濟類型。在

◀圖2-6　青銅時代──夏家店上層文化的青銅四聯罐，內蒙古寧城縣小黑石溝墓葬出土

飲食文化方面也呈現出農業文化與牧業文化並重的特徵。

內蒙古東南部地區的氣候條件相對中南部地區而言，發生變化的時間要晚些，經濟類型在西周或稍早時期開始轉變，夏家店上層文化為這一時期典型的考古學文化，表現出較為明顯的畜牧經濟特徵。

從居住的房址環境看，在夏家店上層文化的遺址中，出土的農業生產工具比較簡陋，房址數量不多，築造簡單，甚至發現房子外邊的地面灶，說明當時人類可能居住氈帳。遺址多數為單一類型，如內蒙古克什克騰旗龍頭山遺址[1]，除祭祀區外，不見文化堆積，現代耕土層下就是文化遺跡，很少見到遺跡間的打破和疊壓關係，說明在此居住時間不長，這種現象符合史書中關於游牧民族體現「逐水草而遷徙」的記載。

從墓葬的隨葬品中看，在處於西周晚期至春秋戰國時期的內蒙古寧城縣小黑石溝大型墓葬[2]中，雖然存在把體現中原農業文明的銅禮器隨葬的現象，但更多地保留了北方民族的特點，主要表現在隨葬大量適應北方民族游牧、狩獵的生活用具和善於騎射征戰的兵器及車馬具。生活用具中的三足鼎、鬲、雙聯罐、四聯罐、六聯豆

1　內蒙古文物考古研究所：《內蒙古克什克騰旗龍頭山遺址第一、二次發掘簡報》，《考古》，1991年第8期。

2　項春松、李義：《寧城縣小黑石溝石槨墓調查清理報告》，《文物》，1995年第5期。

等，都具有北方民族的特點。此外，青銅刀、青銅短劍的造型和裝飾藝術，具有濃厚的草原風格。車馬具中的馬銜，是馴馬術的標識物。這些特徵反映在經濟類型上則為牧業經濟。同時，遺址中發現數量很多的家畜（牛、馬、羊）和野生動物（野豬、鹿、麀）的骨骼，還有罐內裝的肉食。這說明夏家店上層文化的先民在經營畜牧業之際，還從事狩獵，並且在社會經濟中占有重要地位。隨著自然環境的變化，農業開始萎縮，但在經濟生活中仍占有一定的比例。龍頭山遺址發現了20餘座房址和百餘個窖穴，在窖穴內還發現盛放炭化穀物的陶鬲，說明定居式的農業經濟仍然存在，是當時的一個重要經濟部門。在小黑石溝墓葬中，雙聯罐和四聯罐內都裝有瓜果、韭菜、野蔥等食物，並且發現甜瓜籽，證明這個時期人類已種植瓜果，採集野菜，開始了經濟作物的種植，採集經濟也作為經濟生活的補充。

從生產工具和飲食用具來看，早商至春秋中期既有牧業民族的類型，又有農業民族的特徵。如朱開溝文化第五階段遺存，農業生產工具有石斧、石刀、石鐮，狩獵用具有骨鏃、銅鏃，飲食用具有豆、簋、鬲、甗、鼎、罐、盉、爵、匕、刀等。夏家店上層文化遺址，農業生產工具有銅斧、銅銍、石斧、石刀，狩獵工具有銅鏃，青銅短劍、戈等兵器有時也用來狩獵，馴馬工具有銜、鑣，飲食用具有簋、豆、六聯豆、鬲、甗、壺、雙聯罐、四聯罐、刀等，質地分陶和青銅兩類。飲食器具的造型進一步複雜化、多樣化，紋飾多為草原上常見的動物，如虎、牛、羊、馬、鹿等；也有中原地區流行的紋飾，如饕餮（tāotiè，傳說中龍的第五子，是一種想像中的神祕怪獸。）紋、夔（kuí，傳說中一條腿的怪物。）紋、雲雷紋等。紋飾排列規整，多為寫實性，動物肢體多呈直立狀，也有單體動物的肢體呈反轉狀，增加了藝術效果。至此，內蒙古地區的飲食器多帶有草原特色。

總之，在中北地區由於受自然生態環境的制約和古文化的影響，西周小冰期之前，氣候逐漸向乾寒轉變，並從西向東推進。這種氣候條件的變化，使原來適宜農業發展的鄂爾多斯地區率先在原有經濟基礎上開始發展畜牧業，並影響了整個長城地帶經濟形態的變化，隨之而來的是人們在飲食結構、飲食器具、飲食禮俗等方面

也發生了變化。在經過相當長的階段後，由於馬的馴服，中北地區才進入了游牧生活之中，創造了燦爛的游牧民族飲食文化，並逐漸成為中北飲食文化的主體，為中國飲食文化的發展增加了新的血液。

第三節　飲食禮俗的初始

　　飲食傳統體現社會在飲食方面約定俗成的行為規範，因而飲食文化必有其社會功能。[1]《禮記・禮運》曰：「夫禮之初，始諸飲食，」說的是最原始時期的人類禮俗是從飲食開始的。中北地區在新石器時代，飲食就逐漸成為一定禮儀規範下的社會生活，涉及喪葬、祭祀等原始禮俗。到夏商周時期，原始禮俗更多地體現在喪葬、祭祀方面，中北地區最初的飲食習俗也隨之形成。

一、喪葬禮俗中的飲食文化

　　喪葬禮俗是一種普遍存在的、具有鮮明民族特點的風俗習慣。喪葬禮儀分喪禮和葬禮兩個部分，其儀式因人而異，簡繁不一，與死者生前的社會地位、財富的多寡有直接聯繫。從中北地區的喪葬發展歷史看，都要涉及與生活資料有關的財物，包括牲畜、飲食和其他財物。其中，飲食及有關禮俗在喪葬中具有明顯的作用。

　　中國在舊石器晚期就出現了具有原始觀念的埋葬禮俗，在北京周口店山頂洞人的屍骨上和旁邊，有撒赤鐵礦粉的現象，還有用獸骨、獸牙、蚌殼穿磨的項飾。中北地區雖然發現舊石器時代的文化遺址，但沒有發現相關的墓葬，從而無法去探討喪葬中的飲食行為。新石器時代，與飲食相關的原始禮俗在葬俗中開始反映出來。人類的生活資料在獲得滿足後，對自然現象和祖先

1　宋蜀華：《論中國的飲食文化與生態環境》，《中央民族大學學報》（人文社會科學版），2001年第1期。

第二章　原始社會至春秋時期

49

產生了某種敬畏感，遂產生了用飲食和飲食器來供奉，以示對自然現象和祖先的敬意。當時人民認為，人死後靈魂依然存在，需按生前的生活習慣予以埋葬，才能使死者的靈魂得以安息。這樣，與喪葬禮俗相關的飲食文化就產生了。

從新石器時代諸文化的墓葬隨葬品看，主要是陶製飲食器，還有家畜，說明當時的農業經濟、飼養經濟非常發達。只有人類的飲食器和食物有了剩餘，才能用之作為隨葬品，反映出初期的喪葬禮俗中的飲食文化。如內蒙古東南部地區的興隆窪文化墓葬[1]，隨葬有豬骨、陶製飲食器等，其中，人豬合葬現象比較特殊，應為祭祀之用，這種用整豬與人一起埋葬，表明當時的食物在滿足人類生活的需要後，可作為某種禮儀的犧牲品。趙寶溝文化遺址[2]出土的神鹿紋尊形器，製作精美，應為禮器。紅山文化的墓葬多為積石冢，墓內的隨葬品以玉器和裝飾品為主，少見陶器，還隨葬豬、牛骨。小河沿文化的墓葬[3]，隨葬陶器組合為壺、豆、罐，或罐、豆、缽，或罐、豆、盆，或罐、碗、壺，把死者生前的飲食器隨死者一起埋葬，來反映死者生前的飲食狀況。

相當於中原地區夏代時期的中北地區，墓葬結構發生了重大變化，出現普遍以人、羊、豬、狗殉葬的現象，隨葬的陶器多為飲食器，有的甚至把飲食器製作成崇拜物。在墓葬中還發現有用動物的肩胛骨製作的卜骨，以占測未來。如在朱開溝文化第二階段遺址[4]墓葬中有將豬下頜骨作為財富象徵隨葬的習俗，說明農業和飼養業都有所發展。隨葬陶器組合為單把鬲、雙耳罐、單耳罐、豆、盉、壺等。一般放置在墓主人頭部兩側和腳下，各墓隨葬品的多寡不一，代表了墓主身分的高低，說明已存在貧富差別。朱開溝文化第三階段遺址墓葬中殉牲習俗盛行，少者隨葬豬下頜骨一對，多者十幾對，還有數量不等的羊下頜骨和其他食肉動物下頜骨等，殉牲動

1　楊虎、劉國祥：《內蒙古敖漢旗興隆窪聚落遺址1992年發掘報告》，《考古》，1997年第1期。

2　中國社會科學院考古研究所：《敖漢趙寶溝——新石器時代聚落》，中國大百科全書出版社，1997年。

3　項春松：《內蒙古赤峰市大南溝新石器時代墓地的發掘》，《文物》，1997年第4期。

4　內蒙古自治區文物考古研究所等：《朱開溝——青銅時代早期遺址發掘報告》，文物出版社，2000年。

物排列有序，多數置於死者的腳下或腳下的填土中，說明在埋葬死者時，用豬、羊等食肉動物舉行儀式作祭奠，以示死者在另一世界也擁有這些財富。隨葬陶器的器物組合為單把鬲、單耳罐、雙耳罐、盃、豆、壺，這些器物有增有減，還新出現高領罐、大口尊、簋、雙大耳罐。高領罐和豆，在大型墓中成對出土，可以說明這兩種陶製飲食器曾作為最初的墓葬禮器。朱開溝文化第四階段遺址，其年代相當於中原地區的夏代晚期，階級矛盾日益激化，影響了經濟的發展，所以在已發現的大型墓多無隨葬品，只有少數墓葬有陶器、裝飾品和工具。殉牲現象不普遍。

屬於夏家店下層文化的內蒙古敖漢旗大甸子墓葬[1]中有的墓葬有殉豬、狗現象，依據墓葬規模可分為大、中、小三類。大型墓多數有葬具和壁龕，隨葬品豐富。中型墓有部分無葬具，其他的葬具有木構、土坯壘砌、生土二層台代替、側壁淺洞代替。隨葬品有多寡之分。小型墓的葬具有木構和以生土二層台代替，大多無葬具，有一半沒有隨葬陶器。大、中、小型墓，代表了墓主人生前的社會地位。墓中的隨葬品以陶器最多，分實用器和明器兩類，明器也是仿照實用器製作的。除無隨葬

◀圖2-7　新石器時代——小河沿文化的
　　　　隨葬飲食器情況，見於內蒙古
　　　　赤峰元寶山區哈拉海溝墓地

1　中國社會科學院考古研究所：《大甸子——夏家店下層文化遺址與墓地發掘報告》，科學出版社，1996年。

陶器的墓葬外，墓中少者一件，多者達十二件，以隨葬二至三件陶器的墓葬最多。器類有鬲、盉、爵、鼎、罐、尊、壺、盂、缽、簋、豆等。鬲、罐為最普遍的隨葬品。在隨葬的陶器中，有部分彩繪陶器，在器表繪形似動物面目、徽幟圖案、幾何紋等，表明了夏家店下層文化的先民們對禮儀的追求。這種陶器是在燒製後再繪彩，彩色極易脫落，沒有實用價值，只能專門用來作祭祀品。器形有鬲、帶蓋罐、長筒罐、盂、鼎等，是上層社會的人們舉行禮儀活動的專用品。

在商代的中北地區，葬俗中有殉牲現象，即用家畜為死者祭奠的做法。這一時期的隨葬品多數為陶質飲食器，並開始出現青銅飲食器，也有用動物的肩胛骨製作成卜骨陪葬的。朱開溝文化第五階段遺存，共發現墓葬三十三座，隨葬的器物組合普遍有蛇紋鬲、帶鈕罐，還有陶豆、陶簋，在個別墓中隨葬有青銅戈、青銅短劍、青銅刀及石斧、石刀，有的墓葬填土中有豬下頜骨。還發現有甕棺葬，其葬具為繩紋三足甕和盆形甑。

西周之後，中北地區游牧文化出現。此時期可通過文獻記載和考古學資料，分析出諸民族喪葬禮俗中的飲食現象和飲食行為。如，內蒙古克什克騰旗龍頭山遺址[1]反映了當時山戎的葬俗，所發現的墓葬均為單人葬，依據墓葬形制、規模和隨葬品的差別，大致可分四類。其一，形狀呈梯形豎穴土坑墓，規模較大，葬具為石槨木棺，隨葬有數量較多的青銅兵器、生產工具、裝飾品和石器、骨器等。其二，形狀呈梯形豎穴土坑，規模較小，葬具為石棺，隨葬有石料珠和較多的銅飾。其三，在圓形袋狀坑內套梯形豎穴土坑墓，豎穴窄小，局部用石板封堵，無葬具，隨葬品僅見少量的銅飾、工具及料珠，這類墓葬結構尚屬首次發現，袋狀坑較大且淺，類似半地穴房屋，應是一種仿居室的埋葬習俗，反映了墓主人生前的飲食起居狀況。其四，形狀呈梯形豎穴，墓穴窄而淺，無葬具，隨葬品少。

內蒙古敖漢旗周家地墓葬[2]反映出另一種葬俗，墓葬形制均為長方形土坑豎穴。

1　內蒙古自治區文物考古研究所：《內蒙古克什克騰旗龍頭山遺址第一、二次發掘簡報》，《考古》，1991年第8期。

2　中國社會科學院考古所內蒙隊：《內蒙古敖漢旗周家地墓地發掘簡報》，《考古》，1984年第5期。

以M45為例，墓主人頭部保存部分髮辮，東北角填土中出土一件陶鬲，葬具木蓋東南及其外側有馬頭和四蹄，墓主人頭部右側葬樺皮器，頭頂和面部有釘綴銅泡和綠松石的麻布覆面，其上蓋一隻蚌殼；腰部有兩條革帶，左側掛皮革刀鞘；腿部有一束骨鏃和一件銅鏃。在其他墓中也有面部覆蓋蚌殼的現象，還葬有陶壺、陶罐。男性多在腿部放置骨鏃和銅鏃，女性隨葬紡輪。在墓中多隨葬狗、牛、馬骨骼及馬蹄。這種陶質飲食器、牲畜、蚌殼隨葬的現象，是飲食文化在葬俗中的一種特殊體現。

又如，寧城縣小黑石溝墓葬[1]分大、中、小三類。大型墓為長方形土坑豎穴，沿四壁壘砌石板成槨，葬具為木棺，並有隨葬牛、馬、羊的現象；隨葬品中的青銅飲食器和生產工具、車馬器，數量多，種類齊全；飲食器有鼎、鬲、簋、豆、盂、罍（léi）、尊、勺、刀、罐等。雙聯罐和四聯罐內盛魚、肉、韭菜、瓜果、野蔥等食物，反映了墓主人生前豐富的飲食生活和飲食風習。中型墓呈長方形土坑豎穴，有石槨和木棺，也有殉牲現象，隨葬有青銅飲食器、生產工具、車馬器和陶質飲食器。小型墓為長方形土坑豎穴，墓穴淺而窄，隨葬有少量的生產工具及裝飾品。從三類墓葬的隨葬品和殉牲數量，可以看出當時不同階層的生活及飲食習俗，貴族階層擁有大量的生活資料，平民階層只有少量的生活用品和食物。可見，墓葬的葬俗和隨葬品，能反映出當時不同階層的飲食差異。

二、祭祀禮俗中的飲食文化

恩格斯曾指出：「宗教是在最原始的時代從人們關於自己本身的自然和周圍的外部自然的錯誤的、最原始的觀念中產生的。」[2]中北地區的原始人類和各個游牧民族從一開始就崇拜大自然的山川、日月、星辰、樹木等，在靈魂不死的觀

1　項春松、李義：《寧城縣小黑石溝石槨墓調查清理報告》，《文物》，1995年第5期。
2　中央編譯局編：《馬克思恩格斯選集》第四卷，人民出版社，1972年，第250頁。

念產生以後，又出現對祖先、英雄的崇拜。他們在崇拜的過程中，產生了一定的祭祀儀式，並與飲食行為有著密切的聯繫，屬於飲食文化的研究範疇。

在中北地區的新石器時代，就發現了原始祭祀的遺跡。在這些遺跡中多發現有帶各種紋樣的陶製飲食器，主要是作為原始祭祀的供器，如在趙寶溝文化聚落址東部發現有一處石頭堆遺跡，平面呈圓角方形，為石塊壘砌的平台，台上原有建築，並在堆積中出土有幾何紋和「之」字紋的陶片。紅山文化積石冢周圍有祭壇遺跡[1]，上有並排放置的陶器，用以祭奠死者。在發現的女神廟遺址中，出土有陶器和生產工具，把飲食器等作為祭器，供奉女神。阿善文化遺存[2]偏晚階段，出現石築的祭壇，其遺跡內出土有陶片。裝飾藝術中的紋樣有的能代表原始人類的意識形態，如宗教信仰。最初的宗教信仰為萬物有靈論，在原始生產力低下的情況下，古人類對風雨雷電、火山爆發、地震等自然現象和生、老、病、死感到極度恐慌，認為一種超自然的力量在支配著人的活動。同時，對自然環境（山、水）和生存的動植物加以人格化，成為古人類崇拜的對象，並把這一切反映在陶器上，形成一種原始禮儀。如趙寶溝文化的鹿首龍身紋陶尊，紋樣由鹿、龍、鳥組成，這是古人類在長期的生產實踐中想像出來的靈物，也是制陶工藝在精神文化中的直接體現。

進入階級社會以後，原始祭祀的觀念越來越強。在遼寧省凌源市小城子鄉蕭杖子村南山坡前，發現有夏家店下層文化的祭祀遺跡[3]，為石築構成，南低北高，北端有一平土台，東西向石牆八道，南北向石牆四道。在遺跡內採集到夾砂紅褐陶甗、夾砂繩紋灰陶鬲、夾砂繩紋灰陶罐的殘片。在遺址的西北處山上，發現一敞口向西呈「M」形石圍牆。在遺址東北處有不規則的圓形祭壇，由砂粒堆積而成。祭祀遺跡內伴存的陶器，應為祭器。另外，在一些夏家店下層文化遺址的環壕底部，發現有專門打掉器口或器底的陶器，應該是建造聚落址時舉行某種奠基儀式

1　遼寧省文物考古研究所：《遼寧牛河梁紅山文化「女神廟」與積石冢群發掘簡報》，《文物》，1986年第6期。

2　內蒙古社會科學院蒙古史研究所等：《內蒙古包頭市阿善遺址發掘簡報》，《考古》，1984年第2期。

3　《凌源發現夏家店下層文化祭祀遺址》，《中國文物報》，1992年2月23日。

的祭器。內蒙古翁牛特旗解放營子鄉頭牌子村出土一甗、二鼎，甗的腹部內側鑄有陽文「中」「╬」兩個符號，根據蘇赫先生考證，「中」字在甲骨文中讀為「貯」字，金文中釋為「寧」字，「貯」有深藏義，「寧」有安定義，意為安全埋藏。「╬」為圖畫字，表示廟堂之意，即廟堂的中央大殿及四周的附屬建築。[1] 兩個符號合起來便是把甗、鼎炊具作為祭器，埋藏在廟室之中。這反映了商代時期當地貴族階層的一種祭祀禮儀，與飲食器具密切相關。

三、飲食觀念的初步形成

原始時期至春秋時期，是中北地區的氣候由溫暖、濕潤逐漸向寒冷轉變的一段時期，植被也由森林草原向草原型轉變。生產類型由以農業為主逐漸轉變為半農半牧，甚至以牧業為主。生產的經濟類型決定了這一時期的飲食逐漸由以農作物為主兼食肉類和野菜、瓜果，轉向以肉類為主的結構。同時，這一時期關於適合本地區飲食生產和生活的觀念也逐漸形成。這一時期，山戎部落在經營畜牧業和農業的過程中，認識到水草豐美的地方，牲畜肥壯，能滿足人們所需要的生活資料。經過勞動實踐，根據氣候條件和土地狀況，懂得了適時令而種植的道理，即認識到適宜本地種植的作物是耐乾旱的粟、稷，偶爾也在低窪地帶種植瓜果。同時，在長期的狩獵過程中，也認識到可以馴化的動物並較多地飼養豬、狗、羊、牛、馬、雞，有了飼養和牧放觀念。

從飲食結構上講，這一時期的中北地區已開始有了注重食物的搭配比例和營養成分的觀念，從考古發現的食物來看，周代的上層貴族的飲食結構非常合理，他們懂得在食用含蛋白質、脂肪很高的同時，合理兼食瓜果、野菜、魚類等食物。經鑑定青銅四聯罐中的食物含有鹽分，說明當時已使用食鹽，並注重飲食中的調味。

飲食器的飲食使用分工的觀念更加明確。不但製作材料增多了，種類也很複

---

1 蘇赫：《從昭盟發現的大型青銅器試論北方的早期青銅文明》，《內蒙古文物考古》，1983年第2期。

雜，如夏商時期出現炊煮器鬲、甗、鬶，貯藏器罐、甕，盛食器碗、鉢、豆、簋，盛水器壺，酒器有盉、鬹、爵、尊，飲用器杯，進食器骨匕。還有竹木漆器，如盛食的筒形竹簞，飲酒的木胎觚形器等。西周至春秋中期，除了陶器、木器外，出現了大量的青銅器，如炊煮器甗、鼎、鬲，貯藏器罐，盛食器簋、豆、盨、聯罐，酒器罍、盉、壺、尊，分食器勺等。說明隨著飲食文化的發展，飲食生活越來越豐富。從出土的夏商時期的飲食器類別看，當時已出現多種方式烹飪的觀念，如已掌握了煮、蒸、烤。其中以三足炊煮器的大量出現最為典型，體現出人們對器物適應炊煮食物認識的提高，這種炊具可以擴大受火面積，加快食物熟化的時間。

保藏飲食的觀念。在夏商時期的遺址房子周圍分佈附著於房子的窖穴，有圓形袋狀、圓形筒狀、圓角方形、圓形鍋底狀、不規則形，有的窖穴底部抹白灰面或墊白灰渣，起防潮作用，可以更好地保藏糧食及其他食物。

飲食衛生的觀念。在出土的西周至春秋時期的青銅器中，有一種洗器銅匜（yí），說明貴族階層已注意飲食衛生了，以防病從口入。根據內蒙古敖漢旗大甸子墓葬人骨遺留下的痕跡，發現當時人類有多種疾病，主要有口腔疾病、骨關節病等。口腔疾病中的齲齒，可以反映男女兩性的日常飲食習慣和食物種類的不同；骨關節病又與當時人類的飲食起居條件相關。

第三章　戰國秦漢時期

文獻記載和考古學資料表明，戰國至東漢時期，中北地區開始出現大的草原民族集團，有東胡、匈奴、鮮卑、丁零、烏桓等。其中，匈奴、鮮卑的勢力最為強大，先後占據今內蒙古的大部、寧夏北部、山西北部、陝西北部、河北北部、遼寧西部等漠南地區以及蒙古國等漠北地區。由於特定的草原生態環境，這些民族隨水草遷徙，無固定居所，過著游牧生活，主要從事畜牧業生產，使飲食文化形成了非常明顯的民族性、地域性特徵，具體反映在生計方式、飲食結構、飲食器具、飲食階層、飲食禮俗、飲食觀念等方面。

第一節　生計方式與草原飲食結構的形成

「生計方式」指人類的謀生手段，這一概念不僅能明確地標示出人類社會經濟活動的方向，同時也能容納社會經濟的發展水平。[1]進入戰國時期以後，隨著幾個強大游牧民族的誕生與發展，中北地區出現以牧業經濟為主，採集、狩獵為補充，農業為輔助的多種經濟並存的局面，其中採集和狩獵經濟在某一時段內所占的比重較大。不同的經濟類型使這一時期中北地區飲食來源多元化，由此也形成了多樣的飲食文化內涵。

一、畜牧業為主的生計方式

在中北地區，學術界曾經從生態文化區的角度將畜牧業的出現時間定在考古學上的新石器時代，也就是距今4000年左右的時間。但大量最新考古學資料表明，中北地區在早商時期才出現了真正意義上的畜牧業，之後一直成為中北地區的主要經濟類型或生計方式。由此，牧業決定著民族的興衰命運，從史籍和考古遺跡可進一

1　林耀華主編：《民族學通論》（修訂本），中央民族大學出版社，1997年，第86頁。

步證明：畜興則民族興，畜亡則民族衰。如東胡民族的牧業經濟，在社會發展中就起到了主脈作用。遼寧省朝陽市十二台營子墓葬[1]和錦西烏金塘墓地[2]出土有青銅馬具，裝飾品上多飾牛、馬紋樣，還出土了豬、狗、牛、羊、馬的骨骼。內蒙古林西縣井溝子東胡墓葬[3]發現有殉牲現象，計有馬、羊、牛。《史記‧匈奴列傳》記載：「及冒頓（mòdú）以兵至，擊，大破滅東胡王，而虜其民人及畜產。」東胡被匈奴擊敗後，損失大量的牛、馬、羊而導致勢力衰落。

匈奴以游牧為主要的生計方式，畜群是匈奴的主要財產，也是主要的飲食來源。畜群數量的多少決定著匈奴民族的興衰命運。《史記‧匈奴列傳》記載：「其畜之所多則馬、牛、羊，……」考古學資料也能證實，在內蒙古鄂爾多斯地區和蒙古國匈奴墓葬中，普遍發現了馬、牛、羊的骨骼，出土的器物多見馬、牛、羊、駝的造型和裝飾。如內蒙古杭錦旗阿魯柴登匈奴墓葬[4]出土的金銀器、青銅器上，裝飾有馬、牛、盤角羊、羚羊的紋樣。西元前二〇九年冒頓殺父自立單于，正式建立奴隸制國家後，他向東征服了東胡，西滅月氏（yuèzhī或ròuzhī），南並樓煩、白羊河南王，北服渾窳（yǔ）、屈射、丁零、鬲昆、新犁等部落，並占燕、代等地。在滅月氏後，又征服了西域的樓蘭、烏孫、呼揭及其旁二十六國，以「控弦之士三十萬」，首次統一了中北草原地區，掠奪其他民族的畜產，使其難以發展。從史籍記載看，匈奴每進行一次戰爭，都要擄獲大批牲畜，少則幾十萬，多則上百萬頭（只）。但是，在西元前一〇四年冬、前八十九年、前七十一年冬、前六十八年及西元四十六年前後，匈奴歷史上發生的幾次風災雨雪、嚴寒旱疫，造成大批牲畜死亡，導致匈奴勢力減弱，反映出以畜產為主的畜牧業是匈奴的主要社會經濟基礎。

1　朱貴：《遼寧朝陽十二台營子青銅短劍墓》，《考古學報》，1960年第1期。

2　錦州博物館：《遼寧錦西烏金塘東周墓調查記》，《考古》，1960年第5期。

3　吉林大學邊疆考古研究中心等：《2002年內蒙古林西縣井溝子遺址西區墓葬發掘紀要》，《考古與文物》，2004年第1期。

4　田廣金、郭素新：《內蒙古阿魯柴登發現的匈奴遺物》，《考古》，1980年第4期。

二、採集與漁獵為補充的經濟形式

採集和狩獵是最原始的兩種經濟形態，從人類誕生以後就開始出現，中北地區也是如此。當牧業經濟出現並發展起來以後，採集與漁獵經濟並未消失。人類利用天然的草原和森林資源，把採集和漁獵作為生計方式中的補充經濟類型。東胡的漁獵經濟比較發達。遼寧省朝陽十二臺營子戰國時期東胡墓葬出土的裝飾品上，多見鹿、虎、熊等圖案，還出土了銅魚鉤、石網墜。內蒙古林西井溝子遺址西區東胡墓葬的用牲現象非常普遍，種類有馬、牛、羊、驢、騾，尤以馬的數量最多，而豬沒有發現一例，墓內也沒有發現任何農業生產工具或農產品。墓內的野生動物骨骼有鹿、獐、狐狸，還有水生的背角無齒蚌和淡水螺，加之大量骨鏃的發現。說明東胡畜牧業在社會經濟中的主導地位，及以漁獵經濟為重要的補充手段。

在匈奴的經濟生活中，狩獵業占有重要的地位。在內蒙古河套地區、鄂爾多斯地區戰國時期的匈奴墓葬中，出土數量很多的銅鏃、銅短劍、鐵鏃，這既是兵器，又是狩獵用具。在墓葬中還有用野生動物的骨骼殉葬的現象。在出土的金器、銀器、青銅器上裝飾各種動物圖案，有虎、狼、鹿、野豬、羚羊、鳥類等，而這些動物都是匈奴人獵取的對象。《史記‧匈奴列傳》記載：「兒能騎羊，引弓射鳥鼠；少長則射狐兔；用為食。」又說：「其俗，寬則隨畜，因射獵禽獸為生業。」匈奴人在兒童時期就能射獵鳥、鼠，稍長大時就能射狐、兔，並作為食物。這是匈奴對兒童和少年的一種體能訓練，也是獲取食物的一種手段。西漢時期匈奴的畜牧業已相當發達，狩獵逐漸成為經濟生活的補充，有時變為士兵休息和練習騎射的一種手段。故在《史記‧匈奴列傳》中有「修養息士馬，習涉獵」的記載。在一些場合中，狩獵往往與出征結合進行，如西元前七十八年、前六十八年、前六十年，匈奴數萬騎兵在邊塞南狩獵，同時進攻塞外亭障。因此，匈奴在西漢以後，狩獵雖然仍為獲取生活資料的手段之一，但性質卻發生了較大的變化。

《後漢書‧烏桓傳》記載：「俗善騎射，弋獵禽獸為事。隨水草放牧，居無常處。以穹廬為舍，東開向日。食肉飲酪，以毛毳（cuì，鳥獸的細毛）為衣。」《三

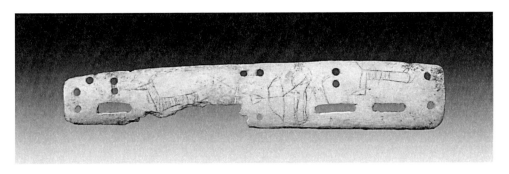

國志・魏志・烏丸傳》裴注引王沈《魏書》記載：「俗善騎射……日弋獵禽獸，食肉飲酪，以毛毳為衣。」遼寧省西豐縣西岔溝烏桓墓葬出土的銅飾牌上，有犬鹿、鷹虎和用各種獸角、獸首、獸足構成的圖案，還裝飾有騎士出獵的紋樣。烏桓所處的地區，草原森林密佈，野生動物出沒其間，為狩獵提供了良好的條件。烏桓人善於射獵，平時以獵取禽獸為作業，捕獵的對象有鹿、黃羊、虎、豹、貂、飛禽等，在社會經濟中作為補充的形式。

　　鮮卑與烏桓習俗相同，其狩獵業也非常重要，經常獵取野馬、野羊、野牛等動物食用。《後漢書・鮮卑傳》曰：「種眾日多，田畜射獵不足給食，檀石槐乃自徇行，見烏集秦水廣從數百里，水停不流，其中有魚，不能得之。聞倭人善網捕，於是東擊倭人國，得千餘家，徙置秦水上，令捕魚以助糧食。」內蒙古鄂倫春族自治旗嘎仙洞遺址[1]出土的細石器較多，類型有石鏃、石矛、刮削器、尖狀器、石葉等，用以射獵和切割肉食。骨器的數量也很多，類型有鏃、匕、骨板、錐、角錐、牙錐等，都是用麋、獐、鹿、野豬等動物骨骼製作。還出土有麋、獐、鹿、犴、野豬、土豹、鼠類骨骼，這些動物為早期鮮卑人獵取的主要對象。內蒙古扎賚諾爾東漢鮮卑墓葬[2]出土了一件狩獵紋骨板，刻一獵人手持弓箭，追射奔跑的鹿，獵人後面還有

1　呼倫貝爾盟文物管理站：《鄂倫春自治旗嘎仙洞遺址1980年清理簡報》，《內蒙古文物考古文集》第二輯，中國大百科全書出版社，1997年，第444-452頁。

2　內蒙古文物工作隊：《內蒙古扎賚諾爾古墓群發掘簡報》，《考古》，1961年第12期。

一隻鹿。這些說明拓跋鮮卑的採集、漁獵活動在南遷以前和南遷過程中仍占有重要的地位。

三、農業與手工業為輔的生產活動

在北方游牧民族誕生以後，農業經濟多作為輔助性的飲食來源手段。匈奴的農業在戰國時期就已出現，只是零星的種植。西漢以後，隨著漢匈和親局面的出現和雙方的戰爭，農業生產技術和耕種者同時進入匈奴地區，農業才發展起來。在漠北匈奴墓葬[1]中，出土有農作物種子、穀物、農具和大型陶器。《史記・衛將軍驃騎列傳》記載：「（西元前119年）漢軍左校捕虜言單于未昏而去，漢軍因發輕騎夜追之，大將軍軍因隨其後。匈奴兵亦散走。遲明，行二百里，不得單于，頗捕斬首虜萬餘級，逐至寘（tián）顏山（今蒙古國杭愛山南部支脈）趙信城，得匈奴積粟食軍。軍留一日而還，悉燒其城余粟以歸。」西元前八十九年，匈奴地區因連續下雨雪數日，「穀稼不孰」。西元前八十三年，漢代的降將衛律給單于獻計，「穿井築城，治樓以藏穀。」[2]與漢朝作長期的對峙。後因匈奴兵不能守城，等於給漢朝儲藏糧食，這一行動才停止。在漢昭帝時期，烏孫公主上書漢廷，說匈奴派騎兵到車師（今新疆吐魯番一帶）種田。漢宣帝時期，派五將率兵出擊車師，嚇跑了在車師種田的四千匈奴騎兵。由此推斷，農業在漢朝時期的匈奴社會經濟中占有一定的地位，而且在游牧過程中進行有限的農業生產。

《後漢書・烏桓傳》記載：「其土地宜穄（jì，沒有黏性的小米）及東牆（葵花子之類）。東牆似蓬草，實如穄子，至十月而熟。見鳥獸孕乳，以別四節。」由於地處北方地區，氣候干涼，適合於種植耐旱的「穄」和「東牆」。遼寧省西豐縣西岔溝烏桓墓葬出土鐵斧、鐵銛、鐵钁、鐵鋤、石磨盤等農業生產工具，多來自中原地區。烏桓人雖

1　策・道爾吉蘇榮：《北匈奴》，烏蘭巴托出版社，1961年。
2　班固撰：《漢書・匈奴傳上》，中華書局，1962年。

有農業，但在社會經濟中不占主要地位，出現「米常仰中國」[1]的現象。

從東胡、匈奴起，北方游牧民族已經有了自己傳統的手工業部門，如冶鐵、鑄銅、製陶、釀酒、乳業等，多為家庭手工業作坊。匈奴從西元前三世紀就開始出現冶鐵業，製造和使用各種鐵器，如用於生產的鐵鐮、鐵鏵等。銅器在內蒙古地區和漠北匈奴墓葬中大量出土，涉及炊煮器、日常用品、生產工具等，說明鑄銅業已成為匈奴的一個獨立的手工業部門。金銀器的製作非常精美，戰國時期主要是裝飾品，到漢代時出現了飲食器，從數量和規模上看也形成一個獨立的手工業部門。從墓葬出土的陶器看，多為飲食器，數量和種類甚多，在製作技術上也達到了一定的水平。釀酒、乳業等比較發達，成為匈奴生計方式的組成部分。烏桓也能製作白酒，但酒麴多從中原地區引進。

鮮卑的手工業在社會經濟中占有一定地位，冶鐵、鑄銅、制陶及骨器業、樺樹皮器業等，基本上形成了獨立的生產部門，與畜牧、農業經濟及飲食休戚相關。東漢時期，拓跋鮮卑的手工業已頗具規模。從其墓葬出土的大量銅器、鐵器看，種類有日常用具、狩獵工具、馬具、兵器、裝飾品，其中鐵器的用途廣於銅器，證實拓跋鮮卑有發達的冶鐵和鑄銅業。飲食器主要為陶器，以夾砂粗陶為主，但已出現泥質輪製陶，說明制陶業已形成獨立的部門。在墓葬中還出土了數量較多的樺皮器，有器蓋、壺、盒、罐、弓囊等，充分利用自然環境中的樹木材料，是鮮卑獨具特色的飲食用具和其他日常用品。從器型及工藝看，樺皮器製造業已形成一個專門的行業，體現了其依靠自然生態，因地制宜的生存原則。

四、肉乳為主、糧食為輔的飲食結構

中北地區在自身的發展過程中，形成具有民族性和地域性的飲食文化，即肉酪、美酒相融的飲食結構，同時糧食、蔬菜、瓜果也占有一定的比例，從而衍生出

1　陳壽撰：《三國志・魏志・烏丸傳》裴注引王沈《魏書》，中華書局，1959年。

地域特徵鮮明的飲食開發。

❶ · 肉食

肉食在中北飲地區的飲食結構中居於主要地位。匈奴民族「自君王以下，咸食畜肉」。「中行說（zhōnghángyuè，人名，西漢宮廷太監，後叛逃匈奴）曰：『匈奴之俗，人食畜肉，飲其汁，衣其皮。』」[1] 發達的畜牧業和狩獵業，使牛、羊、鹿、麕肉等成為匈奴食物的主要結構。考古學資料也能證實這一點，在匈奴活動地域範圍內的今俄羅斯伊沃爾加城內[2] 出土最多的遺物是動物骨骼，其中家畜占92.5％，野生動物占7.5％，家畜中除狗的比例較大外，還有綿羊、牛、豬、馬。伊利莫瓦墓地的墓葬[3] 普遍有殉牲現象，出土的動物骨骼比例為山羊38.8％、牛29％、綿羊10.9％、馬4.7％、驢3.4％、狗6.1％、野生動物6.1％。蒙古國諾音烏拉墓地[4] 出土的野生動物骨骼比例略大於伊沃爾加城，種類有鹿、麕、草原狐狸、野豬、山地綿羊、野駱駝、羚羊、兔、大雷鳥等。總體上說匈奴的肉食主要來源於家畜，個別城址中豬的比例較大，說明在游牧中也有定居的生活，因而飼養了豬。烏桓人善於騎射，平時以弋獵禽獸為事，決定了其「食肉飲酪」的飲食風俗。在鮮卑的墓葬中，常見殉葬牛、羊、馬的現象，只有大量剩餘的家畜才有可能作為殉葬用品隨葬，可見鮮卑肉食在飲食結構中的地位。

❷ · 乳食

乳食在中北飲食結構中占有重要地位，與肉食相輔相成，成為各個民族所必須的日常生活中的食物。在游牧民族誕生以後，乳食成為飲食結構中的主要食物之一，不僅有獨特的製作方法，還有各種花樣的品類。在匈奴的考古資料中，發現有用鹿角製

1　司馬遷：《史記·匈奴列傳》，中華書局，1959年。
2　達維多娃：《伊沃爾加城》，聖彼得堡，1995年，第59-62頁。
3　塔裡克·格林采維奇：《伊利莫瓦谷地蘇吉史前基地》，《俄羅斯地理協會阿穆爾分部特羅依茨克──薩夫斯克分會著作集》，1898年，第1、2期。
4　道爾吉蘇榮：《呼尼河畔諾音烏拉匈奴墓的發掘》，《蒙古考古學論文集》，莫斯科，1962年。

作的搗奶杵和畫中的馬奶杵。[1] 蒙古國諾音烏拉第23號墓出土的長柄勺，與現代蒙古族舀馬奶和酸奶的長勺相同。說明奶食是這一時期主要的食物和飲品。

❸．糧食

在考古學資料中，中北地區發現有農作物的遺跡，如在匈奴活動範圍的俄羅斯切列姆霍夫匈奴墓地[2] 出土有黍、稷，達爾罕山2號和4號匈奴墓[3] 發現有黍粒，蒙古國諾音烏拉23號墓葬出土的陶罐中裝有穀物，高勒毛都14號墓葬發現黍。在文獻資料中有不少關於匈奴糧食的記載，如前文中有關《史記・衛將軍驃騎列傳》的記載，以及《漢書・匈奴傳》中的記載。另外，漢朝為了避免與匈奴作戰，將漢室公主下嫁給匈奴單于，並且每年都要餽贈匈奴大量的酒、米、食物等，來加強雙方之間的和親關係。因此，匈奴糧食的來源既有自己種植而生產的，又有漢王朝的餽贈，還有靠軍事戰爭所獲。

❹．酒

酒在中北地區的飲食結構中是不可缺少的組成部分。在匈奴文化遺址中常見一種下端有小孔的陶器，可能為製酒的器具。在攻戰中，將士「斬首虜賜一卮酒」（《漢書・匈奴傳》）。伊稚斜單于時，右賢王與漢朝作戰，因飲酒過量導致指揮失誤而兵敗。匈奴人還製作奶酒，並為後代北方民族所繼承。《漢書・百官公卿表》記載：「武帝太初元年（西元前104年），更名『家馬』為『挏馬』。」注引應劭曰：「主乳馬，取其汁，挏治之，味酢可飲，因以名官也。」如淳曰：「……今梁州亦名馬酪為馬酒。」《漢書・禮樂志》記載：「其七十二人給大官挏馬酒。」李奇註：「以馬乳為酒，撞挏乃成也。」在內蒙古巴彥淖爾市西漢墓葬中出土的一件青銅鈁內殘留有液體，經鑑定為酒。

烏桓人能製作白酒。鮮卑文化遺址中常見陶杯、陶壺、陶注壺、陶尊、陶帶流

1　林幹：《匈奴墓葬簡介》，《匈奴史論文選集》，中華書局，1983年，第408、397頁。
2　馬莫洛娃、圖古多夫：《切列姆霍夫山谷的匈奴墓地的發掘》，《考古學集刊》，烏蘭烏德，1959年。
3　格里申：《達爾罕山匈奴墓發掘記》，《文物參考資料》（內部資料），第4期。

罐等酒器。

❺·瓜果、蔬菜和調料

在山戎創造的夏家店上層文化遺址中，出土有盛裝食物的青銅雙聯罐、四聯罐，計有瓜果、韭菜、野蔥等食物，並且發現甜瓜子。其中的食物經鑑定含有鹽分，已注重飲食的調味。

第二節　飲食器的分類與造型藝術

中國飲食文化在世界飲食文化發展史上占有極其重要的地位，其中的飲食器具是研究物質文化的核心所在。同時，飲食器作為物質載體，體現著造型藝術、工藝製作、風俗習慣、社會功能、社會等級等內容，因而它又是精神文化和制度文化的具體表現。飲食器在中北飲食文化中也是如此，與飲食結構、菜餚美味相對應，講究實用性和外觀的審美性。中北地區也經歷了「污尊而抔（póu）飲」的原始時代，以及從無食器向有食器轉變的時期。戰國至秦漢時期，飲食器從質地上分木、陶、銀、銅、鐵等，從用途上分炊煮器、盛食器、進食器、飲用器、貯藏器、洗器。在製作上一開始主要是講究器物的實用功能，隨著人類審美觀念的不斷提高和深入，逐漸集實用與審美為一體，創造了飲食器具的造型藝術。

一、飲食器的分類與功能

❶·炊煮器

炊煮器主要是用於炊煮、炸烤等烹飪方法的器具。此時中北地區各民族的炊煮器的材質主要有陶、銅、鐵等，在類別上有鼎、甗、鬲、甑、鍑等。其中東胡是春秋戰國強盛一時的北方游牧民族，因居匈奴以東而得名。其炊煮器

▲圖3-2　東漢的銅鍑，內蒙古地區出土

主要為陶器，多數是夾砂紅褐陶，還有夾砂灰褐陶和泥質灰陶。器類有鬲、罐。鬲為筒形腹，下附四個或三個足；罐的口部變化大，鼓腹，平底，下腹或器表有煙熏痕跡，用來炊煮肉食和糧食。烏桓為東胡部落聯盟中的一支，因秦末東胡為匈奴擊破後，部分遷徙烏桓山而得名。東漢烏桓的炊煮器有鐵釜，因出土物殘破，形狀不清。

戰國晚期，匈奴的炊煮器為陶罐，侈口，鼓腹，小平底，肩上部飾一月牙形鈕，罐底有煙熏痕跡。西漢時期的陶罐分兩種類型：一為小口，鼓腹，小平底；一為小口，圓唇外卷，細頸，瘦長腹，小平底，近底處有一小口。東漢時，炊煮器增加了銅、鐵器，器類有鼎、鍑。鼎為斂口，圓腹，圜底，馬蹄形足，肩部附兩個豎立的環狀耳。鍑分三類：其一，大口，鼓腹，平底，口部附兩個豎立的半圓形耳；其二，耳為長方形；其三，直口，鼓腹，圈足鏤空。鮮卑的炊煮器呈東漢匈奴的形式，以銅鍑、鐵鍑為主，侈口，圓腹，圈足，雙耳。

❷ · 盛食器

盛食器的質地有陶、青銅、木等材料，常見的種類有碗、缽、盤、碟、豆、小罐、盆、壺等。如，東胡的盛食器有陶缽，敞口，圓唇，沿外加厚形成外疊唇，

◀圖3-3　東漢的樺樹皮壺，內蒙古滿洲
裡市扎賚諾爾鮮卑墓葬出土

腹中部緩折，平底。匈奴的盛食器在戰國時期顯得粗糙，利用當地的石料製作。兩漢時期製作比較精緻，主要為陶器。如陶瓶為喇叭口，細長頸，圓肩，小平底。東漢時期有小陶罐，為小口，口沿外卷，鼓腹，小平底。烏桓的陶壺為裝水或裝酒之用，為敞口，長頸，鼓腹，平底。碗為敞口，弧腹，平底。鮮卑的盛食器除陶器外，大量出現樺樹皮製作的器皿。陶壺為敞口，方唇，短頸，長弧腹，平底，作盛水或盛酒器。缽為直口，方圓唇，假圈足。碗為斜口，方唇，弧腹，假圈足，作盛食之用。樺樹皮器是鮮卑物質文化的重要組成部分，有著獨特的製作工藝，器形有壺、罐、筒，作盛食、盛水之用。壺為直口，高領，斜肩，直腹，平底內凹。罐為小口，斜折肩，直腹，雙層平底內凹。筒為直口，筒腹，平底內凹。

❸．進食器

中北地區的進食器大概在舊石器時代晚期就已經出現，由於沒有考古學資料的佐證，只能推測古人類利用樹枝或削尖的木棍夾食以火燒熟的肉食。進入新石器時代以後，人類發明了進食的專用工具匕。東胡的進食器有銅刀、骨匕。銅刀為弧背弧刃，刀首上翹，齒柄，作割食肉食之用。骨匕呈窄長條形，首部為扁平鏟狀，柄端鑽孔，為勺的雛形。戰國和西漢時期，匈奴的進食器除了常見的刀以外，勺也是一種進食的用具。刀為弧背凹刃；勺分長直柄和短柄兩種，有的柄部裝飾竹節紋，

柄首為馬首，舌形或圓形匙頭。還出現了銀匙。在內蒙古鄂爾多斯市鳳凰山漢墓[1]
壁畫中，有箸的畫面，這大概是中北地區最早的箸的形象。東漢匈奴的進食器有銅
刀、骨匙，銅刀分直背凸刃和弧背凹刃兩種；骨匙正面稍凹，柄部呈長條形。烏桓
的進食器有銅刀，弧背凹刃，獸首柄。鮮卑的進食器有刀、勺，刀分弧背凹刃和直
背直刃兩種。

❹・飲用器

　　飲用器除了飲水器外，還包括了酒器，也是中北地區飲食器的主要類型之一，
早在新石器時代就已經使用。匈奴的飲用器有陶器、石器和青銅器。如陶碗，呈
橢圓形，大口，帶流，小平底，為飲水或飲酒器。石器有杯形器，紅砂岩鑿制，
大口，小平底，底部有煙熏痕。根據陶器簡單、粗糙，數量少的特點，可推測是受
游牧生活的制約。為了防止陶器破碎，匈奴人就地取材，以紅砂岩鑿成器皿，代替

1　魏堅主編：《內蒙古中南部漢代墓葬》之《鳳凰山墓葬》，中國大百科全書出版社，1998年。

◀圖3-5　西漢的四系青銅扁壺，內蒙古地區出土

陶器功用。石製杯形器用作炊煮，小型的為飲用器。在內蒙古博物院收藏有匈奴的雙繫和四繫青銅扁壺，作為裝酒或盛水之用，便於馬上攜帶。烏桓的飲用器有陶注壺、杯。注壺為一側帶流；杯為敞口，斜腹，平底，一側帶環形把。鮮卑的酒器有陶尊，為斂口，平唇，長弧腹，假圈足，腹部附環形單耳。

❺ · 貯藏器

貯藏器主要是用來存放糧食或食物的器皿，在新石器時代就已經出現。東胡的貯藏器有陶罐、壺。罐的形狀與同類器型的炊煮器相同。壺為斜直口，圓唇，束頸，鼓腹，平底。匈奴的貯藏器有陶罐、陶甕。陶甕為斂口，鼓腹，平底，肩部刻漢字。陶罐為大口，卷沿，鼓腹，腹最大徑在上部，小平底。在漠北匈奴墓葬[1] 中，出土有大型陶器，內裝農作物。鮮卑的貯藏器以陶罐為主，有大小之分，器形基本相同，大口外敞，有方唇和尖唇兩種，頸部短，長鼓腹，平底假圈足，大型罐作貯藏器，小型罐可盛食。

❻ · 洗器

洗器與飲食衛生有很大的關係。俗話說：「不乾不淨，吃了沒病。」這是一種

1　策・道爾吉蘇榮：《北匈奴》，烏蘭巴托，1961年。

典型的民間社會飲食習慣和觀念的反映，其實是一種不衛生、不文明的文化表現，是底層社會既沒有條件，又極少注重自己飲食衛生的長久苦難生活的實際條件所造成的。[1] 但上層社會卻注重飲食衛生和飲食保健。從無炊煮、無飲食器到有陶飲食器，是人類飲食史上的一個偉大的進步，中北地區也經歷了這樣的過程。手食自然不衛生，不利於身體健康。用器皿盛食，用刀、匕進食，以洗器淨手，這本身就是一種飲食衛生的體現。山戎上層社會已大量使用銅器盛食，並出現了青銅匜之類的洗器，已經注重飲食衛生。這種器物一般與「洗」相配套，用時盛水，水從流口倒出，伸手即可洗淨，下面用洗或盆接水，非常講究。

二、飲食器的造型藝術

飲食文化與藝術的結合，是物質文化和精神文化相互滲透的結果，是以飲食為物質載體，在精神文化領域中的一種藝術昇華。原始人類在長期的勞動過程中有了按照自己的預想把某一物件的形象複製出來的能力，同時有表達自己思想感情的要求，藝術就是從這種要求中產生出來。隨著社會的發展，人類從生產勞動實踐中所

1　趙榮光、謝定源：《飲食文化概論》，中國輕工業出版社，2000年。

得來的認識、思維和感情日益複雜起來，因而藝術的內容和表現形式越來越豐富。與飲食相關的藝術主要表現形式之一就是飲食器的造型藝術，人類在製作各種物件形象的過程中，領會到自然界固有的美，由此產生審美觀念。中北地區飲食器同中國其他地區的飲食器一樣，經歷了從實用到講究美觀的過程。特別是北方游牧民族誕生以後，將純樸的自然思想貫穿於飲食器的造型藝術，並賦予了深刻的文化象徵含義。

❶‧青銅飲食器的造型藝術

春秋晚期至戰國時期，北方草原青銅文明達到了鼎盛時期，主要表現在以內蒙古鄂爾多斯高原為中心出土的「鄂爾多斯式」青銅器，從用途上分容器、裝飾品、車馬具、兵器、生產生活工具等，鑄造技術達到了較高的水平，並形成了所謂的北方系青銅文化。從目前發現的青銅器種類看，飲食器的數量相對較少，這大概與游牧文化有很大的關係。在青銅飲食器中，數量最多的是作為進食器的青銅刀，在造型裝飾上的特點主要是在環首和刀柄部開始出現紛繁多變的裝飾紋樣，有三角折線紋、點狀紋、絞索紋、連續渦紋和動物紋。戰國晚期，中北地區的青銅器有了很大的變化，表現出更多的游牧民族飲食文化特色。他們的青銅刀造型輕薄，製作

◂圖3-7　西漢的鹿紋青銅鍑，內蒙古鄂爾多斯地區出土

粗糙，比較劃一，幾乎在柄端都有穿孔。從青銅器的造型藝術中，我們也可以看到中北與中原地區的飲食文化交流。在內蒙古涼城縣出土的一件青銅壺上，從頸部到下腹分別裝飾有變體動物紋、勾雲紋、舞蹈紋，舞蹈紋共五人，舞人身著短裙，頭上結辮，雙手下襬，雙腿交叉作跳舞狀，舞姿優美，是匈奴人反映社會生活的藝術傑作。該壺在器型上為中原地區的風格，但裝飾卻運用了少數民族舞蹈的藝術形式。西漢時期，匈奴青銅飲食器種類有鼎、鍑、壺、勺、刀等。鼎、鍑附有對稱的環形或長方形耳，個別鍑的圈足鏤孔，有的裝飾動物紋。壺分圓腹和扁腹兩種，扁腹壺附兩個或四個環形耳，穿系提繩和攜帶方便，這是北方游牧民族器物的一個顯著特徵。銅勺多呈橢圓形，個別的有圓形，直柄，有的柄呈竹節形或曲波形，便於執握，造型顯得有些笨拙，沒有曲柄勺那樣流暢。東漢至北魏時期，鮮卑的青銅飲食器類型較為單一，多見銅鍑，以高圈足鏤孔為特點，有的裝飾一週至數週的凸弦紋。青銅刀和勺呈現出匈奴的造型風格，刀為弧背凹刃；勺為橢圓形，附直柄。

❷．陶質飲食器的造型藝術

這一時期，中北地區陶器發展較為典型的是生活在內蒙古中西部地區的主要匈奴民族。由於受到游牧生活的影響，至戰國時期青銅器的大量使用，鐵器的出現，使得陶器在人們的生活中使用較少。出土為數不多的陶質飲食器具，亦是製作粗糙，器形單一，陶色不均，顯得比較原始。西漢時期，匈奴逐漸強盛，與中原地區的經濟、文化往來頻繁，生活較為安定，陶器製作比戰國時期精緻，種類也更為多樣。陶質飲食器以泥質灰陶為主，還有泥質褐陶，器表多為素面，陶胎較薄，均為輪製，器形有罐、甕、瓶等。以小口、細頸、瘦腹為特徵，罐的表面用磨光發亮的黑色暗紋裝飾，有的在肩部飾附加堆紋或刻劃波浪紋。隨著與中原地區漢族文化交流的深入，中北地區的陶器製作也發生了較大的變化，特別是當時流行於中原的鉛釉技術得到推廣，低溫釉陶器成為流行地域相當廣的新穎產品，如黃釉陶尊、黃釉陶壺、黃釉陶灶等，釉色晶瑩，光澤透明，代表了漢代陶器的傑出工藝。出土的黃釉陶鴞形壺，就是利用草原動物的形象燒製而成的，具

◀圖3-8　戰國的褐陶壺，內蒙古杭錦旗
阿魯柴登墓葬出土

有很強的地域風格。同時具有很強漢代特徵的倉、灶、井、豬圈、家畜模型明器的燒製數量急遽增加。地下隨葬制度發生的變化，不僅能反映人間生活的真情實景，也能反映出中北地區與中原地區的文化交流情況。

　　東漢時期，生活在中北地區的主要民族是鮮卑，其製陶工藝較匈奴時期落後，多為夾砂陶，手製，陶色不均，器形單一。如內蒙古滿洲裡市扎賚諾爾墓葬[1]出土的陶質飲食器中，以夾砂粗陶為主，陶色分紅褐和黑褐，有少量的細泥灰陶，器形有罐、壺、缽、碗、尊、鬲。多為素面，有的器物裝飾反映出遊牧民族生活的情景，如在一件小型陶鬲的腹部裝飾有狩獵紋。在漢族墓葬中，陶器中的鼎類仿銅禮器逐漸消失，代之而起的是家畜、家禽、樓閣等模型明器大量流行。釉陶器仍然為其特色，黃釉光亮明潔，綠釉翠色慾滴，可謂我國陶瓷發展史上的一朵奇葩。彩繪陶為特徵之一，在燒製好的灰陶器表面用紅、白二彩繪花草、卷雲等圖案，色澤鮮豔。

1　內蒙古文物工作隊：《內蒙古扎賚諾爾古墓群發掘簡報》，《考古》，1961年第12期；內蒙古文物考古研究所：《扎賚諾爾古墓群1986年清理髮掘簡報》，《內蒙古文物考古文集》第一輯，中國大百科全書出版社，1994年，第369-383頁；陳鳳山、白勁松：《內蒙古扎賚諾爾鮮卑墓》，《內蒙古文物考古》，1994年第2期。

❸ · 木質飲食器的造型藝術

木器也是北方游牧民族的主要飲食器具，其中以樺樹皮製作的器物為特色。樺樹皮造型藝術是在社會生產力極端低下的條件中產生的，最早可追溯到舊石器時代晚期，原始人類在長期的勞動實踐中，認識到樺樹皮特有的使用性能，用其製成輕便、防水、防潮、耐用的樺樹皮器物，以適應游移不定的狩獵生活。在中北地區，東漢鮮卑族的樺樹皮造型藝術比較發達，成為一個重要的工藝門類，體現了北方游牧民族對物質、工藝、審美的統一認識。其種類有壺、罐、筒等。如內蒙古滿洲裡市扎賚諾爾墓葬出土的樺皮壺，小口，高領，廣肩，直腹，器底缺失；其製法是領部用雙層樺皮，外層的下緣剪作鋸齒狀；腹部也為雙層，內層用一片樺皮，外層分作上下兩段，各用數片樺皮縫合；肩部為單層，分別夾在領、腹的雙層間，接口縫合處都留有針腳。內蒙古額爾古納市拉布達林墓葬[1]出土有樺皮罐，直領，斜肩，直腹，由於縫製原因，罐底大於器身一週，底心向內凹；製法是分段縫製，整個器物分領、肩、身、底四個部分，單層樺皮，個別的底部為雙層；領為豎向紋理的樺皮，其下緣圍住器身的上緣；罐身也為豎向紋理的樺皮，其底緣外折，壓在罐的底緣之上；在肩部、幫底等部位各另加一週條狀樺皮，起加固罐底和罐身的作用。樺皮筒狀罐，小口，斜折肩，直腹，雙層底，底稍呈橢圓形；整個器身為一張單層豎向紋理的樺皮，上緣有七個豁口，將其分成寬度基本相等的九片，兩側的各一片較窄，縫成筒形後變為七片，均向內斜折，順序疊壓，以線固定，形成小口、斜肩；器身底緣向外平折與底緣縫合，底部外露一圈。樺皮筒，為直口，筒狀，多為單層底，個別為雙層底，底緣外露一圈，由底和幫兩部分組成。

---

1 內蒙古文物考古研究所等：《額爾古納右旗拉布達林鮮卑墓群發掘簡報》，《內蒙古文物考古文集》第一輯，中國大百科全書出版社，1994年，第384-396頁。

三、飲食器的文化內涵

飲食器除了滿足人們吃飯喝水的需要之外，還能反映擁有者的社會地位、文化交流、象徵表現等文化內涵。

❶ · 文化交流

這一時期，以匈奴與中原的飲食文化交流最為頻繁，如內蒙古地區發現的漢代匈奴陶質飲食器，製作比較精緻，採用輪製的技法，這是接受漢文化製陶技術的影響所致。漠北匈奴墓葬出土的陶罐上刻有漢字，同樣是文化交流的結果。同時，在中原地區的一些墓葬中出土有動物紋的青銅刀，則是受到中北進食器製作風格的影響。我們還可以從飲食器的器形、裝飾風格等特徵中，看到不同文化交流融合的情況。如在內蒙古涼城縣發現的舞蹈紋青銅壺，紋飾屬於匈奴民族的風格，但器形卻與河北等地出土的宴樂紋青銅壺、水陸攻戰紋青銅壺相近。在內蒙古寧城縣小黑石溝戰國墓葬中，出土的陶豆、鼎、壺的器蓋上，都有較長的鈕，這種造型在燕國、齊國等陶質飲食器中常見，但鈕的形狀有較大的差別。魯迅先生曾認為，漢代藝術有「博大雄沉」之氣，亦包括飲食器具的藝術風格，在地域文化上包含了中原漢地文化和中北草原民族文化。

❷ · 文化象徵

戰國晚期，匈奴的游牧經濟已非常發達，畜牧業和狩獵業成為社會經濟的命脈。飲食器中的動物裝飾以馬、牛、羊、鹿、虎、鳥為最多，反映了當時的游牧式經濟類型和生活方式。由此逐漸形成了匈奴以動物為其主體文化的象徵符號，具有深刻的文化內涵。動物本身來源於自然生態環境，與匈奴的生產生活有著密切的聯繫，這就使匈奴對動物有著某種親近感和敬畏感，產生了對它們的原始崇拜。圖騰崇拜是最原始的宗教形式，與原始時代出現虛幻的、超自然力的觀念密切相關，也與氏族的外婚制和氏族的組織密切相關。它負有維繫血緣親族關係和實行族外婚制的職能。同一圖騰崇拜的人們被認為來自同一祖先，屬於同一社會

組織，他們中的男女間嚴禁發生性關係。每一個氏族都有自己的圖騰信仰，他們一般選擇與他們的物質生產活動關係最為密切的某種動物、植物作為圖騰崇拜對象。如在匈奴的墓葬和窖藏中出土的飲食器上都裝飾有馬、羊、鹿、虎等造型和圖案，且風格和造型呈一致性，是匈奴民族共同體的圖騰。

在東漢鮮卑的飲食器中，有馬、羊、駝、鹿等動物的裝飾圖案，包括家畜和野生動物，證明了鮮卑的游牧經濟生活和飲食的主要來源。同時，有的飲食器上裝飾著狩獵圖案，說明了鮮卑的狩獵經濟在早期社會中的重要性。從而產生了對動物的崇拜，即圖騰文化。

第三節　飲食禮俗功能的擴大

中國自古以來就是一個講究禮儀的國家。在各種禮儀場面中，飲食文化體現在整個儀式中，具有重要的功用，可以溝通情感、活躍氣氛。戰國至秦漢時期的飲食禮俗，在中北原始時期的基礎上擴大了社會功能。飲食文化在婚姻、喪葬、祭祀、日常交往等禮俗中都有表現，反映了人們在飲食方面約定俗成的行為規範。由於這一時期文獻記載中很少涉及飲食在禮俗中的作用，我們只能站在飲食社會史的角度以及依靠考古學資料去探究。

一、婚姻禮俗中的飲食文化

游牧民族誕生以後，其婚姻形式和結婚禮儀，自漢代起就有史籍記載。酒宴是婚儀的重要組成部分，從下聘禮到結婚儀式，都離不開飲食或宴飲，從而在婚姻禮俗中體現出飲食文化。匈奴的婚俗，「父死，妻其後母；兄弟死，皆取其妻妻之。」[1]

1　司馬遷：《史記・匈奴列傳》，中華書局，1959年。

這是原始群婚的一種遺風，稱之為「收繼婚」，在匈奴社會中是一種普遍現象。如西元前三十一年，匈奴呼韓邪單于死，其子雕陶莫皋即位為復株累若鞮（dī）單于後，娶其後母王昭君為妻。

烏桓的婚俗，「其嫁娶則先略女通情，或半歲百日，然後送牛馬羊畜，以為聘幣。婿隨妻還家，妻家無尊卑，旦旦拜之，而不拜其父母。為妻家僕役，一二年間，妻家乃厚遣送女，居處財物一皆為辦。其俗妻後母，報寡嫂，死則歸其故夫。」[1]烏桓有婚前用馬、牛、羊下聘禮之俗，並遺留從妻居、收繼婚的原始婚姻形式。以上兩段史籍中雖無具體的儀式記載，但宴飲和用牲畜等生活資料納聘卻在婚姻儀式中存在，這是北方游牧民族婚儀中的一個共同的現象。

鮮卑，「言語習俗與烏桓同。唯婚姻先髡（kūn）頭，以季春月大會於饒樂水上，飲宴畢，然後配合。」[2]就是說鮮卑人結婚以前，等到每年春天的三月時，在饒樂水（今西拉木倫河）邊集會，歌舞宴飲，然後男女青年自由選擇，擇偶後再下聘禮，舉行婚儀，實行搶婚和勞役婚。可見，飲食行為在男女擇偶活動中的作用。

二、喪葬禮俗中的飲食文化

喪葬禮俗是一種普遍存在的、具有鮮明民族特點的風俗習慣。喪葬分喪禮和葬禮兩個部分，其儀式因人簡繁不一，與死者生前的社會地位、財富的多寡有直接聯繫。從中北地區的喪葬發展歷史看，都要涉及與生活資料有關的財物，包括牲畜、飲食和其他財物等。其中，飲食及有關禮俗在喪葬中具有明顯的作用。

東胡的喪葬禮俗可以從考古學資料中反映出來。內蒙古林西縣井溝子墓葬屬於戰國時期的遺跡，普遍發現用牲現象，牲畜的種類有馬、牛、羊、驢、騾、狗六

1　范曄：《後漢書·烏桓傳》，中華書局，1965年。
2　范曄：《後漢書·鮮卑傳》，中華書局，1965年。

種，均為飼養的動物。牲畜並非整體入葬，都是只用某些部位，多用一兩種動物入葬，三種以上的比較少。在所用牲畜的各部位中，有些可能代表整牲來入殉的意義，如牲畜的頭和大部分的蹄骨，而有些明顯是作為肉食來入葬的，如椎骨、肋骨、股骨等。在出土的飲食器中，主要是陶器，器形有罐、鬲、缽、壺，另外有青銅刀、骨匕。個別的鬲內有動物骨骼，應為隨葬的帶骨肉食。

《史記・匈奴列傳》記載了匈奴貴族的葬禮：「其送死，有棺槨金銀衣裘，而無封樹喪服；近幸臣妾從死者，多至數千百人。」未說明葬禮中的飲食情況，但在匈奴的墓葬中卻能看到與飲食相關的習俗。內蒙古杭錦旗桃紅巴拉匈奴墓[1]中有殉牲現象，種類有馬、牛、羊，少者三至五具，多者達40多具，以頭、蹄為代表，這是匈奴人在舉行喪葬禮儀中用牲畜表示對死者的祭奠。在匈奴的墓葬中，還隨葬有陶質、銅質、鐵質飲食器，有的大陶罐內盛穀類等糧食以及鹿、麋、草原狐狸、野豬、山地綿羊、野駱駝、羚羊、兔、大雷鳥等野生動物骨骼。俄羅斯南烏拉爾山洞匈奴墓葬出土的銅鍑內，發現有肉和骨頭。這種用牲畜和野生動物殉葬的現象，在以後的烏桓、鮮卑、柔然、敕勒、突厥、回紇、契丹、党項、女真、蒙古等民族中普遍存在，可以說是中北地區游牧民族共同的葬俗。

烏桓的喪葬風俗是人死後，以棺殮屍，親人哭泣哀悼，並以歌舞送葬；取一肥壯的狗，用彩色繩子牽引，讓狗作為引魂神導引死者回歸故里。這裡雖然沒有涉及飲食相關的內容，但根據游牧民族的風俗習慣，必然以食物和酒進行祭奠。遼寧省西豐縣西岔溝墓葬為單人長方形土坑墓，死者頭皆向西北，用木片或草蓆斂屍，隨葬有陶質飲食器和零散的馬牙。在該地東部墓區的山崗上發現有三個一字排列的馬頭骨，是殉馬風俗的遺留，從而證明了烏桓用牲畜、飲食器等生活資料隨葬的事實。

在鮮卑的墓葬中，多數都發現殉牲的現象。內蒙古陳巴爾虎旗完工墓葬[2]中的編

1　田廣金：《桃紅巴拉的匈奴墓》，《考古學報》，1976年第1期。

2　內蒙古文物工作隊：《內蒙古陳巴爾虎旗完工古墓清理簡報》，《考古》，1965年第6期。

號為IA墓有馬頭兩具、牛頭骨四具；編號為IB墓有馬十四、牛八頭、狗三隻。內蒙古扎賚諾爾墓葬6號墓棺蓋上置一牛頭，棺內有兩件凌亂的牛蹄骨；19號墓棺蓋頂上有牛頭骨一具和羊頭骨兩具；16號墓有牛頭骨三具和馬頭骨一具；8號墓和29號墓在死者頭頂上端各倒置馬頭骨一具，棺內有凌亂的馬蹄骨；25號墓的棺內和填土中共出土牛、馬、羊蹄骨各四件；其他墓葬都或多或少地發現有凌亂的牲畜蹄骨。內蒙古商都縣東大井墓地[1]有七座墓葬有殉牲，多為羊的個體，有羊距骨、肩胛骨、肢骨、羊角等，個別墓內有牛肩胛骨，一般為一至二件，多置於屍骨的盆骨及腿部外側。一九九五年六月，筆者受邀前往內蒙古通遼市開魯縣東風鎮調查，發現當地一座東漢鮮卑的磚券殉馬坑，坑內站立三匹馬，上有馬飾具。這種用整馬殉葬的遺跡在內蒙古地區首次發現，更證實了鮮卑有用牲畜祭祀死者的習俗。在已發現的所有鮮卑墓葬中，都有數量不等的飲食器，質地有陶、樺樹皮、銅、鐵、銀等，反映了飲食器在鮮卑喪葬中的重要性。

三、祭祀禮俗中的飲食文化

匈奴每年有三次集會，分別為春祭、夏祭、秋祭，在舉行祭祀的儀式中，用牛羊作祭品。《史記・匈奴列傳》記載：「歲正月，諸長小會單于庭，祠。五月，大會蘢城，祭其先、天地、鬼神。秋，馬肥，大會蹛（dài）林，課校人畜計。」《索隱》：「漢書，蘢城作龍城，亦作蘢字，崔浩云西方胡皆事，龍神，故名大會處為龍城。」主要祭祀對像是天地、祖先、鬼神。蹛林根據《漢書・匈奴傳》注引服虔曰：「蹛音帶，匈奴秋社八月中皆會祭處」的記載，「社」在《說文》中解釋為「地主」，即地神，故秋季祭祀的對象為地神。蹛林之祭是北方游牧民族的一個重要的祭祀活動，《漢書》顏師古注曰：「蹛者，繞林木而祭也。鮮卑之俗，自古相傳，秋天之

1　李興盛、魏堅：《商都縣東大井墓地》，《內蒙古地區鮮卑墓葬的發現與研究》，科學出版社，2004年，第55-102頁。

祭，無林木者，尚豎柳枝，眾騎馳繞三週乃止，此其遺法。」就是說鮮卑也有蹄林之祭，但這種祭祀活動是從匈奴傳下來的。在匈奴的這三次集會中，都要用牲畜、乳品、供器等敬奉祖先、天地、鬼神，祈求一年中的風調雨順、人丁興旺和牲畜繁盛。

烏桓人崇拜鬼神、天地、日月、星辰、山川及已故有名望的首領，在舉行祭祀儀式時，用牛、羊作祭品，以求神靈保佑。《魏書》曰：「敬鬼神，祠天地日月星辰山川，及先大人有健名者，亦同祠以牛羊，祠畢皆燒之。飲食必先祭。」說明了飲食在祭祀活動中作為首要的祭品。鮮卑與烏桓同俗，在祭祀中必然用飲食、牛羊作祭品。

四、其他禮俗中的飲食文化

匈奴有「壯者食肥美，老者食其餘。貴壯健，賤老弱」[1]的風俗，這種風俗體現了匈奴民族成員的不同地位。壯健者能征戰和生產，為當時主要的壯勞力，得到匈奴社會集團的重視，可以吃肥美的食物；而老弱者卻為社會所輕視，只能用次等的飲食。烏桓也有「貴壯而賤老」的習俗。可見，匈奴、烏桓族群成員的食物分配以不同年齡段的人在生產、征戰中發揮的作用如何為前提。這種現像是匈奴、烏桓民族成員之間在飲食方面顯示出差異的最好見證。

在民族交往中，飲食活動的方式多為餽贈食品、宴請、聚餐等。北方游牧民族與周鄰民族和中原王朝的友好交往，都以餽贈牲畜、食物、器物等形式出現。《後漢書·南匈奴傳》記載有漢使拜奉李陵廟的情況，「元正朝賀，拜祠陵廟畢，漢乃遣單于使，令謁者將送，賜綵繒千匹，錦四端，金十斤，太宮御食醬及橙、橘、龍眼、荔支；賜單于母及諸閼氏、單于子及左右賢王、左右谷蠡王、骨都侯有功善有，繒彩合萬匹。歲以為常。」可見，當時的中北王者、貴族已品嚐到了只產於南

1 司馬遷：《史記·匈奴列傳》，中華書局，1959年。

方的水果，這是飲食文化交流史的重要內容。《史記・匈奴列傳》亦記載：「初，匈奴好漢繒絮食物，中行說曰：『匈奴人眾不能當漢之一郡，然所以強者，以衣食異，無仰於漢也。今單于變俗好漢物，漢物不過什二，則匈奴盡歸於漢矣。其得漢繒絮，以馳草棘中，衣袴皆裂敝，以示不如旃（zhān，同『氈』）裘之完善也。得漢食物皆去之，以示不如湩（dòng，乳汁）酪之便美也。』」說的就是匈奴雖然喜好漢朝的食物，並經常能得到餽贈，但吃了以後還是感覺不如傳統奶酪食物鮮美。匈奴通過喝血酒與漢朝結盟。《漢書・匈奴傳》中記載：「昌、猛與單于及大臣俱登匈奴諾水東山，刑白馬，單于以徑路刀金留犁撓酒，以老上單于所破月氏王頭為飲器者共飲血盟。」漢朝與南匈奴呼韓邪單于以飲血酒結盟，共同對付北匈奴，飲血酒成為締結政治聯盟的重要儀式。匈奴還根據戰功表現賜給將士酒食，並把戰爭中獲得的財物、牲畜及奴隸作為賞賜品，從而激勵他們的忠心和鬥志。所以，無論是在內政還是在外交當中，酒食不僅是最重要的政治手段也是交往的媒介。

五、一些飲食理念的形成及飲食階層性的分化

❶・飲食理念的形成

北方游牧民族誕生以後，由於獨特的生態環境，逐漸總結出具有草原特色的飲食理論和觀念。飲食始終保持有自己的特徵，對中原地區的飲食文化也有著深遠影響。

戰國時期，生活在今中北地區的匈奴人主要食肉飲酪。在日常生活中，他們懂得「逐水草遷徙」的道理，因為只有水草豐美的地方，牛、羊、馬才能肥壯。《史記・貨殖列傳》說：「北有戎、翟之畜，畜牧為天下饒。」匈奴人一般食牛、羊，馬是游牧和征戰的坐騎，不輕易食用，只有應急時才宰殺食用。在牧養過程中，他們逐步掌握了牲畜的生長規律，認識到牛、羊長到幾歲時適宜食用，什麼季節的牛、羊肥壯味美，什麼季節的牛、羊瘦弱，每日何時擠取畜乳最好。另外，還飼養了

駝、驢、騾等，增加了飼養牲畜的種類，豐富了飲食資料的來源。在文獻資料中，可以看到匈奴人在日常生活中吃用牲畜奶製作的乳漿和乾酪，這種食物既便於攜帶，又易於保藏，可供隨時食用。這些實踐經驗使飲食觀唸得到進一步發展。

西漢時期，隨著漢匈關係的改善，中原文化傳入匈奴地，匈奴人學會了農業生產，使飲食結構發生了變化，加之經常能得到漢朝賞賜的酒、米、蔬菜、瓜果等食物，大大改進了匈奴人的飲食風習。文獻中多次提到，匈奴人喜好漢朝的飲食，後來，他們也學會了製作。在長期的生活實踐中，匈奴人已掌握了燒、烤、蒸、煮、炒、烙等烹飪方法，飲食製作技藝水平逐漸提高，並形成了一套烹飪理論。但匈奴人仍以食肉和飲湩酪為主，營養成分很高，利於體質的增強，使匈奴人有了雄健的體格，勇猛善戰，這也是匈奴勢力強大的一個原因。

❷·飲食階層性的分化狀況

進入階級社會以後，由於人們在政治、經濟、軍事上的地位不同，遂形成了中北地區飲食文化的階層性，可以分為上層社會、中層社會、下層社會三個層面。上層社會包括游牧民族誕生前的部落首領、建立奴隸制政權的單于；中層社會包括中下級官吏、中小貴族、富有牧主、軍功顯赫的人；下層社會包括普通牧民、平民、奴隸等。

西周時期，北方游牧民族誕生，社會等級更加明顯，上、中層社會擁有大量的生活資料，而平民成員、奴隸等，擁有很少甚至沒有生活資料，完全依附於上、中階層。這些可以在史料記載的等級制和考古學資料中得到證實。匈奴自冒頓自立單于後，經過東征西討南侵北掠，鞏固和健全了匈奴奴隸制軍事政權。根據《史記‧匈奴列傳》的記載，匈奴最高行政和軍事首領稱「單于」，其下分左右賢王、左右谷蠡王、左右大將、左右大都尉、左右大當戶、左右骨都侯，共二十四級軍事首領，被稱為「萬騎」，這些軍事首領也由顯貴氏族或家族世襲。匈奴氏族中以呼衍氏、蘭氏、須卜氏為貴，氏族的貴族擔任左右骨都侯，輔助單于處理軍事政務。每一個王都有自己的駐牧地，擁有一切生活資料。匈奴在二十四級軍事首領以下，置

千騎長、百騎長、什騎長、裨小王、相封、都尉、當戶、且渠等官，屬於中下級官吏，他們以部眾的多少和擁有生活資料的數量來區分地位的高低。匈奴以酒作為立功將士的賞賜，並給強壯者以美食，也可說明中層社會的飲食狀況。

匈奴地區約有各族奴隸數十萬人，被驅使為牧奴、耕奴和工奴，他們為各級奴隸主創造財富，處於社會的最底層，過著貧困生活。普通的匈奴氏族成員，也擁有一定數量的牲畜，立了戰功還可得到賞賜，生活資料足以維持生計。各級奴隸主貴族都擁有大量財富，過著豪奢的生活。當匈奴地區遇到雨、雪等自然災害時，凍死、餓死者只是處於下層社會的人民。在匈奴與漢朝和親的過程中，漢朝賞賜給匈奴單于和各級長官大批食物和財物，匈奴民眾卻得不到任何東西。各級奴隸主貴族、平民、奴隸等級分明，擁有的財富不同，飲食風習也有很大的差異。

在諸民族中，普通的社會成員都有自己的牧場和牲畜，只是面積較小、數量較少，有的成員可以憑藉戰功晉陞至中層階層，並可得到美食的賞賜。匈奴有「貴壯健，賤老弱」的風習，「壯者食肥美」。從內蒙古准格爾旗西溝畔一號墓至三號墓[1]的隨葬品可看出等級的不同。三座墓葬均為長方形土坑豎穴，頭向北，有殉牲現象，說明是同一時期的墓葬。二號墓隨葬有精美的金銀器，還有陶質飲食器，墓主人身分為上層貴族；三號墓隨葬品多為青銅器，應為中層貴族；一號墓僅有幾件鐵器，應為平民。所以說，匈奴人身分的高低決定了飲食方面的差異，平民只有少量的生活資料。

烏桓以「大人」為首領，大人之下皆各自經營畜牧業。根據《後漢書·烏桓傳》的記載，漢建武二十五年（西元49年），烏桓願意留下宿衛，漢朝封烏桓渠帥任侯王君長的八十一人，都居留在塞內，分佈在漢朝邊郡，招來烏桓人給其衣食。烏桓從漢朝得到食物，首先給其大小首領，然後才給一般的民族成員。

鮮卑在檀石槐部落聯盟時期，稱首領為「大人」，其下置帥。東漢時期，鮮卑大人經常得到東漢政府賞賜的財物及飲食。漢永平元年（西元58年），鮮卑大人

1　伊克昭盟文物工作站等：《西溝畔匈奴墓》，《文物》，1980年第7期。

被漢打敗，率眾歸附於漢，僅青、徐二州東漢政府每年賜給鮮卑大人的錢財即達二億七千萬，這些錢財多為鮮卑上層貴族所擁有。鮮卑人的喪葬也有貧富之分，在內蒙古滿洲裡市扎賚諾爾鮮卑墓葬中發現，葬具木棺有的有蓋有底、有的有蓋無底，還有個別無葬具。隨葬品有多寡之分，殉葬的牛、馬、羊數量不同，反映了鮮卑人的貧富之差及所擁有生活資料的多寡。其中，有葬具及隨葬品數量多的墓主人，生前為中層階層。

總之，飲食階層性體現了制度文化的內涵，主要體現在與飲食來源相關的政策與法律制度方面，雖然古代北方民族統治者制定的政策是為了維護上層社會的利益，但對促進牧業、農業、漁獵、手工業的發展起到一定的作用，保證了飲食生活資料來源的充足。

第四章　魏晉南北朝至隋唐時期

曹魏時期，中北地區仍然以鮮卑、烏桓為主體民族。在今內蒙古鄂爾多斯市烏審旗南部由匈奴鐵弗部建立大夏國。拓跋鮮卑南遷到今內蒙古和林格爾縣北，建立北魏政權，定都盛樂（故城在今內蒙古和林格爾縣北），後遷都平城（故城在今山西省大同市東北），再遷至洛陽。在東部的慕容鮮卑，分別建立前燕、後燕、西燕、南燕等政權。除此之外，在中北地區生活的民族還有敕勒、柔然等。隋唐時期，主體民族有突厥和回紇，並建立汗國。總體上說，這一時期的鮮卑、突厥、回紇在中國古代歷史上占有極其重要的地位。隨著北魏都城的南遷，鮮卑逐漸與中原地區的漢族融合，反映在飲食文化方面，既保留有游牧民族的特點，同時還融入了很多漢民族文化的內涵。突厥與回紇繼鮮卑等民族之後占據中北地區，對繁榮草原絲綢之路和溝通東西方飲食文化交流起了重要作用。

第一節　飲食結構與飲食製作的開發

鮮卑民族經過東漢時期的發展，到魏晉時期勢力逐漸強大。他們在沒有南遷中原地區時，由於中北地區獨特的生態環境，決定了以肉、乳為主的具有草原特點的飲食結構。在建立北魏政權後，政治中心接近農耕地區，受漢族風俗的影響，使糧食在飲食結構中的比重增加。自進入中原地區後，鮮卑統治者實行漢化政策，促進了胡漢民族融合，使飲食結構也如同漢人一樣。與此同時，出現了諸如成書於北魏的《齊民要術》等總結飲食生產和製作的文獻，中北飲食的開發已趨於成熟。至隋唐時期，突厥、回紇先後生活在中北地區，為中北地區飲食文化的發展提供了新的空間。

一、畜牧業、狩獵經濟與肉乳飲食

❶ · 畜牧業

牧業是游牧部族的經濟基礎。鮮卑拓跋什翼犍曾向苻（fú）堅介紹他的部民說：「漠北人能捕六畜，善馳走，逐水草而已。」[1] 即使遷徙到陰山以南地區，也繼續發展畜牧業。西元三八六年，拓跋珪在盛樂建北魏政權。其後，出兵擊敗庫莫奚、高車、柔然等部，消滅鐵弗匈奴，得到大片土地和牧場，獲得無數的牲畜。西元三九五年，拓跋珪為了迴避後燕的進攻，遷徙所有的部眾和牲畜到達黃河沿岸，活動範圍超過上千里。拓跋燾稱帝時期，曾征服漠北的高車部落，把降服的高車部民和百餘萬頭（只）的馬、牛、羊遷至漠南，在沿長城、陰山一帶數千里的草原上從事畜牧業，並派官監督管理，徵收貢賦，使北魏政府獲得了無數的馬、牛、羊及氈、皮物質。拓跋燾在平定統萬城（大夏都城，故城在今陝西省靖邊縣北）之後，因河西水草豐盛，遂把該地劃為牧場，「畜產滋息，馬至二百餘萬匹，橐（tuó）駝得半之，牛羊則無數。」[2] 由此可見鮮卑牧業經濟的繁盛狀況。

牧業關乎游牧部族的興衰。根據《隋書·北狄列傳·突厥》的記載，「其俗畜牧為事，隨逐水草，不恆厥處。」指出了突厥畜牧業的主導地位。隋文帝開皇八年（西元588年），突厥部落酋長一次向隋朝貢馬萬匹，羊二萬隻，駝、牛各五百頭。開皇十九年（西元599年），突厥啟民可汗自言：突厥人的羊馬，遍滿山谷。遇到自然災害時，「頻年大雪，六畜多死，國中大餒。」使其政權忽強忽弱、驟興驟衰，正如唐朝使臣鄭元（shú）所說：「突厥興亡，唯以羊馬為準。」[3]《新唐書·回鶻傳》上記載：回鶻（即回紇，唐德宗時改稱）「其人驍強，初無酋長，逐水草轉徙，善騎射，喜盜鈔，臣於突厥，突厥資其財力雄北荒。」「地磧鹵，畜多大足羊。」游牧民族的牲畜

1　房玄齡等：《晉書·苻堅載記》，中華書局，1974年。
2　魏收：《魏書·食貨志》，中華書局，1974年。
3　劉昫等：《舊唐書·鄭元 傳》，中華書局，1975年。

隨水草豐美遷徙，有部人、領地就有牲畜。據《舊唐書・回紇傳》載，唐代宗寶應元年（西元762年），回鶻登裡可汗擬入侵唐境，「有眾十萬，羊馬不知其數」，「京師大駭」。回鶻與突厥等游牧民族通過戰爭，占有其地並獲取牲畜，以實現增強本族勢力和削弱他族的目的。可見，牧業經濟的發展狀況對突厥與回鶻等游牧部族的重要性。

❷・狩獵業

游牧部族一般在發展牧業的同時，也將狩獵業作為經濟生活的重要補充。如鮮卑在建立北魏政權後，並沒有放棄狩獵業。內蒙古和林格爾縣雞鳴驛發現的北魏壁畫墓[1]「狩獵圖」，畫面由獵者、獵物、山川、樹木組成，獵人騎馬追射奔跑的猛虎，河流中有游動的魚，反映了鮮卑的漁獵經濟。在敕勒和柔然的活動範圍內，水草豐美，生存著許多野生動物，如虎、狼、鹿、貂等。柔然經常向北魏和南朝政府貢獻貂皮、貂裘、豽（nà）皮、虎皮、獅皮等物。《北史・突厥傳》記載：「隨逐水草遷徙，以畜牧射獵為事，食肉飲酪，身衣裘褐。」《資治通鑑・唐紀》記載了後突厥毗伽可汗的大臣

▲圖4-1　北魏《狩獵圖》壁畫，見於內蒙古和林格爾縣雞鳴驛墓葬

1　劉瑞娥、朱家龍：《雞鳴驛北魏壁畫墓清理隨想》，《呼和浩特文物》，1999年第4期。

噉（tūn）欲谷所說的話，「突厥人徒稀少，不及唐家百分之一，所以能與為敵者，正以逐水草，居處無常，射獵為業，人皆習武，強則進兵抄掠，弱則竄伏山林。」在蒙古國巴顏楚克圖發現的突厥文《噉欲谷碑》上說：「吾人時方居總材谷（陽山山谷）及黑沙。吾人居彼，以大獸、野兔自給，民眾口食無缺。……此吾人之境況也。」內蒙古蘇尼特右旗布圖木吉[1] 發現的金蹀躞（diéxiè）帶上，鏨（zàn）刻著騎馬獵人張弓射獵奔跑雄獅的圖案。說明突厥的狩獵業為社會經濟的重要補充。

❸ · 食肉飲酪的飲食結構

發達的畜牧業和狩獵業，使這一時期中北地區的飲食結構以肉乳為主，這一點我們從南北朝宮廷飲食的記述中可略知一二。從晉代開始，漢族中的貴族官僚在飲食習慣上已逐漸接受了北方民族的食品，如「羊肚脯」為晉代宮廷名菜。晉代尚書郎晉灼為《漢書‧貨殖列傳》所作的注中說：「今太官（執掌宮廷飲食事宜的官員）常以十月作沸湯燖（xún）羊胃，以末椒薑坋之，暴使燥是也。」反映了晉代宮廷製作胃脯的季節和製作過程。南北朝時期，隨著鮮卑接近和遷居中原地區，乳類、羊肉食品也隨之傳入，被漢族以及中原王朝的宮廷所推崇。根據北魏楊衒之的《洛陽伽藍記》記載，北魏太和十八年（西元494年），南齊秘書丞王肅投奔到洛陽，剛到北方時不食羊肉和酪漿，數年之後，在一次宮廷宴會上卻飲食了許多羊肉和酪漿。「羊血灌腸」（羊盤腸）是南北朝時期南朝劉宋宮廷食品。到隋唐時期，突厥人「食肉飲酪」，回紇人「肉飯酪漿」，仍是延續了北魏時期的飲食構成。

二、農業發展促進糧食比例增大

隨著有些游牧民接近和深入中原地區，逐漸受到中原農耕文化的影響，也開始部分地發展農業生產。慕容鮮卑入居遼西后，不斷地與漢族文化交流融合，農業經

1　丁學芸：《布圖木吉金帶飾及其研究》，《內蒙古文物考古文集》第二輯，中國大百科全書出版社，1997年，第463-473頁。

濟逐漸替代了牧業經濟在社會生產中的主要地位。在慕容皝（huàng）（西元297—348年，前燕文明帝）時期，「躬巡郡縣，勸課農桑」。他的記室參軍封裕上諫說：「臣聞聖王之宰國也，薄賦而藏於百姓，分之以三等之田，十二而稅之；寒者衣之，飢者食之，使家給人足。雖水旱而不為災者，何也？高選農官，務盡勸課，人治周田百畝，亦不假牛力：力田者受旌顯之賞，惰農者有不齒之罰。又量事置官，量官置人，使官必稱須，人不虛位，度歲入多少，裁而祿之。供百僚之外，藏之太倉，三年之耕，餘一年之粟。以斯而積，公用於何不足？水旱其如百姓何！雖務農之令屢發，二千石令長莫有志勤在公、銳盡地利者。故漢祖知其如此，以墾田不實，征殺二千石以十數，是以明、章之際，號次昇平。」[1]封裕提出要重視農業，國家才能強盛，慕容皝採納了他的勸諫，並給予賞賜。由此看出，慕容鮮卑對發展農業的重視。遼寧省朝陽市十二臺鄉磚廠墓葬[2]的棺板上鋪有三釐米厚的穀物，反映了慕容鮮卑農業發展的狀況。

西元四世紀初，鮮卑拓跋猗盧取得陘嶺以北（今晉北一帶）的土地後，就從雁門一帶遷移十萬家到此從事耕種。根據《魏書·太祖紀》《北史·魏本紀》的記載，北魏拓跋珪在位期間，在都城盛樂附近「息眾課農」，又在河套之北、五原至固陽塞（今內蒙古五原縣至包頭市北）進行屯田，收穫頗豐，大約三萬餘戶的屯田產穀百萬餘斛。在攻占後燕都城中山及鄴城等地後，遷徙山東（太行山以東）六州吏民及徒何（東部鮮卑的一種）等「雜夷」三十六萬，百工伎巧十萬餘口，充實京師，下詔發給這些遷徙的「新民」以耕牛，讓他們從事農耕。西元四一三年，北魏大將奚斤攻破越勤倍泥部於跋那山（今內蒙古五原縣北）之後，又遷徙二萬餘戶於大寧川（今河北省張家口市宣化區），也發給這些「新民」農具，從事農業生產。當時，北魏都城平城畿內為農業區，畿外地區設置「八部帥」，對墾田戶實行監督，勸課農耕，計算收入。這樣，出現了農業經濟與牧業經濟並重的趨勢，在社會經濟中居

1　房玄齡等：《晉書·慕容皝載記》，中華書局，1974年。
2　遼寧省文物考古研究所等：《朝陽十二台鄉磚廠88M1發掘簡報》，《文物》，1997年第11期。

於重要地位。

　　由於北朝的統治者對農業的重視，使農業生產有了進一步的發展，因此糧食在飲食結構中所占比例增大。在這一時期的文獻記載中常見到麵食，如北魏賈思勰的《齊民要術》中有製作燒餅的記錄，並已懂得在發酵麵中加入雞蛋、鴨蛋和牛奶、牛油或羊脂奶，製成鬆脆可口的「雞子餅」，或取其形狀稱之為「環餅」「截餅」。「胡餅」就是當時麵點的一個種類，用奶油和麵做出的餅，「入口即碎，肥如凌雪」。同時，鮮卑人還種植韭菜、胡瓜等蔬菜。《證類本草》卷六記載：「孝文韭，……人多食之，能行。云昔後魏孝文帝所種，以是為名。」

三、茶、酒的需求增加

　　茶在北魏或更早時期就已傳入中北地區，為各民族所好。到隋唐時期，茶葉的供需量大幅增加。唐代的種茶面積很廣，產量也很高，唐人封演的《封氏聞見記》記載：茶「南人好飲之，北人初不多飲。」唐朝的茶通過互市傳入到邊疆少數民族地區，受到回紇、突厥等北方游牧民族的喜愛。《新唐書·陸羽傳》記載：「其後尚茶成風。時回鶻入朝，始驅馬市茶。」在中北地區出土的唐代金銀器中，發現了一些飲茶器和點茶器，如新疆、內蒙古等地發現的嵌紅瑪瑙虎柄金盃、銀高足杯、橢圓銀杯、鎏（liú）金摩羯紋海棠形銀杯、銀執壺等，有些雖然具有西方文化的特

◀圖4-2　唐代的鎏金摩羯紋海棠形銀杯，內蒙古和林格爾縣出土

徵，但也說明了唐朝的飲茶之風影響了中北地區的游牧民族。

北魏由於在農業方面採取了一系列的政策，使農業取得連年的豐收，助長了釀酒和飲酒之風，導致了因為飲酒產生了很多訴訟案件。為保證社會秩序穩定，北魏從明元皇帝四年（西元412年）開始禁酒，一直到獻文帝即位後（西元466年）開禁，先後延續了五十餘年，凡是釀酒和飲酒者處以斬刑。《魏書‧刑罰志》記載：「高宗初，仍遵舊式。太宗四年（西元412年），始設酒禁。是時年穀屢登，士民多因酒致酗訟，或議主政。帝惡其若此，故一切禁之，釀、沽飲皆斬之，吉凶賓親，則開禁，有日程。……顯祖即位，除口誤，開酒禁。」

四、《齊民要術》中的食品製作

關於魏晉南北朝時期中北地區的飲食製作，在北魏賈思勰的《齊民要術》中有較為詳細的記載，包括奶食、肉食、麵食的製作。隨著中原地區與北方游牧民族的飲食文化交流，這些獨具特色的風味飲食，傳入了中原地區甚至是南方地區，影響甚廣。例如：

❶‧奶食製作

《齊民要術》卷六《養羊第五十七》記載了「作酪法」。根據農史學家石聲漢先生的譯文說：「作酪法，牛奶、羊奶都可以做，分開來或混合著做，任隨人意。把奶倒入鍋裡，用慢火熬。火急，就會焦糊。最好在正月或二月，預先收集乾燥的牛羊屎，用來熬奶第一好。如若燒草，草灰飛起，會落在奶裡；燒柴，容易焦底。而乾牛羊糞作燃料，火力軟弱，能避免這兩種毛病。熬奶時，常用杓子攪動奶。四五沸後，停止熬奶，稍微晾一晾。用樹枝彎一個圈，撐著生絹作袋子，讓熱奶通過袋子濾到瓦罐中臥奶。用『甜酪』作酵，一升熱奶，用小半勺『酵』，倒進奶中，攪化勻合。臥奶，靠溫度調節，暖暖的，稍微比人體溫度高一些最合適。太熱，酪會變酸；太冷，酪作不成。可用氈子包著瓦罐使它保持溫暖，過一會再用單布蓋上。

明早，酪就做成了。用『酸酪』作酵，做成的酪也酸；用『甜酪』作酵，如果放得太多，做成的酪也是酸的。」作乾酪法，「七八月做，太陽下烤酪，酪上成奶皮後，浮面揭起；再烤，再揭；直到油盡沒有皮出來才停止。得一升多酪，在鍋裡炒一會兒，倒出來，攤在淺盤裡讓太陽曬。到半乾不濕時，捏成梨子大小的團，再曬乾就成了乾酪，可以幾年不壞，供遠行時用。」作漉酪法，「取好的濃酪子，用口袋盛著，掛起就會有水滲出來，滴滴掉下。水滴盡了，在鍋裡稍微炒一下，盛入盤子讓太陽曬。半乾不濕時，捏成梨子大小的團，就成了。也可以幾年不壞，味道比乾酪還要好。」[1]這種用鮮奶製作的乾酪和漉酪，不易腐壞，攜帶方便，很適宜游牧民族的生活特性。

❷·肉食製作

《齊民要術》卷八《羹臛（huò）法第七十六》記錄了「作羊盤腸雌斛法」：「取羊血五升，去中脈麻跡，裂之。細切羊胳肪二升，切生薑一斤，橘皮三葉，椒末一合，豆醬清一升，豉汁五合，麵一升五合和米一升作糝，都合和，更以水三升澆之。解大腸，淘汰，復以白酒一過洗腸中，屈申以和灌腸。屈長五寸，煮之，視血不出，便熟。寸切，以苦酒、醬食之也。」這種食法去其濃郁的鮮羶之味，以麵、米作配料，煮熟蘸醋和醬食之，並一直延續至後代民族。

又如《齊民要術》卷八《蒸缶法第七十七》記載了「胡炮肉」的做法：「胡炮肉法：肥白羊肉——生始週年者，殺，則生縷切如細葉，脂亦切，著渾豉、鹽，擘蔥白、薑、椒、蓽撥、胡椒，令調適。淨洗羊肚，翻之，以切肉、脂內於肚中，以向滿為限，縫合。作浪中坑，火燒使赤。卻灰火，內肚著坑中，還以灰火覆之於上，更燃火，炊一石米頃，便熟，香美異常，非煮、炙之例。」這款肉菜從選材、選料、加料，到火候、時間都很講究，味道十分香美。

1　石聲漢校釋：《齊民要術今釋》第一分冊，科學出版社，1957年。

❸ · 麵食製作

水引（水引餅或水引麵）為魏晉南北朝時期的宮廷御膳，即用手搓的麵條，形狀長而薄，以沸水煮製而成。《齊民要術》記載了水引的做法，「細絹篩麵，以成調肉臛汁，待冷溲之。水引，按如箸大，一尺一斷，盤中盛水浸。宜以手臨鐺上，按令薄如韭葉，逐沸煮。」與今北方人食用的扯麵大體相仿。《南齊書・何戢（jí）傳》記載：「上（南齊皇帝蕭道成）好水引餅，戢令婦女躬自執事以設上焉。」《御覽》引庾闡的《惡餅賦序》曰「臛雞為餅」，引弘君舉《食檄》曰：「催廚人作茶餅，熬油煎蔥，例茶以絹，當用輕羽，拂取飛麵，剛軟中適，然後水引，細如委綖（yán），白如秋練，羹杯半在，才得一咽，十杯之後，鮮顏體潤。」對水引餅的形、色、味進行了形象而具體的描繪。

《齊民要術》還記錄了酵麵製作技術，如「燒餅」就是用發酵麵製成。《齊民要術》卷九《餅法第八十二》記載：「髓餅法：以髓脂、蜜合和麵，厚四五分，廣六七寸，使著胡餅爐中令熟。勿令反覆。餅肥美，可經久。」說明烤製胡餅在配料、形狀、大小、口味等方面非常講究。《齊民要術》卷九《飧飯第八十六》記載了「胡飯」的做法，「以酢瓜菹，長切；將炙肥肉、生雜菜，內餅中，急捲。捲用兩捲，三截，還令相就——並六斷，長不過二寸。別奠『飄齏（jī）』隨之。細切胡芹奠下酢中為『飄齏』。」這裡記述了胡飯的形狀和配料。

總之，書中把我國古代的烹飪技術做了很好的梳理，把諸多的烹飪技法歸結為「鮓」「脯臘」「羹」「蒸」「煎」「炙」「餅」等二十餘種方法，並說明每一種方法都要注意食物的形、色、味，尤以味重要。如「烤」「煎」「炙」等方法要控制火候，過火和欠火會使食物烤焦或夾生，令人頗得要領。

第二節　飲食禮俗的發展與延續

魏晉南北朝至隋唐時期，飲食在婚姻、喪葬、節慶、交往、宗教等禮俗中有了

進一步的發展，同時還形成了與飲食資源相關的法律規定和禁忌，這是東漢以來飲食風俗的延續。

一、婚俗中的飲食文化

這一時期，有些游牧民族的婚俗中有飲食的體現和以牲畜納聘的習俗。關於敕勒人的結婚儀式，在史籍中記載的比較詳細，宴飲貫穿於整個婚禮。《魏書·高車傳》記載：「婚姻用牛馬納聘以為榮。結言既定，男黨營車闐馬，令女黨恣取，上馬祖乘出闐，馬主立於闐外，振手驚馬，不墜者即取之，墜者更取，數滿乃止。俗無穀，不作酒，迎婦之日，男女相將，持馬酪熟肉節解。主人延賓亦無行位，穹廬前叢坐，飲宴終日，復留其宿。明日，將婦歸，既而將夫黨還入其家馬群，極取良馬。父母兄弟雖惜，終無言者。顧譁取寡婦而優憐之。其畜產自記識，雖闐縱在野，終無妄取。」敕勒人舉行婚禮，男方親自到女方家迎娶，次日返回男家，在婚儀場面上男方家要拿許多的馬酪和熟肉招待賓客，在居住地前宴飲整日。

柔然的婚禮有用牲畜下聘禮的習俗。柔然可汗曾多次提出與北魏聯姻，《魏書·蠕蠕傳》記載：「延興五年（西元475年），予成（柔然受羅部真可汗）求通婚娉，有司以予成數犯邊塞，請絕其使，發兵討之。顯祖（北魏孝文帝拓跋宏）曰：『蠕蠕譬若禽獸，貪而亡義，朕要當以信誠待物，不可抑絕也。予成知悔前非，遣使請和，求結姻援，安可孤其款意？』乃詔報曰：『所論婚事，今始一反，尋覽事理，未允厥中。夫男而下女，爻象所明，初婚之吉，教崇禮娉，君子所以重人倫之本。不敬其初，令終難矣。』予成每懷譎詐，終顯祖世，更不求婚。」這次柔然可汗求婚不成，但反映出婚禮前用牲畜下聘禮的習俗。該書還記載：「永熙二年（西元533年）四月，出帝詔以范陽王誨之長女琅邪公主許之，未及婚，帝入關。齊獻武王遣使說之，阿那瓌（guī，同『瑰』）遣使朝貢，求婚。獻武王方招四遠，以常山王妹樂安公主許之，改為蘭陵公主。瓌遣奉馬千匹為娉禮，迎公主，詔宗正元壽送公主往北。」柔然首領在迎娶北齊公主時，以馬千匹作為聘禮。

突厥、回紇除了正常的一夫一妻制外，都有收繼婚的遺風。突厥「男女咸盛服飾，會於葬所，男有悦愛於女者，歸即遣人聘問，其父母多不違也。父、兄、伯、叔死，子、弟及侄等妻其後母、世叔母、嫂，唯尊者不得下淫。」[1]反映了游牧民族的特點，平時因分散難有社交的機會，於是會葬處就成為突厥男女擇偶的最好時機。回紇婚姻習俗的一個重要特徵就是納馬為聘禮，回鶻建立汗國後，可汗迎娶唐朝公主，都要先納送大量的馬匹為聘禮。從回鶻可汗迎娶唐朝公主的過程，可以看出回紇人的婚禮儀式。「穆宗立（西元821年），回鶻又使合達乾等來固求昏（婚），許之。俄而可汗死，使者臨冊所嗣為登囉羽錄沒蜜施句主毗伽崇德可汗。可汗已立，遣伊難珠、句錄、都督思結等以葉護公主來逆女，部渠二千人，納馬二萬、橐它千。四夷之使中國，其眾未嘗多此。……公主（太和公主）出塞，距回鶻牙百里，可汗欲先與主由間道私見，胡證不可，虜人曰：『昔咸安公主行之。』證曰：『天子詔我送公主授可汗，今未見，不可先也。』乃止，於是可汗升樓坐，東向，下設氀幨以居公主，請襲胡衣，以一姆侍出，西向拜已，退即次，被可敦服，絳通裾大襦，冠金冠，前後銳，復出拜已，乃升曲輿，九相分負，右旋於廷者九，降輿升樓，與可汗聯坐，東向，群臣以次謁。可敦亦自建牙，以二相出入帳中。證等歸，可敦大宴，悲啼眷慕。可汗厚贈使者。」[2]回紇可汗的婚禮盛大而繁複，先以馬、駝為聘禮，等唐朝公主入塞後，到了可汗庭，按照突厥的禮俗進行完婚，並舉行宴會招待各級貴族和唐朝使者。

二、喪葬習俗中的飲食文化

據史籍記載，烏桓、鮮卑、柔然、突厥、回紇等民族中都有殺牲燒骨之儀，而且把飲食器作為隨葬品。

---

[1]　李延壽：《北史・突厥傳》，中華書局，1974年。

[2]　歐陽修、宋祁：《新唐書・回鶻傳下》，中華書局，1975年。

鮮卑的喪葬，要用死者生前的車馬、器物、衣物、牲畜焚燒，來祭奠死者，特別是在上層社會焚燒的牲畜數量很大，給國家造成巨大的損失，使飲食來源中的牲畜縮減。《宋書‧索虜傳》說拓跋鮮卑送葬時，「生時車馬器用皆燒之，以送亡者。」《魏書‧高允傳》載，北魏明元帝時，高允上表規諫，指出拓跋鮮卑風俗之浪費，送葬之時，殺牲燒葬，說：「今國家營葬，費損巨億，一旦焚之，以為灰燼。」《魏書‧皇后列傳》記載：「高宗崩，故事：國有大喪，三日之後，御服器物一以燒焚，百官及中官皆號泣而臨之。」

　　敕勒人的「死亡葬送，掘地作坎，坐屍於中，張臂引弓，佩刀挾槊（shuò），無異於生，而露坎不掩。時有震死及疫癘，則為之祈福。若安全無他，則為報賽。多殺雜畜，燒骨以燎，走馬繞旋，多者數百匝，男女無小大皆集會，平吉之人則歌舞作樂，死喪之家則悲吟哭泣。」[1]敕勒的葬式，是在地上挖一個坑，屍體呈坐式置於坑中，並作張臂拉弓狀，身上還佩帶刀、槊作隨葬，墓坑不掩埋。殺牲畜焚燒以示祭奠，人們騎著馬圍墓地繞圈，最多達幾百圈。在葬禮的集會上，家中平安無事的人們歌舞宴飲而玩樂，喪主之家的人們則傷痛哭泣，是為一種特殊的喪葬禮俗。

◀圖4-3　唐代石人墓，見於內蒙古錫林郭勒地區

1　魏收：《魏書‧高車傳》，中華書局，1974年。

突厥的喪葬儀式也離不開殺牲殉葬，用羊、馬等作祭品。《北史‧突厥傳》記載：「死者，停屍於帳，子孫及親屬男女各殺羊、馬，陳於帳前祭之，繞帳走馬七匝，詣帳門以刀剺（lí，割）面且哭，血淚俱流，如此者七度乃止。擇日，取亡者所乘馬及經服用之物，並屍俱焚之，收其餘灰，待時而葬。春夏死者，候草木黃落；秋冬死者，候華茂，然後坎而瘞（yì）之。葬日，親屬設祭及走馬、剺面如初死之儀。表為塋（yíng），立屋，中圖畫死者形儀，及其生時所戰陣狀，嘗殺一人，則立一石，有至千百者。又以祭之羊、馬頭，盡懸之於標上。」《舊唐書‧突厥傳》載：「開元二十年（西元732年），闕特勤死，詔金吾將軍張去逸、都官郎中呂向齎璽書入番弔祭，並為立碑，仍立祠廟，刻石為像，四壁畫其戰陣之狀。」以馬、羊作祭品和墓前立石的葬俗在考古學資料中得到證實。在內蒙古錫林郭勒草原上，發現許多立有石人像或石塊的墓葬。新疆溫宿縣包孜東墓群[1]，在墓葬前都有石堆、石圈、石人像，1號墓內出土有牲畜骨骼和羊牙床。

回紇人死後，亦有殺牲祭祀和剺面之俗。《新唐書‧回鶻傳》上記載：「俄而可汗（葛勒可汗）死，國人欲以公主殉，主曰：『中國人婿死，朝夕臨，喪期三年，此終禮也。回紇萬里結昏（婚），本慕中國，吾不可以殉。』乃止，然剺面哭，亦從其俗云。」與突厥的葬俗完全相同。

三、節慶活動、人際交往中的飲食文化

隨著與中原文化的交流日益加深，游牧民族的節慶活動也豐富起來，豐富了飲食文化生活。如在《隋書‧柳彧（yù）傳》中就記載了北朝慶賀元宵節時的情景：「或見近代以來，都邑百姓每至正月十五日，作角抵之戲，遞相誇競，至於糜費財力，上奏請禁絕之，曰：『臣聞昔者明王訓民治國，率履法度，動由禮典。非法不服，非道不行。道路不同，男女有別，防其邪僻，納諸軌度。竊見京邑，爰及

1　新疆維吾爾自治區博物館等：《溫宿縣包孜東墓葬群的調查和發掘》，《新疆文物》，1986年第2期。

外州，每以正月望夜，充街塞陌，聚戲朋游。鳴鼓聒天，燎炬照地，人戴獸面，男為女服，倡優雜技，詭狀異形。以穢嫚為歡娛，用鄙褻為笑樂，內外共觀，曾不相避。高棚跨路，廣幕陵雲，袨服靚妝，車馬填噎。肴醑肆陳，絲竹繁會，竭貲（zī）破產，竟此一時。盡室並孥（nú），無問貴賤，男女混雜，緇素不分。穢行因此而生，盜賊由斯而起。浸以成俗，實有由來，因循敝風，曾無先覺。非益於化，實損於民。請頒行天下，並即禁斷。康哉《雅》《頌》，足美盛德之形容，鼓腹行歌，自表無為之至樂。敢有犯者，請以故違敕論。』詔可其奏。」隋朝的柳彧所提到的近代就是指北朝時期，人們在正月十五日夜晚，或作「打簇相偷」之戲，或作角抵之戲，或戴假面具，或著鍪（móu）甲，或燃燈結綵、歌舞雜耍，成為民間的一個盛大節日。在節日中，「肴醑肆陳，絲竹繁會」，說的是有絲竹佐餐的宴飲活動。

在人際交往方面，飲食或宴飲活動是重要的媒介。如在《魏書·毛修之傳》中記載，宋將毛修之被拓跋鮮卑俘虜後，送到平城（今山西省大同市），「修之能為南人飲食，手自煎調，多所適意。世祖親待之，進太官尚書，賜爵南郡公，加冠軍將軍，常在太官，主進御膳。」毛修之本為宋人，因善於做漢人飲食而得到北魏皇帝拓跋燾的歡心，加官晉爵，確立了自己在北魏政權中的地位。突厥人的娛樂活動，也經過宴飲對歌互相溝通。《隋書·突厥傳》記載：「男子好樗（chū）蒲（賭博），女子踏鞠（古代一種用於習武、健身和娛樂的踢球運動），飲馬酪取醉，歌呼相對。」《舊唐書·突厥傳》記載：「武德元年（西元618年），始畢使骨咄祿特勒來朝，宴於太極殿，奏《九部樂》，賚錦彩布絹各有差。」這幾段記載，說明了當時君臣之間、男女之間交往中的宴飲狀況，以及宴飲的飲食文化活動在人際交往方面的作用。

四、祭祀及宗教習俗中的飲食文化

古代中北地區的游牧民族都有用羊、馬、牛等牲畜及食品作為祭品，或者舉辦宴會供奉神靈和佛祖的習俗，體現了中國傳統飲食文化中尊重先祖、敬畏自然的

「天人合一」思想。《南齊書・魏虜傳》記載了拓跋鮮卑祭天的若干儀制。「（平城）城西有祠天壇，立四十九木人，……常以四月四日殺牛馬祭祀，盛陳鹵簿，遶壇奔馳奏伎為樂。」每年的四月四日，拓跋鮮卑殺牛宰羊，歌舞宴樂，在平城西郊舉行祭天儀式。《魏書・禮志》記載，「天賜二年（西元405年）夏四月，復祀天於西郊，為方壇一，置木主七於上。東為二陛，無等；周垣四門，門各依其方色為名。牲用白犢、黃駒、白羊各一。祭之日，帝御大駕，百官及賓國諸部大人畢從至郊所。帝立青門內近南壇西，內朝臣皆位於帝北，外朝臣及大人咸位於青門之外，後率六宮從黑門入，列於青門內近北，並西面。廩犧令掌牲，陳於壇前。女巫執鼓，立於陛之東、西面。選帝之十族子弟七人執酒，在巫南，西面北上。女巫升壇，搖鼓。帝拜，後肅拜，百官內外盡拜。祀訖，復拜。拜訖，乃殺牲。執酒七人西向，以酒灑天神主，復拜，如此者七。禮畢而返。自是之後，歲一祭。」這種四月祭天的活動一直持續到北魏孝文帝太和十八年（西元494年）廢除為止。

鮮卑的先祖曾經居住在大興安嶺的石洞中，為了紀念祖先，北魏政府派大臣前往舉行祭祖活動，將樺木插立在洞前，掛牲畜用以祭品。除此之外，還在都城的祖廟中進行祭祖活動。如《魏書・禮志》記，天興二年（西元399年）「冬十月，平文、昭成、獻明廟成。歲五祭，用二至、二分、臘，牲用太牢，常遣宗正兼太尉率祀官侍祀。置太社、太稷、帝社於宗廟之右，為方壇四陛。祀以二月、八月，用戊，皆太牢。句龍配社，周棄配稷，皆有司侍祀。立祖神，常以正月上未，設藉於端門內，祭牲用羊、豕、犬各一。又立神元、思帝、平文、昭成、獻明五帝廟於宮中，歲四祭，用正、冬、臘、九月，牲用馬、牛各一，太祖親祀。宮中立星神，一歲一祭，常以十二月，用馬薦各一，牛豕各二，雞一。太祖初，有兩彗星見，劉後使占者占之，曰：『祈之則當掃定天下。』後從之，故立其祀。又立（闕二字）神十二，歲一祭，常以十一月，各用牛一、雞三。又立王神四，歲二祭，常以八月、十月，各用羊一。又置獻明以上所立天神四十所，歲二祭，亦以八月、十月。神尊者以馬，次以牛，小以羊，皆女巫行事。又於雲中及盛樂神元舊都祀神元以下七帝，歲三祭，正、冬、臘，用馬牛各一，祀官侍祀。明年春，帝始躬耕籍

田，祭先農，用羊一。祀日於東郊，用騂（xīng）牛一。秋分祭月於西郊，用白羊一。」鮮卑人祭祀歷朝祖先，在祭祖過程中使用數量不等的牛、馬、羊、豬、狗、雞等作為祭品，並且根據祭祀對象的不同，祭祀的時間也有差異。

敕勒崇信薩滿教，舉行祭天儀式時殺牲祭祀，以乳酪作祭品。《魏書·高車傳》記載：「喜致震霆，每震則叫呼射天而棄之移去。至來歲秋，馬肥，復相率候於震所，埋殺（gǔ）羊，燃火，拔刀，女巫祝說，似如中國祓除，而群隊馳馬旋繞，百匝乃止。人持一束柳桋（yí），回豎之，以乳酪灌焉。婦人以皮裹羊骸，戴之首上，縈屈髮鬢而綴之，有似軒冕。」

突厥有用羊、馬祭祀日月、天地、祖先的習俗。《隋書》卷八十四《突厥傳》記載：「每五月八日，相聚祭神，歲遣重臣向其先世所居之窟致祭焉。」亦有「五月中，多殺羊馬以祭天」的記錄，可見突厥祭祀馬、羊等牲畜作祭品，並有相當重要的飲食行為或活動。

這一時期的中北地區，除了原始宗教外，還有佛教、道教等宗教信仰，及與之相適應的飲食文化。如鮮卑拓跋部遷都平城、洛陽後，在今山西省大同市雲岡、河南省洛陽市龍門、甘肅省天水市麥積山等地開鑿石窟寺。北魏時期廣建佛寺，據《洛陽伽藍記》記載，僅洛陽一地就有佛寺1300餘座，這與北魏統治者大力扶持佛教的發展有關，政府投入巨額錢財修建寺院，加之信徒們捐獻的錢財、食物、供器，使寺院形成一個食素食的飲食團體。突厥人在佗缽可汗時期開始接受佛教。突厥可汗每年設齋宴，施捨生活資料及日用品。新羅僧人慧超的《往五天竺國傳》記載：「建馱國，此王及兵馬是突厥，土人是胡，兼有婆羅門。……此王雖是突厥，甚敬信三寶；王、王妃、王子、首領，各各造寺，供養三寶。此王每年兩回設無遮大齋，但是緣身所受用之物，妻及象、馬等並皆施捨。……兒女亦然，各各造寺，設齋施捨。」突厥可汗及其子女都修造寺院，設齋宴施捨。此外，突厥人還信奉祆教、景教，契丹人還信道教，元代汪古部信景教、回教、道教等，用飲食佈施。唐代段成式撰《酉陽雜俎》說：「突厥事祆神，無祠廟，刻氈為形，盛於皮袋，行動之處，以脂蘇塗之，或系之竿上，四時祀之。」可見，在宗教

儀式中，既有殺牲的現象，又有以飲食作祭品或宴飲行為。

五、宴飲活動中的賞賜行為

賞賜行為作為古代宴飲活動中的一部分，經常出現在史籍的記載中。如鮮卑在建立北魏政權後，皇帝經常在宴會中對各級大臣進行賞賜，包括了飲食與器物。北齊魏收所撰《魏書》中記有，天興二年（西元399年）「秋七月，起天華殿。辛酉，大閱於鹿苑，饗賜各有差」。永興三年（西元411年）「秋七月戊申，賜衛士酺（pú）三日、布帛各有差。」永興五年（西元413年）八月「辛未，賜征還將士牛、馬、奴婢各有差。」始光二年（西元426年）「春正月己卯，車駕至自北伐，以其雜畜班賜將士各有差。」始光四年（西元428年）「春正月乙酉，車駕至自西伐，賜留台文武生口、繒帛、馬牛各有差。」太和四年（西元480年）「秋七月辛亥，行幸火山。壬子，改作東明觀。詔會京師耆老，賜錦彩、衣服、几杖、稻米、蜜、麵，復家人不徭役。」太和六年（西元482年）二月「癸丑，賜王公已下清勤著稱者穀帛有差。……夏四月甲辰，賜畿內鰥（guān）寡孤獨不能自存者粟帛有差。」這樣的記載很多。

突厥與回紇在與隋唐王朝的交往中，可汗和使者往往都能得到中原王朝給少數民族的賞賜。《隋書·突厥傳》記載，隋煬帝幸啟民住所，「帝賜啟民及主金甕各一及衣服被縟錦采，特勤以下各有差。」《契苾明碑》記載契苾明受「賜錦袍、寶帶、金銀器物、雜採綾錦等數千件。」《新唐書·回鶻傳》記載：「肅宗即位（西元756年），使者來請助討祿山……既行，日賜牛四十角、羊八百蹄、米四十斛……葉護還京師，帝遣群臣勞之長樂，帝坐前殿，召葉護升階，席茵領於下，宴且勞之，人人賜錦絹繒器。」這種以飲食或飲食器作為賞賜物，表現了各級大臣得到了皇帝的寵幸，也使得到賞賜的人將皇恩的福氣帶給家人。

▲圖4-4　魏晉《洗燙家禽圖》磚畫，見於甘肅省嘉峪關市魏晉時期墓葬

第三節　文學和藝術作品中的飲食文化

　　繪畫、音樂、舞蹈、文學作品等藝術形式都來源於人類生產勞動的實踐，人類在長期的勞動生產中，用圖像、文字等表現形式來反映日常生活的場景。魏晉南北朝時期，中北地區飲食文化在繪畫藝術中往往表現出飲食來源、飲食結構、飲食行為、飲食場面等，同時還與音樂舞蹈、文學等形式結合起來，這是物質文化和精神文化相互滲透的結果，是以飲食為物質載體，在精神文化領域中的一種藝術昇華。

一、墓葬壁畫中的飲食文化資料

　　在考古學資料中，墓葬的壁畫反映出飲食文化的內容。甘肅省嘉峪關市曹魏或西晉初期的墓葬[1]，前室、後室有許多畫磚。1號墓前室畫磚內容豐富，東壁以廚房炊作和墓主人家居宴飲為主題。廚房炊作的內容包括各種炊具、肉架，以及屠羊宰豬、流滌器皿、井邊抬水、灶前炊煮等場景，從事勞動的多為婦女。家居宴飲的畫

1　甘肅博物館：《酒泉、嘉峪關晉墓的發掘》，《文物》，1979年第6期。

磚，描繪男女墓主人在男僕女侍的侍奉下宴飲、奏樂等形象。西壁的畫磚描繪了當時的經濟生活，多為放牧、耕種、打場、出獵等場面。西壁北側的方形畫磚，左上角是一排畜欄，內關牛、羊等牲畜；右下角繪兩棵大樹，上面分繫有駿馬和犍牛。在其他墓葬的畫磚和壁畫中，題材多為墓主人家居、廚事、屠宰牲畜、牛車、農耕、畜牧、出獵、宴飲等，有的墓葬雖為漢族大宗族，但在一定程度上反映了河西鮮卑的飲食生活和經濟生活。

遼寧省朝陽市袁檯子東晉壁畫墓[1]，發現有「牛耕圖」「狩獵圖」「屠宰圖」「奉食圖」「膳食圖」等。「膳食圖」共繪三人，右邊一人右手持刀，左手持物，俯首於俎案上作切菜狀。俎旁置盛食的方盤，下置樽、魁（勺，長柄大頭）。中間一人動作同前，前置三排杯盤。右邊一女子忙於灶前，灶上置釜，身後有一個五層籠屜。反映了慕容鮮卑的備食情景。

二、音樂舞蹈與宴飲活動

這一時期的北方游牧民族，在宴飲活動中常有音樂、舞蹈助興。《魏書·樂志》載，北魏時期，拓跋鮮卑「正月上日，饗群臣，宣佈政教，備列宮懸正樂，兼奏燕、趙、秦、吳之音，五方殊俗之曲。四時饗會亦用焉。凡樂者樂其所自生，禮不忘其本，披庭中歌《真人代歌》，上敍祖宗開基所由，下及君臣廢興之跡，凡一百五十章，昏晨歌之，時與絲竹合奏。郊廟宴饗亦用之。」天興六年（西元403年）「冬，詔太樂、總章、鼓吹增修雜伎，造五兵、角觝、麒麟、鳳皇、仙人、長蛇、白象、白虎及諸畏獸、魚龍、辟邪、鹿馬仙車、高絚（gēng）百尺、長橋、緣橦、跳丸、五案以備百戲。大饗設之於殿庭，如漢晉之舊也。」並規定「今後宮饗會及五郊之祭，皆用兩懸之樂。」[2]《魏書·奚康生傳》記載：「奚康生，河南

1　遼寧省博物館文物隊等：《朝陽袁檯子東晉壁畫墓》，《文物》，1984年第6期。

2　魏收：《魏書·樂志》，中華書局，1974年。

洛陽人。其先代人也，世為部落大人……正光二年（西元521年）三月，肅宗朝靈太后於西林園，文武侍坐，酒酣迭舞。次至康生，康生乃為力士舞，及於折旋，每顧視太后，舉手、蹈足、嗔目、頷首為殺縛之勢。太后解其意而不敢言。」可見，拓跋鮮卑在宴飲活動中，都以音樂、舞蹈來助興。

敕勒人宴飲時，以歌舞相伴。《北史・爾朱榮傳》記載了北魏後期的權臣爾朱榮在西林園與魏帝宴飲的情景，「及酒酣耳熱，必自匡坐，唱虜歌。……見臨淮王或從容閒雅，愛尚風素，固令為敕勒舞。」敕勒舞在北魏後期已深入宮廷，用於皇家貴族的宴會。

三、文學作品中的飲食描述

鮮卑人創作並流傳有許多民歌，如拓跋部的《真人代歌》。《魏書・樂志》記載：「凡樂者樂其所自生，禮不忘其本，披庭中歌《真人代歌》，上敘祖宗開基所由，下及君臣興廢之跡，凡一百五十章，昏晨歌之，時與絲竹合奏。郊廟宴饗亦用之。」《真人代歌》敘述了拓跋鮮卑從開創基業到建立政權的事蹟，並反映了鮮卑人的經濟生活。其內容在一些史書中有零散的記載，其中，《企喻》章在宋郭茂倩的《樂府詩集》卷二十五中有四曲，曰：「男兒欲作健，結伴不需多。鷂子經天飛，群雀兩向波。放馬大澤中，草好馬著膘。牌子鐵裲（liǎng）襠，鉅鉾鵍（hùmóudí）尾條。前行看後行，齊著鐵裲襠。前頭看後頭，亦著鐵鉅鉾。男兒可憐蟲，出門懷死憂。屍喪狹谷中，白骨無人收。」歌辭中的「鷂子」「群雀」空中的飛禽，「大澤」「草好馬著膘」放牧地的景象，這些都是鮮卑游牧狩獵生活中所常見。此歌在祭廟宴飲時經常唱吟，用文學的語言表達了拓跋鮮卑的經濟生活，並用來作歌舞宴飲之娛。

現存敕勒民歌中最著名的是《敕勒歌》，在《樂府詩集》卷八十六《雜歌謠辭》四中記述了歌的內容：「敕勒川，陰山下。天似穹廬，籠蓋四野。天蒼蒼，野茫茫，風吹草低見牛羊。」這首歌由東魏、北齊的敕勒大將斛律金演唱，並迅速在民間流

傳開來，反映了陰山之下的敕勒川（今內蒙古呼和浩特市土默川平原）水草豐美、牛羊遍野的情景，表現出敕勒社會經濟的繁榮盛況，人民生活殷實富足。

《隋書・突厥傳》記載了這樣一些事情，述及了有關詩作：頡伽施多那都藍可汗攝政突厥期間，娶隋朝大義公主為妻，由於公主遠嫁外邦，身處突厥之地，心情鬱悶，在得到隋朝皇帝御賜的屏風後，遂作詩洩憤，抒發了自己「飄流入虜庭」後，沒有歡樂的傷感之情。「平陳之後，上以陳叔寶屏風賜大義公主，主心恆不平，因書屏風為詩，敘陳亡自寄。其辭曰：『盛衰等朝暮，世道若浮萍。榮華實難守，池台終自平。富貴今何在？空事寫丹青。杯酒恆無樂，絃歌詎有聲！余本皇家子，飄流入虜庭。一朝睹成敗，懷抱忽縱橫。古來共如此，非我獨申名。唯有《明君曲》，偏傷遠嫁情。』」

當隋煬帝親自慰問突厥啟民可汗之時，煬帝曾作詩描述中北地區的風俗和讚譽民族間的友好關係。「啟民奉觴上壽，跪伏甚恭。帝大悅，賦詩曰：『鹿塞鴻旗駐，龍庭翠輦回。氈帳望風舉，穹廬向日開。呼韓頓顙（sǎng）至，屠耆接踵來。索辮擎羶肉，韋韝（gōu）獻酒杯。何如漢天子，空上單于台。』」在詩中有關於飲食狀況的描述。

第四節　飲食文化的階層性與交流

中北地區飲食文化階層性特點一經形成，便延續下來，在建立政權的民族中更加明顯。而且飲食文化在發展過程中必然與周邊民族，比如中北地區飲食文化與中原地區、西方國家發生互動的交流與傳播，形成「你中有我、我中有你」的現象，這是文化人類學在研究文化變遷與文化多樣性中取得的共識。雖然有時這種影響的衝擊很大，但不會改變本地區傳統飲食文化的主流地位。

一、飲食階層反映的制度文化

飲食文化層是階級社會歷史的產物，是中國飲食文化研究的一個方面。趙榮光教授曾清晰地將中國飲食文化層分為果腹層—小康層—富家層—貴族層—宮廷層。其中「果腹層」是由社會底層的民眾組成的，是其他四個層次存在的前提。一般層次越高，食者群越小，飲食文化越發達，越能反映飲食文化的特徵。中北地區在飲食階層出現以後，同樣適宜中國飲食文化層理論，尤其是貴族層和宮廷層擁有大量的飲食等生活資料，為保護已取得的飲食優勢，逐漸產生了與飲食階層相適應的制度文化。如在北魏初期，在朝廷內設置各級官吏，根據貢獻大小分別賜以爵位。這些官吏和貴族增加了許多特權，占有私人牧場，有數以百計的牛、羊、馬、駝，朝廷每有出征，常獻馬供糧，以助軍用。山西省大同市北魏司馬金龍墓葬[1]，規模龐大，全墓由墓道、甬道、前室、東耳室、後室組成，雖然早期被盜，仍出土有陶俑、駝糧馬、駱駝模型等四百餘件，還出土了石硯、陶壺、青瓷唾壺、漆 等。可見其生前豪華的飲食生活狀況。鮮卑的飲食文化階層從東漢時期就形成，到西晉十六國及北朝時期，這種飲食文化的階級層次性更加明確，鮮卑大貴族及各級官吏，擁有大量的生活資料和土地、牧場，而平民的生活資料僅夠維持生計，奴隸則依附於大貴族，在生活資料占有方面一無所有，靠主人的賞賜生活。

突厥奴隸主貴族除可汗為最高首領外，「大官有葉護、次設、次特勤、次俟利發、次吐屯發，及餘小官，凡二十八等，皆世為之。」[2] 這些奴隸主貴族占有數量不等的牧場和牲畜，經常得到隋、唐政府的賞賜，舉行慶典、祭祀、婚儀、喪葬等禮儀時所用的牲畜數量很可觀，宴會場面盛大，生活極其豪華。新疆昭蘇縣突厥貴族墓葬[3] 中出土有珍貴的金銀飲食器，計有嵌紅寶石寶相花金蓋罐、嵌紅瑪瑙虎柄金盃、錯金銀瓶等。證實了突厥大貴族階層的奢華生活。果腹層只有在婚姻、節日禮

1　山西省大同市博物館等：《山西大同石家寨北魏司馬金龍墓》，《文物》，1984年第6期。
2　李延壽：《北史·突厥傳》，中華書局，1974年。
3　安英新：《新疆伊犁昭蘇縣古墓葬出土金銀器等珍貴文物》，《文物》，1999年第9期。

儀中有較多的飲食行為，平時的飲食十分粗糙、簡陋。

回紇的官職稱號主要沿襲了突厥，最高軍政首領稱可汗，其子弟稱特勒，妻稱可敦，領兵將帥稱設，各級官吏有葉護、頡利發、始波羅、梅祿、啜、俟斤、達干等，都是世襲，沒有固定的員額。可汗及各級官吏、大小貴族是統治者，他們享有許多特權，占有數量不等的牧場、牲畜和奴隸，壓迫被征服的民族，勒使向回紇奴隸主納稅，以增加更多的生活資料。各級奴隸主貴族還經常得到唐朝政府的賞賜，舉行慶典、祭祀、婚姻、喪葬等儀式時所用的牲畜數量也非常可觀，宴會的場面盛大。這說明在回紇社會中，存在著奴隸主貴族、一般部民和奴隸的等級階層，每一個階層所擁有的生活資料差別都很大，反映在飲食文化方面自然形成了一個由上而下的階層關係。

二、飲食文化的傳播與交流

飲食文化的傳播與交流是通過經濟往來、戰爭、朝貢、聯姻等途徑來實現的。這一時期，鮮卑、敕勒、柔然、突厥、回紇等主要民族的文化交流十分頻繁。

❶ · 鮮卑與國內其他民族以及與西方國家的飲食文化交流

（1）鮮卑與周邊民族的文化交流　西漢初期，東胡被匈奴所敗，其餘部鮮卑退居今西拉沐淪河流域，處於匈奴的控制之下。東漢時期，鮮卑勢力日趨強盛，占據了匈奴故地，匈奴十萬餘部歸入鮮卑。鮮卑與烏桓同為東胡的兩個部落，飲食習俗相同，活動的範圍也交錯分佈。曹魏時期，烏桓入居右北平、遼東、遼西，慕容鮮卑也入居遼西，進而駐遼東，二者相互混居，在飲食文化方面有眾多的相似之處。北魏時期，拓跋鮮卑先後攻破匈奴、慕容鮮卑建立的大夏、後燕政權，又征服了西域諸族、柔然等，迫使他們遣使朝貢，引發了飲食文化的交流。

（2）鮮卑與中原漢族的文化融合　兩晉十六國時期，慕容鮮卑入居遼東、遼西地區以後，經常與漢族往來。在西晉元康四年（西元294年），慕容廆（wěi）受漢族

◀圖4-5　北魏的銀高足杯，山西省大同市北魏封和突墓葬出土

文化的影響，教部眾從事農業生產。慕容皝稱燕王后，「勸課農桑」，使慕容鮮卑的飲食文化，從食肉飲酪轉向食糧食為主。在遼寧省朝陽地區的慕容鮮卑的墓葬中，發現有隨葬的穀物，證明了慕容鮮卑在飲食文化方面與漢族農業文明的交流情況。北朝時期，鮮卑統治者對漢族的飲食產生了濃厚的興趣。《魏書·毛修之傳》記載，宋將毛修之被拓跋鮮卑俘虜後，送到平城，因擅長製作南方的飲食得到北魏皇帝的賞識，同時將南朝宋地的飲食傳入北魏。拓跋鮮卑逐漸南遷，孝文帝遷都洛陽後，要求鮮卑人說漢話，穿漢服，與漢族通婚，飲食文化隨之完全漢化。《宋書·張暢傳》記載，元嘉二十七年（西元450年），魏太武帝率大軍南侵，圍彭城（今江蘇省徐州市），遣使向守城宋將索要甘蔗、酒、柑橘等飲食，劉宋守將給之，拓跋燾嘗後，覺得味道極好，便再次索求。這不僅說明北魏統治者對南方的飲食感興趣，也是一種飲食文化的交流狀況。

　　（3）鮮卑與西方的文化交流　北魏時期，從西方傳入的飲食器說明了中北地區與西方飲食文化交流的狀況。如寧夏固原市西郊墓葬[1]出土的銀耳杯，大同市南郊墓葬[2]出土的鎏金鏨花銀碗，大同市北魏城址[3]中出土的銀多曲長杯、鏨花銀碗，大同

1　固原縣文物工作站：《寧夏固原北魏墓清理簡報》，《文物》，1984年第6期。

2　山西省考古研究所等：《大同南郊北魏墓群發掘簡報》，《文物》，1992年第8期。

3　大同市博物館：《山西大同北魏城址發掘簡報》，《文物》，1977年第9期。

市北魏封和突墓葬[1]出土的狩獵紋銀盤、銀耳杯、銀高足杯。其中，大同市南郊墓葬出土的鎏金鏨花銀碗，上腹各飾一週聯珠紋，腹部以阿堪突斯（Acanthus）葉紋劃成四區，每一區有一圓形環飾，內鏨一男子側身頭像，頭戴圓形帽，深目高鼻，長髮披肩。這種葉紋和圓形環飾是波斯薩珊和中亞藝術中常見的紋樣，但圓形帽的人物特徵屬於中亞樣式，在嚈噠（yàndā）貨幣上常有裝飾，故其產地應在中亞，可能與嚈噠人有關。北魏城址出土的銀多曲長杯，分八曲，內底心飾二獸。這種風格在中國找不到淵源，其造型與波斯薩珊銀器中流行的同類器相近。封和突墓出土的狩獵紋銀盤，盤內的狩獵圖為中間站立一狩獵者，頭戴圓形帽，前額有圓珠帽飾，腦後有飄帶，頸部懸掛圓珠項鏈；面部有絡腮鬍鬚；上身裸露，繫腰帶，下身穿緊身褲，足蹬長筒靴；獵者雙手持矛，右足踏一野豬，長矛所指方向還有兩頭野豬。這類狩獵題材的銀盤，與波斯薩珊中的狩獵紋銀盤的風格同屬一類，圖中的狩獵者也為伊朗高原人的形象，歸屬為波斯薩珊銀器應該無誤。

❷·敕勒與北魏、漢族飲食文化的交流

　　敕勒（丁零、高車、敕勒為同一民族，因時代不同，史籍記載的族稱有異）的前身丁零主要居住在今貝加爾湖周圍，受匈奴的控制，在飲食文化、習俗等方面受

1　夏鼐：《北魏封和突墓出土銀盤考》，《文物》，1983年第8期。

匈奴的影響。魏晉南北朝時期，南遷到漠南地區的敕勒人，多受漢族的影響，並與北魏往來密切。《魏書·高車傳》記載，北魏世祖時，北征高車，「高車諸部望軍而降者數十萬落，獲馬牛羊亦百餘萬，皆徙置漠南千里之地。乘高車，逐水草，畜牧蕃息，數年之後，漸知粒食，歲致獻貢，由是國家馬及牛羊遂至於賤，氈皮委積。」「彌俄突（西部高車的君主）既立，復遣朝貢，又奉表獻金方一、銀方一、金杖二、馬七匹、駝十頭。詔使者慕容坦賜彌俄突雜彩六十匹。……又遣使獻龍馬五匹、金銀貂皮及諸方物，詔東城子於亮報之，賜樂器一部，樂工八十人，赤綢十匹，雜彩六十匹。彌俄突遣其莫何去汾屋引叱賀真貢其方物。」根據這些記載可以看到，敕勒主要與北魏往來頻繁，經常在戰敗後歸附北魏，朝貢自己的畜產品及雜器，同時也能得到北魏政權賞賜的日用品及食物。特別是在南遷漠南地區的敕勒人中，由於受漢族的影響，引進農耕技術和工具，從事農業生產，豐富了飲食構成。

❸・柔然與西域諸族、北魏的飲食文化交流

從柔然的地域上看，與當時的敕勒、西域諸族雜居，而且征服了西域諸族和敕勒的部落。從史書記載看，柔然主要與北魏來往頻繁，經常朝貢北魏，同時也能從北魏得到物質上的賞賜。在《魏書·蠕蠕傳》中記載了有關柔然與他族交往的情況。「車鹿會（柔然的首領）既為部帥，歲貢馬畜、貂豽皮。」「大檀部落衰弱，因發疾而死，子吳提立，號敕連可汗，魏言神聖也。四年（西元431年），遣使朝獻。先是，北鄙候騎獲吳提南偏邏者二十餘人，世祖賜之衣服，遣歸。吳提上下感德，故朝貢焉。」「延和三年（西元434年）二月……吳提遣其兄禿鹿傀及左右數百人來朝，獻馬二千匹，世祖大悅，班賜甚厚。」「太和元年（西元477年），遣莫何去汾比拔等來獻良馬、貂裘……二年二月，又遣比拔等朝貢，尋復請婚焉。」「（延昌）四年（西元515年），遣使俟斤尉比建朝貢……（熙平）二年（西元517年），又遣俟斤尉比建、紇奚勿六跋、鞏顧禮等朝貢。」「（正光）三年（西元522年）十二月，阿那瓌上表乞粟以為田種，詔給萬石。」「孝昌元年（西元525年）十月，阿那瓌復遣郁久閭彌娥等朝貢。三年（西元527年）四月，阿那瓌遣使人鞏鳳景等朝貢。」如上所述，柔然在興起後就與

北魏往來，朝貢自產的物品，並與北魏和平貿易，以牲畜、毛皮換取中原地區的農產品和手工品。柔然還從北魏學會了種植，經營農業，增添了飲食結構的新內容。拓跋鮮卑入主中原後，失去了漠北、漠南之地，使畜產品及牲畜較過去匱乏，遂從柔然輸入，促進了飲食文化的交流。

❹・突厥與周鄰民族、中原地區和西方國家的飲食文化交流

（1）突厥與周鄰民族的文化交流　突厥勢力最強大時，東部的統治範圍可達大興安嶺一帶。在頡跌利施可汗時期向東破契丹和奚，使契丹處於突厥的控制之下。《通典・突厥》上記載：「契丹及奚，自神功（西元697年）之後，常受其（突厥）征役。」直到西元十世紀以後，契丹強大起來，並於神冊元年（西元916年）「秋七月壬申（太祖）親征突厥、吐渾、党項、小蕃、沙陀諸部，皆平之。俘其酋長及其戶萬五千六百，鎧甲、兵仗、器服九十餘萬，寶貨、駝、馬、牛、羊不可勝算。」[1]這種征戰，客觀上促進了雙方的飲食文化交流。此外，突厥與回紇、室韋、西域諸族發生過戰爭，進行了經濟、文化間的交往。

（2）突厥與中原地區的文化交流　在北朝時期突厥就通過派使者朝貢的形式，

◀圖4-7　唐代的臥鹿團花紋鎏金銀盤，內蒙古喀喇沁旗錦
　　　　山鎮河東村窖藏出土

1　脫脫等：《遼史・太祖紀上》，中華書局，1974年。

與中原王朝交往。隋唐時期更是朝貢不斷，通過互通關市和聯姻加強了雙方的貿易往來，促進了飲食文化的交流。《北史‧突厥傳》記載：「其後曰土門，部落稍盛，始至塞上市繒絮，願通中國。西魏大統十一年（西元545年），周文帝遣酒泉胡安諾槃陁（pántuó）使焉。……十二年（西元546年），土門遂遣使獻方物。」「（西元588年）突厥部落大人相率遣使貢馬萬匹，羊二萬口，駝、牛各五百頭。尋遣請緣邊置市，與中國貿易，詔許之。」通過商貿，突厥人也習慣了食用農產品。《新唐書‧突厥傳》記載：「初，突厥內屬者分處豐、勝、靈、夏、朔、代間，謂之河曲六州降人。默啜又請粟田種十萬斛，農器三千具，鐵數萬斤，……乃歸粟、器、降人數千帳，繇（yáo）是突厥遂強。」這些農事的引進，在一定程度上改變了突厥的飲食結構。通過在中北地區出土的唐代風格的金銀飲食器，也可以證明當時北方游牧民族與中原地區的飲食文化交流情況。在內蒙古喀喇沁旗錦山鎮河東村窖藏[1]中，出土有摩羯團花紋鎏金銀盤、雄獅團花紋鎏金銀盤、臥鹿團花紋鎏金銀盤、雙魚形

◀圖4-8　唐代的銀執壺，內蒙古敖漢旗李家營子突厥墓葬出土

1　喀喇沁旗文化館：《遼寧昭盟喀喇沁旗發現唐代鎏金銀器》，《考古》，1977年第5期。

鎏金銀壺、鹿紋鎏金銀罐等飲食器，從造型和裝飾藝術的風格看，屬於典型的唐代金銀器。其中，臥鹿團花紋鎏金銀盤的外底鏨刻銘文，此為唐德宗年間（西元785-805年）劉贊向朝廷貢獻的物品，時年劉贊擔任宣州刺史、兼御史中丞、宣歙池都團練觀察使，所貢之物，是江淮地區的產品，後來唐朝又賞賜給邊疆少數民族，傳入今內蒙古地區，反映了北方游牧民族與唐朝進行文化交流的狀況。

（3）突厥與西方的文化交流　從出土的突厥飲食器具中，發現有西方文化的特徵，說明突厥飲食文化與中亞、西亞的波斯、粟特文化經過草原絲綢之路有過交流。內蒙古敖漢旗李家營子唐代突厥墓葬[1]出土的銀執壺、橢圓形銀杯、猞猁紋鎏金銀盤，都具有粟特式的風格。銀執壺，口部有流，弧形把，把上端和口緣相接處有一胡人頭像，這類壺在中亞、西亞常見，一般認為是波斯薩珊遺物；該壺的把上端直接安裝在器口上，頸部短粗，圈足矮胖，沒有節狀裝飾，風格更接近於粟特產品。

❺·回紇與中原地區的飲食文化交流

回紇（唐德宗時改稱回鶻）從西元七世紀前葉就向唐朝朝貢，開始了二者之間的正式往來。其後，唐朝在回紇地設置瀚海都督府，任命回紇貴族為都督，加強了雙方的友好關係。在回紇建立汗國後，許多可汗都受唐朝的冊封，使政治上得以溝通，還通過聯姻促進了回紇與唐朝之間的和親關係，為回紇與唐朝經濟的交往提供了便利條件。據載，回紇經常用馬匹交換唐朝的絲織品和茶葉，每次達數萬匹馬，從唐朝換回的絲織品也達數十萬匹。經濟上的往來，促進了飲食文化的交流。回紇本以「肉飯酪漿」為主，在接近漢族居住區或進入中原地區的回紇人，大量食用糧食，改變了回紇的飲食結構。回紇人又嗜酒，但本身「不作酒」，只能仰靠從唐朝輸入。回紇人還有飲茶風習，常以馬與唐朝交換茶葉。可見，唐朝的飲食文化對回紇影響甚大。

1　敖漢旗文化館：《敖漢旗李家營子出土的金銀器》，《考古》，1978年第2期。

第五節　《齊民要術》對中北飲食文化的總結

　　北魏賈思勰著的《齊民要術》，是一部重要的農書。書中的論述涉及了中北農區各種糧食作物、陸生和水生瓜菜、水果以及其他多種經濟作物的栽培、加工和貯藏問題。在耕種方面，該書記載了施肥、選種、保墒、植株間距、下種數量、間種追肥、防蟲、防寒等各個環節的具體做法，並總結了掌握時令、物候及養地、整地的經驗和要領。如使用綠肥的方法：「凡美田之法，綠豆為上，小豆、胡麻次之：悉皆五、六月中穊（mèi，撒種）種，七、八月犁掩（yǎn，以土蓋種、蓋肥）殺之，為春穀田則畝收十石，其美與蠶矢、熟糞同。」書中對種子的篩選、保藏也總結出一套經驗，種子當選穗壯、粒飽、色鮮者，不宜與一般穀糧混雜存放；保藏有乾燥高懸法和以艾草夾貯法等。書中還記載了東北至遼東，南至交州、廣州，西北至河湟，西南到川滇的各種瓜果和蔬菜，其中有桃、李、杏、棗、梨、葡萄、草莓等水果和冬瓜、瓠（hù）瓜、豆角、蘿蔔、芥菜、芹菜等蔬菜，農作物中的粟、穄、東牆等適宜於在北方地區種植。

　　《齊民要術》中有六篇分別敘述養牛馬驢騾、養羊、養豬、養雞、養鵝鴨、養魚等經驗，其中吸收了北方少數民族的畜牧經驗，對家畜的鑑別品種、飼養管理、繁殖仔畜到家畜疾病防治，均有記錄。對家畜的鑑別，書中從眼睛、嘴部、眼骨、耳朵、鼻子、脊背、腹部、前腿、膝蓋、骨形等方面制定了標準。對於家畜的飼養，提到了家畜的居住環境、備糧越冬、幼仔飼養、群養與分養、防止野獸侵害等內容。對於繁殖仔畜，介紹了選取良種、家畜的雌雄比例、繁育數量、動物雜交、無性繁殖等內容，對於優化物種、提高生產力有很大的幫助。在家畜疾病防治方面，該書蒐集記載了48例獸醫處方，涉及外科、內科、傳染病、寄生蟲病等，提出對病畜要及早發現、預防隔離、注意衛生、積極治療等主張。其中有的處方具有很高的應用價值，是我國古代畜牧科學的寶貴遺產。

　　《齊民要術》對烹飪理論和烹調技藝有深刻的見解，涉及中北遊牧民族的烹調

技法有羹、蒸、煎、炙、餅等，這些方法多為鮮卑族及前代民族所創。如作羊盤腸雌斛法，這種食法取其濃郁的鮮羶之味，以麵、米作配料，煮熟後蘸苦酒和醬食之，並一直延續至後代民族。該書還詳細介紹了神麴（酒麴）、釀酒、煮膠，以及藥米、醬、醋、豆豉、脯臘、羹、餅、醴酪、素食、糖等的製作過程，涉及蒸製、煎消、炙、烤、煮、熬、過濾、日曬、風乾等許多製作方法。在介紹食品的加工及釀造工序時，著重敘述了醬、醋及酒等產品的釀製過程。其中製作醬類列舉了肉醬、速成肉醬、魚醬、蝦醬、豆醬、麥醬、榆子仁醬等許多品種；製作醋類介紹了大醋、糯米醋、大麥醋、神醋、糟糠醋等30多種；其中記載的酒有小麥苦酒、水苦酒、烏梅苦酒、蜜苦酒等40多種。

總之，《齊民要術》總結了包括魏晉南北朝時期的中北地區在內的飲食理論，涉及畜牧養殖經驗、飲食物的製作技藝、食物保藏方法、農作物的栽培和加工問題等，對古代飲食理論的發展起到重要的作用。

第五章　遼朝時期

契丹在北朝時期，游牧於今西拉木倫河流域，過著逐水草遷徙的生活，主要經營畜牧業。隨著勢力的不斷壯大，開始與中原地區交往，農業和手工業也發展起來。西元九一六年，契丹迭剌部的首領耶律阿保機統一了諸部，建立奴隸制政權，建國號為「契丹」。西元九三八年，後晉皇帝割讓「燕雲十六州」給契丹，使得契丹統治範圍深入到今山西、河北、京津地區。西元九四七年契丹改國號為「大遼」。在遼統治中北地區時，頒佈了一系列經濟政策，促進了經濟的發展，成為一個強大的封建政權。西元一一二五年，遼政權被金所滅。同時，契丹貴族耶律大石在今新疆境內建立西遼政權，一直延續到西元一二一一年被成吉思汗滅亡。

第一節　飲食結構與飲食風味

契丹地處燕山山脈和大興安嶺山脈的夾角地帶，是銜接華北平原、東北平原、蒙古高原的三角區域。《遼史・地理志》曰：「上京，太祖創業之地，負山抱海，天險足以為固。地沃宜耕植，水草便畜牧。」有著十分優越的牧、農、林、漁多種經濟資源。契丹興起後，產業結構以畜牧、狩獵為主，兼有比例極小的農業。立國後，

▲圖5-1　遼代契丹族《草原放牧圖》壁畫，見於內蒙古克什克騰旗二八地1號墓

農業經濟迅速壯大，畜牧、漁獵經濟並行不廢，決定了契丹人米、麵、肉、乳、酒、茶、菜、果兼容的飲食結構，並出現了獨具特色的飲食風味。

一、經濟方式與飲食來源

❶ · 以畜牧業為主的經濟方式

畜牧業是遼代的主要經濟方式之一。遼太祖之妻述律皇后曾說：「吾有西樓羊馬之富，其樂不可勝窮也。」[1]每每爭戰都以奪取對方的牲畜為主要目的。統和四年（西元986年）正月，「丙子，樞密使耶律斜軫、林牙勤德等上討女直，所獲生口十餘萬、馬二十餘萬及諸物。」[2]太平六年（西元1026年），「二月己酉，……東京留守八哥奏黃翩領兵入女直界徇地，俘獲人、馬、牛、豕，不可勝計，得降戶二百七十，詔獎諭之。」[3]獲得大批牲畜、糧食，保證了契丹人的飲食所需，獲得了賴以生存的物質資料。通過各種方式的不斷積累，使遼代「自太祖及興宗垂二百年，群牧之盛如一日。」一旦失去，則影響國勢。「天祚初年，馬猶有數萬群，每群不下千匹。……至末年，累與金戰，番漢戰馬損十六七，雖增價數倍，竟無所買，乃冒法買官馬從軍。諸群牧私賣日多，畋獵亦不足用，遂為金所敗。」[4]我們也可以從許多遼墓壁畫中那些繪有馬的形象和放牧的場景，看出畜牧對契丹人的重要性。如內蒙古克什克騰旗二八地1號遼墓[5]中的圖，在墓中石棺內壁的右側繪有「契丹族草原放牧圖」，全畫由馬、牛、羊群組成一牧群，由一契丹放牧人持鞭放牧，以遠景的山岡、近景的小道及柳樹為襯托，生動地反映了契丹牧業經濟的盛況。為保護牧業的發展，政府屢屢下令禁止殺牲殉葬。

1　司馬光：《資治通鑑》卷二百七十一「後樑龍德元年冬十一月」條，中華書局，1956年。
2　脫脫等：《遼史・聖宗紀二》，中華書局，1974年。
3　脫脫等：《遼史・聖宗紀八》，中華書局，1974年。
4　脫脫等：《遼史・食貨志下》，中華書局，1974年。
5　項春松：《克什克騰旗二八地遼墓》，《內蒙古文物考古》，1984年第3期。

❷・漁獵與四時捺缽

契丹人的居住地，水草豐美，野生動物出沒其間，為保持漁獵經濟提供了自然條件。《遼史・營衛志》上記載：「有事則以攻戰為務，閒暇則以畋漁為生。」在《遼史・本紀》中，多次提到歷朝皇帝的漁獵活動，用獵物充軍食或宴飲取樂，或祭祀。《遼史・太祖紀》下記載：天贊三年（西元924年）「冬十月丙寅朔，獵寓樂山，獲野獸數千，以充軍食。」《遼史・太宗紀》上記載：天顯「十一年（西元936年）春正月，釣魚於土河。」《遼史・景宗紀》下記載：保寧九年（西元977年）「十二月戊辰，獵於近郊，以所獲祭天。」《遼史・興宗紀》一記載：重熙五年（西元1036年）「九月癸巳，獵黃花山，獲熊三十六，賞獵人有差。」類似這樣的記載很多，從遼代皇家貴族的漁獵活動可以反映出漁獵是契丹的重要經濟類型。

遼代，皇帝有四時捺缽（系契丹語的漢語譯音，譯為「行營」「營盤」）的定制，即春捺缽捕鵝、釣魚，夏捺缽避暑障鷹，秋捺缽射虎、鹿，冬捺缽避寒出獵。契丹的狩獵活動在墓葬壁畫中也有反映，內蒙古庫倫旗1號遼墓[1]的壁畫，有一幅「狩獵出行歸來圖」；內蒙古巴林右旗遼慶陵壁畫[2]中的四季山水圖，描繪了契丹四時捺缽的景象。《遼史・游幸表》記載：「朔漠以畜牧射獵為業，猶漢人之劭農，生生資於是乎出。」充分說明契丹以狩獵為主業之一的經濟狀況。

❸・農業獲得長足發展

契丹立國後，形成「南農北牧」的經濟格局，歷代皇帝都重視農業的開發。《遼史・食貨志》上記載：「太祖平諸弟之亂，弭兵輕賦，專意於農。嘗以戶口滋繁，繁（jiǔ）轄疏遠，分北大濃兀為二部，程以樹藝，諸部效之。」遼太祖採取一系列措施，加強對農業的管理。西元九三九年，遼太宗下詔命甌昆石烈在海拉爾河畔從事農業生產。西元九四〇年，又下詔命歐董突呂、乙斯勃、溫納河剌三石烈，在克魯倫河、石勒喀河一帶農耕。遼世宗、穆宗、景宗時期，農業有較大的發展，滿足

1　王健群、陳相偉：《庫倫遼代壁畫墓》，文物出版社，1989年。
2　田村實造、小林行雄：《慶陵》，京都大學文學部，1952年。

▲圖5-2　遼代的石磨盤和高粱、蕎麥的種子，內蒙古巴林左旗遼上京故城南城遺址出土

了軍需及民食，消除了戰爭的消極影響。《遼史‧食貨志上》記載：「應歷間（西元951-969年），雲州進嘉禾，時謂重農所召。保寧七年（西元975年），漢有宋兵，使來乞糧，詔賜粟二十萬斛助之。非經費有餘，其能若是？」到遼聖宗、興宗時期，契丹的農業生產已超越畜牧業，就五京來說，地處中北地區的西京（故城在今山西省大同市）南部原本就是農業比較發達的地區，以及上京（故城在今內蒙古巴林左旗）、中京（故城在今內蒙古寧城縣）地區的各族人民有大批人致力於農業生產，把農業擴大到畜牧、狩獵地，還遷徙居民到農業發達地區從事農耕。遼道宗、天祚帝時期，農業繼續發展。「西北路雨穀，方三十里」，指的就是道宗時期龍捲風把某地的農業收穫物捲到天上，像雨一樣灑在方圓三十里的地方，使春州（治所在今吉林省前郭爾羅斯他虎城）的粟價一斗僅為六錢。馬人望任中京度支使時，加速農業發展進度，半年就獲粟十五萬斛。遼代末期，「雅裡（梁王）自定其直：粟一車一羊，三車一牛，五車一馬，八車一駝。從者曰：『今一羊易粟二斗，尚不可得，此直太輕』。雅裡曰：『民有則我有。若今盡償，眾何以堪？』」[1]農業仍很發達。在內蒙古、遼寧、河北等地的遼代遺址中，出土數量較多的是鐵犁鏵。內蒙古巴林左旗

1　脫脫等：《遼史‧食貨志下》，中華書局點校本，1974年。

遼上京故城南城遺址出土有石磨盤和高粱、蕎麥的種子。從農具的改進和農作物遺跡也可見當時農業生產的發達程度。

二、品類多樣的飲食結構

遼代的產業結構以畜牧、狩獵為主，肉食是主要的食物，在契丹飲食結構中占有重要的地位。契丹人食肉的場景多見於遼墓壁畫，如內蒙古敖漢旗羊山3號遼墓[1]壁畫中的「備食圖」，一侍者雙手高舉，扶著頭頂上的紅色大盤，盤內盛滿肉食。內蒙古科右中期代欽塔拉遼墓[2]壁畫中有「原野烹飪圖」，車旁放一高足火爐，爐上架一口大鍋，鍋內煮一隻全羊。內蒙古敖漢旗喇嘛溝遼墓[3]壁畫中有「烹飪圖」，一僕人蹲坐於一大盆之後，雙手伸向盆中用力作洗肉或割肉狀；在僕人前放置了三個三足鍋，後邊較大，中間者腹深，內煮肉；鍋下均燃木柴，火苗跳動。類似這種壁畫很多，足見契丹人以肉食為主的生活狀況。

契丹族的奶酪、奶粥是傳統的食品。奶粥以奶加米煮製而成，有時為了調味，要添加蔬菜和生油。宋人王洙的《談錄》記述：「契丹主饋客以乳粥，亦北方之珍。其中鐵角草，採用陰乾，投沸湯中，頃之，莖草舒展如生。」朱彧的《萍洲可談》記載：「先公使遼，日供乳粥一碗。其珍，但沃以生油，不可入口。」契丹的生油應為奶油，加入粥中美味十足，而宋人不習慣，故不合口味。

契丹人注重麵食。《遼史·禮志》記載：「大臣進酒，皇帝飲酒。契丹通，漢人讚，殿上臣僚皆拜，稱『萬歲』。贊各就坐，行酒殽（yáo）、茶膳、饅頭畢，從人出水飯畢，臣僚皆起。」饅頭即肉包，在許多宴飲的場合中都要「行饅頭」。內蒙古巴林左旗

1　邵國田：《敖漢旗羊山1-3號遼墓清理簡報》，《內蒙古文物考古》，1999年第1期。

2　興安盟文物工作：《科右中旗代欽塔拉遼墓清理簡報》，《內蒙古文物考古文集》（第二輯），中國大百科全書出版社，1997年，第651-667頁。

3　邵國田：《敖漢旗喇嘛溝遼代壁畫墓》，《內蒙古文物考古》，1999年第1期。

◄圖5-3　遼代《烹飪圖》壁畫，見於
　　　　內蒙古敖漢旗喇嘛溝遼墓

滴水壺遼墓[1]壁畫的「備餐圖」中即有。兩位髡髮少年侍者抬著一個木質紅漆大盤，內裝饅頭、饊、麻花、點心四樣麵食，應為當時常見的主食。麵食製作有蒸、煮、炸、煎等方法。在遼墓壁畫的「宴飲圖」「備食圖」中，也出現了饅頭、饊、點心等麵食，採用蒸、炸的方法。遼墓中還出土了鐵鏊，用以做煎餅，《遼史·禮志》中也記載了契丹人每逢正月初七日都要在庭院中做煎餅。《契丹國志·王沂公行程錄》曰：「食止麋粥、秒糒。」麋粥即肉粥，煮食。秒糒即炒米，用麋子蒸煮烘乾做成。

高度白酒應從遼代開始釀造，內蒙古巴林左旗遼上京故城發現有蒸餾製酒的蒸鍋，說明當時已經能釀造燒酒。契丹人以酒成禮、以酒行事，在日常餐飲和各種宴飲中都離不開酒。內蒙古敖漢旗羊山1號遼墓的壁畫「備飲圖」，即是飲酒前置備酒具的場景：桌前置一大酒甕和酒器架，架上置四個酒瓶，桌上放有盛酒器、飲酒器。

契丹地區盛產桃、李、梨、杏、棗、板栗等乾鮮水果，還有歐李、山丁子、山梨等野生山果，培植了西瓜。《契丹國志·胡嶠陷北記》載：「自上京東去四十里，至真珠寨，始食菜。明日東行，地勢漸高，西望平地松林，鬱然數十里。遂入平川，多草木，始食西瓜，云契丹破回紇得此種，以牛糞覆棚而種，大如中國冬瓜而味甘。」在內

1　巴林左旗博物館：《內蒙古巴林左旗滴水壺遼代壁畫墓》，《考古》，1999年第8期。

蒙古敖漢旗羊山1號遼墓壁畫中，發現有一幅「西瓜圖」，其畫面為：在墓主人面前放置一張木桌，桌上置兩個大果盤，一盤放石榴、桃、杏等水果，另一盤盛放著三個碧綠的長圓形西瓜。「茶道圖」中也畫有水果，其畫面為：桌上放四套盞杯，一個帶蓋的罐和一盤一碗，盤內盛有果子，有的盞內盛著棗。河北宣化下八里7號遼墓[1]的壁畫上有「茶道圖」：南面第一人為髡髮男童，手撐雙腿跪於地上，另一束髻童子雙足踏其肩上，雙手伸向吊籃，取籃中的桃子；其左前方站一契丹男童正用衣兜接桃子。「凍梨」是契丹人的一種特產，宋人龐元善的《文昌雜錄》說：「余奉使北遼，至松子嶺，……坐上有上京壓沙梨，冰凍不可食，接伴使耶律筠取冷水浸良久，冰皆外結，已而敲去，梨已融釋，……味即如故也。」這些文獻及遼墓壁畫都證實了契丹人食水果的狀況和水果種類。契丹人把鮮果製作加工成蜜餞。《宋會要輯稿·蕃夷一·遼上》載，在契丹賀宋朝生日的禮單中，有「蜜曬山果十束糯椀，蜜漬山果十束糯匣，列山梨、柿梨四束糯罐，榛栗、松子、郁李、黑郁李、麵棗、楞梨、棠梨二十箱」。其中的「蜜曬山果」「蜜漬山果」就是類似今天的果脯。

1　河北省文物研究所等：《河北宣化遼張文藻壁畫墓發掘簡報》，《文物》，1996年第9期。

◄圖5-5　遼代《西瓜圖》壁畫，見於內
蒙古敖漢旗羊山遼代1號墓

考古學資料表明，在遼代貴族墓葬中有用食物隨葬的現象。遼寧省法庫縣葉茂
台7號墓[1]內的石供桌上即置放有瓷碗、鉢、罐，內盛桃、李、松子塔等食物。內蒙
古寧城縣小劉仗子3號墓[2]內的木供桌上，有魚肉殘骸。河北省宣化遼張文藻墓[3]內棺
前的大木供桌上，放滿了瓷碗、盤、瓶、漆箸、湯匙等食具，在碗、盤中放置有栗
子、梨、乾葡萄、檳榔、豆、麵食等食物。大桌東側的小木桌上，擺放著黃釉壺、
白瓷碗、碟、匕、箸等飲食器。小桌北放置陶倉、罐、盤。棺床西側有彩繪陶倉數
件，內貯藏粟和高粱。另有一個綠釉雞腿瓶，內盛一種散發香氣的橘紅色液體。從
考古發掘資料中證實了遼代品類多樣的飲食結構。

三、飲茶風習的盛行

契丹族人生活的地區並不產茶，大約從唐朝時期開始，隨著上層社會的文化交
流而傳入，並逐漸盛行起來。其後通過與中原王朝的貿易、贈禮、戰爭等途徑使茶
葉傳入契丹地，逐漸形成飲茶的習慣。

1　遼寧省博物館：《法庫葉茂台遼墓紀略》，《文物》，1975年第12期。
2　內蒙古文物工作隊：《昭烏達盟寧城縣小劉仗子遼墓發掘簡報》，《文物》，1961年第9期。
3　河北省文物研究所等：《河北宣化遼張文藻壁畫墓發掘簡報》，《文物》，1996年第9期。

❶ · 契丹人飲茶的品種

契丹人飲茶的品種有奶茶、散茶、餅茶，其中以餅茶最為常見。除了奶粥作為茶飲之用外，此時的契丹人也開始飲奶茶。蘇轍在《和子瞻煎茶》詩中說：「君不見閩中茶品天下高，傾身事茶不知勞；又不見，北方茗飲無不有，鹽酪椒薑誇滿口。」蘇轍說的這種茶，就是在茶中放入加了鹽的乳酪和椒鹽調料，形成了我國北方游牧民族最早的奶茶。散茶，也稱草茶。宋朝時「散茶出淮南、歸州、江南、荊湖，有龍溪、雨前、雨後之類十一等，江、浙，又有以上、中、下或第一至第五為號者。」[1]這種茶的質量和價錢都低於團茶，多在契丹民間流行。

餅茶是宋朝的主要茶種，因而也是輸入契丹地的主要茶種，其中有龍鳳茶（團茶）、乳茶、岳麓茶等珍品。唐朝陸羽的《茶經》中記載，餅茶的製作，需要七道工序，晴日採茶，經過「蒸之、搗之、拍之、焙之、穿之、封之」等製成。即春季的晴天採下茶芽、葉，放入竹籃置於甑中蒸熟，然後搗成茶膏，在模具中拍製成方、圓等形狀，穿眼焙乾，最後穿繫成串，密封而備用。北宋的餅茶製作更為精細，多出上等佳品。宋太宗派特使監製皇室專用的小餅茶，其上印有龍鳳團紋，故稱之為「團茶」。歐陽修的《歸田錄》卷二記載：「茶之品莫貴於龍鳳，謂之團茶，凡八餅重一斤。」團茶和乳茶都產於宋朝的建州（今福建省南平市建甌市），故統稱為「建茶」。宋朝慶曆年間，蔡襄在建州監製出更為精細的「小龍團」茶。宋神宗時期，賈青任福州轉運使，監製「密雲龍」團茶精絕於小龍團茶。宋人張舜民的《畫墁錄》說：「熙寧中，蘇子容使遼，姚麟為副，曰：『蓋載些小團茶乎？』子容曰：『此乃供上之物，儔敢與北人？』未幾，有貴公子使遼，廣貯團茶，自爾北人非團茶不納也，非小團茶不貴也。彼以二團易蕃羅一匹，此以一羅酬四團。」由此說明，團茶在北宋宮廷中屬於茶類的上品，並被契丹尊為貴品。乳茶也是一種名貴的茶種，其名種要略低於團茶，分石乳、的乳、白乳三種。宋人熊蕃的《宣和北苑貢茶錄》記載：「五代之季，建屬南唐，歲率諸縣民採茶北苑。初造研膏，繼造臘

1　脫脫等：《宋史·食貨志下五》，中華書局，1977年。

◀圖5-6　遼代《煮茶圖》，見於內蒙古
敖漢旗下灣子遼代5號墓

面。既有製其佳者號曰京鋌。聖朝開寶末下南唐，太平興國初特置龍鳳模，遺使即北苑造團茶，以別庶飲。龍鳳茶蓋始於此。又一種茶，叢生石崖，枝葉尤茂，至道初，有詔造之，別號石乳。又一種號的乳，又一種號白乳，蓋自龍鳳與石、的、白四種繼出，而臘面降為下矣。」在北宋的茶葉中，團茶最為上品，其次為乳茶，都為御用貢茶。在北宋給契丹皇帝的賀禮中，有乳茶和岳麓茶，未見有龍鳳團茶，這大概是為政治上的外交政策而考慮的。《遼宮詞》中的「解渴不須調乳酪，冰甄剛進小團茶」，可能是來自於私下的交易品。

❷・契丹人飲茶的方法

　　契丹的飲茶方法也是從中原地區傳入的，大體上有兩種，一為煎茶，一為點茶。「煎茶」是唐人所普遍使用的方法，陸羽的《茶經》中有記載，包括兩道程序，即燒水和煮茶。先將水放入鍋中燒開，謂第一沸；隨即放入適量的鹽來調味，再行燒開，到了「緣邊如湧泉連珠」的程度，謂第二沸；隨後舀出一瓢水，用竹策在鍋中攪動，形成水渦，使水的沸度均勻，然後用量茶的小勺量取研磨細碎的茶末，投入水渦中心，再行攪動，到茶湯「勢如奔濤濺沫」時，謂第三沸；此時將事先舀出去的開水倒回鍋中，使開水停沸，茶湯麵上便會出現許多浮沫，謂之湯花，就可以「酌茶」飲用了。「點茶」是宋人的飲法，將茶餅磨碎成末，調成膏狀，放入茶盞之中，然後用稱

之為「湯提點」的有蓋壺把水燒開，將沸水注入盞中，並用茶筅在盞中環回攪拂即可飲用。遼代早中期的契丹人行煎茶，晚期引進宋朝的點茶。在遼代晚期的一些墓葬壁畫中，常見爐火上有湯瓶的場面，證實了遼代晚期盛行點茶。

四、飲食風味與宴席範例

契丹族的飲食風味從其結構看，以肉食、乳食為主，其次為糧食，還有蔬菜、瓜果、酒、茶等。宋人王安石在《北客置酒》詩中曰：「山蔬野果雜飴蜜，獵脯豕臘加炰（páo）煎。」說出了遼代契丹人待客時的飲食菜餚。契丹的頭鵝宴、頭魚宴很流行，每當春季捕獲第一隻鵝或魚，都要設宴慶賀，以品嚐鵝、魚的鮮味。契丹人還注重麵食，花樣有饅頭、饃、麻花、點心、煎餅等。

契丹人的副食有以肉做成的各種菜餚，以及蔬菜、水果和麵點等。契丹的菜餚獨具風味，以各種臘肉、肉脯和肉醬最為著名，常作為「國珍」獻給北宋的皇帝。他們技藝高超的廚師有時到北宋都城汴京（今河南省開封市）給北宋皇帝烹製遼菜。在所有的風味美食中，最有影響的是一種特製的貔（pí）狸（內蒙古西部俗稱地牢），其肉極其肥美。遼亡以後，這種珍品被金、元所推崇。

❶·遼代國宴

宋朝大臣陸振奉使契丹，參加了遼代國宴。在宋江少虞《事實類苑》中就有記載：「虜遣使置宴於副留守之第」，「以駙馬都尉蘭陵郡王蕭寧侑宴。文木器盛虜食，先薦駱糜，用勺而啜焉。熊肪羊豚雉兔之肉為濡肉，牛鹿雁鶩熊貉之肉為臘肉，割之令方正，雜置大盤中，二胡雛衣鮮潔衣，持帨巾，執刀匕，徧（biān，同『遍』）割諸肉，以啜漢使。」糜，指用駱駝肉製作的米粥，濡肉，為煮熟的新鮮肉，臘肉，為加工醃曬的乾肉。從中可看出，宴會中有肉粥以及用熊、羊、雞、兔、牛、鹿、雁、鶩、貉、野豬肉做成的菜餚，可謂風味獨特。

❷·頭鵝宴

契丹人的「頭鵝宴」是春捺缽的主要活動之一。《遼史》卷三十二《營衛志》中有詳細記載：「春捺缽：曰鴨子河濼。皇帝正月上旬起牙帳，約六十日方至。天鵝未至，卓帳冰上，鑿冰取魚，冰泮，乃縱鷹鶻捕鵝雁。晨出暮歸，從事弋獵。鴨子河濼東西二十里，南北三十里，在長春州東北三十五里，四面皆沙堝，多榆柳杏林。皇帝每至，侍御皆服墨綠色衣，各備連錘一柄，鷹食一器，刺鵝錐一枚，於濼周圍相去各五七步排立。皇帝冠巾，衣時服，繫玉束帶，於上風望之。有鵝之處舉旗，探騎馳報，遠泊鳴鼓。鵝驚騰起，左右圍騎皆舉幟麾之。五坊擎進海東青鶻，拜授皇帝放之。鶻擒鵝墜，勢力不加，排立近者，舉錐刺鵝，取臘以飼鶻。救鶻人例賞銀絹。皇帝得頭鵝，薦廟，群臣各獻酒果，舉樂。更相酬酢，致賀語，皆插鵝毛於首以為樂。賜從人酒，遍散其毛。弋獵網釣，春盡乃還。」遼穆宗最愛吃鵝肉，每獲其肉「皆飲達旦」。道宗大康元年（西元1075年）「丁亥，以獲鵝，加鷹坊使耶律楊六為工部尚書。」[1]五年（西元1079年）「三月辛未，以宰相仁傑獲頭鵝，加侍中。」[2]

❸·頭魚宴

「頭魚宴」也是契丹人春捺缽的活動之一，一般在江河尚未解凍時鑿冰捕魚。《遼史》卷一百一十六《國語解》曰：「頭魚宴：上歲時釣魚，得頭魚，輒置酒張宴，與頭鵝宴同。」《續資治通鑑長編》卷一百七十七記載，至和元年（西元1054年）九月，「辛巳，三司使、吏部侍郎王拱辰為回謝契丹使，德州刺史李珣副之。拱辰見契丹主於混同江。其國每歲春漲，於冰上置宴釣魚，惟貴族近臣得與。一歲盛禮在此。每得魚，必親酌勸拱辰，又親鼓琵琶侑之。」根據《遼史·本紀》的記載，遼代皇帝一般在春正月前往混同江釣魚，這裡描述了宋使在混同江見遼代皇帝，順便提起契丹主在歲春舉辦頭魚宴的情景，天祚帝「天慶二年（西元1112年）春，天祚如混同江釣魚，界外生女真酋長在千里內者，以故事皆來會。適遇

1　脫脫等：《遼史·道宗紀三》，中華書局，1974年。

2　脫脫等：《遼史·道宗紀四》，中華書局，1974年。

頭魚筵，別具宴勞，酒半酣，天祚臨軒，使諸酋次第歌舞為樂。」[1]

❹ · 貔狸饌

沈括的《夢溪筆談》記載：「刁約使契丹，戲為四句詩曰：『押燕（宴）移離畢，看房賀跋支。餞行三匹裂，密賜十貔狸。』皆紀實也。移離畢，官名，如中國執政官。賀跋支，如執衣防閤。匹裂，似小木罌，以色綾木為之，如黃漆。貔狸，形如鼠而大，穴居，食果穀，嗜肉，狄人為珍膳，味如豚子而脆。」張舜民的《畫墁錄》曰：「南使至北虜帳前，見畢，亦密賜羊靶十枚，毗黎邦十頭。毗黎邦，大鼠也。虜中上供佛，善麋物，如豬猯（tuān），若以一臠置十斤肉鼎，即時麋爛。臣下不敢畜，惟以賜南使。紹聖初，備員北使，亦蒙此賜。」王辟之的《澠水燕談錄》卷八《事志》記載：「契丹國產貔狸，形類大鼠而足短，極肥，其國以為殊味，穴地取之，以供國主之膳，自公相以下，不可得而嘗。常以羊乳飼之。頃年虜使嘗攜至京，烹以進御。今朝臣奉使其國者，皆得食之，然中國人亦不嗜其味也。」陸游的《家事舊聞》說：「楚公使虜歸，攜所得貔，至京師。……如大鼠而極肥腯（tú），甚畏日，偶為隙光所射輒死。性能麋肉，一鼎之內，以貔一臠投之，旋即麋爛。然虜人亦不以此貴之，但謂為珍味耳。」據劉清的《霏雪錄》記載，貔狸就是北方黃鼠，穴居，多棲息於長城附近及以北的丘陵、草地、沙地等。遼國的御廚將貔狸飼養肥壯之後，或鹽漬，或風乾，或燻製，或冷炙，以供帝王享用，有時還讓王公貴族嘗鮮，給宋使都要密賜。可見其確實為珍貴的飲食美味。

❺ · 其他風味飲食

契丹人也有生食野生動物的肉或內臟的習慣。《古今圖書集成·方輿彙編·職方典·順天府部紀事二》：「《燕北雜記》：『遼俗，九月九日打圍，……射罷，於地高處卓帳，飲菊花酒，出兔肝生切，以鹿舌醬拌食之。』除此之外，還有濡肉（以調味的湯烹煮的肉）、燔肉（燒烤的肉）、臘肉和脯肉（肉乾）、駱糜（肉粥）

1　葉隆禮：《契丹國志·天祚皇帝上》，上海古籍出版社點校本，1985年。

等。如陸振的《乘軺錄》中記錄他出使遼國時，宴席上就有以牛、鹿、雁、鶩、貉、熊肉製作的臘肉。乳酪、乳粥也是契丹人的一種美味。蘇轍的《渡桑乾》曰：「會同出入凡十日，腥羶酸薄不可食。羊修乳粥差便人，風隧沙場不宜客。」[1]描述了蘇轍出使遼國時食用乳粥的情景，看到蘇轍對北國飲食的不習慣。

第二節　飲食器具的功用與藝術風格

遼代的飲食器無論是類型還是質地、功用，均已達到中北地區歷代以來最齊全的程度，類型有鼎、釜、鍋、火盆、爐、碗、盤、缽、壺、罐、甕等，質地有金銀、銅鐵、陶瓷、玉石、皮木、玻璃等，用於炊煮、盛食、進食、飲用、貯藏。每種質地的飲食器在造型、裝飾、製作上都富有特點，既有契丹本民族特色，又有中原地區、西方國家的風格，體現了中北地區飲食器發展的過程與脈絡。

一、飲食器具的功用

❶・炊煮具與餐具

（1）炊煮器　遼代的炊煮器主要為銅、鐵器，種類有鼎、釜、鍋、火盆等。如內蒙古阿魯科爾沁旗耶律羽之墓[2]出土的鐵鼎，呈釜形，斂口，圓底，下附三獸足。遼寧朝陽市南大街窖藏[3]出土的銅釜，斂口，斜方唇，弧腹，圓底，下附三足，蓋為覆缽式。在遼代墓葬的壁畫中常見有煮肉的情景，其中就有炊煮器。如內蒙古巴林左旗白

1　蘇轍：《欒城集・奉使契丹二十八首》，上海古籍出版社，1987年。
2　內蒙古文物考古研究所等：《遼耶律羽之墓發掘簡報》，《文物》，1996年第1期。
3　尚曉波：《遼寧省朝陽市南大街遼代銅鐵器窖藏》，《文物》，1997年第11期。

▲圖5-7　遼代“官”字款蓮紋白瓷蓋罐，內　　　◀圖5-8　遼代三彩龍紋執壺，內蒙古赤峰市松
　　　蒙古奈曼旗陳國公主墓出土　　　　　　　　　　　山區出土

音敖包遼墓[1]壁畫的烹飪圖即是，畫面中，髡髮契丹人的身前放有一個三足鐵鍋，鍋下爐火正旺，鍋內煮肉。敖漢旗下灣子5號遼墓[2]壁畫的進飲圖中有的則是煮茶器。畫面中，人物的前左方放有一疊食盒，右面放一黃色三足曲口淺腹火盆，盆內燃燒炭火，火上放有兩個執壺，正在煮茶。另外，在遼代遺址中，發現有鐵鉗、鐵夾、鐵火棍、鐵火盆等，用來控制火苗和炊煮食物。由此看出，遼代的炊煮器主要用來煮肉、煮茶，反映了游牧民族的烹飪風習。

（2）盛食器　盛食器的質地和種類多樣。遼代早期盛食器以內蒙古阿魯科爾沁旗耶律羽之墓所出土的器物為代表，此墓出土的陶器較少，主要為瓷器，多為白釉，也有少量的青釉和醬釉，還有金銀器。盛食器有瓷碗、瓷缽、瓷罐、銀碗、銀盤。內蒙古奈曼旗陳國公主墓為遼代中期遺跡，此墓出土的盛食器有金銀器、銅器、玻璃器、瓷器，種類有銀缽、銅盤、玻璃盤、瓷碗、瓷盤、瓷罐。

1　項春松：《遼寧昭烏達地區發現的遼墓繪畫資料》，《文物》，1979年第6期。
2　邵國田：《敖漢旗下灣子遼墓清理簡報》，《內蒙古文物考古》，1999年第1期。

◀圖5-9　貯物用器具，內蒙古巴林左旗遼
　　　　祖陵祭祀遺址廚房遺跡出土

遼代晚期出土的陶瓷盛食器以內蒙古寧城縣埋王溝遼墓[1]所出土的器物為代表，1號墓出土的盛食器主要是瓷器，有白釉和青釉之分，器形為碗、盤；3號墓出土的盛食器分瓷器和釉陶器，有碗、罐。其中，遼代的三彩器是在繼承唐三彩的基礎上所獨創，以遼代中晚期出現的居多，有黃、綠、白三色，但缺唐三彩中的靛藍。常見的盛食器有執壺、長盤、圓盤、海棠式盤、方碟、果盒等，還有仿生造型，如鴛鴦壺、摩羯壺、龜形壺等。這是遼代盛食器的一個主要特徵。

　　（3）進食器　契丹立國前的進食器繼承了前代民族的傳統，普遍使用刀，如巴林右旗塔布敖包墓葬[2]出土的鐵刀，呈平背或弧背，弧刃或復刃，細柄，配鞘。其建國後的進食器類型發生了很大變化，除傳統的刀、匙外，還出現了箸。箸有銀箸、銅箸、骨箸、漆木箸，形狀有錐形、柱形、扁方形。如內蒙古赤峰市大營子遼駙

1　內蒙古文物考古研究所等：《寧城縣埋王溝遼代基地發掘簡報》，《內蒙古文物考古文集》第二輯，中國大百科全書出版社，1997年，第609-630頁。
2　齊曉光：《巴林右旗塔布敖包石砌墓及相關問題》，《內蒙古文物考古文集》第一輯，中國大百科全書出版社，1994年，第454-461頁。

馬墓[1]出土的銀箸、翁牛特旗解放營子遼墓[2]出土的銅箸、巴林右旗博物館收藏的骨箸。出土筷子的形質已接近現代的筷子，打破了北方游牧民族進食器只使用刀、匙的傳統。

（4）食渣器　食渣器是盛放食後剩餘的飯或殘骨的用具。如阿魯科爾沁旗遼耶律羽之墓出土的鎏金對雁團花紋銀渣斗、科爾沁右翼中旗代欽塔拉遼墓出土的綠釉渣斗。類似的金銀、陶瓷製作的渣斗在遼代貴族墓中常見，同時壁畫中也有表現。如敖漢旗羊山1號遼墓壁畫的墓主人宴飲圖，墓主人身後立一雙手捧渣斗的契丹人。這種以渣斗裝放殘食的現像一直延續到元代。

（5）大型貯器　在遼代的遺址與窖藏中常見陶瓷製作的大型甕、罐、缸。如巴林左旗遼祖陵祭祀殿遺址[3]廚房遺跡內出土了七個大型陶瓷罐、甕，直接坐於廚房地面內，應該為儲放糧食、肉食、蔬菜的器物。這種陶瓷缸、甕在以後的金元時期仍在使用，一直延續到近現代。

（6）洗滌器　內蒙古阿魯科爾沁旗耶律羽之墓出土的銀匜、銀盆，為配套使用。內蒙古赤峰市大營子遼駙馬墓出土有銀匜，內蒙古敖漢旗七家2號遼墓壁畫中有一幅「男侍圖」，男侍手捧一個黃色的盆侍奉主人在宴飲時洗手，這些都說明契丹大貴族在日常生活中注重飲食衛生，有洗手的良好衛生習慣。

❷ · 茶具

考古學資料表明，契丹茶具發現的數量很多，有金、銀、銅、鐵、瓷、陶等，可分為煮茶器、點茶器、貯茶器、碾茶器、飲茶器。

（1）煮茶器　煮茶器包括爐、鍑、火盆等。

鐵爐，分三式。Ⅰ式，內蒙古科爾沁右翼中旗代欽塔拉遼墓出土。爐身為長方形，斜直腹，一側有柱形長柄，四足。Ⅱ式，赤峰市大營子遼駙馬墓出土。爐身為

1　前熱河省博物館籌備組：《赤峰縣大營子遼墓發掘簡報》，《考古學報》，1956年第3期。
2　昭盟文物工作站：《內蒙古解放營子遼墓發掘簡報》，《考古》，1979年第4期。
3　2008年9月由中國社會科學院考古研究所與內蒙古文物考古研究所聯合發掘，資料未發表。

長方形，口外側接平沿，爐身下附六個馬蹄形足。III式，內蒙古科爾沁右翼中旗代欽塔拉遼墓出土。爐蓋呈長方形，分兩扇，每扇有一紐。爐身也為長方形，兩側有鏈狀提梁，下附八足。

鐵鍑，分二式。I式，寧城縣埋王溝遼墓出土。口微斂，圓唇，圓弧腹，圓底。腹中部飾一週凸弦紋。II式，赤峰市大營子遼駙馬墓出土。敞口，圓唇，筒形腹，圓底。兩側附雙耳，有提梁。

鐵火盆，分二式。I式，寧城縣埋王溝遼墓出土。口微斂，卷沿，圓唇，腹微弧，圓底。II式，寧城縣埋王溝遼墓出土。呈方形，寬平沿，平底，下附四個三角形足。兩側附扁方形雙耳，寬平沿和外表邊角飾鉚釘。

（2）點茶器　點茶器包括壺和勺等。

銀執壺，巴林右旗白音漢窖藏[1]出土。錘鍱（yè）銲接而成，通體呈八棱形，子母口，長頸，鼓腹，圈足。肩部一側有竹節狀長流，另一側腹部與頸部上端鉚接竹節狀彎柄。蓋作八角形塔狀，鏨刻四葉筋脈，葉間鏨刻三瓣花朵附葉一株。蓋上的

◀圖5-10 遼代的牡丹紋銀執壺，內蒙古赤峰市
　　巴林右旗白音漢窖藏出土

1　巴右文、成順：《內蒙古昭烏達盟巴林右旗發現遼代銀器窖藏》，《文物》，1980年第5期。

圖案分為兩層，每層均鏨刻牡丹花及葉紋，荷花蓓蕾壇頂。壺身鏨刻八組相同的纏枝牡丹花紋，肩部鏨刻石榴花紋，每棱四周邊緣鏨刻羽狀紋。

銅執壺，寧城縣埋王溝遼墓出土。敞口，直頸，溜肩，斜直腹，平底。一側肩部有斜直流，另一側腹部與肩部有環形柄。

鐵執壺，阿魯科爾沁旗遼耶律羽之墓出土。直口，高領略外敞，折肩，斜腹內收，矮圈足，肩部有殘流，領、腹部有環形執柄。

綠釉注壺，科爾沁右翼中旗代欽塔拉遼墓出土。敞口，圓唇，直頸，溜肩，鼓腹，圈足。口上有塔狀子母口蓋，斜直長流，環形把。肩部飾兩週弦紋。

鐵勺，科爾沁右翼中旗代欽塔拉遼墓出土。勺頭為圓形，一側有流，四棱形長柄，勺頭與柄間由鉚釘連接。

（3）貯茶器　貯茶器為盒，在遼墓壁畫的「茶道圖」中見之，呈長方體，盝（lù）式頂。如河北省宣化下八里6號遼墓[1]壁畫「備茶圖」中的茶盒。

（4）碾茶器　碾茶器為茶碾。鐵茶碾，寧城縣埋王溝遼墓出土。由底座、碾槽、碾盤、軸柄組成。底座平面呈橢圓形，中空。碾盤呈鐵餅狀，豎置，中間穿一孔，內置軸柄桿。碾槽為船形，內有凹槽，兩端上翹。軸柄為長棒形，橫穿碾盤孔內。

◀圖5-11 遼代的五瓣花形蘆雁紋金盃，內蒙古赤峰市阿魯科爾沁旗遼耶律羽之墓出土

1　張家口市宣化區文物保管所：《河北宣化遼代壁畫墓》，《文物》，1995年第2期。

（5）飲茶器　飲茶器包括茶杯、盞托等。五瓣花形蘆雁紋金盃，阿魯科爾沁旗遼耶律羽之墓出土。錘鍱而成，器形呈五瓣花形。花式敞口，弧腹較深，圈足。內沿鏨刻卷枝紋，內底模壓雙魚紋，輔以平行短線紋、五角紋、環紋。腹上部有一週寶相蓮瓣紋，中部開光，內飾卷草蘆雁紋，腹底為仰蓮紋。圈足鏨水波紋。

盤帶紋銀盞托，赤峰市大營子遼駙馬墓出土。錘鍱而成，由托碗、托盤和圈足組成。碗為侈口，束腹。托盤為敞口，淺弧腹，高圈足。碗、盤及足沿鏨刻羽狀紋，碗、盤的腹部鏨刻盤帶花紋。

影青釉瓷盞托，寧城縣埋王溝遼墓出土。由托碗、托盤和圈足組成。碗為斂口，圓唇，微鼓腹。盤作荷葉形，分六瓣。高圈足。

❸·酒具

這一時期盛酒器和飲酒器種類很多，文獻中出現渾脫、鹿甒（wú）、爵、瓠（hù）、琥珀杯等。《遼史》卷七《穆宗紀》下載：「造大酒器，刻為鹿文，名曰『鹿甒』，貯酒以祭天。」在遼懷州城北曾發現窖藏大型陶器，器形多為瓶、罐、壺，其中一件灰陶罐，器身刻雙鹿，可能與「鹿甒」酒器有關。宋魏泰《東軒筆錄》卷十五：「北番每宴使人，勸酒器不一。其間最大者，剖大瓠之半，范以金，受三升。前後使者無能飲者，惟方偕一舉而盡，戎主大喜，至今目其器為方家瓠，每宴

◀圖5-12 遼代白瓷雞冠壺，內蒙古赤峰市
　　　　大營子駙馬墓出土

南使，即出之。」這種大瓠為經加工過的瓢形葫蘆器，成為遼國契丹人宴請宋使的必備酒器。阿魯科爾沁旗耶律羽之墓出土的飲酒器有五瓣花形金盃、鎏金鏨花銀把杯、瓜棱腹陶壺、白瓷皮囊式雞冠壺、淺醬釉瓷壺、鐵執壺。奈曼旗陳國公主墓出土的飲用器有銀盞托、銀執壺、木雞冠壺、綠釉長頸蓋壺、茶綠釉雞腿瓶等。朝陽市南大街窖藏出土的銅鐎斗，為溫酒器或熱水之用。

在遼代契丹人的酒具中，最典型的是仿皮囊式製作的雞冠壺，用以裝酒，質地有金、銀、陶、瓷、木等，根據器形變化可以分為三期。遼代早期的雞冠壺分兩種，一類見於契丹立國之初，環狀提梁，直流，口部有仿皮釘裝飾，扁圓腹，腹上有凸棱似如皮囊縫合，平底；另一類為直流，單孔鋬耳，似雞冠狀，腹扁圓，器身矮，平底或內凹，個別的帶矮圈足。遼代中期的雞冠壺，直口，單孔或雙孔耳，耳呈長方形或雞冠狀，有的在耳上堆塑猴、蜥蜴等動物，器身扁且增高，平底或圈足，也有仿皮囊縫合裝飾。遼代晚期的雞冠壺，直流，高提梁，瘦長腹，有的有仿皮囊縫合裝飾，圈足，原來的雞冠耳已變為扭索式或環形提梁，器體變高。這種雞冠壺的原型是皮囊壺，為契丹人傳統的飲用器。

二、飲食器具的藝術風格

❶·金屬飲食器的藝術風格

從已發表的資料分析，根據遼代金銀飲食器的器形、紋飾演變及工藝，其發展過程可以分為三期。

（1）遼代金銀飲食器第一期的藝術風格　第一期的器形和紋飾演變比較複雜，第一期又可分為兩個階段。遼代金銀飲食器第一期第一階段的種類多，數量大，紋飾佈局嚴謹，工藝精湛。金銀飲食器的器口形式以花瓣形為主，其次為圓口，再為七角形、五角形、曲角形、橢圓形、盤狀等。花瓣口器為杯、碗、盤、盆，大部分為五瓣形，盒為四瓣和曲角形。圓口見於杯、壺，有的杯口呈圓形，腹部為五瓣

◀圖5-13 遼代鎏金鋬耳銀杯（內蒙古赤
峰市博物館藏）

形。橢圓形口用於匜，盤狀口為渣斗專用。杯、碗、盤、渣斗腹部比較單薄，弧度
小。高足杯的足矮小。圈足發達，平底器較少，這是時代對器物造型的一種時尚。
紋飾採用環帶夾單點式裝飾、散點式裝飾和滿地裝飾，環帶夾單點裝飾和散點式裝
飾用於碗、盤、杯、渣斗等器物。這個階段的主要藝術特徵之一就是在杯、碗、
盤、渣斗、盞托的器口內沿上都鏨刻上花紋，如阿魯科爾沁旗遼耶律羽之墓出土的
五瓣花形金盃、圓口花瓣腹金盃、鎏金對雁團花紋銀渣斗、金花銀碗、鎏金鏨花銀
盤等，內沿分別鏨刻卷枝紋、寶相蓮瓣紋、三葉花紋、蓮瓣紋、牡丹紋等，在紋飾
佈局上起著點飾的作用。在杯、碗的口沿、底部、腹部飾有的聯珠紋，飽滿圓潤，
多為鑄造而成。紋飾種類分為動物、植物、人物故事。動物紋有龍、鳳、摩羯、
獅、鹿、羊、鴛鴦、鴻雁、鳥、昆蟲、魚等。植物有牡丹、蓮花、蓮瓣、卷草、寶
相花、折枝花、盤帶花等。人物故事有孝子圖、高士圖、對弈圖。動物紋以龍、
鳳、摩羯、鴛鴦最為常見，龍體型纖細，胸脯小。鳳的形體瘦長，頭無頂帽，尾巴
較短。植物紋以蓮瓣、牡丹、卷草居多，常以纏枝的形式出現，團花裝飾是這一階
段的主要特徵。

　　遼代金銀飲食器第一期第二階段繼承了第一階段的風格，又有創新。器口形式
以圓口為主，其次為花瓣口、方口，再次為橢圓口、盤口，曲角口器不見。圓口

器多為碗、杯、罐、缽、盞托。花瓣口見於碗、杯，以六瓣和八瓣居多，不見五瓣形。方口器大量增多，以盤為主。橢圓口器為匜，盤口器為渣斗。杯、碗、渣斗的腹部比早一階段的豐滿，弧度大。高足杯的足變得較高。紋飾採用環帶夾單點式裝飾和散點式裝飾，環帶夾單點式裝飾和散點式裝飾用於碗、杯。杯、碗紋飾佈局比第一階段簡單，只在內沿、底心或內壁、底心鏨紋飾。碗、杯、盒只在口沿、底沿上飾聯珠紋，腹部不見聯珠紋，而且顯得更加飽滿。紋飾種類分為動物紋、植物紋和佛教造像三種。動物紋有龍、鳳、鴛鴦、獅、兔、鶴，以龍鳳為主，龍比第一階段體型粗大，胸脯高挺。鳳多為飛鳳造型，勾喙，帶帽，尾巴長曳，顯得形象生動。植物紋以纏枝忍冬紋為主，還有牡丹紋、蓮紋、海棠紋。佛教造像圖案開始出現，與佛教用具的出現同屬一期。魚子紋作為器物的地紋特別流行，少見羽狀紋。在器物上鏨刻年號、被供奉者名字、貢臣結銜署名等，也是這一階段最明顯的特徵之一。

（2）遼代金銀飲食器第二期的藝術風格　遼代金銀飲食器第二期的器種比第一期減少，裝飾風格繼承了第一期，仍受唐文化和西方文化的影響。器口形式有花瓣形、圓形、海棠形。花瓣形口器有碟、杯，圓口器有瓶、罐、壺，海棠形口器有盤。以花瓣口為主，分五瓣、六瓣、十瓣、十三瓣不等，融有第一期的特徵。方口、曲口器不見，新增海棠口器，圈足器減少，平底器占主要地位。碟、碗的腹部變為斜直。紋飾中單點裝飾的佈局仍然使用，素面器大量增加。由於佛教用具較多，與佛教有關的紋飾題材也相應而生。單點裝飾的器物侷限於碟，簡單而明了。

（3）遼代金銀飲食器第三期的藝術風格　遼代金銀飲食器第三期器種較少，以生活器皿為主，銀器大量增多，金器少見，這與遼代中期後幾次下令禁止隨葬金銀器有關。與第一、二期不同，第三期的紋飾和造型受宋文化影響或直接從宋地輸入，完全是宋的風格。紋飾佈局上以寫實為基調的花葉形為主，紋飾有蓮花紋、牡丹紋、石榴紋、鳥羽狀紋、雙魚紋等，蓮花紋為主要紋飾，多見復瓣蓮花。它們打破了前兩期的團花格局，顯得生動、活潑、優美。多式的曲瓣花形，使得器物造型與紋飾和諧統一。這一時期，龍、鳳、獅、摩羯等象徵著吉祥如意

的圖案很少出現。素面器的數量較多。器口形式有花瓣形、圓形、曲角形、海棠形。花瓣口器有杯，圓口器有杯、筒，曲角口器有壺、碗，海棠形口器有盤。以花瓣口為主，分五瓣、二十二瓣、二十五瓣，五瓣有復瓣式。方口、橢圓口器已不見，海棠口器比較流行。器物腹部變深，圈足與平底器各占二分之一。

總結三個時期的特點，從製作工藝上看，第一期的紋飾工藝採用線雕、鏤雕、立雕、鏨刻技法，浮雕只限於局部花紋；製作採用鑄、鉚、焊、切、錘鍱、拋光、模沖、鎏金等工藝。第二期繼承了第一期的工藝，比較簡練。第三期的製作加工技術日臻成熟，切削、拋光、銲接、模沖、壓印、錘鍱、鏨刻等工藝的應用更加自如，已不見鎏金工藝，浮雕凸花技術得到新發展，出現立體裝飾技法。

在金屬飲食器中還見有銅器，為黃銅製作。如內蒙古奈曼旗遼陳國公主墓出土的銅盤，花口，淺腹，平底，內底鏨刻卷雲紋，外緣鏨聯珠紋。遼寧省朝陽市南大街遼代窖藏出土的銅釜，斂口，斜方唇，弧腹，圜底，下附三足，蓋為覆缽式。內蒙古寧城縣埋王溝遼墓出土的銅執壺，敞口，直頸，溜肩，斜直腹，平底，一側肩部有斜直流，另一側腹部與肩部有環形柄。

❷·陶瓷飲食器的藝術風格

契丹建立遼政權後，在傳統製陶工藝基礎上，吸收了北方系統的瓷器技法而獨創，在五代和北宋時期南北窯的產品中獨樹一幟。器形有雞冠壺、鳳首瓶、雞腿瓶、盤口瓶、罐、盤、碟、盞托、杯、碗等，其中雞冠壺、鳳首瓶、雞腿瓶、海棠形長盤為契丹民族的典型器物。有的在器口描金或底部刻銘款。紋飾有牡丹、蓮瓣、荷花、纏枝菊花、梅花、龍、鳳、雙蝶、魚、昆蟲、聯珠、弦紋等，採用印模、剔粉雕花和刻劃工藝，在器物外表、內底、內腹裝飾紋樣。紋飾佈局多見單點式裝飾，也有隨意性畫花、刻花，簡繁有序，層次分明。內蒙古赤峰市松山區缸瓦窯遺址[1]，是目前所發現的遼代規模最大和品種最齊全的一處瓷窯，以燒製粗白瓷為

1　洲傑：《赤峰缸瓦窯村遼代瓷窯調查記》，《考古》，1973年第4期。

主，細白瓷較少。釉陶器較多，為黃紅或灰綠色胎，在施釉前掛白衣，釉色有茶、
綠、黃、黑褐和三彩多種。瓷器種類多為飲食器，器形有碗、杯、盤、碟、壺、瓶
等，還發現有帶「官」字款的燒瓷匣砵。該窯址被考古學界譽為「草原瓷都」。

　　遼代的三彩器出現了仿生造型，如鳳首瓶、三彩摩羯壺、三彩鴛鴦壺、三彩龜
形壺，以表示吉祥、祛邪的動物形象為造型，生動活潑，既為實用器，又是製作
精美的工藝品。種類有長盤、圓盤、方碟、執壺、果盒、扁壺等，施黃、白、綠
三色，也有黃、白和綠、白二色。器內、器表印或刻劃枝葉花朵，也有龍、鳳等圖
案。色彩斑斕，紋飾精巧，具有很高的藝術價值。

　　❸·玉石、玻璃飲食器的藝術造型

　　從中北地區的玉器發展歷史和過程看，以玉製作的飲食器比較少，多數為佩戴
的裝飾品。遼代在上層社會中有使用玉質飲食器的現象，器類有碗、杯等。在遼上
京城西，發現有遼代製玉的作坊遺址。在主作坊的周圍，有許多小作坊，形成製玉
的規模生產。遼代玉器均經打磨拋光，以圓雕作品居多，片雕、鏤雕作品相對較
少，淺浮雕及俏色則更為少見。但玉質飲食器多來自於中原地區和西方國家，如圈
足玉碗、圈足玉杯、四曲海棠花式杯、瑪瑙花式碗、四曲水晶杯等。

　　遼代是目前發現玻璃數量較多的一個王朝，這些玻璃器皿，屬於伊斯蘭、羅

◀圖5-15 遼代玻璃帶把杯，遼寧省朝陽市姑
營子遼耿氏墓出土

馬風格，通過草原絲綢之路傳入遼朝境內。這是中西方文化交流的結果。高昌、于
闐等國，在遼朝與中亞波斯、大食等國的經濟貿易和文化交流中起到了橋樑作用。
如遼寧省朝陽市姑營子遼耿氏墓[1]出土的玻璃帶把杯，呈圓筒狀，腹部急收成假圈
足，口、腹部附一把手，把上端一角翹立，具有典型的伊斯蘭玻璃器特徵，與伊朗
高原喀爾幹出土的玻璃把杯有著相同的造型。內蒙古奈曼旗遼陳國公主墓出土七件
玻璃器，有瓶、盤、杯。

❹．皮、木質飲食器的藝術特點

皮質飲食器應該是遼代契丹族傳統的器物，主要用來裝酒和水，並於馬上攜
帶，適於游牧生活。由於皮質飲食器不易保存，故沒有見到實物，但從遼代遺跡
中出土大量的仿皮囊製作的雞冠壺看，這種器物在當時比較盛行。遼代的木質飲食
器，在宋使陸振參加遼駙馬都尉蘭陵郡王蕭寧侑的宴會上有記錄，「文木器盛虜食，
先薦駱糜，用勺而啖焉。」李燾的《續資治通鑑長編》卷五十九記載，宋真宗景德
二年（西元1005年），宋使孫僅為了賀契丹國母生辰入遼，「幕職、縣令、父老捧卮
獻酒於馬前，民以斗焚香相迎，門置水漿盂勺於路側」，「具菩漢食味，漢食貯以金

1　朝陽地區博物館：《遼寧朝陽姑營子遼耿氏墓發掘報告》，《考古學集刊》，1983年第3期。

器，蓄食貯以木器。」奈曼旗遼陳國公主墓出土的木雞冠壺，用兩塊木料各將其一面修平，另一面挖空，然後接在一起成型；壺體寬扁，平沿，方形直口，平底；外壁塗深赭色顏料和清油。

第三節　飲食禮俗的多樣性表現

遼代的各種禮俗在飲食文化中占有極其重要的地位，遼代的飲食禮俗呈現出多樣性，具體表現在降生、生日、婚姻、喪葬、人際交往、歲時節慶、宗教禮儀等方面，成為烘托慶賀、吉祥、祭奠、溝通等場合的媒介，這也是飲食文化社會功能的反映。

一、降生與生日禮俗中的飲食文化

關於遼代的降生禮俗，史籍中記載了皇后的生產情景。清陸長春《遼宮詞》記載：「若生男時，方產了，戎主著紅衣服，於前帳內，動番樂，與近上契丹臣僚飲酒；皇后即服酥調杏油半盞。如生女時，戎主著皂衣，動漢樂，與近上漢兒臣僚飲酒；皇后即服黑豆湯調鹽三錢。」針對皇后生男生女的差別，服用相異的飲食，以調理虛弱的身體。《遼史‧興宗紀》二記載：重熙十年（西元1041年）冬十月「辛卯，以皇子胡盧斡里生，北宰相、駙馬撒八寧迎上至其第宴飲，上命衛士與漢人角牴為樂。壬辰，復飲皇太后殿，以皇子生，肆赦。夕，復引公主、駙馬及內族大臣入寢殿劇飲。」遼代皇帝和家人以及大臣在皇子出生後，多次在不同的場地以宴飲的方式表示慶賀。

在遼代，人們一般在週歲、12歲、60歲、80歲、100歲的生日時，要舉行重大的慶賀活動，置辦酒席，邀請親朋好友前來參加，以表示人一生中的成長過程。

史籍中記載了遼代皇家貴族的生辰和祝壽禮儀。《遼史‧禮志》四記載的「宋使見皇帝皇后儀」，較完整地介紹了遼代皇帝生日的儀式。「宋使賀生辰、正旦。至

日，臣僚昧爽入朝，使者至幕次。奏『班齊』，聲警，皇帝升殿坐。……御床入，大臣進酒，皇帝飲酒。……卒飲，贊拜，應坐臣僚皆拜，稱『萬歲』。贊各就坐行酒，帝王、使相、使副共樂曲。若宣令飲盡，並起立飲訖。放盞，就位謝。贊拜，並隨拜，稱『萬歲』。贊各就坐。次行方茵地坐臣僚等官酒。若宣令飲盡，贊謝如初。殿上酒一行畢，贊廊下從人拜，稱『萬歲』。……殿上酒三行，行茶、行肴、行膳。酒五行，候曲終，揖廊下從人起，贊拜，稱『萬歲』。贊各祗候，引出。」宋代使者在遼代皇帝的生日和過「正旦」節（正月初一）時，遼代皇帝在皇宮擺酒宴，與宋代使臣及其遼代大臣共同宴飲，行酒、行茶、行肴、行膳都有一套禮儀。另外，在「宋使見皇太后儀」「賀生辰正旦宋使朝辭皇帝儀」「皇帝生辰朝賀儀」「皇太后生辰朝賀儀」「皇后生辰儀」上，都有一套禮儀，並且擺設酒宴，遼代皇帝、皇后、大臣和宋代使臣、副使及隨從一起行酒、行膳、行茶、行湯。

二、婚姻禮俗中的飲食文化

關於婚禮儀注，在《遼史·禮志》五「皇帝納後儀」和「公主下嫁儀」中有詳細記載，「契丹皇帝納後儀」、「皇室公主下嫁儀」、「親王女封公主者下嫁儀」的內容基本相同。在「公主下嫁儀」上，駙馬要親自迎娶公主，而且皇帝送給公主的陪嫁物樣樣俱全。從皇帝納後儀式過程看，始終貫穿著進酒。皇帝一方先派使者和媒人帶牲畜和酒食去皇后家拜見，給皇后進酒，然後給皇后的父母、宗族、兄弟進酒，以示尊敬。等皇后乘迎娶車時，要給父母、使者、媒人、送親者獻酒。車出發後，皇后的父母、伯叔、兄弟仍要飲酒送行。等迎親隊伍到達皇宮門口時，宰相發佈赦令，給皇后及送親者賜酒。此後，皇后到祭神及先祖的室內拜祭，用酒祭奠神位和已故的歷代皇帝、姑舅的御容。拜祭完畢，賜給皇家迎親者和皇后家送親者酒，都相對飲酒並宴請送親者。婚禮儀式結束時，向主婚人和媒人行酒三次，然後參加婚禮的全體人員落座宴飲。次日，皇帝先拜已故皇帝的御容，用酒祭奠，再到御殿宴請皇后家人和群臣，並以雜耍、摔跤、馬戲等節目助興。第三天，皇帝賜皇

后家人禮物，受賜者要向皇帝敬酒。此後，送親者告別返回，皇族贈給皇后家人禮物，皇后家人也有禮物謝主婚人。整個婚禮要進行三天，儀式中除跪拜的次數較多外，就是進酒、行酒及宴飲，與拜禮相輔相成。

三、喪葬禮俗中的飲食文化

遼代的喪葬儀式，在《遼史·禮志》二中有詳細的記載，主要記載了遼代皇帝聖宗、興宗、道宗的喪葬儀禮。遼代皇帝的葬禮，從菆（zōu）塗殿至陵所，中間要設固定的祭祀場所，在這裡舉行隆重的祭祀儀式，其中包括焚燒死者生前所用的衣物、弓矢、鞍勒、圖畫、坐騎、儀衛等物，並上香敬酒祭奠。發喪期間的祭祀，還包括食公羊儀，即在靈車所過的路途預設食公羊之所，等靈車到時，殺黑色公羊以祭。此外，在「上諡冊儀」「忌辰儀」「宋使祭奠弔慰儀」「宋使告哀儀」「宋使進遺留禮物儀」「高麗、夏國告終儀」等儀式中，均有用酒食祭奠的習俗。

遼代契丹貴族的喪葬禮制，規模比皇帝要小，但仍然實行厚葬，殺牲殉葬。內蒙古赤峰市遼《駙馬贈衛國王沙姑墓誌》記載，蕭沙姑死後，朝廷贈賻隨葬「衣服廿七封，銀器一十事，鞍一十三面，白馬一匹，驄馬一匹，驃尾黑大馬一匹，小馬廿一匹，牛三十五頭，羊三百五十口。」此墓發現有殉葬馬、羊的現象，墓中還出土了大量的金、銀、銅、瓷等飲食器。到遼代中晚期，皇帝幾次下詔禁止殺牲和用珍寶隨葬。《遼史·聖宗紀》四記載：「（統和）十年（西元992年）春正月丁酉，禁喪葬禮殺馬，及藏甲冑、金銀、器玩。」《遼史·興宗紀》二記載：重熙十一年（西元1042年）十二月，「丁卯，禁喪葬殺牛馬及藏珍寶」。後來，由於受到大貴族的反對，又於重熙十二年（西元1043年）「六月丙午，詔世選宰相、節度使族屬及身為節度使之家，許葬用銀器，仍禁殺牲以祭。」說明遼代貴族喪葬時有殺牲殉葬和以金銀器隨葬之俗。

又如內蒙古敖漢旗范仗子101號墓[1]的墓道填土中，發現了殉葬的馬一具、羊頭骨一個，墓內隨葬有瓷器、陶器、鐵器、銅器。其中陶瓷器主要為飲食器，器類有白瓷碗、白瓷杯、茶綠釉鳳首瓶、三彩碟、陶缽等。內蒙古突泉縣西山村十一座遼墓[2]中，個別發現有殉馬現象，墓中有馬的脊椎骨；隨葬的飲食器數量較少，器類有陶瓶、綠釉雞冠壺、白釉瓷碗、白釉瓷杯、木柄鐵刀、木勺、樺樹皮筒等。

契丹族有「燒飯」之俗，這是用於祭祀死者靈魂的一種儀式。在人們埋葬死者後，每當朔、望、節辰、忌日時，即焚燒酒食祭祀亡人。《遼史・禮志》一記載：「及帝崩，所置人戶、府庫、錢粟，冢廬中置小氈殿，帝及后妃皆鑄金像納焉。節辰、忌日、朔望，皆致祭於冢廬之前。又築土為台，高丈餘，置大盤於上，祭酒食撒於其中，焚之，國俗謂之熱（ruò）節。」「熱」為焚燒之意，「熱節」應為燒飯。「燒飯」的時間當在送葬時和每年的節辰、忌日、朔望。程序是置台，將酒食撒於大盤，焚燒。遼道宗清寧十年（西元1064年），「帝遣林牙左監門衛大將軍耶律防、樞密直學士給事中陳顗詣宋，求真宗、仁宗御容。……後帝以御容於慶州崇奉，每夕，宮人理衣衾，朔日，月半上食，食氣盡。登台而燎之，曰『燒飯』。惟祀天與祖宗則然。」[3]這種「燒飯」之俗，與鮮卑、突厥等民族的殺牲燒骨相似，一直流傳至金、元時期。

四、人際交往禮俗中的飲食文化

飲食具有調劑人際關係的社會功能。中國歷來就有「禮儀興邦」之說，自古以來人與人之間、民族與民族之間、國家與國家之間的交往，都要進行飲食活動。遼代與周鄰民族、中原王朝、西方國家的交往，很多場合都要進行飲食活動，並要遵

1　內蒙古自治區文物工作隊：《敖漢旗范仗子遼墓》，《內蒙古文物考古》，1984年第3期。
2　孟建仁、錢玉成：《突泉縣西山村遼墓》，《內蒙古文物考古文集》第一輯，中國大百科全書出版社，1994年，第542-547頁。
3　葉隆禮：《契丹國志・道宗天福皇帝》，上海古籍出版社，1985年。

循一定的儀程，在飲食禮儀活動中協調各方面的關係，表現出飲食文化的諸多社會功能。

契丹皇帝各類宴飲活動很多。《遼史‧太祖紀》上記載：「（太祖）八年（西元914年）春正月甲辰，……有司所鞠逆黨三百餘人，獄既具，上以人命至重，死不復生，賜宴一日，隨其平生之好使為之，酒酣，或歌、或舞、或戲射、角觝，各極其意。」這是為即將受刑的逆黨設宴。《契丹國志‧太宗嗣聖皇帝》下記載：「述律太后遣使，以其國中酒饌脯果賜帝，賀平晉國。帝與群臣宴於永福殿，每舉酒，立而飲之，曰：『太后所賜，不敢坐飲。』」這是慶功宴。《遼史‧太宗紀》上記載：太宗天顯「冬十月壬寅，幸人皇王第，宴群臣。」《遼史‧穆宗紀》下記載：「（應歷十六年，西元966年）十二月甲子，幸酒人拔剌哥家，復幸殿前都點檢耶律夷臘葛第，宴飲連日。賜金盂、細錦及孕馬百匹，左右授官者甚眾。」「（穆宗應歷）十八年（西元968年）春正月乙酉朔，宴於宮中，不受賀。己亥，觀燈於市。以銀百兩市酒，命群臣亦市酒，縱飲三夕。二月乙卯，幸五坊使霞實里家，宴飲達旦。」這是初一、十五、二月二三大節日的宴飲遊樂。「十九年（西元969年）春正月己卯朔，宴宮中，不受賀。乙丑，立春，被酒，命殿前都點檢夷剌葛代行擊土牛禮。甲午，與群臣為葉格戲。戊戌，醉中驟加左右官。乙巳，詔太尉化哥曰：『朕醉中處事有乖，無得曲從。酒解，可覆奏。』自立春飲至月終，不聽政。」《遼史‧聖宗紀》三記載：統和五年（西元987年）「三月癸亥朔，幸長春宮，賞花釣魚，以牡丹遍賜近臣，歡宴累日。」這是春季的慶宴。（清寧四年，西元1058年）「十一月癸酉，行再生及柴冊禮，宴群臣於八方陂。」（清寧七年，西元1061年）六月「丁卯，幸弘義、永興、崇德三宮致祭。射柳，賜宴，賞賚有差。」這是舉行柴冊禮、射柳儀的宴會。從各種宴會形式看，反映出契丹皇帝與大臣之間的人際關係。

在遼代與周鄰民族和中原王朝的友好交往中，多以餽贈牲畜、食物、器物等形式出現。「榷場」「茶馬互市」的設置，就是把中北地區的牲畜、畜產品與中原地區的糧食、茶葉等物相互交換，以滿足人們各自的生活需要。《契丹國志‧

中國飲食文化史　中北地區卷

南北朝饋獻禮物》記載了契丹與宋朝互賀的生日禮物。契丹給宋朝皇帝的生日禮物包括酒、蜜曬山果、蜜漬山果、榛栗、松子、郁李子、黑郁李子、麵棗、楞梨、棠梨、白鹽、青鹽、臘肉等。宋朝給契丹皇帝的生日禮物有酒食茶器、法酒、乳茶、岳麓茶、鹽蜜果、乾果等。《遼史・興宗紀》二記載：「（重熙十一年，西元1042年）閏月癸未，耶律仁先遣人報，宋歲增銀、絹十萬兩、匹，文書稱『貢』，送至白溝；帝喜，宴群臣於昭慶殿。」說明了國與國之間飲食物品的交流，促進了兩國間的友好關係。這種民族與民族、國與國之間的飲食互贈活動，在遼代是一種普遍的現象，以象徵雙方的友好關係，也是政治上需求的手段。

在遼代和周鄰民族、中原王朝的使者往來中，都通過宴會來表明賓客及各級官吏的身分和地位。《遼史・禮志》四記載了遼代契丹皇帝宴請宋朝使者的場面，從皇帝上殿，到宋使和遼代大臣入拜、就宴坐、行酒、行食，都有一套嚴格的等級安排，體現了遼代契丹皇帝與各級臣僚、契丹國主人與宋朝賓客的尊貴和卑下。

五、歲時節慶禮俗中的飲食文化

根據《契丹國志・歲時雜記》和《遼史・禮志六》「歲時雜儀」的記載，遼代的時令節日有正旦、立春、人日、中和、上巳、清明、端午、夏至、三伏、中元、重九等，在慶祝節日的過程中都要以酒宴慶賀或紀念，反映出人們對自然規律的尊重、敬畏。

正旦，即農曆正月初一日。《遼史・禮志六》記載：「正旦，國俗以糯飯和白羊髓為餅，丸之若拳，每帳賜四十九枚。戊夜，各於帳內窗中擲丸於外。數偶，動樂，飲宴。數奇，令巫十有二人鳴鈴，執箭，繞帳歌呼，帳內爆鹽壚中，燒地拍鼠，謂之驚鬼，居七日乃出。」這段記載是說皇帝命大臣用糯米和白羊骨髓和成拳頭大的米團，每個帳幕內散發49個。到夜深時分，皇帝和各位帳主把米團從帳幕的窗戶向外扔出，扔到外面的米團如果是雙數，便馬上鼓樂齊鳴，宴飲行樂。如果扔

到外面的米團是單數則意味著不吉，便請來12名巫師在帳幕外搖鈴執箭，唱誦咒語祛邪。帳幕內把鹽放入火爐中爆響，燒地拍鼠，謂之驚鬼，帳幕主人七日後才能出來。正旦之日，皇宮舉行盛大宴會，宴請宋代使臣和契丹各級官吏。天顯「四年（西元929年）春正月壬申朔，宴群臣及諸國使，觀俳優角抵戲。」[1]

人日，即農曆正月初七。契丹人占卜，如果是晴天為吉日，陰天則為凶日。這一天，契丹人在庭院中做煎餅，謂之「熏天」。

中和節，即農曆二月初一。屆時，契丹國舅族蕭姓貴族設家宴宴請國族耶律姓貴族。

立春日，《遼史》卷五十三《禮志》六記載了契丹的立春儀式，在儀式上，皇帝以酒敬祖先，設宴招待各級官吏，進行三行酒、行茶等飲食活動。

上巳，即農曆三月初三。契丹族用木雕兔作靶，分兩隊騎射之，先射中者為勝，負者下馬列跪奉酒給勝者，勝者在馬上飲盡敬酒。

清明，是遼代中期以後形成的節日。《曆書》記載：「春分後十五日，斗指丁，為清明，時萬物皆潔齊而清明，蓋時當氣清景明，萬物皆顯，因此得名。」《遼史·景宗紀》下記載：「乾亨四年（西元982年）春正月己亥，如華林、天柱。三月乙未，清明，與諸王大臣較射，宴飲。」

端午，即農曆五月初五。《遼史·禮志六》「歲時雜儀」記載：「五月重五日，午時，採艾葉和綿著衣，七事以奉天子，北南臣僚各賜三事，君臣宴樂，渤海膳夫進艾餻（糕）。以五采絲為索纏臂，謂之『合歡結』。又以彩絲宛轉為人形簪之，謂之『長命縷』。」端午節的中午時分，契丹人都採艾葉，供驅毒避邪。皇帝和大臣都要穿艾衣，舉行盛大酒宴，渤海廚師在宴飲期間進獻艾糕。《契丹國志》還有「各點大黃湯下」，即飲用大黃湯。大宗會同三年（西元940年）「癸亥，晉遣使賀端午，以所進節物賜群臣。……五月庚午，以端午宴群臣及諸國使，命回鶻、敦煌

1　脫脫等：《遼史·太宗紀上》，中華書局，1974年。

二使作本俗舞，俾諸使觀之。」[1]看來，當時還有國際之間賀節的禮儀。

三伏，六月十有八日，國俗，耶律氏設宴，以宴請國舅族蕭氏。

中元，即農曆七月十五，為中國傳統的「鬼節」。在七月十三夜裡，契丹皇帝離開夏捺缽的行宮，西行三十里枲下氈帳，並事先備好酒食。到十四那天，皇帝與隨行臣僚在契丹樂的伴奏下，宴飲終日，晚上才回到行宮，謂之「迎節」，即迎祖先神祇共度節日之意。七月十五日中元，奏漢樂，大擺宴席，歡樂終日。十六日拂曉，皇帝及隨從人員西行，令部屬軍伍大聲鼓噪三通，謂之「送節」，意為送走祖神。

重九，即農曆九月初九，又名重陽節、菊花節。《遼史・禮志六》「歲時雜儀」記載：「天子率群臣部族射虎，少者為負，罰重九宴。射畢，擇高地卓帳，賜蕃、漢臣僚飲菊花酒。兔肝為臡（ní），鹿舌為醬，又研茱萸酒，灑門戶以禳（guìráng）。」契丹皇帝率群臣部族，以打虎為樂，射獵少者被罰「重九宴」一席。狩獵活動結束後，皇帝率契丹、漢族大臣登高，飲菊花酒，用兔肝拌上鹿舌醬而食之。還要用茱萸泡的酒灑於門戶間以示避邪，也有人在酒中放入少量的鹽而飲之。會同八年（西元945年）「九月壬寅，次赤山，宴從臣，問軍國要務。」[2]統和三年（西元985年）「閏九月庚辰，重九，駱駝山登高，賜群臣菊花酒。」[3]統和四年（西元986年）「九月甲戌，次黑河，以重九登高於高水南阜，祭天。賜從臣命婦菊花酒。」[4]每當重九節時，遼代皇帝都要與大臣宴飲，登高飲菊花酒。

冬至日，契丹族殺白羊、白馬、白雁，用其血與酒相和，皇帝用其向北遙祭黑山。《遼史》卷五三《禮志下・嘉儀下》載「俗謂國人魂魄，其神司之，猶中國之岱宗云。每歲是日，五京進紙造人馬萬餘事，祭山而焚之。俗甚嚴畏，非祭不敢近山。」

1　脫脫等：《遼史・太宗紀下》，中華書局，1974年。
2　脫脫等：《遼史・太宗紀下》，中華書局，1974年。
3　脫脫等：《遼史・聖宗紀一》，中華書局，1974年。
4　脫脫等：《遼史・聖宗紀二》，中華書局，1974年。

狩獵節，每年十二月的第一個辰日。《遼史・禮志六》「歲時雜儀」記載：「臘
辰日，天子率北南臣僚並戎服，戊夜坐朝，作樂飲酒，等第賜甲仗、羊馬。」《遼
史・禮志三》記載了「臘儀」的詳細情況：「臘，十二月辰日。前期一日，詔司獵
官選獵地。其日，皇帝、皇后焚香拜日畢，設圍，命獵夫張左右翼。司獵官奏成
列，皇帝、皇后升輦，敵烈麻都以酒二尊、盤饗奉進，北南院大王以下進馬及衣。
皇帝降輿，祭東畢。乘馬入圍中。皇太子、親王率群官進酒，分兩翼而行。皇帝始
獲兔，群臣進酒上壽，各賜以酒，至中食之次，親王、大臣各進所獲。及酒訖，賜
群臣飲，還宮。」

六、宗教禮俗中的飲食文化

❶・薩滿教

遼代社會的宗教信仰主要是薩滿教，祭祀天地、日月、山川、祖先時，多用
牛、馬、羊作祭品。在契丹人的觀念中，天地是至高無上的，凡世間萬事萬物，
無一不是天地所生、天地所賜。契丹禮俗，凡新君即位，必先舉行「柴冊禮」，祭
告天地，取得天地認可後，其權利方才合法生效。這種禮俗形成於遙輦時代的初
期（唐初契丹遙輦氏部落聯盟時期民族政權並立的時代），並為遼代所繼承，體現
了「天人合一」的飲食思想。在傳統的「柴冊儀」（遼皇帝登基的禮儀）上，契丹
大臣給皇帝進獻白羊和黑羊各一群，而皇帝要宴請並賞賜群臣。

契丹人有崇東拜日和祭祀天地、日月的習俗。《遼史・禮志》一記載了拜日儀，
以酒食進行祭拜。在《遼史・本紀》中，多次提到以牲畜、野生動物、禽類祭祀天
地和拜日之事。天贊三年（西元924年）「八月乙酉，至烏孤山，以鵝祭天。甲午，
次古單于國，登阿里典壓得斯山，以麃鹿祭。……是月，破胡母思山諸蕃部，次業
得思山，以赤牛青馬祭天地。……（四年十二月）壬寅，以青牛白馬祭天地於烏

山。」[1]天顯九年（西元934年）「秋八月壬午，自將南伐。乙酉，拽剌解裡手接飛雁，上異之，因以祭天地。」[2]應歷二年（西元952年）九月「戊午，詔以先平察割日，用白黑羊、玄酒祭天，歲以為常。壬戌，獵炭山。祭天。」（十三年，西元963年）「九月庚戌朔，以青牛白馬祭天地。飲於野次，終夕乃罷。辛亥，以酒脯祭天地，復終夜酣飲。」[3]保寧九年（西元977年）「十二月戊辰，獵於近郊，以所獲祭天。」[4]統和元年（西元983年）「（八月）己亥，獵赤山，遣使薦熊肪、鹿脯於乾陵之凝神殿。……（十二月）戊申，千齡節，祭祀日月，禮畢，百僚稱賀。」[5]在祭祀中多與狩獵活動相關，涉及的祭品有馬、牛、羊、熊、鹿、鵝、雁以及酒等，可見契丹飲食資料在祭祀中的重要性。

契丹的原始祭祀活動，除天地、日月、星辰外，還有對風雨、雷電、山川、祖先的崇拜，用酒食和牲畜作祭品，其中的祭山儀最為隆重。在契丹人的心目中有兩座聖山，一為木葉山，一為黑山。木葉山是契丹祖神所居之山，遼代帝王死後魂歸此山。黑山是契丹部民死後的魂歸之地，《契丹國志・歲時雜記》記載：「契丹黑山，如中國之岱宗。云北人死，魂皆歸此山。每歲五京進人、馬、紙物各萬餘事，祭山而焚之。其禮甚嚴，非祭不敢近山。」祭木葉山、黑山之俗，到契丹立國後越演越烈。《遼史・禮志一》記載了祭山儀式，酒和食物為主要祭品，幾次重複出現，祭酒、食肉成為整個儀式中的重要環節。在《遼史・本紀》中，有多處契丹皇帝祭祀木葉山和黑山的記錄。如穆宗應歷十四年（西元964年）「秋七月壬辰，以酒脯祀黑山。」[6]統和二十六年（西元1008年）「春二月，如長濼。夏四月辛卯朔，祠木葉山。」[7]重熙十四年（西元1045年）「冬十月甲子，望祀木葉山。」[8]木葉山和黑山為遼代契丹祖先

---

1 脱脱等：《遼史・太祖紀下》，中華書局，1974年。
2 脱脱等：《遼史・太宗紀上》，中華書局，1974年。
3 脱脱等：《遼史・穆宗紀上》，中華書局，1974年。
4 脱脱等：《遼史・景宗紀下》，中華書局，1974年。
5 脱脱等：《遼史・聖宗紀一》，中華書局，1974年。
6 脱脱等：《遼史・穆宗紀下》，中華書局，1974年。
7 脱脱等：《遼史・聖宗紀五》，中華書局，1974年。
8 脱脱等：《遼史・興宗紀二》，中華書局，1974年。

所在地，祭山與祭祖是相輔相成的。內蒙古巴林右旗罕山遼代祭祀遺址[1]，發現了用於祭祀的場所和祭祀者居住的建築遺跡，出土了陶罐、蓋盒、盆、甕、瓷碗、缽、罐、注碗、牛腿瓶、鐵鍋、勺等器物，應為祭器或祭祀者食用之器。罕山即為黑山，是遼代契丹人祭山的主要場所之一。

《遼史·本紀》中有祭祀已故皇帝的多處記載，有時祭祀完祖先，還要設宴招待各級大臣。如天顯四年（西元929年）夏四月「壬子，謁太祖廟。癸丑，謁太祖行宮。甲寅，幸天城軍，謁祖陵。辛酉，人皇王倍來朝。癸亥，錄囚。五月癸酉，謁二儀殿，宴群臣。」（天顯五年，西元930年）「夏四月乙未，詔人皇王先赴祖陵謁太祖廟。丙辰，會祖陵。」[2]遼代還有立春儀、冬至日（祭日）、瑟瑟儀（射柳祈雨）等，祭祀用牲為白馬、白羊、黑羊，同時還備有茶果、餅餌、米酒、肉食之類的祭品。祈求大自然和祖先的保佑，實現風調雨順、國泰民安的願望。

❷·佛教

佛教在契丹建國前後傳入，在遼國統治範圍內建有許多寺院，眾多的僧尼形成了一個特殊的飲食團體。遼代統治者大力推崇佛教，給佛寺提供食物和飲食器具。在今內蒙古、遼寧、吉林、北京、河北、山西等地，都發現了遼代的寺院及其附屬建築遺址。如內蒙古呼和浩特市的萬部華嚴經塔和蟠龍塔、寧城縣的遼中京三塔、巴林左旗遼上京南北二塔、巴林右旗釋迦佛舍利塔、遼寧省朝陽市北塔、吉林省農安縣萬金塔、北京市房山區北鄭村遼塔、順義區遼淨光舍利塔、河北省易縣淨覺寺遼舍利塔、山西應縣木塔等都是遼代所建，有的塔基地宮或天宮出土有供器。內蒙古巴林右旗慶州白塔地宮[3]裡，出土了長頸舍利瓶、銀匙、小銀碟、小銀碗、白瓷碟、漆盤、水晶杯、玻璃瓶等。遼寧省朝陽北塔天宮地宮遺址[4]中，出土的供器有金

1　內蒙古自治區文物工作隊等：《內蒙古巴林右旗罕山遼代祭祀遺址發掘報告》，《考古》，1988年第11期。
2　脫脫等：《遼史·太宗紀上》，中華書局，1974年。
3　德新、張漢君、韓仁信：《內蒙古巴林右旗慶州白塔發現遼代佛教文物》，《文物》，1994年第12期。
4　朝陽北塔考古勘察隊：《遼寧朝陽北塔天宮地宮清理簡報》，《文物》，1992年第7期。

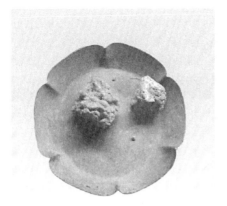

◀圖5-16 遼代的銀碟，內蒙古赤峰市巴林右旗慶州
白塔地宮出土

蓋瑪瑙舍利罐、銀碟、銅碟、銀罐等。北京市房山區北鄭村遼塔[1]，出土的供器有銀碗、銀碟等。以上三塔出土的供器中，碟、碗、盤、罐、杯、匙本為飲食器具，在此變為用以盛食或者舀舍利的供器。

❸ · 儒、釋、道教

遼代是儒釋道並尊的時代，當時道教也很流行，但與佛教相比影響力較小。自遼太祖始，遼極重視儒學，引進吸收了大量中原文化，使契丹迅速漢化。《遼史·太祖紀》上記載：神冊三年（西元918年）「五月乙亥，詔建孔子廟、佛寺、道觀」。契丹齊國王耶律隆裕自小就信奉道教，做官以後，修建道觀，用素食獻給道院。《契丹國志·興宗紀》記載：「興宗亦好道，常夜宴，與道士劉四瑞兄弟、王綱入伶人樂隊，命后妃易衣為女道士。后父蕭磨只曰：『番漢百官皆在，后妃入戲，恐非所宜。』帝擊磨只，敗面。」可見興宗皇帝常在夜間設宴招待道士。

1　齊心、劉精義：《北京市房山縣北鄭村遼塔清理記》，《考古》，1980年第2期。

七、餐飲活動中的禮儀

進入文明社會以後，餐飲活動便有了一定的禮儀規範。中北地區遼國及北方游牧民族的飲食禮儀主要表現在宴席座次禮儀、進食（進酒）禮儀、宴飲禮儀、賞賜與帶福還家禮儀等。這些禮儀形成的時間較晚，是在接受了漢文化的影響之下形成的，主要出現於建立政權的北方游牧民族中，與其等級制發展同步。游牧民族的社會階層等級制決定了餐飲活動中的餐飲座次、進食次序、宴飲形式等。

❶ · 就餐座次禮儀

就餐座次禮儀在遼國對外關係中表現明顯。如《遼史·禮志四》記載了高麗使朝辭儀中，就餐時契丹各級臣僚按照級別上殿，以官階高低分別就座，中書令以下的官員行三巡酒、食兩味菜餚，然後引高麗使者上殿，並賜宴，讓各級官僚陪伴使者進宴。同樣，西夏使者朝見契丹皇帝的禮儀也是如此，各級臣僚如同平時上朝一樣分班次就座，然後引西夏使者上朝跪拜契丹皇帝，此後就座行三巡酒，賜宴。在就餐座次禮儀中，往往伴有賞賜的行為，賜宴、賜衣、賜器物等，受賜者帶有榮譽感和帶福還家之意。《遼史·蕭和尚傳》記載：「蕭和尚，字洪寧，國舅大父房之後。忠直，多智略。開泰（西元1012—1020年）初，補御盞郎君，尋為內史、太醫等局都林牙。使宋賀正，將宴，典儀者告，班節度使下。和尚曰：『班次如此，是不以大國之使相禮。且以錦服為睨（kuàng），如待蕃部。若果如是，吾不預宴。』宋臣不能對，賜以紫服，位視執政，使禮始定」。

❷ · 進食禮儀

進食禮儀主要是通過進食、進酒行為反映出主人的身分和地位，還有上菜、上酒的次序，並有一定的行為禮儀規範。如《遼史·禮志三》記載的「獵儀」，契丹皇帝、皇后進行拜日儀式後，上皇輦前往打圍之地，掌管禮儀的官員以酒食奉進。到達獵地後祭東向，入圍地，皇太子、親王率領百官給皇帝、皇后進酒。等到皇帝獵獲野牲後，各級大臣再次進酒祝壽，最後大宴群臣。契丹皇帝、皇后先

後歷經三次群臣的進酒，這種風俗一直延續到明清時期的蒙古貴族階層中。

❸‧各種場合中的進酒禮儀

契丹人以酒行事，以酒成禮，酒在日常飲食生活是不可缺少的。如宋使祭奠弔慰儀，「太使近前跪，捧台盞，進奠酒三……」。[1] 曲宴高麗使儀，「漢人閤使贊，上殿臣僚皆拜。贊各祇候，進酒。」[2] 皇帝納後儀，「少頃，拜，進酒於皇后，次及後之父母、宗族、兄弟。……後族追拜，進酒，遂行。」[3] 皇帝生辰朝賀儀，「臣僚東西門入，合班再拜。贊進酒，班首上殿進酒。……殿上一進酒畢，從人入就位如儀。親王進酒，行餅茶，教坊致語如儀。行茶、行肴膳如儀。七進酒，使相樂曲終‧從人起。」皇后生辰儀，「契丹、漢人合班，進壽酒，舞蹈，五拜。」[4] 在遼墓壁畫中，進食、進酒的場面很多。如內蒙古敖漢旗下灣子5號遼墓壁畫的「進飲圖」

◀圖5-17 遼代《進飲圖》，見於內蒙古赤峰市敖漢旗下灣子5號墓

1　脫脫等：《遼史‧禮志二》，中華書局，1974年。
2　脫脫等：《遼史‧禮志四》，中華書局，1974年。
3　脫脫等：《遼史‧禮志五》，中華書局，1974年。
4　脫脫等：《遼史‧禮志六》，中華書局，1974年。

中描繪的就是進酒的場面，圖中共畫四人，左第一人為契丹男子，雙目視向第二人所端之碗，面含嚴肅之態。其他三人均漢人裝束，半側身向外而立，目視第一人，表現出恭敬之態。左第二人右手托一黃色大碗端向第一人，左手舉到肩部；左第三人雙手捧一淺盤，內放一黃色大碗；左第四人雙手捧一黃色洗。在四人前，左放一疊食盒，右放一黃色三足曲口淺腹火盆，盆內燃燒炭火，上放兩個執壺，一個帶流，一為鳳首。

❹ · 宴飲禮儀

遼代的宴飲禮儀體現在方方面面，如在人生禮俗、人際交往、歲時節慶、宗教儀式中都有明確的儀程，如宋使見皇帝儀、曲宴宋使儀、賀生辰正旦宋使朝辭皇帝儀、高麗使入見儀、曲宴高麗使儀、西夏國進奉使朝見儀、皇帝納後儀、皇太后生辰朝賀儀、皇帝生辰朝賀儀、皇后生辰儀、正旦朝賀儀、冬至朝賀儀、歲時雜儀等。《遼史·禮志六》記載的皇太后生辰朝賀儀，具體記述了朝賀儀中的宴飲場面。各級契丹、漢族官員和各國使者、副使等按照次序上殿給皇太后祝壽並進酒，然後賜御宴，行七次進酒後，群臣和各國使者謝宴而結束宴飲活動，宴飲在整個祝壽禮儀中占有重要的地位。遼代墓葬壁畫中，常見有宴飲活動的場景。如內蒙古敖漢旗羊山1號遼墓壁畫的墓主人宴飲圖，共畫四個男子，墓主人半側身向右端坐於磚砌半浮雕的黑色椅子上，右臂肘枕於椅背上端，左手扶膝，身著紅色圓領窄袖長袍，足踩紅色方形木矮凳。身後立一雙手捧盂的契丹人，身著白色圓領窄袖長袍。墓主人近前的侍奉者，躬身面向墓主，雙手捧一托有曲口小盞的海棠盤作恭請主人飲酒狀。其後立一契丹侍者，半側身向內而立，面向主人，雙手捧一墊有方巾的方盤，上面放有一個小口帶蓋的大罐，身著白色圓領窄袖長袍。墓主人前置磚砌半浮雕式黑色小方桌，桌前側放一帶子母口的黑色淺盤，內盛三個西瓜。桌後側放曲口竹編式淺盤，內盛石榴、桃、棗等水果。人物進酒的形象都很鮮活。

❺ · 賞賜與「帶福還家」

在我國的古代社會，往往賞賜與「帶福還家」有密切的聯繫，當然很多都是為

了政治上的交往進行賞賜，但對於個人來說是一種榮譽，甚至是整個家族的一種榮耀。在《遼史》中記載有許多的賞賜活動與場合，如神冊元年（西元916年）「三月丙辰，以迭烈部夷離堇曷魯為阿盧朵里於越，百僚進秩、頒賚有差，賜酺（pú）三日。」[1] 天贊二年（西元923年）五月「癸亥，大饗軍士，賞賚有差。」[2] 會同二年（西元939年）「二月戊寅，宴諸王及節度使來賀受冊禮者，仍命皇太子、惕隱迪輦餞之。癸巳，謁太祖廟，賜在京吏民物，及內外群臣官賞有差。」[3] 保寧「三年（西元971年）春正月甲寅，右夷離畢奚底遣人獻敵烈俘，詔賜有功將士……九月乙巳，賜傅父侍中達裡迭、太保楚補、太保婆兒、保母回室、押雅等戶口、牛羊有差。」[4] 這些賞賜都與飲食有很大的關係，有的賞賜活動是在宴飲的場合下進行。遼代的賞賜與「帶福還家」的祈福理念有很大的關係，在與中原王朝進行交往的過程中，上層社會經常能得到中原王朝的賞賜，而其皇帝也對皇室（王室）、外戚、各級大臣、有戰功者、年老者、孝子等經常予以賞賜，受賞者所獲的賞賜物不僅代表了個人的榮譽，還可以蔭庇整個家庭或家族，希望通過賞賜給家人帶來吉祥、幸福、喜慶。在文化人類學中，政治被看作是一種象徵、信仰體系、符號，遼代與中原王朝或者尊卑之間的賞賜在某種意義上來說就是一種加強友好的政治行為，從而具有祈福觀念的文化象徵。

第四節　文學與藝術作品反映的飲食文化

在遼代，無論是考古學資料還是史籍記載，都有豐富的繪畫、音樂、舞蹈和文學作品的資料，而且與飲食文化有著直接的聯繫。特別是繪畫藝術，以圖像的形

1　脫脫等：《遼史·太祖紀上》，中華書局，1974年。
2　脫脫等：《遼史·太祖紀下》，中華書局，1974年。
3　脫脫等：《遼史·太宗紀下》，中華書局，1974年。
4　脫脫等：《遼史·景宗紀上》，中華書局，1974年。

式表現出遼代人放牧、狩獵、進食、進酒、庖廚、宴飲、茶道等場面。在這些文學藝術形式中，音樂與舞蹈往往伴隨著宴飲進行，起到藝術襯托的作用。文學作品則以文字形式反映出飲食文化的現實狀況。

一、繪畫藝術中的飲食文化內容

❶·反映畜牧、狩獵的遼墓壁畫

在內蒙古、河北、遼寧等地發現的遼代墓葬中，都有大量的壁畫，其中有部分反映了飲食文化的內容，是研究飲食文化和繪畫藝術的直觀性資料。

在遼代墓葬的壁畫中，有許多反映畜牧和狩獵的場面，表現了契丹人獲取飲食資料的手段。如，內蒙古科右中旗代欽塔拉遼墓壁畫的「放牧圖」，繪於前室西壁。耳室門上方繪一群羊，羊群後繪兩個髡髮牧童，右手揮動牧鞭驅趕羊群。在羊群的右下方繪有牛群，分紅、黑、白三色。牛群右下側繪有一頭紅牛與一頭黑牛正在交配。牛群左下方是奔馳的群馬。

▲圖5-18 遼代《射獵圖》壁畫，見於內蒙古赤峰敖漢旗七家1號遼墓

內蒙古喀喇沁旗上燒鍋1號遼墓[1]壁畫的「游牧生活圖」，繪於墓室西壁。在醒目位置上繪有一高輪、長轅氈車，作停歇狀，車尾拴有一牛，後為追逐奔跑的馬群和羊群。車前有三人，牧群後有一手持長鞭、驅趕群畜的牧人。內蒙古敖漢旗七家1號遼墓壁畫的「射獵圖」，繪於墓室穹隆頂部。以紅帶隔出六個梯形邊框，內各繪一幅畫。墓門上方畫一紅色立虎，其餘五個框內各畫一人騎一馬。西北側壁騎者騎灰色馬，右手握韁，左手揚鞭作打馬狀。北側壁騎者騎紅色馬，左手握韁，右手揮起作策馬狀。東北面騎者騎灰色馬，上身前傾，張弓搭箭正欲射出，腰挎箭囊，內插羽尾箭五支。東南壁騎者騎紅色馬，拉弓搭箭欲射出，腰挎箭囊。這些壁畫藝術，直接體現了遼代放牧、狩獵的情景。

❷・反映豐富飲食生活的遼墓壁畫

墓葬的壁畫還反映了遼代豐富多樣的飲食生活。內容有備食、烹飪、宴飲、進

1　項春松：《上燒鍋遼墓群》，《內蒙古文物考古》，1982年第2期。

酒、進茶、茶道等方面。如內蒙古敖漢旗羊山3號遼墓壁畫的「備食圖」，就是反映僕人們給主人準備飲食的場面。該圖繪於天井東壁。右側為一長者端坐於圓凳之上，左側為倆女僕。右者倚坐涼棚正中的紅柱前，首微低，目左視，左手端白盤，右手持一勺作向盤內取食狀，前面放置一疊長方形食盒。左者半側身向外而立，雙手高舉扶住頭頂上的紅色大盤，盤內盛滿肉食。

敖漢旗七家1號遼墓主室東南壁繪有壁畫「庖廚圖」，畫面上有三人，均為女僕；右邊第一人半側身內向，雙腿邁開作走路狀，左手拿扁擔，右手提壇，另有一壇置於地上；第二人半側身向內跪狀，左手握棍正在撥鍋下之火，嘴作吹火狀；第三人正面坐於鐵鍋後的圓凳上，上身向外傾斜，右腳踏於小矮桌上，雙手握一彎柄狀器正在攪動鍋內食物；三足鐵鍋下火苗跳動，鍋口露出似天鵝頭狀的食物。向內放一長條形矮桌，上放盤、碗、盞、箸、長柄勺等飲食器，有的碗內盛食物或酒飲。反映出僕人們為主人準備餐飲的場面。

烹飪圖。內蒙古巴林左旗白音敖包遼墓[1]壁畫的「烹飪圖」，繪於東耳室壁上。

▲圖5-20 遼代《庖廚圖》壁畫，見於內蒙古敖漢旗七家1號遼墓

1　項春松：《遼寧昭烏達地區發現的遼墓繪畫資料》，《文物》，1979年第6期。

中國飲食文化史　　中北地區卷

◀圖5-21 遼代《原野宴飲圖》壁畫，見於內蒙古赤峰市翁牛特旗解放營子遼墓

畫面中有一髡髮契丹人，身前置有三足鐵鍋，爐火正旺，鍋內煮肉。內蒙古翁牛特旗山嘴子3號遼墓壁畫的「烹飪圖」，繪於東耳室壁上。畫有一髡髮契丹人，其前放置兩個盆，盆內放有肉食，人手持刀作切割狀。

宴飲圖。內蒙古翁牛特旗解放營子遼墓壁畫的「原野宴飲圖」，繪於木槨東南壁。畫面的前桌上放有炊具，地上放三個長頸瓶，桌右立一人，左手扶杖，右手平舉伸指。左立者髡髮，長袍，袖手。後一桌上放碗、盆、勺、疊盒等。正中一人席地而坐，身著窄袖紅衣，腰繫紅帶。右立者身著圓領緊袖紅袍，腰繫紅帶，左立者身著藍袍，手抱一物。此桌前置二器，一為圈足高杯，一為方形火盆，一侍者身著黃短衣，踞坐於桌前。宴飲場上還有奏樂、起舞助興者，背景以山間、樹叢、群鹿為襯，顯示出契丹人原野炊飲的生活情景。

進食圖。內蒙古巴林左旗滴水壺遼墓壁畫中有「進食圖」，繪於墓室西北壁，主要表現契丹侍者給主人進奉飲食的場面。畫中三個成年男子，右邊一人躬身而立，左手端筒形缽，右手持一勺放在缽內，眼神專注於缽。中間一人側身而立，雙手捧紅色大盤，盤內放四個倒扣的碗、碟，一雙箸，一把匙。左邊一人躬身，右手

提三足提梁鼎，左手持勺。

　　茶道圖。內蒙古敖漢旗羊山1號遼墓壁畫有「茶道圖」，繪於墓室西南壁，反
映了契丹人製作茶的系列工序。畫中有七人，五個成年男子立於高桌周圍，桌後
立三人，桌兩側各立一人。桌後右一人正身而立，微低首面向桌右側者。中間一
人半側身向右側，面向桌右側者似有所語。左一人半側身向左，低首面向桌左側
者似有所語，雙手呈操作狀。桌右側者側身向左而立，左手端一小盞正往盞托上
放。桌左側者側身向右而立，雙手捧一盛果子的圓盤。桌上放四套盞杯，一個帶
蓋罐和一盤一碗，盤內盛果子，有的盞內盛棗。桌前左側一髡髮男童正袖手壓扶
竹筒之上，下頜抵於腕處雙目緊閉作酣睡狀。女童居右，蹲坐於一個三足大火盆
之後，作撥火狀，正在煮茶，雙目注視火盆上放置的兩把瓜棱壺。

　　遼代墓葬壁畫，均以寫實的手法創作，藝術形式完美，構圖巧妙，佈局適宜，
畫技高超，寓意深遠。所有飲食畫面中有男有女，還有孩童，人物形象惟妙惟肖，
場面闊綽，可以想見當時人們對飲食生活的熱衷程度。

▶圖5-23 遼代《茶道圖》壁畫，見於內蒙古敖漢
旗羊山1號遼墓

二、音樂、舞蹈藝術襯托宴飲場面

在遼代上層社會中，宴飲往往伴隨有音樂和舞蹈場面，來襯托宴會的歡娛氛圍。《遼史‧樂志》說：「遼有國樂，有雅樂，有大樂，有散樂，有鐃歌、橫吹樂。」契丹王室宴飲，多有音樂伴隨，且什麼時候奏什麼樂曲頗有講究。「正月朔日朝賀，用宮縣（懸）雅樂。元會，用大樂；曲破後，用散樂；角抵終之。是夜，皇帝燕飲，用國樂。七月十三日，皇帝出行宮三十里卓帳。十四日設宴，應從諸軍隨各部落動樂。十五日中元，大宴，用漢樂。春飛放吉堝，皇帝射獲頭鵝，薦廟燕飲，樂工數十人執小樂器侑酒」。

在遼代的一些禮儀宴會中，多用散樂。《遼史‧樂志》記載：「皇帝生辰樂次：酒一行，觱篥（bìlì）起，歌。酒二行，歌，手伎入。酒三行，琵琶獨彈。餅、茶、致語。食入，雜劇進。酒四行，闕。酒五行，笙獨吹，鼓笛進。酒六行，箏獨彈，築球。酒七行，歌曲破，角抵。」在舉行宴會時，根據禮儀內容、飲酒的巡數和用食情況，決定彈什麼樂器、奏什麼樂曲，並形成定製。《遼史‧樂志》記載：「天祚皇帝天慶元年（西元1111年）上壽儀：皇帝出東閣，鳴鞭，樂作；簾卷，搖開，樂止。太尉執台，分班，太樂令舉麾，樂作；皇帝飲酒訖，樂止。應坐臣僚東西外

167

殿，太樂令引堂上，樂升。大臣執台，太樂令奏舉觴，登歌，樂作；飲訖，樂止。行臣僚酒遍，太樂令奏巡周，舉麾，樂作；飲訖，樂止。太常卿進御食，太樂令奏食遍，樂作：《文舞》入，三變，引出，樂止。次進酒，行臣僚酒，舉觴，巡周樂作；飲訖，樂止。次進食，食遍，樂作：《武舞》入，三變，引出，樂止。扇合，簾下，鳴鞭，樂作：皇帝入西閣，樂止。」這次皇帝的上壽儀，可以印證遼代儀式中宴飲與樂舞相隨的情景。

遼代的舞蹈分契丹民族傳統舞和外部引進舞，多在禮儀和宴會中作為一種娛樂節目出現。《遼史‧禮志六》記載的賀生皇子儀就有舞蹈場面。「其日，奉先帝御容，設正殿，皇帝御八角殿升坐。……二宣徽使俱左階上授讀表官，讀訖，揖臣僚鞠躬。引北面班首左階上殿，欄內稱賀訖，引左階下殿，復位，舞蹈，五拜。禮畢。」《遼史‧太宗紀》下記載：「（會同三年，西元940年）五月庚午，以端午宴群臣及諸國使，命回鶻、敦煌二使作本俗舞，俾諸使觀之。」《遼史‧天祚帝紀》一記載，天慶二年（西元1112年）「二月丁酉，如春州，幸混同江釣魚，界外生女直酋長在千里內者，以故事皆來朝。適遇『頭魚宴』，酒半酣，上臨軒，命諸酋次第起舞。獨阿骨打辭以不能，諭之再三，終不從。」

在一些娛樂宴飲的場合，契丹人樂舞齊上。內蒙古翁牛特旗解放營子遼墓壁畫的「宴飲行樂圖」，畫中墓主人紅衣氈冠，臨幾而坐，旁邊有侍宴僕從執役，前有一散樂隊伍，共八人，正在進行歌舞演奏。其中，一人起舞，其他七人分別奏觱篥、笙、橫笛、簫、腰鼓、大鼓、拍板，場面熱烈，氣氛輕鬆，反映了宴飲時歌舞樂奏的歡樂情景。契丹族著名畫家胡瓌的「卓歇圖」，表現了契丹貴族出行間歇時的宴飲狀況，並有樂舞助興。

三、詩詞作品及宴會詩賦

契丹的飲食文化在宋代詩詞等作品中多有描述。北宋著名文學家王安石於西元一〇六三年出使遼國，寫下了《北客置酒》詩：

紫衣操鼎置客前，巾韝（gōu）稻飯隨粱饘。

引刀取肉割啖客，銀盤擘臑薧（kǎo）與鮮。

殷勤勸侑邀一飽，卷牲歸館觴更傳。

山蔬野果雜飴蜜，獲脯豕臘加魚煎。

酒酣眾史稍欲起，小胡捽（zuó）耳爭留連。

為胡止飲且少安，一杯相屬非偶然。[1]

介紹了契丹宴請宋使的飲食種類、飲食禮儀。對於契丹的湩酪、奶粥等特色飲食，一些宋代使臣在出使遼朝後也多留詩作記錄。劉歧的《使遼詩》曰：

置酒穹廬曉，僧山合管弦，應緣地褊小，難遣舞迴旋。風急皮毛重，霜清湩酪羶。

梅堯臣的《送人使遼集》云：

朝供酪粥冰生碗，夜臥氈廬月照沙。羊酪調羹尊漢使，氈堂舉酒見閼氏。

畢仲游的《西台集》曰：

日高賓館駐前旌，饋客往來皆酪粥。

契丹本土的文人也作飲食方面的詩。如劉經的《野韭詩》、虞仲文的《賦煎餅詩》、馮可的《重午酒資詩》、雷思的《食松子》等，都反映了契丹的飲食文化內容。

在契丹的宴會上，還常以賦詩來助興。《遼史·道宗紀》二記載，咸雍元年（西元1065年）「冬十月丁亥朔，幸醫巫閭山。己亥，皇太后射獲虎，大宴群臣，令各賦詩。」《遼史·蕭韓家奴傳》記載：「自是日見親信，每入侍，賜坐。遇勝日，帝與飲酒賦詩，以相酬酢，君臣相得無比。韓家奴知無不言，雖諧謔不忘規諷。」《遼史·王鼎傳》記載：「王鼎，字虛中，涿州人……時馬唐俊有文名燕、薊間，適上巳，與同志祓禊（fúxì，除惡之祭）水濱，酌酒賦詩。鼎偶造席，唐俊見鼎樸野，置下坐。欲以詩困之，先出所作索賦，鼎援筆立成。唐俊驚其敏妙，因與定交……壽隆初，升觀書殿學士。一日宴主第，醉與客忤，怨上不知己，坐是下吏。狀聞，上大怒，杖黜奪官，流鎮州。居數歲，有赦，鼎獨不免。會守臣召鼎為賀表，因以詩

1　王安石：《臨川先生文集》，中華書局，1959年。

貽使者，有『誰知天雨露，獨不到孤寒』之句。上聞而憐之，即召還，復其職。」

遼代中晚期，國家安泰，文事日盛，酒席上增添了文化的內容——飲酒行令。為了公平起見，還有監酒在席間主持酒政。所謂酒令，多採取賦詩填詞、猜謎行拳之法，它需要參與者敏捷機智，有才華。因此，飲酒行令既是好客的表現，又是飲酒藝術與聰明才智的體現。遼宋之間互派使者的現象增多，在國宴上用文字酒令和吟詩酬唱以助酒興。《梅磵（jiàn，同「澗」）詩話》記載：「富鄭公（富弼）使於遼，遼伴使云：『蚤登雞子之峰，危如累卵。』答云：『夜宿丈人之館，安若泰山。』又云：『酒如線，因針乃見。』答云：『餅如月，遇食則缺。』伴使服其機警。」類似這樣的記載很多，可看出契丹人宴飲中以賦詩助興的情景。

第五節　飲食階層與制度文化

制度文化是人類為了自身生存、社會發展的需要而創製出來的有組織的規範體系，包括法律制度、政治制度、經濟制度以及人與人之間的各種關係準則等。遼代飲食階層的劃分主要有宮廷層、貴族層和果腹層，每一個階層都有各自的飲食內容，並在制度文化上有所體現。

一、遼代經濟政策與飲食來源的保證

從文化人類學的角度來看，制度文化在飲食方面主要表現於經濟政策對飲食來源的保障，當然也包括各個民族長期以來形成的民間禮儀俗規。契丹統治者分別在牧業、農業、漁獵、手工業等方面制定並實行保護經濟發展的政策，來保證飲食來源的充足。

契丹建遼後，在牧業方面設置專職官吏進行專門管理。《遼史·百官志二》中，列有「北面坊、場、局、冶、牧、廄等官」，其中有關牧業的機構和官吏有群

牧官、諸廄官。群牧官機構，有某路群牧使司（官員有某群太保、某群侍中、某群敞使等）、總典群牧使司（官員有總典群牧部籍使、群牧都牙林等）、某群牧司（官員有群牧使、群牧副使）。某群牧司是標明放牧地點、牲畜種類的機構，例如西路群牧使司、渾河北馬群使司、漠南馬群司、漠北滑水馬群司、牛群司等。遼代為了畜牧業的順利發展，並為在軍事、農耕和食物上提供充足的馬、牛牲畜，詔令禁止因喪葬祭奠而宰殺牲畜，以及禁止馬匹和其他牲畜出境。遼統和十年（西元992年）正月，「禁喪葬禮殺馬。」統和十五年（西元997年）七月，「禁吐谷渾別部鬻馬於宋。」[1]重熙八年（西元1039年）正月，「禁朔州鬻羊於宋」[2]。重熙十一年（西元1042年）十二月，「禁喪葬殺牛馬及藏珍寶。」重熙十二年（西元1043年）六月，「詔世選宰相、節度使族屬及身為節度使之家，許葬用銀器；仍禁殺牲以祭」[3]。通過禁殺、禁賣牲畜的政策，使遼代中期的馬、牛、羊減少的趨勢有所回升，促進了牧業的發展。為了保護國有牲畜，遼代規定官馬要烙印標識，以別於私家牲畜。還規定用私馬偷換好的官馬，處以死刑，重熙十一年（西元1042年）七月，「詔，盜易官馬者減死論。」但不免除懲罰。這些措施在一定程度上保證了牧業的發展，使契丹有充足的飲食來源。

契丹立國後的歷代皇帝都重視農業的發展，頒佈了相關的法令，制定政策，採取一系列的措施。天贊元年（西元922年）十月，太祖「詔分北大濃兀為二部，立兩節度使以統之」[4]。因北大濃兀部人口增多，阿保機將其一分為二，並「程以樹藝」，而二部農業種植又比較成功，鄰近各部紛紛效仿，使從事農耕的部落逐漸增多，有利於農業生產的發展。會同六年（西元943年），太宗耶律德光下令「兵行有傷禾稼、損租賦者，以軍法論」[5]。注意保護農業生產。遼穆宗時期，契丹貴

1　脫脫等：《遼史·聖宗紀四》，中華書局，1974年。
2　脫脫等：《遼史·興宗紀一》，中華書局，1974年。
3　脫脫等：《遼史·興宗紀二》，中華書局，1974年。
4　脫脫等：《遼史·太祖紀下》，中華書局，1974年。
5　厲鶚：《遼史拾遺》卷三，上海人民出版社，1958年。

族耶律撻烈於應歷初，「升南院大王，均賦役，勸耕稼，部人化之，戶口豐殖」[1]。遼聖宗、興宗時，契丹國家更加重視農業，多次派官員巡視農業生產情況，採取必要的措施，發佈有關詔書，督促、獎勵、扶助農業生產，減免租賦，禁止妨礙農事，調查田畝、戶口。這些舉措使遼代的農業發展十分興旺。

《遼史・食貨志》記載了遼代的賦稅制度，「夫賦稅之制，自太祖任韓延徽，始制國用。太宗籍五京戶丁以定賦稅，戶丁之數無所於考。聖宗乾亨間，以上京『云為戶』訾（zī）具實饒，善避徭役，遺害貧民，遂勒各戶，凡子錢到本，悉送歸官，與民均差。統和中，耶律昭言，西北之眾，每歲農時，一夫偵候，一夫治公田，二夫給糺（jiǔ）官之役。當時沿邊各置屯田戍兵，易田積穀以給軍餉。故太平七年詔，諸屯田在官斛粟不得擅貸，在屯者乃耕公田，不輸賦稅，此公田制也。餘民應募，或治閒田，或治私田，則計畝出粟一賦公上。統和十五年（西元997年），募民耕灤河曠地，十年始租，此在官閒田制也。又詔山前後未納稅戶，並於密雲、燕樂兩縣，占田置業入稅，此私田制也。各部大臣從上征伐，俘掠人戶，自置郛郭，為頭下軍州。凡市井之賦，各歸頭下，惟酒稅赴納上京，此分頭下軍州賦為二等也。」遼代針對公田、閒田、私田、投下軍州的市井，徵收不同的田租和賦稅，增加了國庫的收入，保護了農業的發展。

契丹建遼以後，置專門機構和官吏進行手工業的管理，如「東京置戶部司，長春州置錢帛司」，「太宗置五冶太師，以總四方錢鐵。」[2]穆宗時，設麴院專門釀酒的機構。聖宗、興宗時，禁止金、銀、鐵出境，保護了礦冶和金屬品製造業的發展。道宗和天祚帝時，對銅、鐵等礦產品禁止私自出售，禁止流入遼朝統治地區之內的少數民族地區，以及統治區以外其他各族政權統治的地區。這些措施保護了本民族的傳統手工業，使與飲食相關的釀酒業、金屬飲食器製造業得以發展。

1　脫脫等：《遼史・耶律撻烈傳》，中華書局，1974年。
2　脫脫等：《遼史・食貨志上》，中華書局，1974年。

中國飲食文化史　中北地區卷

二、飲食階層與制度文化

在中國處於五代十國紛爭的時期，契丹族在中北地區建立了地方政權，並且迅速向封建制轉變。除了本民族設立的各級軍事首領外，也效仿中原王朝設置各級官吏，加強中央集權，使上層社會享有很大的特權，這必然直接左右著社會財富（包含國家擁有的自然資源和人創造的財富的總和）的分配機制。階級的差別，財富的差異，決定著飲食階層的等級差別。《遼史・百官志》記載：「太祖神冊六年（西元921年），詔正班爵。至於太宗，兼制中國，官分南、北，以國制治契丹，以漢制待漢人。國制簡樸，漢制則沿名之風固存也。遼國官制，分北、南院。北面治宮帳、部族、屬國之政，南面治漢人州縣、租賦、軍馬之事。」針對兩個民族，設兩套管理機制，「因俗而治，得其宜矣。」[1]這樣不僅穩固了統治，也促成了飲食階層的進一步分化。

❶・宮廷飲食階層的極欲享樂

在《契丹國志》《遼史》中，多次提到遼代皇帝及大貴族的宴飲場面，無論是四時捺缽，還是各種吉儀、凶儀、軍儀、賓儀、嘉儀，都要行酒宴飲。《契丹國志・聖宗天輔皇帝》記載：「承平日久，群方無事，縱酒作樂，無有虛日。與番漢臣下飲會，皆連晝夕，復盡去巾幘，促席造膝而坐。或自歌舞，或命后妃已下彈琵琶送酒。又喜吟詩，出題詔宰相已下賦詩，詩成進御，一一讀之，優者賜金帶。又御製曲百餘首。幸諸臣私第為會，時謂之『迎駕』，盡歡而罷。」契丹皇帝不但要與大臣飲酒連日，還要以歌舞、賦詩助樂。一些飲食珍品（如貔狸、肉臘、肉脯、茶）也為其擁有。明人�镏績的《霏雪錄》說：「北方黃鼠（貔狸），……味極肥美。元朝恆為玉食以獻，置官守其處，人不得擅取也。」《契丹國志・耶律隆運》記載：「帝（景宗）或至其帳，……及入，內同家人禮，飲膳服食，盡一時水陸珍品。」耶律隆運本為漢族（漢名韓德讓），因其「性忠願謹愨（què），智略過人」而得到重用，在

1　脫脫等：《遼史・百官志一》，中華書局，1974年。

遼代景宗皇帝到其府帳後，以珍奇飲食服侍，可見耶律隆運在飲食上的講究。

❷・貴族飲食階層的豪華奢侈

契丹大貴族以酒成禮、以酒行事、以酒為樂。在遼代皇家貴族的墓葬壁畫中，如「備食圖」「進食圖」「烹飪圖」「宴飲圖」「茶道圖」等，場面宏大，所反映的飲食文化信息非常豐富。在遼代大貴族墓中，出土數量可觀的金、銀、銅、瓷飲食器，有的還隨葬美味佳餚。如在內蒙古阿魯科爾沁旗遼代耶律羽之墓出土的金、銀、陶、瓷飲食器多達上百件，器類有杯，如五瓣花形蘆雁紋金盃、對雁銜花紋金盃、鎏金「高士圖」鏨花銀把杯；斗，如鎏金對雁團花紋銀渣斗；碗，如鎏金摩羯紋銀碗、「盈」字款白瓷碗、葵口青瓷碗、白瓷碗；盤，如鎏金雙鳳紋銀盤；壺，如鎏金「孝子圖」銀壺、白釉提梁雞冠壺、醬釉提梁雞冠壺；盆，如「左相公」銀盆；罐，如白瓷罐、青瓷雙耳四繫蓋罐、醬釉瓷罐；以及銀匜、銀勺、白瓷缽等，製作和裝飾十分精美。又如，河北省宣化遼張文藻墓內棺前的供桌上，放滿了瓷碗、盤、瓶、漆箸、湯匙，碗、盤內盛栗子、梨、乾葡萄、檳榔、豆、麵等食物。足見遼代契丹上層社會的奢侈飲食生活。

遼代中下等貴族的飲食生活在史籍中記載甚少，但從墓葬的規模和隨葬品看，已形成了一個飲食文化的中層群體。內蒙古敖漢旗幾座遼墓的主人就屬於這一階層，其壁畫內容包括備飲、進飲、庖廚、侍奉、烹飪等，描繪出較為奢侈的生活狀況。

❸・平民、奴隸飲食階層的貧窮困苦

遼代下層社會中的平民、奴隸的飲食生活屬於果腹層。契丹族平民成員有一定數量的土地和牧場，契丹以外的少數民族雖然有維持生計的生活資料，但受統治者剝削嚴重，有時很貧困，這在考古學資料中也能證明。內蒙古突泉縣西山村遼墓群[1]，共發現並清理了十一座墓葬，但隨葬飲食器類型簡單，數量少。如4號墓隨葬

1　孟建仁、錢玉成：《突泉縣西山村遼墓》，《內蒙古文物考古文集》第一輯，中國大百科全書出版社，1994年，第542-547頁。

只有兩件雞冠壺，7號墓隨葬有鐵刀、瓷碗、瓷杯、木勺等。

遼代對外侵略擴張，掠奪人口為奴，設投下軍州專門安置，成為大貴族的私奴，所擁有的生活資料微乎其微，甚至無法維持正常的飲食生活。《遼史・太祖紀》下記載：神冊四年（西元919年），「冬十月丙午，次烏古部，天大風雪，兵不能進，上禱於天，俄頃而霽。命皇太子將先鋒軍進擊，破之，俘獲生口萬四千二百。牛馬、車乘、盧帳、器物二十餘萬。」神冊六年（西元921年），「（十一月）丁未，分兵略檀、順、安遠、三河、良鄉、望都、潞、滿城、遂城等十餘城，俘其民徙內地。」契丹憑藉軍事武力將其他民族人口變為奴隸。

從遼代飲食階層看，宮廷、貴族、平民、奴隸的飲食文化差異很大，宮廷、貴族階層擁有豐厚的飲食生活資料，無論是在各種禮儀中，還是日常生活，都要擺宴飲酒，甚至連死後都要享受生前的奢侈生活。而平民雖然也有一定的飲食生活資料，但較為貧乏，過著平淡的飲食生活。奴隸的飲食生活資料則十分匱乏，以解決飢餓作為最大的生活追求。這種飲食的差異性是由階層的分化所致，可以說是制度造成的飲食文化的階層性。

第六節　文化交流中的飲食狀況

文化的多樣性發展要求一種文化類型承認與另一種文化類型之間的差異性，同時每種文化能夠吸收不同文化的內涵，並與異質文化相互吸收和融合，從而形成一種「和而不同」的良性關係。遼代契丹文化有其自身發展的模式，但隨著與周鄰民族、中原地區、西方國家的政治、經濟、軍事上的接觸與交往，發生了大量的文化上的交流，從而形成了契丹文化多樣化的趨勢，其中包含了飲食文化。

一、與周鄰民族的飲食文化交流

遼代早期，在其西部、西北、北部、東部地區生存著許多民族，有奚、室韋、突厥、吐谷渾、党項、回鶻、阻卜、烏古、敵烈、女真、渤海。遼國與這些民族的接觸形式主要有戰爭掠奪、經濟貿易、貢屬關係。如與吐谷渾的經濟貿易，「有白承福者，自同光（後唐年號，西元923-926年）初代為都督。……丁壯常數千人。羊馬生息，入市中土」[1]。通過文化的交流，引進其他地區的飲食品種，如由回紇引進西瓜，在上京一帶種植；從回鶻傳入並引種的回鶻豆；另外，還有從西域傳入的葡萄；以及渤海的螃蟹、石鱟（hòu）等，都為契丹人所喜好。

契丹與西夏以聯姻、戰爭、朝貢等形式，加強二者之間的聯繫，促進了飲食文化的交流。契丹與党項建立的西夏政權的關係是從党項首領繼遷開始的。繼遷利用宋、遼之間的矛盾，採取聯遼政策，契丹也利用党項勢力牽制北宋。繼遷為了進一步取得遼代的支持，請求聯姻，契丹主以宗室女耶律襄的女兒封義成公主許嫁，賜馬三千匹。後封繼遷為夏國王，接著又改封西平王。西元一〇三一年，西夏元昊與契丹興平公主結婚，加強了二者之間的聯盟關係。但是，西夏與遼聯盟，都是為了各自統治階級的利益服務，在利益受到損害時，必然要發生戰爭。如西元一〇四四年，遼興宗北率十萬大軍西征西夏，大敗而還，西夏獲遼軍器服輜重不計其數。此外，西夏還經常遣使入遼朝貢，並能得到遼政府的賞賜。

契丹與女真通過貢賜和貿易的方式進行飲食文化的聯繫，兩國來往十分密切，在《遼史》中出現有24次「女直遣使來貢」的記載。隨著交往的深入發展，女真一部分歸契丹後稱為「熟女真」，「自意相率齎以金、帛、布、黃蠟、天南星、人參、白附子、松子、蜜等諸物，入貢北番；或只於邊上買賣，訖，卻歸本國。」契丹的商人經常到女真地區買賣，「亦無所礙，契丹亦不以為防備。」[2]居住在粟末江以北的「生女真」也把北珠、人參等土特產，運到寧江州的榷場與契丹進行貿易。

1　王溥：《五代會要·吐渾》，上海古籍出版社，1978年。
2　葉隆禮：《契丹國志·控制諸國》，上海古籍出版社，1985年。

在《契丹國志》卷二十二《控制諸國》中記載了許多民族與契丹交易的情況。居住在契丹境內的屋惹、阿里眉、破骨魯諸部落，給契丹「每年唯貢進大馬、蛤珠、青鼠皮、貂鼠皮、膠魚皮、蜜臘之物」，還和契丹「任便往來買賣」。鐵離部「惟以大馬、蛤珠、鷹鶻、青鼠、貂鼠等皮、膠魚皮等物與契丹交易」。靺鞨「惟以鷹鶻、鹿、細白布、青鼠皮、銀鼠皮、大馬、膠魚皮等物與契丹交易。」鐵離、喜失牽國「不貢進契丹，亦不爭戰，惟以羊、馬、牛、駝、皮、毛之物與契丹交易」。蒙古里國「不與契丹爭戰，惟以牛、羊、駝、馬、皮、毳之物與契丹為交易」。於厥國「曾率眾入契丹國界為盜，聖宗命駙馬都尉蕭徒欲統兵，大破其國。邇後，更不復為盜，惟以牛、羊、駝、馬、皮、毳之物與契丹為交易」。契丹設置榷場和西北各族貿易，《文獻通考·契丹下》：「自阿保機相承二百餘年，盡有契丹、奚、渤海及幽、燕、雲、朔故地，四面與高麗、安定女貞、黑水、灰國、屋惹國、破古魯、阿里眉、鐵離、靺鞨、党項、突厥、土渾、於厥、哲不古、室韋、越離喜等諸國相鄰，高昌、龜茲、于闐、大小食、甘州人，時以物貨至其國（契丹），交易而去。」[1]契丹與周邊民族政治上的聯姻、軍事上的攻戰、經濟上的往來，在很大程度上促進了飲食文化的交流。

二、與中原地區的飲食文化交流

遼代與中原地區往來，主要通過關市、貿易、朝貢、賞賜、戰爭等手段，促進經濟上的貿易，帶動飲食文化的交流。

❶·遼代早期飲食文化的交流

遼代早期正是中原地區的五代時期，與中原各國來往頻繁。朱溫建立後樑政權時（西元907年），契丹耶律阿保機送名馬、女口、貂皮，求冊封。西元九〇八年，

1　馬端臨：《文獻通考·契丹下》，中華書局，1986年。

耶律阿保機和耶律述分別向後梁皇帝朱溫贈送良馬、細馬、金馬鞍轡、貂皮衣冠、男女小奴隸和朝霞錦。西元九○九年八月，又贈送金鍍鐵甲、銀甲、馬匹、雲霞錦。後來，不斷派人贈送物品給朱溫。遼太祖天贊四年（西元925年）五月，耶律阿保機「遣使捷鹿孟等來貢方物」[1]給後唐莊宗李存勗。天顯元年（西元926年），由於要「復寇渤海國，又遣梅老里已下三十七人貢馬三十匹，詐修和好。」[2]天顯八年（西元934年），耶律德光向後唐贈送「馬四百、駞十、羊二千。」[3]雙方的使者一直往返不絕。與南唐的關係，在陸游《南唐書・契丹傳》中有記載。會同三年（西元940年）九月，「契丹……來聘，獻狐白裘。」六年（西元942年）六月，「契丹……來聘，獻馬五駟」；七年（西元943年）正月，「契丹……來聘，獻馬三百、羊三萬五千」。

　　遼代早期的飲食器具，從器物造型和裝飾藝術及工藝看，主要受唐朝文化的影響。金銀器中的花瓣口、圓形口、盤狀、曲式、海棠形口器，與唐代金銀器的圓形、葵形、橢方、海棠、花瓣、菱弧形口有著明顯的共性，二者顯然有著直接的淵源關係。金銀器中的動物紋、植物紋以龍、鳳、鴛鴦、摩羯、蓮瓣、牡丹、卷草居多，植物紋常以纏枝的形式出現，團花裝飾為主要特徵，這些與唐代金銀器都有著十分明顯的承繼關係。同時，遼代早期的仿皮囊式雞冠壺是契丹民族典型的飲食器之一，這種造型的器物對唐代金銀器的同類器物有很大影響，當為契丹民族文化的衝擊所致。

　　遼代早期的瓷器類別繁多，既有契丹族傳統的特點，又吸收了中原文化的精髓。如在內蒙古阿魯科爾沁旗遼耶律羽之墓出土的瓷器，多仿定窯白瓷，釉色晶瑩，胎質細膩，胎體輕薄；綠釉和仿青瓷也是遼瓷中少見的精品，還有褐釉、醬釉瓷器，器種有白瓷皮囊式雞冠壺、白瓷盤口瓶、白瓷蓋罐、青瓷雙耳四繫蓋罐、「盈」字款白瓷大碗等。在遼代的遺址和墓葬中，陶瓷器的器物組合一般為兩套，

1　脫脫等：《遼史・太祖紀下》，中華書局，1974年。
2　王溥：《五代會要・契丹》，上海古籍出版社，1978年。
3　王欽若等編：《冊府元龜・外臣部・朝貢五》，中華書局，1960年。

一套為契丹民族特色的器物，如雞冠壺、鳳首瓶、牛腿瓶等；另一套為中原風格的器物，如碗、盤、瓶等，其中三彩器是在唐三彩的基礎上形成的。

❷ · 遼代中、晚期飲食文化的交流

遼代中、晚期，遼宋雙方在西元一〇〇四年定下「澶淵之盟」後，宋每年給遼輸銀十萬兩，絹二十萬匹。此後，遼宋間繼續互派使節，在邊境互市，加強了遼宋之間的經濟、文化交流。北宋初年，遼宋雙方就已經在沿邊互市，但沒有設置官署管理，純屬民間貿易。西元九七七年，在北宋的鎮、易、雄、霸、滄等州設置榷場。西元九九一年，又在雄州、霸州、靜戎軍、代州雁門砦（zhài）設置榷場。西元一〇〇五年，遼在涿州新城、振武軍及朔州南設置榷場；北宋在雄州、安肅軍及廣信軍設置榷場，派官吏監督貿易。這些榷場開設的時間很長，《宋史·食貨志》：「終仁宗、英宗之世，契丹固守盟好，互市不絕。」[1]短期設置的榷場有定州軍城寨、飛狐茭牙、火軍山、久良津等。榷場交易的物品，在澶淵之盟之前，從宋輸入遼的有香藥、犀象、茶，後來增加蘇木一項。澶淵之盟後，再增加繒帛、漆器、粳糯。由遼輸入宋的商品有銀、錢、布、羊、馬、橐駝，羊的數量很大。

在遼代金銀飲食器的器形上，宋文化的因素可見一斑，特別在遼代中期以後更加明顯。宋代金銀器的一個顯著特點是仿生多變的造型，用鈑金的方法製作如花朵、荷葉形狀的碗、盤等。結合這種造型，原來適宜於唐代金銀器上的四、五、六等分區法隨即失去了意義，宋人在器形和紋飾的統一下，曲口分瓣非常隨意，瓣數增多，出現了二十多瓣的器物。

契丹的飲食傳入中原地區後，深受北宋上層社會和人民的喜歡。根據《契丹國志·南北朝饋獻禮物》的記載，契丹送給宋朝皇帝的生日禮物有法漬法麴（曲）麵（面）麴（曲）酒、蜜漬山果、蜜曬山果、匹列山梨柿、榛栗、松子、郁李子、黑郁李子、麵（面）棗、楞梨、棠梨及飲食異味（貔狸）。宋朝送給契丹皇帝的

1　脫脫等：《宋史·食貨志下八》，中華書局，1977年。

生辰禮物有金銀酒食茶器、法酒、乳茶、岳麓茶、鹽蜜果、乾果。宋朝給遼使的禮物有銀器、秔、粟、麵（面）、羊、法酒、糯米酒。乳酪在北宋都城為珍貴而美味的飲品，有專門經營乳酪而成名的「乳酪張家」。到南宋時，把乳酪改進，製成「酪面」。契丹的肉食在北宋也由粗製走向細製。如北宋東京出現鹿脯、冬月盤兔、炒兔、蔥潑兔、奶房、野鴨肉等。羊肉在漢族居住區的大城市名目繁多。如旋煎羊白腸、批切頭、湯骨頭乳炊羊、燉羊、虛汁垂絲羊頭、入爐羊、羊頭簽、羊肉頭肚等。這都說明遼代契丹的飲食文化與中原地區飲食文化的深入交流。

三、與西方國家的飲食文化交流

遼代契丹族的飲食文化，不僅向中原地區、西北地區、東北地區傳播，還通過高麗傳入朝鮮、日本，經過西域傳入中亞一帶，擴大了交流的區域。同時，中亞、西亞的飲食器不斷傳入契丹境內。契丹崛起後，向西北邊境擴張，保證了通往西域的交通暢通無阻，高昌、于闐成為遼與波斯、大食等國聯繫的橋樑，促進了西方文化的傳入，這在考古學資料中可以得到證實。

內蒙古阿魯科爾沁旗扎斯台遼墓出土的鎏金鴻雁焦葉五曲鋬耳銀杯，一側附耳，下有圓形指環，環下飾一乳突。鎏金鴻雁紋銀耳杯，一側口部附鋬耳，下有圓形指環，環下側飾一乳突。這種器物造型，在粟特金銀器中流行，但紋飾帶有中國化，當為仿粟特產品。遼耶律羽之墓出土的鎏金「孝子圖」銀壺、二八地1號遼墓出土的「大郎君」銀壺，形制與俄羅斯米努辛斯克盆地西部、瀕臨葉尼塞河上游的科比內2號突厥墓[1]出土的折肩金盃非常相似，紋飾和鋬文為中國式，應為仿突厥的造型。聯珠紋裝飾又是波斯薩珊王朝銀器的做法，飽滿圓潤，技法高超。遼代早期高足杯的形狀在唐代金銀器中已不見，這一時期的杯子，杯身寬淺，呈敞口盤形，圈足矮小，如赤峰市大營子遼駙馬墓出土的鎏金團龍戲珠紋銀高足杯。這種類型的高

1　孫機：《論近年內蒙古出土的突厥與突厥式金銀器》，《文物》，1993年第8期。

◀圖5-24 遼代的鎏金鴻雁焦葉五曲鋬耳銀杯，內蒙古
阿魯科爾沁旗扎斯台遼墓出土

足杯，與中亞（今烏茲別克斯坦南部鐵爾梅茲市）巴拉雷克發現的西元五至六世紀
嚈噠壁畫中人物手中的高足杯相近。流傳到國外文物市場的遼太平年間的雙鳳紋金
高足杯，口緣有一週聯珠紋，杯身比早期稍有增高，圈足矮，但有增大的趨勢，其
器形明顯具有波斯的風格。內蒙古奈曼旗遼陳國公主墓出土的乳釘紋玻璃把杯，與
喀爾干出土的西元九世紀玻璃把杯的器形相似；刻花玻璃瓶在河北省定縣北宋五號
塔基內出土有類似的器形，與德黑蘭考古博物館藏乃沙不耳出土的西元十世紀水瓶
的形狀和紋飾相近。這些玻璃飲食器皿，都產於伊朗高原，屬於伊斯蘭風格，通過
草原絲綢之路傳入了遼的境內。

第六章　西夏與金代

党項族是居於我國古代西北地區的一個民族,與中原王朝的關係密切。唐朝時,勢力進入中北地區的西部。五代時期,勢力不斷強盛,進入中北地區的中南部。北宋時期,與宋朝經常發生戰爭。党項人與中原人在經濟文化方面來往頻繁。西元一〇三八年,党項拓跋氏首領元昊仿漢制,建立大夏政權,因在宋朝以西,史稱「西夏」。西元十世紀前後,女真族還處於穴居野外的狀態,過著原始的遊獵生活。西元十世紀中葉以後,生女真社會發展很快,逐漸擺脫了隨水草遷徙的游牧和狩獵生活。西元十一世紀中期,完顏部逐漸強大,並開始對遼、宋用兵。西元一一一五年,完顏阿骨打建立金政權。

党項和女真的社會組織由原始部落制發展為奴隸制,進而演進至封建制,經濟類型也隨之由畜牧業向農業過渡,生活方式也從游牧轉向定居。飲食文化方面,無論是經濟類型、飲食結構、飲食器具,還是飲食禮俗、飲食理論,都發生了相應的變化。

第一節　產業結構與飲食風味

党項與女真在建立政權以前,都過著游牧或遊獵的生活,以畜牧業和狩獵業作為主要的產業。在建立政權以後,隨著部分民族成員轉向定居式的生活,他們在保留畜牧業的基礎上,大力發展了農業,出現了畜牧業與農業並重的局面,狩獵業逐漸退居次要地位。這種產業布局,決定了党項人、女真人在日常生活中肉、乳、麵、副食相互搭配的飲食結構,並形成了獨特的飲食風味。此時,其手工業也比較發達,技藝的提高不僅使得農業生產工具品種增多、方便使用,促進了種植業的發展;而且飲食器具也豐富精緻起來,並頗具民族特點。

一、党項人與女真人的產業結構

❶·畜牧業為基礎產業

西夏的地域範圍包括今敦煌、酒泉、張掖、武威等地在內的河西隴右地區，自古便是有名的牧區，盛產良馬。橫山以北和右廂河西走廊地帶曠野極多，十分適宜發展畜牧業。《金史》卷一百三十四《外國傳上·西夏》記載：「其地初有夏、綏、銀、宥、靈、鹽等州，其後遂取武威、張掖、酒泉、敦煌郡地，南界橫山，東距西河，土宜三種，善水草，宜畜牧，所謂涼州畜牧甲天下者是也。」党項牧民的牲畜以羊、馬、牛、橐駝為大宗，是其對外交換的主要產品。

建國前的女真，經濟類型以畜牧業為主，在社會經濟生活中占重要地位。同時，兼營採集、漁獵和農業。《金史》卷一《世紀》記載：「活羅，漢語慈烏也。北方有之，狀如大雞，善啄物，見馬牛橐駝脊間有瘡，啄其脊間食之，馬牛輒死，若飢不得食，雖砂石亦食之。」看出女真的所在地出產馬、牛、羊、駝，畜牧業是其主要的產業。女真建國後，畜牧業不斷發展。如遼滅亡後，契丹餘部歸金朝統治，仍在草原地帶從事畜牧業。金朝統治者為了「招懷降附，征討攜離」，加強了對漠北廣大地區的管轄，依遼舊制置東北、西南、西北三路招討司，使菊海（今貝加爾湖）、斡難河（今鄂嫩河）、怯綠連河（今克魯倫河）、薛靈哥河（今色楞格河）、斡爾寒河（今鄂爾渾河）、禿刺河（今土拉河）、也兒古納河（今額爾古納河）等以游牧狩獵為主的地區納入金朝的版圖，使牧業迅速發展。為便於畜牧業管理，女真人遂在草原上設置彌斡獨椀群牧、蒲速斡群牧、耶魯椀群牧、訛里都群牧、（zhǎn）斡群牧、歐里本群牧、烏展群牧、特滿群牧、駝駝都群牧、訛魯都群牧、忒恩群牧、蒲鮮群牧等12所群牧所，專門管理馬匹的飼養。

❷·農業為開發產業

党項在勢力強大後，占據了許多農業地區，又受漢族文化的影響，開始發展農業。建立西夏政權後，更加重視農業的開發。西夏的河西和河外十三州（興、定、

環、永、涼、甘、肅、瓜、沙、西寧、樂、廓、積石）以及黃河東岸的靈州，都是「地饒五穀，尤宜稻麥」的地方，農產品有大麥、小麥、粳米、糯米、蓽豆、青稞。從事農耕的以漢族為多，他們掌握著比較先進的生產技術，對西夏社會經濟的發展起到重大作用。為保證農業的發展，西夏注重興修農田水利工程。清吳廣成《西夏書事》卷七：咸平五年（西元1002年）七月，「夏州自上年八月不雨，穀盡不登，至是，旱甚益。保吉令民築堤防，引河水以灌田」。《續資治通鑑長編》卷五十四記載，宋真宗咸平五年（西元1002年），繼遷因西夏境內大旱，下令蕃、漢人民，「引河水灌田」。元昊時，又開鑿「昊王渠」，加之前代留下的秦家、漢延、唐徠等著名水渠，對當時農業的發展起了重要的作用。西夏十分注重農產品的儲藏。在鄰接宋朝的沿邊一帶，西夏政府掌握了大量的窖藏穀米。德靖鎮（治所在今陝西省志丹縣西）七里平山上，有穀窖大小百餘所，共約八萬石。[1]桃堆平的「粟窖」，「稱是國官窖，密密相排，遠近約可走馬一直。」[2]鳴沙州的「御倉」，窖藏米多至百萬。[3]「今葭蘆、米脂裡外良田，不啻一二萬頃，夏人名為『真珠山』『七寶山』，言其多出禾粟也。」[4]賀蘭山西北還有「攤糧城」，是西夏後方的儲糧地。清吳廣成《西夏書事》記載：「西使距古渭僅百二十里，諒祚建造行衙，置倉積穀。」從儲米的地點、儲量看，農業有了很大的進步。西夏統治者還擴大農耕土地，增加農業收益。諒祚統治初期，身任國相的設藏訛龐，憑藉武力侵耕宋朝麟州西界屈野河外的肥沃土地，「令民播種，以所收入其家。」侵耕的情形，在《續資治通鑑長編》中亦有記述：「及元昊之叛，始插木置小寨三十餘所於道光、洪崖之間，盜種塞旁之田，比至納款，所侵才十餘里。」「西人初猶顧望未敢，數歲之後，習知邊吏所為，乃放意侵耕。」「又自鄜、延以北，發民耕牛，計欲盡耕屈野河西之田。」

　　金建國前，女真諸部就有原始農業。《大金國志・初興風土》記載：「喜耕種。」

1　李燾：《續資治通鑑長編》卷三百一十八，中華書局，1979年。
2　李燾：《續資治通鑑長編》卷三百一十九，中華書局，1979年。
3　吳廣成著，龔世俊、胡玉冰等校證：《西夏書事》卷二十五，甘肅文化出版社，1995年。
4　脫脫等：《宋史・食貨志上三》，中華書局，1977年。

但農業較為落後，農作物品種有限。金熙宗即位後，對社會進行了一系列改革，重新實行猛安謀克[1]屯田制，減輕人民賦稅徭役負擔，農業生產得以發展。《金史》卷七十《思敬傳》記載：「熙宗時，內外皆得人，風雨時，年穀豐，盜賊息，百姓安，此其大概也。」到金世宗、章宗時，北方農業生產達到整個金朝統治期間的極盛時代。《金史・世宗紀》：「贊曰：（金世宗）即位五載，而南北講好，與民休息。於是躬節儉，崇孝弟，信賞罰，重農桑，慎守令之選，嚴廉察之責，卻任得敬分國之請，拒趙位寵郡縣之獻，孳孳為治，夜以繼日，可謂得為君之道矣。當此之時，群臣守職，上下相安，家給人足，倉廩有餘，刑部歲斷死罪，或十七人，或二十人，號稱『小堯舜』，此其效驗也。」

從考古學資料和文獻記載看，金代的農具有鏵、犁碗、蹚頭、牽引、鋤、钁、鐮、鎬、鍬、鏟、鍘刀、垛叉、耙、水碓等，與中原地區漢族的農具形制相近。農業生產工具的改進和廣泛使用，對提高社會生產力作用甚大。從生產工具的結構形制分析，犁由鏵、犁碗（鏵上翻土器）、蹚頭（鏵上的分土器）、犁牽引等多種部件配合而成。鏵的形制大小不等，以適應開荒、翻地、起壟、播種、中耕等不同作業的需要。鐮有直刃細柄、曲刃首銎和鈸鐮三種形式，為便於收割高矮不同的作物而制。金代的農作物種類有粟、麥、豆、稻、蕎麥、稗等，其中以粟、麥為主。與此同時，金朝還注重興修水利工程，既可以防止旱澇之災，又可擴大水田種植面積，保證農業的豐收。

❸・採集、漁獵業為輔助產業

女真所居地，土饒山林，多河湖，其間生存有許多野獸和魚類。採集經濟在女真人的經濟生活中占有一定的地位，女真地盛產人參、蜜蠟、北珠、生金、松實、白附子、細布等，女真人採集野生植物，用於自己的生活，同時還與外界交換生活必需品，使採集經濟保持長期發展的狀態。《三朝北盟會編》政宣上帙三記載：「其

1　猛安謀克是金代女真社會的最基本組織，有時作為女真人戶的代稱，或作官稱。猛安，又譯萌眼；謀克，又譯毛毛克、毛克。

人（女真），則耐寒忍饑，不憚辛苦，食生物，勇悍不畏死。……善騎，上下崖壁如飛，濟江不用舟楫，浮馬而渡。精射獵，每見鳥獸之蹤，能躡而摧之，得其潛伏之所，以樺皮為角，吹作呦呦之聲，呼麋鹿，射而啖之，但存其皮骨。」描述了女真人漁獵生活的情景。

❹ · 手工業為新興產業

党項及西夏的冶鐵、鑄幣等手工業非常發達，在夏州東境有冶鐵務，為「出鐵製造兵器之處」。西夏的冶鐵技術，曾得到宋人的稱讚。《續資治通鑑長編》:「今賊甲皆冷鍛而成，堅滑光瑩，非勁弩可入。」冶鐵不僅用於製造兵器，還用於製造飲食器、農具、馬具及日常用具。西夏人製造的陶瓷，主要是用於飲食。在內蒙古、寧夏發現的西夏遺址和墓葬中，出土有大量的陶瓷器，以粗白瓷為主，胎質粗糙，施釉厚濁，也有燒製精細的瓷器，如醬釉剔花瓷瓶。党項人盛行飲酒之風，釀酒是西夏手工業生產的一個獨立部門，官方設置「榷酤」「榷酒酤」「榷酒」「酒榷」來管理酒業產銷，取得酒利以增加政府收入。

金朝的手工業在女真傳統基礎上有了很大的發展，有礦冶、金屬器製造、採鹽、鑄幣、紡織、陶瓷等，有些行業與飲食密切相關。從金熙宗時開始礦冶業得以恢復和

▲圖6-1　西夏的醬釉剔花牡丹紋梅瓶，內蒙古鄂爾多斯市准格爾旗出土

▲圖6-2　金代的白釉剔花牡丹紋玉壺春瓶，內蒙古赤峰市喀喇沁旗出土

發展，帶動了金屬品製造業的發展，其中包括金屬飲食器的製作。陶瓷製作是金代較為重要的手工業部門。在金上京附近，發現陶窯遺址。在內蒙古赤峰市松山區、巴林左旗白音高勒等地，發現有規模較大的金代瓷窯。在黑龍江、內蒙古等地的金代墓葬中，出土有大量的陶瓷器，器種有碗、缽、碟、盤、瓶、罐等，多為粗瓷器。細瓷器多來自於定窯、磁州窯、耀州窯等。陶瓷器多數為飲食器，具有獨自的特徵，並有專門燒製陶瓷器的陶窯、瓷窯，反映了金代燒製陶瓷的高超技術。

二、飲食結構

❶·飲食類別

以上的產業結構，使西夏和金朝人的飲食結構由肉、乳、麵、酒、茶、水果、蔬菜等組成。《北史·党項傳》記載：「養犛（máo，古同『犛』）牛、羊、豬以供食，不知稼穡。」早期党項人以牛羊肉為食物，還把畜乳製成乾酪，卻不知糧食。立國後雖然增加了其他食物，但肉食仍然居於重要地位。金代在草原地區，牛、馬、羊、豬遍野皆是；山丘林地的禽獸也很多，有野羊、麋鹿、野狗、白豶（zhì）、青鼠、貂鼠等。這些家畜和野生動物都是女真人的主要食物。

党項人飲畜乳和酒，從考古發掘的大量酒器和壁畫中的「釀酒圖」「宴飲圖」看，飲酒之風盛行，且用於各種禮儀之中。如敦煌石窟第四窟的「釀酒圖」，畫面中置一方座塔式釀酒爐，爐前一婦人蹲著控制火苗，其左下側置一長頸瓶，另一側置提梁木桶和高足杯，旁站立一婦人。這反映了西夏人的釀酒技術。女真人飲酒講究巡數，但不用菜餚作為下酒的佐菜，有時先吃飯後飲酒，有時先飲酒後吃飯。飲酒時不是用一個酒杯，而是用一個木勺或杯子輪流傳遞，每傳飲一巡即為一行。宴客時要進行酒二行、五行乃至九行，從中可以看出飲酒的禮數。

隨著党項勢力的不斷強盛，他們便開始注重農業生產的發展，改變了以肉食為主的傳統食物結構。金代的農作物種類有粟、麥、豆、稻、蕎麥、稗等，以粟、麥為主。

西夏和金朝的茶來自於中原地區，在宋王朝給西夏、金朝的物品中，茶的數量動輒達上萬斤，可見人們對茶的熱衷程度，那時，茶已成為上、中層社會的必飲品。

徐夢莘《三朝北盟會編》卷三記載：「其飲食，則以糜釀酒，以豆為醬，以半生米為飯，漬以生狗血及蔥韭之屬和而食之。」「炙股烹脯，以餘肉和羹搗臼中糜爛而進，率以為常。」這段話記述了女真人的日常飲食，並講明了這些主食、副食、酒、調料的做法與吃法。骨勒茂才編著的《番漢合時掌中珠》記載了西夏的蔬菜種類，有香菜、芥菜、薄荷、菠薐、百葉、蔓菁、蘿蔔、茄子、苦苣、胡蘿蔔、漢蘿蔔、半春菜、馬齒菜、吃兜芽、瓜等23種。水果種類有杏、梨、檎、櫻桃、胡桃、蒲桃、龍眼、荔枝、李子、柿子、橘子、甘蔗、棗、石榴、桃等。西夏漢文《雜字》中也記載了一些干、鮮果品的品種，有梨果、石榴、柿子、林檎、榛子、橘子、杏仁、李子、木瓜、胡桃、烏梅、杏梅、桃梅、南棗、蕓薹、錫果、青蒿、桃條、梨梅、杏煎、回鶻瓜、大食瓜等。既有本地生產的，又有從南方、西域等地運送過來的。

❷ · 調味品

西夏盛產食鹽，位於黃河上游、興慶府南端的鹽州，是出產青鹽的地方。寧夏的池鹽，就是指鹽州所產的青鹽。根據党項人骨勒茂才編著的《番漢合時掌中珠》記載，西夏的調味品還有香菜、花椒、胡椒、乾薑、蔥、蒜、醋、蜜等。

金代產鹽地很多，包括山東、滄州、寶坻、解州、西京、遼東、北京等地，在世宗大定、章宗明昌年間，曾因國用不足而設官榷醋來增加國庫的收入，後罷。到承安三年（西元1198年），因國用浩大，再次榷醋。《松漠紀聞》卷下記載，金朝接待宋使的食品清單中有「醋二斤」。詩人郭用中的《賦醋魚》曰：「身臥不知雲子白，氣醋聊作木奴酸。」[1]還有油、醬、蜜、蔥、薑、芥、蒜之類。《三朝北盟會編》政宣上帙三有女真人「以豆為醬」的記錄。《大金國志·初興風土》記載，女真之地，以產蜜聞名。《三朝北盟會編》：「混同江以北不種穀麥，所種止稗子，舂糧旋炊硬飯。遇阿骨打聚

---

[1]　元好問：《中州集》卷八，中華書局，1959年。

諸酋共食，則於炕上用矮檯子或木盤相接，人置稗子飯一杯，加匕其上，列以齏韭、野蒜、長瓜，皆鹽漬者，別以木碟盛豬、羊、雞、鹿、兔、狼、獐、麂、狐狸、牛、驢、犬、馬、鵝、雁、魚、鴨、蝦、蟆等肉，或燔、或烹、或生臠，多以芥蒜漬沃。」完顏阿骨打招待諸位部落首領的御宴上，有烤、烹或生吃的各種肉食美味，還有用鹽漬的蔬菜，這是女真人對味覺的一種追求。

三、飲食風味

根據《番漢合時掌中珠》的記載，西夏的飲食風味有細麵、粥、乳頭、油餅、胡餅、蒸餅、乾餅、燒餅、花餅、油球、盞鑼、角子、饅頭、酸餡、甜餡等。西夏漢文本《雜字》中有麥麨（cháo）的記錄，也就是炒麵之類的乾糧。西夏文《碎金》中記載「山訛嗜蕎餅」，山訛，為党項人的一部分，用蕎麵製作的餅為其麵食之一。還有肉食、乳酪、乳酥、乳糜、乳頭等。

金代用糧食製作的飲食特產有炒米、粥、米飯、餅、饅頭、糕點等。炒米是行軍作戰的主要食物，《金史・世紀》中記載有在女真早期的一次戰鬥中，士兵在休憩之時「以水沃面，調麨水飲之」的史實。麨，即為炒麵或炒米。

金朝接待外國使者時的宴飲非常講究，從中可見不少頗具特色的飲食風味。如《三朝北盟會編》卷二十記載：阿骨打去世，其弟吳乞買嗣立，宋宣和七年（西元1125年）正月，詔差奉議郎尚書司封員外郎許亢宗充賀大金皇帝登寶位。其《奉使行程錄》記錄，第十程，至清州（今河北青縣），清州原是石城縣，金國新改是名。「晚，酒五行進飯，飯用粟抄以匕，別置粥一盂，抄以小勺，與飯同下，好研芥子和醋伴肉食，心血髒瀹（yuè）羹，芼以韭菜。穢污不可向口，虜人嗜之。器無陶埴，惟以木凡（wán）為盂楪，髹（xiū）以漆，以貯食物。」第二十八程，至咸州（今遼寧開原），「賜宴赴州宅，就坐，樂作。酒九行，果子惟松子數顆，胡法飲酒，食肉不隨盞下。俟酒畢，隨粥飯一發致前，鋪滿几案。地少羊，惟豬、鹿、兔、雁、饅頭、炊餅、白熟、胡餅之類。最重油煮麵食，以蜜塗拌，名曰『茶食』，非厚意不

設。以極肥豬肉或脂，闊切大片，一小盤子虛裝架起，間插青蔥三數莖，名曰『肉盤子』，非大宴不設。人各攜以歸舍。」從這段文字中可以看出，女真人常以米飯與動物的肉、內臟、血以及調料組成的拌飯為食。饅頭與契丹一樣，帶有肉餡。餅有炊餅、燒餅、胡餅、煎餅、湯餅，還有油麵煎果、餛飩、餃子、蜜糕、鬆糕等。此外，女真人也將黃鼠作為飲食珍味。宋人文惟簡的《虜廷事實》記載：「沙漠之野，地多黃鼠，畜豆穀於其地，以為食用。村民欲得之，則以水灌穴，遂出，而有獲。見其城邑有賣者，去皮，刻腹，極甚肥大。虜人相說以為珍味。則知蘇屬國奉使時，胡婦掘野鼠而食之者，正謂此也。」肉乾、乳酪、羊頭、爆肉、羊頭假鱉等也為特色風味。

四、飲食器具

❶ · 炊煮器

西夏時期的炊煮器以銅、鐵器為主，在考古學資料中有直接體現。如內蒙古准格爾旗敖包渠窖藏[1]出土的鐵質炊煮器有鍑、鏊、鍋、釜、鐺。鍑，斂口，折沿，口上附對稱的雙耳，圜底。鏊，沿下折，面鼓，三扁足。鍋，直口，尖唇，直領，弧腹，圜底。釜，侈口，折領，鼓腹，圜底，頸部附對稱的環鈕。鐺，侈口，直腹，平底微凸，口上附對稱的雙耳。伊金霍洛旗瓦爾土溝窖藏[2]出土的炊煮器有鍋，分兩類，一類為矮直口，束頸，直腹，圜底；一類為侈口，斜直頸，突肩，圜底。金代的炊煮器與西夏大致相同。

❷ · 盛食器

西夏的盛食器分金銀器、陶瓷器，器類有碗、缽、碟。如准格爾旗敖包渠窖藏

1　伊克昭盟文物工作站：《准格爾旗發現西夏窖藏》，《文物》，1987年第8期。

2　高毅、王志平：《內蒙古伊金霍洛旗發現西夏窖藏文物》，《考古》，1987年第12期。

出土的盛食器有瓷碗、缽、碟，如白釉瓷碗，敞口，圓唇稍卷，斜直腹，矮圈足；白釉瓷缽，斂口，方唇，下腹稍鼓，圈足，內底微凹；白釉繪花瓷碟，敞口，斜腹，圈足，碟內繪草葉紋。寧夏銀川西夏八號陵墓[1]出土的陶瓷盛食器有碗、碟。如白瓷高足碗，白胎，白釉，圈足；醬黑釉瓷碗，敞口，圈足，腹下部和圈足不掛釉，內底有圈痕露出瓷胎；陶碟，已殘，灰陶；白瓷碟，為殘底，白色胎，乳白色或青白色釉，平實足，甚矮。

金代的盛食器分金銀器、銅器、陶瓷器等，器類有碗、盤、缽、碟。如黑龍江省金上京故城窖藏[2]出土的六曲葵瓣形銀碗，通體呈六曲葵瓣形，敞口，弧腹，圈足，素面；如意紋銀盤，敞口，斜腹，圈足，內底鏨刻如意紋，沿底間有墨書標明重量；扁圓形銀盤，敞口，斜腹，平底，素面。內蒙古敖漢旗小柳條溝墓葬[3]出土的陶瓷盛食器有碗、盤，均為白瓷器，胎釉細膩。如白釉蓮花紋碗，平口，圓唇，弧腹，矮圈足，器腹下部作葵瓣狀，器內刻蓮花纏枝草葉紋；白釉蓮花游魚紋盤，敞口，淺斜腹，平底，內底刻劃蓮花紋，間以游魚；銅質盛食器有缽、碗、盤；缽，直口，弧腹，平底，器身呈弧曲狀，腹外表鏨團枝牡丹和蘭花紋，口沿分別刻串帶狀蓮枝花草和蓮子紋；碗，敞口，疊唇，弧腹，平底。盤，橢圓形花式口，直腹，平底，外表刻卷草紋。

❸・進食器

這一時期，箸、刀、勺為主要的進食器。如內蒙古卓資山縣忽洞壩金代窖藏出土的龍首柄銀勺，橢圓形勺頭，後附彎曲的龍首形長柄。巴林左旗王家灣墓葬出土的鐵刀，呈長條形，刀背尾端有一齒。

❹・飲用器

西夏的飲用器分金銀器和陶瓷器。如內蒙古巴彥淖爾市臨河區高油房窖藏出土

1　寧夏回族自治區博物館：《西夏八號陵發掘簡報》，《文物》，1978年第8期。
2　閻景全：《金上京故城內發現窖藏銀器》，《黑龍江文物叢刊》，1981年創刊號。
3　王建國：《敖漢旗小柳條溝金代墓葬》，《內蒙古文物考古》，1986年第4期。

▲圖6-3　金代的荷花口銀盞，黑龍江哈爾濱市新香坊
　　　　金代墓地出土

的蓮花形金盞托，呈蓮瓣形，由托盞、托盤及圈足組成。准格爾旗敖包渠窖藏出土的飲用器有瓶，為盛水器或盛酒器。如褐釉剔花瓷瓶，花口，直領，圓腹，高圈足，腹部剔牡丹紋。白瓷瓶，小口，圓唇，折肩，下腹內收，底內凹。

　　金代的飲用器也分金銀器、陶瓷器等。如黑龍江哈爾濱市新香坊墓地[1]出土的荷花口銀盞，五瓣荷花口，弧腹，圈足。內蒙古卓資山縣忽洞壩窖藏出土的雙魚紋銀盞托，由托盤、托盞組成，托盤下附圈足，托盞內鏨刻雙魚紋。內蒙古敖漢旗小柳條溝墓葬出土有陶質三彩瓶，六曲花式口，長頸，鼓腹，圈足，釉色由綠、黃、白組成，釉面光澤，腹間刻劃臥兔和草叢紋，肩、下腹飾凹弦紋。

　　此外，西夏的木質飲食器在考古資料中也有發現，如甘肅武威西郊林場西夏墓葬[2]和南營鄉出土有九件（雙）木器，分別為木瓶、木碗、木箸。女真人早期也是以木器作為飲食器使用，徐夢莘的《三朝北盟會編》政宣上帙三記載：「食器無瓢陶，無匕箸，皆以木為盆。春夏之間止用木盆貯鮮粥，隨人之多寡盛之，以長柄小木杓子數柄迴環共食。」還記錄說：「器無陶埴，惟以木刓為盂碟，髹以漆，以貯食物。」

1　黑龍江省博物館：《哈爾濱新香坊墓地出土的金代文物》，《北方文物》，2007年第3期。
2　寧篤學、鐘長發：《甘肅武威西郊林場西夏墓清理簡報》，《考古與文物》，1980年第3期。

第二節　飲食階層與經濟政策

　　党項與女真無論是在建國前還是建國後，都存在宮廷、貴族、平民（牧人和農夫）、奴隸四個飲食階層。往往宮廷、貴族階層的飲食生活豐富多彩，平民、奴隸階層僅夠維持飲食生活。同時，統治者為了保證上層社會過著衣食無憂的奢侈生活，在經濟方面頒發了一系列的政策，使他們能有更多的食物來維持日常生活。

一、飲食階層

　　党項人建國前已有大小首領，擁有絕大多數的社會財富，處於一個比較高的飲食文化階層。立國後，以元昊為首的上層社會階層，擁有大量的生活資料和土地、牧場、牲畜，過著極其富有的飲食生活。從考古學資料看，西夏上層社會的生活極其奢華。寧夏銀川市西夏八號陵為第八個皇帝神宗李遵頊（xū）的陵墓，雄渾的建築顯示出皇家的氣派，陵墓中出土有製作精美的飲食器，如陶碟、白瓷碟、白瓷高足碗、白釉瓶、醬釉瓷碗等。內蒙古巴彥淖爾市臨河區高油房窖藏出土有蓮花形金盞托、鳳紋金碗、花瓣形金碗等金銀製作的飲食器。從出土的種類來看，西夏的中、小貴族階層占有較多的飲食和飲食器具，如內蒙古准格爾旗敖包渠窖藏出土的飲食器有白釉瓷碗、白釉瓷缽、白釉繪花瓷碟、褐釉剔花瓷瓶、白瓷瓶、褐釉瓷甕、鐵鍑、鐵鏊、鐵鍋、鐵釜、鐵鐺、鐵勺等，這些物品代表了這一階層富有的生活。西夏對征戰立有軍功並斬敵首級者，賜予酒和酥酪，雖然賞賜的物品不貴重，但反映了用酒食賜有戰功者的一種習俗。牧人和農夫等平民階層，擁有一定數量的牲畜，或占有一塊耕地，為人身自由的個體小生產者。西夏的奴隸是通過買賣、戰爭、貧富分化等原因形成的，處於社會最底層，為主人承擔家務和從事耕作放牧，也有自己的少量財產，但很貧困。《西夏書事》卷三十記載：「國中大困，民鬻子女於遼國西蕃以為食。」

金朝皇室成員在各種國家慶典、歲時節慶、外交往來、宗教祭祀等禮儀上都要舉行大型的宴飲活動，體現出上層社會的飲食狀況。如金朝舉行的奉上尊諡冊寶儀，「宣徽使、太常卿導皇帝進就褥位，再拜，上香、茶、酒，樂作，三酹（lèi）酒，樂止。太祝讀祝文，訖，皇帝再拜，復歸阼階褥位，立定。大禮使升殿，於香案南宣徽使處授福酒台盞，行至皇帝阼階褥位前，宣徽使讚：『皇帝再拜飲福。』閤門臚傳：『賜胙，再拜。』應在位官皆再拜。大禮使跪，以酒盞進授皇帝，樂作，飲訖，又再拜。大禮使受酒盞，復以授宣徽使，訖，由西階下，歸押班位。太祝奉祝版，翰林使酌酒，太官令丞量取牲羞，自西階下，置於燎薪之上。」[1]

在考古學資料中，從普遍使用貴金屬製作飲食器的狀況，也能看到上層社會生活的奢侈狀況。如黑龍江綏濱縣中興古城墓葬[2]出土有銀碗，哈爾濱阿城金上京故城窖藏出土有六曲葵瓣形銀碗、六曲葵瓣形銀杯、銀酒盞、如意紋銀盤、八曲葵瓣形龍紋銀器蓋、扁圓形銀盤。中層社會擁有比較富裕的生活資料，有時能得到皇帝的賞賜並陞遷至上層社會。如《金史・宗本傳》記載：「蕭玉，奚人。既從蕭裕誣宗本罪，海陵喜甚，自尚書省令史為禮部尚書加特，賜錢二千萬、馬五百匹、牛五百頭、羊千口，數月為參知政事。」內蒙古敖漢旗小柳條溝墓葬出土有白釉蓮花紋碗、白釉蓮花游魚紋盤、臥兔紋長頸三彩瓶、銅缽、銅碗、銅盤等飲食器，製作相對精緻，此為中層社會使用的器具。下層社會的平民也擁有一定數量的生活資料；奴隸處於社會最底層，所擁有的飲食生活資料很少。內蒙古巴林左旗王家灣平民墓葬均為土坑結構，出土的飲食器只見製作粗糙的陶器和瓷器，分食器、飲器和貯藏器，類別有碗、瓶、罐等，與上層貴族相較，顯得十分簡陋。

1　脫脫等：《金史・禮志五》，中華書局，1975年。
2　黑龍江省文物考古工作隊：《黑龍江畔綏濱中興古城和金代墓葬》，《文物》，1977年第4期。

二、經濟政策

❶‧西夏的經濟政策

西夏的經濟政策在史書中記載較少。根據《西夏書事》卷十一的記載，西夏政府設置農田司，執掌農田水利及糧食平糶事務。又置群牧司，執掌馬匹的飼養、繁殖、調教、交換等事務。這些官府機構的設置，使農田和國有牧場牢牢控制在中央政府手中，在一定程度上促進了農業和畜牧業的發展，保證了宮廷、貴族等上層社會充足的飲食生活。

❷‧金朝的牧業經濟政策

女真的統治者在建國前後，頒佈了一系列的經濟政策，在一定程度上促進了畜牧業、農業、手工業的發展，保證了飲食等生活資料的充實。金朝中央政府設置群牧司，統一管理國家的牧場和畜牧業的協調發展。《金史‧地理志》記載了西京路即有群牧十二處，分別為斡獨椀群牧（大定四年改為斡睹只群牧）、蒲速斡群牧（本斡睹只地，大定七年分置）、耶魯椀群牧、訛里都群牧、糺斡群牧、歐里本群牧、烏展群牧、特滿群牧、駝駝都群牧、訛魯都群牧、忒恩群牧（承安四年創置）、蒲鮮群牧（承安四年創置）。這些群牧的設置，使國有牧場得到更好的保護，促進了牧業經濟的發展。

❸‧金朝農業經濟政策

在農業方面，金朝前期推行「牛具稅地」，此為女真的土地分配和占有制度，並依此而徵收賦稅。《金史‧食貨志二》記載：「牛頭稅」，「即牛具稅，猛安謀克部女直戶所輸之稅也。其制：每耒牛三頭為一具，限民口二十五受田四頃四畝有奇，歲輸粟大約不過一石，官民占田無過四十具。」這種牛頭稅最初是無定制的，到金太宗時才發展為定額徵收的常制。後經金世宗的進一步發展，確定了土地的分配和占有，確定了牛、人口、賦稅相結合的制度。在所有分配到牛具稅地的女真人中，

不論是貴族或平民，都要按規定向國家交納牛頭稅，徵收額每牛具固定為一石或五斗。「牛頭稅」與對漢人徵收的「兩稅」相比要輕得多，在某種程度上保護了女真人的農業發展。牛頭稅的徵收，主要是作為儲藏而用，以「備饑饉」「備凶年」「備欠歲」之用。

金朝還推行「通檢推排」和徵收「物力稅」的政策。通檢推排就是每到三年，天下通檢民數和物力，重新進行一次登記，以便征課賦調。物力稅的征課是金朝國家正稅之外增加賦斂的一種手段，主要根據土地、奴婢、園地、屋舍、車馬、牛羊、樹藝、錢貨等資產來徵收賦稅，這與北方社會經濟的恢復發展是分不開的。金熙宗皇統五年（西元1145年），實行了猛安謀克「計口授田」的新政策，這是一種以人丁為本授田畝的制度。計口授添，所授田五十畝、四十畝不等，分己業和非己業兩種，在自種田畝外，有餘者可佃賃。針對這種授田制，金朝又實行「兩稅法」，以畝徵收賦稅，改變了過去以丁納稅的制度，減輕了農民的負擔，有利於農業生產的發展。

❹ · 金朝手工業經濟政策

在手工業方面，金朝中央政府設置了都作院、尚方署、鑄錢監、鹽使司等機構，管理和監督金屬器、食鹽、陶瓷、錢幣等行業的製作和開發。課稅除牛頭稅、物力稅、兩稅外，還有多種雜稅。《金史・食貨志四》記載：「金制，榷貨之目有十，曰酒、麴、茶、醋、香、礬、丹、錫、鐵，而鹽為稱首。」這些稅與手工業和商業有關，加重了手工業者和商賈的賦稅重擔，增加了國庫收入。總之，這些經濟政策的頒佈，在一定程度上促進了畜牧業、農業、手工業的發展，保證了中上階層的飲食生活。

第三節　飲食禮俗的延續

中北地區自原始時期始就形成了與飲食相關的禮俗，到西夏、金朝時期延續了

遼代以來的飲食禮俗，在壽禮、生誕、婚俗、喪葬、社交、節日、賞賜等活動中都有具體的表現。西夏與金朝作為古代游牧民族所建立的政權，飲食在各種禮俗中的功用性是顯而易見的，不僅延續了前代北方游牧民族的文化內涵，還充實了本朝代自身的飲食禮俗內容。

一、壽儀與生誕禮俗中的以食為賀

西夏的壽儀與生誕禮俗未在文獻中看到，但金朝卻有較為詳細的記載。根據《金史‧禮志九》記載，每當舉行儀式，金朝皇帝升殿就座，首先由皇太子進酒祝賀，然後各級大臣進酒祝拜，再次宋朝、高麗、西夏的使者祝酒拜見。「御果床入，進酒。皇帝飲，則坐宴侍立臣皆再拜。進酒官接盞還位，坐宴官再拜，復坐。行酒，傳宣，立飲，訖，再拜，坐。次從人再拜，坐。三盞，致語，揖臣使並從人立。誦口號畢，坐宴侍立官皆再拜，坐，次從人再拜，坐。食入，七盞，曲將終，揖從人立，再拜畢，引出。聞曲時，揖臣使起，再拜，下殿。果床出。至丹墀，合班謝宴，舞蹈五拜，各祗候，分引出。」在宴席上，官員按照級別就座，按照既定的飲食禮儀來行動。同樣，《金史‧禮志十》記載了皇太子的生誕之儀，將皇太子的生日慶典中的跪拜、進酒、賜宴等禮儀作為一種定製，每年都要舉行。

二、婚姻禮俗中的以食為聘

党項人實行氏族外婚制，在婚姻儀禮中，有用牲畜作聘禮以及在婚禮上行酒、行茶、行食等飲食行為。

女真人的婚禮儀式在《三朝北盟會編》卷三中有很詳細的記載，即「其婚嫁，富者則以牛馬為幣，貧者則女年及笄，行歌於途，其歌也，乃自敘家世婦工容色，以申求侶之意，聽者有未娶，欲納之者，即攜而歸，後方具禮，偕女來家，以告父母。貴遊子弟及富家兒，月夕飲酒，則率攜尊馳馬戲飲其地。婦女聞其至，多聚觀

之，間令侍坐，與之酒則飲，亦有起舞謳歌以侑觴者，邂逅相契，調謔往返，既載以歸，不為所顧者，至追逐馬足，不遠數里，其攜妻歸寧，謂之拜門，因執子婿之禮。其樂，則惟鼓笛：其歌，有鷓鴣之曲。但高下長短鷓鴣二曲而已。」在婚前，男方要給女家下聘禮，一般用牛、馬、羊。在婚禮上要進行酒宴，貴族和富家的婚禮更是排場。《三朝北盟會編》卷三記載了酒宴的情況，說：「飲宴，賓客盡攜親友而來，及相近之家不召皆至。客坐畢，主人立而侍之，至食罷，眾客方請主人就坐，酒行無算，醉倒及逃歸則已。」宋人洪皓的《松漠紀聞》正卷記載了金熙宗時女真人婚宴中的飲食習俗。「婿納幣，皆先期拜門，戚屬偕行，以酒饌往，少者十餘車，多至十倍。飲客佳酒則以金銀杯貯之，其次以瓦杯，列於前以百數，賓退則分餉焉。男女異行而坐，先以烏金銀杯酌飲（貧者以木）。酒三行，進大軟脂、小軟脂、如中國寒具。蜜糕，以松實、胡桃肉漬蜜和糯粉為之，形或方或圓或為柿蒂（dì）花，大略類浙中寶階餻，人一盤，曰『茶食』。宴罷，富者淪建茗，留上客數人啜之，或以粗者煎乳。」

三、喪葬禮俗中的以食為祭

　　党項人死後，在停喪之時和靈柩經過木屋時，供奉的飲食要如同生前的待遇，死者的親屬用酒食供奉祭奠。例如西夏皇帝死後，宋朝派使者送來財物，包括了羊、酒、米等飲食，以示祭奠和弔慰。根據《三朝北盟會編》卷三記載，金初，「死者埋之而無棺槨，貴者生焚所寵奴婢，所乘鞍馬以殉之。所有祭祀飲食之物盡焚之，謂之燒飯。」到金代中、晚期，隨著經濟的發展，漢化的加深，佛教的盛行，埋葬習俗發生了很大變化，出現了比較講究的石室或磚室墓，葬具有石棺、木棺、石函等，由土葬發展到火葬，隨葬品也由簡單的陶、鐵器發展到金銀器和瓷器。金代貴族官僚的墓葬，不僅有豪華的墓室、豐厚的隨葬品，而且在墓前地表仿漢制置望柱、石人、石虎、石羊、石桌、石碑等。如黑龍江哈爾濱市新香坊墓地出土有荷花口銀盞、鎏金邊荷花銀盞、錾耳銀缽、銀藥壺等。平民的墓

葬一般是土坑豎穴，葬具簡單，隨葬品少，僅有製作粗糙的陶瓷器。

四、社交禮俗中的以食求和

党項人有復仇的習俗，平時聚族而居，部落分立，一旦有了矛盾，在不能正常解決的情況下，就要相互結怨，發生報復性衝突。宋人曾鞏的《隆平集‧西夏傳》載：「有凶喪者，未復，負甲葉以為記。不能復者，集鄰族婦人，烹牛羊，具酒食，介而趨仇家，縱火焚之。其經女兵者，家不昌，故深惡焉。」在遇到喪事不能復仇時，就要糾集鄰族的婦女，煮牛羊，準備酒食，然後再去尋仇。這種復仇行為是原始氏族特徵的延續。西夏的法律規定，殺人致死者，按照習慣要賠償命價一百二十錢，但一般多用牲畜抵價。在雙方冤仇得以和解時，要舉行一種儀式，將雞狗之血摻和攪到酒中，用髑（dú，死人的頭骨）酒共飲，發誓說：「若復報仇，穀麥無收，男女禿癩，六畜疫死，毒蛇入帳。」這段話意在說明共飲此酒以後，不再尋仇，從此和解。由此看到酒食可以消解雙方之間的仇恨，達到「以食求和」的目的。

金代的皇帝在處理與大臣和外國使者的關係時，也要設宴進行溝通，並且有一套宴會的禮儀。根據《金史‧禮志十一》記載的「外國使入見儀」看，在外國使者入見金朝皇帝的儀式中，金朝皇帝按照各國重要程度的順序先後接見各級大臣、宋朝使者、宋朝使者的隨從、高麗國使者、西夏使者、宋朝副使，並且賜酒食，以此來維繫金朝與宋朝、高麗國、西夏之間的友好關係。其中以御廚宴、花宴、較射宴與換衣燈宴最為著名。「御廚宴」主要為接待外國使臣而舉辦。《三朝北盟會編》中許亢宗的《宣和乙巳奉使金國行程錄》記錄了在金國參加宴會的情景，設「朱漆銀裝鍍金几案」，「果碟以玉，酒器以金，食器以玻璃，匙箸以象齒。」可見在御廚宴上盛裝食物器皿的豪華程度。在宴會上，「數胡人抬舁（yú）十數鼎鑊致前，雜手旋切割斗飣（亦作『餖飣』，將食品堆疊在器皿中擺設出來）以進，名曰御廚宴」，「酒五行，食畢，各賜襲袍帶，使副以金，餘人以銀，謝畢，歸館次。」金國各級官吏與宋朝使臣一邊進

食，一邊欣賞音樂。「花宴」是因宴飲中有「戴花」，「簪花」的禮儀得名。「酒三行，則樂作，鳴鉦擊鼓，百戲出場，……酒五行，各起就帳，戴色絹花，各二十餘枚，謝罷，復坐，酒三行歸館。」這種花宴中的娛樂成分很大。在許亢宗的《宣和乙巳奉使金國行程錄》中還詳細地介紹了「較射宴」的情況。「有貴臣就賜燕，兼伴射於館內。庭下設垛，樂作，酒三行，伴射貴臣、館伴使副、國信使副離席射三矢，弓弩從便用。勝負各有差，就賜襲衣鞍馬。」「換衣燈宴」是為宋使舉辦的告辭宴。《宣和乙巳奉使金國行程錄》記載：「朝辭如見時儀。酒食畢，就殿上請國書，捧下殿，賜使副襲衣、物帛、鞍馬、三節，人雜物帛各有差。拜辭歸館，鋪掛綵燈百十餘，為芙蓉、鵝、雁之形，蠟炬十數，雜以絃管，為堂上樂。館伴使、副過位，召國信使、副為惜別之會，名曰『換衣燈宴』。酒三行，各出衣服三數件，或幣帛交遺。常相聚，惟勸酒食，不敢多言。至此夜，語笑甚款，酒不記巡，以醉為度，皆舊例也。」文獻中還有對百歲老人賜食賜物的記載，表達了金朝尊敬老人的風俗。《金史·世宗紀下》記載：「（大定二十五年，西元1185年）七月戊申，發好水川。九月辛巳朔，次轄沙河，賜百歲老嫗帛。甲申，次遼水，召見百二十歲女直老人，能道太祖開創事，上嘉嘆，賜食，並賜帛。」

五、節日禮俗中的以食為慶

金朝的傳統節日有正旦、端午、中元、重九等，在節日一般都以宴飲的形式慶祝。

正旦，《金史·海陵紀》記載：「（天德）三年（西元1151年）正月癸酉朔，宋、夏、高麗遣使來賀。乙亥，參知政事蕭玉丁憂，起復如故。癸未，立春，觀擊土牛。丁亥，初造燈山於宮中。戊子，生辰，宋、高麗、夏遣使來賀。」《金史·世宗紀下》記載：「（大定）二十五年（西元1185年）正月乙酉朔。丁亥，宴妃嬪、親王、公主、文武從官於光德殿，宗室、宗婦及五品以上命婦，與坐者千七百餘人，

賞賚有差。」《金史·宣宗紀一》記載:「(貞祐)三年(西元1215年)春正月辛酉朔,宋遣使來賀。壬戌,遣內侍諭永錫防邊,毋以和議為辭。癸亥,曲宴群臣、宋使。」除了過正旦日,還有正月十五觀燈的習俗,同時要宴請皇室成員和大臣。

端午節,《金史·世宗紀下》記載:「(大定二十四年,西元1184年)二月壬申,還都。癸酉,上曰:『朕將往上京。念本朝風俗重端午節,比及端午到上京,則燕勞鄉間宗室父老。』」《金史·章宗紀三》記載:「(泰和三年,西元1203年)五月壬申,以重五,拜天、射柳,上三發三中。四品以上官侍宴魚藻殿。」也有宴請各級大臣的風習。

重九,《金史·哀宗紀下》記載:「(天興二年,西元1233年)九月……庚戌,以重九拜天於節度使廳,群臣陪從成禮,……因賜后酒。酒未竟,邏騎馳奏,敵兵數百突至城下。」這段文獻表述了在重九節上有賜酒的行為。

萬春節,在每年的二月至四月進行。《金史·世宗紀上》記載:「(大定二年,西元1162年)四月己巳,右副元帥完顏謀衍等敗窩斡於長濼。辛未,降廢帝亮為海陵郡王。乙亥,詔減御膳及宮中食物之半。夏國遣使來賀即位,及進方物,及賀萬春節。右副元帥完顏謀衍覆敗窩斡於霿凇(méngsōng)河。辛巳,宴夏使貞元殿。故事,外國使節三人從皆坐廡(wǔ)下賜食。」「(大定)四年(西元1164年)正月丁亥朔,高麗、夏遣使來賀。戊子,罷路府州元日及萬春節貢獻。」「(大定六年,西元1166年)二月壬寅,萬春節,宋、高麗、夏遣使來賀。」「(大定八年,西元1168年)三月癸亥朔,萬春節,宋、高麗、夏遣使來賀。」在萬春節,宋、高麗、西夏等國的使者都要到金朝祝賀,金朝皇帝要設宴招待。

六、宗教禮俗中的以食為敬

党項的祭祀活動常由巫術經師來主持,在舉行的祭祀活動中宰殺牛羊以供。《隋書·党項傳》記載:「三年一聚會,殺牛羊以祭天。」西夏祭祀,大凡有四:一曰祀天,二曰祭祇,三曰享人鬼,四曰釋奠先聖先師。無論祭天還是享人鬼,都要

準備豐盛的祭品。《天盛改舊新定律令》卷十九《畜患病門》記載：官牧場有『神蹟』的牛馬死後，要派一官巫，於「三司內領取三兩香、一鬥酒、三斤酥、原糧一斗……以祭祀」。

女真在建國前沒有宗廟之制，建國後受漢族的影響而置宗廟之祭。女真最初信薩滿教，人們通過薩滿來祈禱神鬼，達到免災求福的目的。在生育、治病、喪葬、戰爭等方面，都有薩滿教的活動，並與飲食生活資料有關。例如治病不是使用醫藥，而是殺牲以祭，祈求神鬼庇佑。《三朝北盟會編》卷三記載：「其疾病，則無醫藥尚巫祝，病，則巫者殺豬以禳之，或車載病人之深山大谷以避之。其死亡，則以刃契額血淚交下，謂之送血淚。」金朝的女真族也有「燒飯」的風俗，用飲食來祭祀死者或祖先。

《金史》卷二十八《禮志一》詳細地記載了金代郊祭的情況。在郊祭的儀式中，主要祭祀的對像是天、地和各種神祖，並且針對祭祀對象的不同所用的供器有所差異，其中涉及的飲食供器有尊、簠（fǔ）、簋、豆、壺、罍、籩、爵、俎、篚（fěi）等，數量也有講究。在祭祀過程中，皇家要舉行進熟儀式。「進熟儀」就是給五方帝、大明、夜明、天皇大帝、神州地祇、北極等神靈進奉煮熟的食物，包括牛、羊、豬、魚等肉食和稻、高粱等糧食。對此，《金史》中有詳細記載。「奠玉幣訖，降還小次。有司先陳牛鼎三、羊鼎三、豕鼎三、魚鼎三，各在鑊右。太官令丞帥進饌者詣廚，以匕升牛羊豕魚，自鑊各實於鼎。牛羊豕皆肩、臂、臑、肫、胳、正脊各一，長脅二、短脅二、代脅二、凡十一體。牛豕皆三十斤，羊十五斤，魚十五頭一十五斤，實訖，冪之。祝史二人以扃（jiōng）對舉一鼎，牛鼎在前，羊豕次之，魚又次之，有司執匕以從，各陳於每位饌幔位。從祀壇上第一等五方帝、大明、夜明、天皇大帝、神州地祇、北極，皆羊豕之體並同。光祿卿帥祝史、齋郎、太官令丞各以匕升牛羊豕魚於俎，肩臂臑在上端，肫胳在下端，脊脅在中，魚即橫置，頭在尊位，設去鼎冪。光祿卿丞同太官令丞實籩豆簠

簋，邊實以粉瓷，豆實以糝食，簠實稻，簋實粱。」[1]

根據《金史‧禮志四》記載，在薦新儀式中，按照月份的不同給太廟貢獻不同的祭祀品，正月用牛魚或鯉魚，二月為大雁，三月為蔓菁一類的蔬菜，四月為冰塊，五月為香草之類，六月為豬肉、小麥粒，七月為小雞、黍、瓜，八月為芡實、菱角、栗子，九月為粟、稷、棗、梨，十月為麻、稻、兔，十一月為菌類，十二月為魚。

除了原始宗教之外，西夏和金朝還信仰佛教、道教等，並有一定的飲食行為。道教在金朝時出現了一些新的道派，如太一道、大道教和全真道，顯示出興盛的狀況。《金史‧忒鄰傳》記載：「忒鄰，泰和二年（西元1202年）八月生。上久無皇嗣，祈禱於郊、廟、衍慶宮、亳州太清宮，至是喜甚。彌月，將加封，三等國號無愜上意者，念世宗在位最久，年最高，初封葛王，遂封為葛王。十二月癸酉，生滿百日，放僧道度牒三千道，設醮（jiào）玄真觀，宴於慶和殿。百官用天壽節禮儀，進酒稱賀，三品以上進禮物。」可見金人對道教的尊崇，並有一定的飲食活動。同時，西夏在禮佛聖節和修築寺院時，都要進行法事活動，並擺設法宴供給僧人，還要給寺院劃撥錢財和糧食。

第四節　繪畫、歌舞中的飲食文化

在西夏與金朝的藝術形式中，往往有表現飲食活動或飲食行為的場面，繪畫中有直接體現宴飲情景的，宴飲中有歌舞助興，不管是哪一種形式，都直接描繪了當時的飲食文化狀況。

❶‧繪畫體現的宴飲場面

在中北地區發現的西夏、金朝墓葬的壁畫中，有許多的飲食場面。如內蒙古

1　脫脫等：《金史‧禮志一》，中華書局，1975年。

◀圖6-4　西夏《夫婦對飲圖》，見於內蒙古准格爾旗大沙塔1號墓

准格爾旗大沙塔西夏1號墓[1]壁畫的「夫婦對飲圖」，簷枋下面的室內正中置方桌，桌兩邊各坐一人，右者頭戴幞（fú）巾，身穿紅袍，為小官吏的裝束；左者頭紮環髻，身穿斜領衣，為婦人裝扮。二人應為夫婦，坐在高背椅上，手捧盞托對飲。遼寧省朝陽市金代墓葬[2]壁畫的「備食圖」，在墓室西壁的畫面上部畫高懸的帷幔，廳堂中置二桌，有七人正在忙著準備膳食。這些墓葬壁畫，以寫實的手法描繪了當時宴飲和備食的情景。

❷·歌舞烘托宴飲氛圍

金代的宴飲活動與歌舞相結合，特別是一些重大禮儀中，宴飲離不開樂舞的助興。根據《金史·禮志十一》的記載，在西夏使者、副使及從人出使金朝以後，受到金朝皇帝的接見，並以宴會招待來使，一般會連續舉行幾日，宴會中會出現多次舞蹈的場面。南宋使臣許亢宗到達上京時，金朝舉行花宴以示歡迎。「酒三行，則樂作，鳴鉦擊鼓，百戲出場」，並有歌女舞蹈。[3]金朝的皇帝宴請宗室、王妃、大臣的時候，讓他們共同起舞助興。大定「十一年（西元1171年），皇太子生日，世宗

1　鄭隆：《准格爾旗大沙塔壁畫墓及附近的古城》，《內蒙古文物考古》，1981年創刊號。

2　遼寧省博物館：《遼寧朝陽金代壁畫墓》，《考古》，1962年第4期。

3　許亢宗：《宣和乙巳奉使行程錄》，賈敬顏疏證本。

宴於東宮。酒酣，命豫國公主起舞。」[1]大定二十四年（西元1184年）「五月己丑，
至上京，居於光興宮。庚寅，朝謁於慶元宮。戊戌，宴於皇武殿。上謂宗戚曰：『朕
思故鄉，積有日矣，今既至此，可極歡飲，君臣同之。』賜諸王妃、主，宰執百官
命婦各有差。宗戚皆沾醉起舞，竟日乃罷。」次年四月「丁丑，宴宗室、宗婦於皇
武殿，大功親賜官三階，小功二階，緦麻一階，年高屬近者加宣武將軍，及封宗
女，賜銀、絹各有差。曰：『朕尋常不飲酒，今日甚欲成醉，此樂亦不易得也。』宗
室婦女及群臣故老以次起舞，進酒。」[2]由此可以看到，宴飲場面上的歌舞助興是金
朝的一種習俗。

在舞蹈的同時，常吟歌作為伴奏。金世宗在皇武殿上，就曾以女真語作歌。《金
史‧世宗紀》下記載：「上曰：『吾來數月，未有一人歌本曲者，吾為汝等歌之。』
命宗室弟敘坐殿下者皆坐殿上，聽上自歌。其詞道王業之艱難，及繼述之不易，
至『慨想祖宗，宛然如睹』，慷慨悲激，不能成聲，歌畢泣下。右丞相元忠率群
臣、宗戚捧觴上壽，皆稱萬歲。於是，諸夫人更歌本曲，如私家之會。既醉，上
復續調，至一鼓乃罷。」《金史‧完顏匡傳》記載：「顯宗命匡作《睿宗功德歌》，
教章宗歌之，其詞曰：『我祖睿宗，厚有陰德。國祚有傳，儲嗣當立。滿朝疑懼，
獨先啟策。徂征三秦，震驚來附。富平百萬，望風奔僕。靈恩光被，時雨春暘。神
化周浹，春生冬藏。』蓋取宗翰與睿宗定策立熙宗，及平陝西大破張浚於富平也。
二十三年三月萬春節，顯宗命章宗歌此詞侑觴，世宗愕然曰：『汝輩何因知此？』
顯宗奏曰：『臣伏讀《睿宗皇帝實錄》，欲使兒子知創業之艱難，命侍讀撒速作歌教
之。』世宗大喜，顧謂諸王侍臣曰：『朕念睿宗皇帝功德，恐子孫無由知，皇太子
能追唸作歌以教其子，嘉哉盛事，朕之樂豈有量哉。卿等亦當誦習，以不忘祖宗之
功。』命章宗歌數四，酒行極歡，乙夜乃罷。」女真人利用酒宴之娛，把舞蹈和音
樂藝術充分地表達出來，並以吟歌抒發他們的治國情懷。

1　脫脫等：《金史‧后妃傳下》，中華書局，1975年。
2　脫脫等：《金史‧世宗紀下》，中華書局，1975年。

第五節　飲食文化交流與飲食製作方法

　　西夏與金朝在與周鄰民族、中原地區以及西方國家進行的交流中，不斷豐富各自的飲食文化。交流的主要途徑為商貿往來、聯姻、戰爭、出使等，具體表現在飲食生活資料、飲食器、飲食禮俗等方面。此外，這一時期的飲食理論有了進一步的發展，出現了與飲食文化相關的著作，對飲食類型和製作方法等實用技術也有所介紹。

一、經濟交往帶動飲食文化的交流

❶·西夏與周鄰民族及中原地區的飲食文化交流

　　（1）西夏與金及周鄰民族的交往　党項人先後與吐蕃、西域諸族、契丹、女真等發生經濟往來，帶動飲食文化的交流。其中西夏與金國的往來影響最大。西元十二世紀初，女真的勢力不斷強大，建立金政權，對遼進行戰爭，迫使遼天祚帝西逃至夾山（今內蒙古薩拉齊西北、烏拉特中旗界）。金為了消滅遼國以解除後顧之憂，全力對付宋朝，便聯合西夏，「夏國奉表稱藩，以下寨以北，陰山以南，乙室耶刮部吐祿灤之西地與之」[1]。在金攻滅遼以後，就把戰爭烽火引入西夏，不時發生戰爭，阻隔了西夏與南宋間的聯繫，迫使西夏在經濟上依賴於金國。西元一一四一年，金同意了西夏的請求，在邊境設置榷場。其後金國在市場中開放鐵禁，使西夏的經濟得以恢復和發展。西元一一七二年，金世宗認為用生活必需品與西夏交易珠玉一類的奢侈品不太划算，遂下令停罷了保安、蘭州兩處榷場。五年後，因顧慮西夏與西遼相勾結，恐發生異動對己不利；又因尚書省奏：「夏國與陝西邊民私相越境，盜竊財畜，奸人託名榷場貿易，得以往來，恐為邊患。使人入境與富商相易，亦可禁止。」[2]便下令關閉了綏德榷場，只留東勝州和環州兩地。西元一一八一年，

1　脫脫等：《金史・西夏傳》，中華書局，1974年。
2　脫脫等：《金史・西夏傳》，中華書局，1974年。

西夏仁宗請求恢復蘭州、保安、綏德三處榷場，並要求准許西夏使人入金貿易日用物品。金國以保安、蘭州不產布帛為由，只允許在綏德設立關市，互通有無。直到西元一一九七年，金國才全部開放了和西夏交易的舊有榷場。

（2）西夏與西域諸國的交往　西夏與西域諸國及中亞一帶也有著密切的聯繫。《西夏書事》卷十五記載：「回鶻土產，珠玉為最；帛有兜羅錦、毛氈（dié）、狨（róng）錦、注絲、熟綾、斜褐；藥有膃肭（wànà）臍、硇（náo）砂；香有乳香、安息、篤耨（nòu）。其人善造賓鐵刀、烏金銀器。或為商販，市於中國、契丹諸處，往來必由夏界。夏國將吏率十中取一，擇其上品，賈人苦之。」對西域諸國至宋朝的商賈，截道於西夏，勒索財物。還請求宋朝下詔令大食（波斯）貢使取道西夏，以圖掠奪。這雖然不是正常的現象，但西域諸國的商人、使者前往宋朝、遼國時，必經西夏，在一定程度上會引起飲食文化的交流。

（3）西夏與中原王朝的交往　党項在很早時期就與中原王朝發生聯繫，入降歸附，獻物朝貢。自南北朝、隋、唐、五代綿延數代而不絕，對此，史書多有記載。

北宋時，西夏通過朝貢獲得了北宋的豐厚賞賜，或設榷場進行經濟貿易，或聯姻擴大相互間的交往。根據《宋史·夏國傳》記載，可知西夏與宋朝往來的情況，其中包含飲食文化交流的狀況。宋建隆初，党項首領李彝興獻馬三百匹，宋太祖為此高興，賜以玉帶作為回贈。太平興國七年（西元982年），党項首領李繼捧率族人入朝，宋「太宗甚嘉之，賜白金千兩、帛千匹、錢百萬。祖母獨孤氏亦獻玉盤一、金盤三，皆厚齎之。」端拱初（西元988年），宋太宗對繼捧「授夏州刺史，充定難軍節度使、夏銀綏宥靜等州觀察處置押蕃落等使，賜金器千兩、銀器萬兩，並賜五州錢帛、芻粟、田園。保忠（賜繼捧姓趙，改名保忠）辭日，宴於長春殿，賜襲衣、玉帶、銀鞍馬、錦采三千匹、銀器三千兩，又賜錦袍、銀帶五百，副馬百匹。」淳化五年（西元994年），繼捧族弟繼遷「乃獻馬以謝。又遣弟廷信獻馬、橐駝，太宗撫齎甚厚，遣內侍張崇貴詔諭，賜藥茶、器幣、衣物。」景德三年（西元1006年），宋朝厚賞德明（繼遷子），拜官夏州刺史，

「賜襲衣、金帶、銀鞍勒馬，銀萬兩、絹萬匹、錢三萬貫、茶二萬斤，給奉如內地。因責子弟入質，德明謂非先世故事，不遣。乃獻御馬二十五匹、散馬七百匹、橐駝三百頭謝恩。」「四年（西元1007年），又獻馬五百匹、橐駝三百頭，謝給奉廩，賜襲衣、金帶、器幣。及請使至京市所需物，從之。」西元一〇三八年，党項首領元昊建立西夏政權，時而與宋戰爭，時而朝貢稱臣。慶歷四年（西元1044年），元昊給宋朝上表誓言，要求和好，宋政府「仍賜對衣、黃金帶、銀鞍勒馬、銀二萬兩、絹二萬匹、茶三萬斤。」嘉祐七年（西元1062年）諒祚（元昊長子）「遣人獻方物」，並「進馬五十匹，求《九經》《唐史》《冊府元龜》及宋正至朝賀儀，詔賜《九經》，還所獻馬。」熙寧四年（西元1071年），「夏遣使入貢，且以二砦易綏州，乞如舊約，詔不允。」這種朝貢關係一直延續到北宋滅亡。

宋朝在與党項的邊境設置榷場，進行經濟上的貿易。党項首領德明於西元一〇〇七年請求在保安軍（今陝西省志丹縣）設置榷場，聽許蕃漢貿易。大中祥符八年（西元1015年），德明「築堡於石州濁輪谷，將建榷場」，宋朝下令沿邊安撫司制止。在榷場上，宋朝「以繒、帛、羅綺易駝馬、牛羊、玉、氈毯、甘草，以香藥、瓷漆器、薑桂等物易蜜蠟、麝臍、毛褐、羱（yuán）羚角、硇砂、柴胡、蓯蓉、紅花、翎毛，非官市者聽與民交易，入貢至京者縱其為市。」[1]德明為了從貿易額的增加中多得利益，常在邊境私設榷場，或派人在沿邊一帶販賣禁物進行走私活動。《宋會要輯稿・方域》載：「蓋德明多遣人齎違禁物，竊市於邊，間道而至，懼長壕之阻也。朝廷方務招納，故止其役。」由此而看，党項及其建立的西夏政權與北宋通過朝貢和設置榷場的形式，促進雙方之間的經濟貿易。

❷・金朝與西夏和宋朝飲食文化交流

金與西夏、宋除戰爭中發生的民間貿易外，主要通過榷場互市，來加強各民族間的經濟聯繫。金初在西北招討司的燕子城、北羊城之間置榷場以易北方牧畜。皇統元年（西元1141年），又應西夏的請求，設榷場與之貿易，換取必要的生活用品

1　脫脫等：《宋史・食貨志下》，中華書局，1977年。

和食物。金朝還與高麗、蒙古、室韋等換取牲畜，以解決農業的耕牛和飲食中的肉食等。

在北宋宣和時期（西元1119-1125年），宋派遣趙良嗣入金，商議金、宋結盟夾攻遼國，即商妥「事定之後，當於榆關之東，置榷場六也。」[1]南宋也於紹興五年（西元1135年），在濠州、泗州、楚州、盧州、壽春府等處設置榷場，便於南北通商，以解決金朝的缺貨。「方商賈未通也，甘草一兩為錢一貫二百，而市亦無賣，如生薑、陳皮之類，在北方亦皆缺乏。」[2]這些貨物在南宋前因沒有與金通商，無法進入金地。皇統二年（西元1142年）五月，金朝同意南宋的請求，雙方各在沿邊地區設置榷場。金朝置榷場於壽、蔡、泗、唐、鄧、秦、鞏、洮州、鳳翔府，宋朝在光州、棗陽、安豐軍、花靨（yè）鎮、盱眙軍置榷場。由於戰爭，雙方也會停罷榷場，斷絕貿易，影響了雙方的商業經濟。南宋向金輸出的物品有茶、象牙、犀角、乳香、生薑、陳皮、絲織品、木棉、錢、牛、米等，金向南宋輸入的物品有北珠、貂草、人參、松子、甘草、北綾、北絹、蕃羅、牲畜等。其中包括許多飲食類商品，在貿易往來的同時，促進了雙方飲食文化的交流。

南宋的茶由官辦，輸入金朝的數量很大，說明金朝的飲茶之風盛行。《金史·食貨志》記載：「（泰和五年，西元1205年）十一月，尚書省奏：茶，飲食之餘，非必用此物。比歲上下競啜，農民尤甚，市井茶肆相屬，商旅多以絲絹易茶，歲費不下百萬，是以有用之物而易無用之物也。若不禁，恐耗財彌甚。……宣宗元光二年（西元1223年）三月，省臣以國蹙財竭，奏曰：……今河南、陝西凡五十餘郡，郡日食茶率二十袋，袋直銀二兩，是一歲之中妄費民銀三十餘萬也。奈何以吾有用之貨而資敵乎。」從這段史料可以看出，儘管金朝廷要員提倡禁茶，但仍禁不住金從南宋的大量輸入。金朝通過榷場交易，增加了政府的收

---

[1] 徐夢莘：《三朝北盟會編》宣政上帙四，引趙良嗣《燕雲奉使錄》，上海古籍出版社，2008年。

[2] 徐夢莘：《三朝北盟會編》炎興下帙四十九，紹興元年（西元1131年）十二月，上海古籍出版社，2008年。

入，活躍了雙邊人民的經濟生活，豐富了各自飲食文化的內涵。

二、《番漢合時掌中珠》
——一部解讀西夏語言文字的重要文獻

《番漢合時掌中珠》一書由西夏党項人骨勒茂才於乾祐二十一年（西元1190年）所著，為西夏文—漢文雙解通俗語彙本，類似於當今的雙語詞彙詞典。系內蒙古額濟納旗黑水城遺址出土。木刻本，共37頁，原書現藏於俄羅斯。此書是研究西夏語言、文字、社會歷史、文化、飲食的重要文獻資料。書中每一詞語都並列四項，中間兩項分別是西夏文和漢譯文，右邊靠西夏文的漢字為西夏文注音；左邊靠漢譯文的西夏文為漢字注音。詞語編排以事門分為九類：天體上、天相中、天變下、地體上、地相中、地用下、人體上、人相中、人事下。最後一類約占全書文字的半數，內容包括親屬稱謂、佛事活動、房屋建築、日用器皿、衣物首飾、農事耕具、政府機構、訴訟程序、彈奏樂器、食饌、馬具、婚姻等。其中，「地用下」「人事下」記載了西夏飲食種類、食物加工工具、飲食器類、飲食製作方法等。

書中記載的西夏農作物有大麥、小麥、蕎麥、穈、粟、粳米、糯米、豌豆、黑豆、蓽豆等；蔬菜有香菜、芥菜、蔓菁、苦薁、蘿蔔、蔥、蒜、韭等；水果有果子、栗、杏、梨、檎、櫻桃、胡桃、蒲桃、龍眼、荔枝、李子、柿子、橘子、甘蔗、棗、石榴等；麵食有細麵、粥、油餅、胡餅、蒸餅、燒餅、花餅、油球、盞鑼、餃子、饅頭、酸餡、甜餡等；牲畜禽類有豬、驢、駱駝、馬、牛、騾、羖（gǔ）、羊、山羊、細狗、犛牛、雞、鴨、鵝等；調味品有鹽、油、椒、醋、蜜等。米製品有炒米和蒸米。糧食加工工具有碾、碓。飲食器類有碗、匙、箸、杓、笊籬、檠（qíng）子、盂、盤、鐺、鼎、急隨鉢子、火爐鏊、甌、鐺蓋、籠床、紗罩、茶銚、茶臼、瓶、盞、火箸、火杴、火欄等。食品的製作方法，已採用燒、烤、煮、熬、炒等烹飪技術和方法。這是對西夏境內農作物、蔬菜、麵食、牲畜、調味品、米製品、糧食加工工具、飲食器等種類的梳理，並且總結出當時的食物製作方法，是一部研究西夏飲食文化的重要文獻。

第七章　元代至明清時期

蒙古族是中北地區歷史上的最後一個主體游牧民族，興起於西元十世紀。西元十二世紀，是蒙古高原各部族群雄角逐的時代。乞顏氏貴族推舉鐵木真為汗，尊稱成吉思汗，率部經過艱苦的征戰，統一了蒙古諸部，於西元一二〇六年建立大蒙古國，制定了一系列的政治、經濟、軍事政策。後經幾次西征和對西夏、金的戰爭，擴大了疆域。西元一二六〇年，忽必烈在開平召集忽裡台，即大汗位，建元中統。西元一二七一年，建大元王朝，遷都大都，鞏固了統治地位。後南下並南宋，統一了全國，結束了長期以來幾個封建政權對峙的局面，成為我國古代歷史上版圖最大的王朝。這一時期內，中北地區蒙古民族除了保留傳統的飲食文化以外，還吸收漢民族和其他民族的文化元素，代代相傳，延續至今。

第一節　經濟政策與產業構成

經濟政策與制度是保障經濟發展的重要前提。大蒙古國和元朝建立以後，在牧業、農業、工商業等方面制定了保護中北地區經濟發展的政策或制度，其目的就是增加國庫的收入，保證飲食資料的充足。明清時期，中北地區仍然是蒙古族的聚居區，統治者繼續實行各種有利發展的經濟政策，來增加和擴大飲食來源。正因為有政策的保護，這一時期中北地區的產業結構有了較大的進步，促進了經濟的良性循環，為飲食的殷足提供了堅實的保障。

一、牧業、漁獵政策與產業發展

❶・蒙古國和元朝的牧業政策與產業發展

蒙古族的畜牧業有著悠久的歷史，其先祖居住在額爾古納河流域時，就已利用這裡的豐美水草發展畜牧業經濟。遼金時期，蒙古諸部分佈於整個草原地區，在優良的

牧場上經營牧業生產。隨著蒙古族勢力的不斷壯大，畜牧業成為他們經濟生活的根本來源，「全部財產皆在於是」，「家畜且供給其一切需要」。畜種更加齊備，「家畜為駱駝牛羊山羊，尤多馬」[1]。《黑韃事略》也稱：「其畜牛犬馬羊橐駝。」牲畜數量和種類的增加，使蒙古族的畜牧業具有相當規模，呈現出「千百成群」的繁榮景象。如成吉思汗八世祖母莫拏倫（約西元10世紀後半葉）一家，「畜牧饒富……牲畜遍野」[2]。十世紀後半葉，「札剌亦兒部……以車為闌，每一千車為一庫倫，共有庫倫七十」[3]。以一車一畜推算，札剌亦兒部有牲畜七萬餘頭。

成吉思汗建大蒙古國和忽必烈建元朝後，在牧業方面制定了一些政策，保護牧業的順利發展。如，凡破壞草場者，「草生而劚（zhú）地者，遺火而蓺（yì）草者，誅其家。」窩闊臺即位後，改變了過去每牲畜十頭交納一頭的科斂制度，規定百分取一的稅制，凡有百馬、百牛、百羊者，分別納牝（pìn）馬一、牸（zì）牛一、羒（fén）羊一。成宗以後，稅率雖有所增加，但仍低於十分取一的制度，有羊一百至三十者，官取其一。元政府制定政策維護貴族的飲食特權，如規定了牧民向領主提供食用的羊和飲用的馬乳，窩闊臺時期規定蒙古牧民每一群羊，應繳納一隻兩歲羯羊作為供大汗食用的湯羊，所有的千戶應輪流向大汗貢牝馬和牧馬人。還規定每年輪換一次，這年內，牧人須負責擠馬乳並將它製成馬奶酒，供大汗和諸王、貴族聚會時飲用。

元朝設置兵部，「掌天下郡邑郵驛屯牧之政令。凡城池廢置之故，山川險易之圖，兵站屯田之籍，遠方歸化之人，官私芻牧之地，駝馬、牛羊、鷹隼、羽毛、皮革之征，驛乘、郵運、祗應、公廨、皂隸之制，悉以任之」[4]。設置尚舍寺，「掌行在帷幕帳房陳設之事，牧養駱駝，供進受蘭乳酪」[5]。設群牧監，「掌中宮位下孳

1　馮承鈞譯：《多桑蒙古史》上冊，中華書局，1962年。
2　洪鈞：《元史譯文證補》卷一上，光緒二十三年（西元1897年），上海古籍出版社，1995年。
3　洪鈞：《元史譯文證補》卷一上，光緒二十三年（西元1897年），上海古籍出版社，1995年。
4　宋濂等：《元史·百官志一》，中華書局，1976年。
5　宋濂等：《元史·百官志三》，中華書局，1976年。

畜」[1]。這些機構的設置有利於牧場的統一管理，有利於牧業經濟的發展，從而保證了肉、乳等飲食來源。

蒙古族畜牧業的發展與當時的游牧方法、養畜方法、馴畜保護、草畜管理、草場選擇等均有很大的關係，這都是蒙古族在長期的畜牧實踐中總結出來的，使牲畜數量不斷增加。元朝建立後，繼續擴大牧場面積，增加牲畜數量，使一些牧場中官有母羊已達三十萬隻。忙兀部領主自稱有馬「群連郊（jiōng）」，弘吉剌部一個陪臣牧養也達「馬牛羊累巨萬」。

❷ · 明清的牧業政策與產業發展

元朝滅亡後，中北地區與中原地區的經濟聯繫突然中斷，一切衣、食、住、行都依賴畜牧業。明朝中後期，中北地區畜牧業得到了較快的恢復和發展，大小封建領主擁有越來越多的牲畜，如俺答汗有馬40萬匹，駱駝、牛、羊以百萬數，其他一些大封建主也有幾十萬頭（只）牲畜。西元一三八八年，蒙古韃靼部與明朝軍隊決戰，損失牲畜達十萬餘頭。西元一五八二年以後，宣府、大同和山西三鎮每年易馬五萬匹以上。西元一五八七年，察哈爾的阿穆岱洪台吉拜謁三世達賴喇嘛時，呈獻「金銀幣帛等物，駝馬皆以萬計」。清初，清政府出於統治上的需要，在蒙古地區劃地建旗，客觀上解決了牧業生產發展上至關重要的牧地範圍的固定和合理使用牧場的問題。清朝皇室、政府、旗札薩克、寺廟分別設有牧廠，使牲畜的數量逐年上升。如乾隆二十五年（西元1760年），僅商都達布遜諾爾、達裡岡崖兩牧廠就有馬、牛、駝、羊50餘萬頭（只）。可見，蒙古族歷經十多個世紀的發展，畜牧業經濟一直興盛不衰，成為飲食資料的主要來源。

❸ · 元明的漁獵政策與產業發展

狩獵和捕魚是大蒙古國和元朝時期蒙古諸部生活資料的補充，在有些部落內甚至居重要地位。森林部落主要從事狩獵業，近水部落兼事漁業，而草原游牧部落則

中國飲食文化史 ▓ 中北地區卷

1　宋濂等：《元史·百官志五》，中華書局，1976年。

216

▲圖7-1　元代《出獵圖》壁畫，見於內蒙古赤峰市三眼井元代墓葬

定期被召征參加大汗和各級貴族的圍獵。圍獵通常在自秋至冬的五六個月中進行，春天冰雪融化時實行「飛放」，用放鷹隼的辦法捕捉水禽和野獸。圍獵時，屬民都得參加，包括整治通道，佈置圍場，驅趕野獸，拾取主人射中的獵物等事宜。唐麓嶺以北和貝加爾湖地區的林中居民，射獵貂、鹿、麂、犴等，巴兒忽和乞兒吉思部出產名貴的鷹鶻。靠近河湖的牧民兼營漁業，有的以「耕釣為業」。捕魚兒海子（今貝爾湖）、答兒海子（今呼倫湖）和肇州都產魚，有的魚作為貢品。漠北克魯倫河、土拉河也產魚，牧民「冬至可鑿冰而捕」。至元二十六年（西元1289年），「邊民乏食」，忽必烈「詔賜網罟（gǔ，漁網），使取魚自給。」[1]武宗時，西北叛王部民來歸者百數十萬，住在近水地帶的人，政府供給漁網捕魚。內蒙古赤峰市三眼井墓葬[2]的「出獵圖」「獵歸圖」，展示了蒙古貴族圍獵的真實場景。明代蒙古族的狩獵由領主組織集體圍獵，也有個人在冬季和春夏出獵。在狩獵中獲取了豐富的經驗，「若夫射獵，雖夷人之常業哉，然亦頗知愛惜生長之道，故春不合圍，夏不群搜，惟三五為朋，十數為黨，小小襲取，以充飢虛而已。及至秋風初起，寒草盡枯，弓勁馬強，獸肥隼擊，虜酋下令，大會帶林，千騎需動，萬馬雲翔，較獵陰山，十旬不返，積獸若丘陵，數眾以均分，此不易之定規也。」[3]可以看出，蒙古族在狩獵中

1　宋濂等：《元史·世祖紀十二》，中華書局，1976年。
2　項春松、王建國：《內蒙古昭盟赤峰三眼井元代壁畫》，《文物》，1982年第1期。
3　蕭大亨：《夷俗記·耕獵》，齊魯出版社，1997年。

注意保護生態、「愛惜生長之道」,「春不合圍,夏不群搜」,使野生動物禽畜得以生長、繁衍。狩獵時一般由領主率領屬下外出圍獵,有時可達三個多月。獵物歸領主所有,領主將珍貴的動物挑選後,將剩下的部分分給參加出獵的屬民。對狩獵並沒有制度而言,只是習慣法,有一定的分配規則。明代蒙古瓦剌部首領衛拉特一六四〇年制定的《蒙古‧衛拉特法典》規定:「破壞圍獵的,或圍獵時同別人並立或並進者科五(牲畜);走出線外三射程以上的距離者,罰馬一匹,二射程者罰母羊一隻,一射程者沒收箭五支;捕獲藏匿為箭所傷而逃走的野獸者罰五(牲畜),藏匿非箭傷之野獸者沒收其馬。」以法律的形式明確保護狩獵活動。

二、農業政策與產業發展

❶‧農政稅政保障了農業的發展

在農業方面,窩闊臺在位期間,制定了賦稅制度,漢民以戶計,西域人以丁計,建十路課稅使。檢括戶口,分地分民,共得新戶一百餘萬。他制定的農桑新稅法實行「五戶絲製」,即每兩戶出絲一斤交朝廷,每五戶出絲一斤交給受封的諸王、勳戚。忽必烈建立元朝後,實行了一系列的農桑政策。中統二年(西元1261年),立勸農司。至元七年(西元1270年),立司農司,專掌農桑水利。同年,又頒佈農桑之制十四條。《元史‧食貨志一》記載:「縣邑所屬村疃,凡五十家立一社,擇高年曉農事者一人為之長。增至百家者,別設長一員。不及五十家者,與近村合為一社。地遠人稀,不能相合,各自為社者聽,其合為社者,仍擇數村之中,立社長官司長以教督農民為事。」「社」這一基層組織的設置,有利於統一管理農事,促進農業生產的發展。至元二十五年(西元1288年),立行大司農司及營田司於江南。至元二十八年(西元1291年),頒佈農桑雜令。至元二十九年(西元1292年),將勸農司併入各道肅政廉方司,增僉事二員,兼察農事。「武宗至大二年(西元1309年),淮西廉訪僉事苗好謙獻種蒔之法。其稅分農民為三等,上戶地一十畝,中戶

五畝，下戶二畝或一畝，皆築垣牆圍之。以時收採桑椹，依法種植。……三年，申命大司農總挈天下農政，修明勸課之令，除牧養之地，其餘聽民秋耕。」

明朝蒙古俺答汗在位期間，採取了有利的方針、政策，積極發展農業生產。他收留了成千上萬的漢族兵民，給予耕地和農具，開發漠南地區。為獎勵農耕，制定了保護農田的法令，如規定盜竊田禾者罰以牲畜。清朝政府禁止漢民到蒙古地區墾種，但又希望在蒙古地區開墾農田的漢民能繳納賦稅，以增加國庫收入。於是清政府對漢族和從事農業的蒙古族規定了稅收，清理了戶籍，丈量了他們的土地。漢民租佃土地，數年後才繳租，每頃地每年納租三至五大石，租種官地的農民還要繳肥豬、乾草、柴薪、馬料等物。租種土地的政策，在客觀上促進了農業的發展。

元代北方的稅糧制度分丁稅、地稅兩種。《元史·食貨志》一記載「稅糧」：「丁稅、地稅之法，自太宗始行之。初，太宗每戶科粟二石，後又以兵食不足，增為四石。至丙申年，乃定科征之法，令諸路驗民戶成丁之數，每丁歲科粟一石，驅丁五升，新戶丁驅各半之。老幼不與。其間有耕種者，或驗其牛具之數，或驗其土地之等征焉。丁稅少而地稅多者納地稅，地稅少而丁稅多者納丁稅。」「（中統）五年（西元1264年），詔僧、道、也里可溫、答失蠻、儒人凡種田者，白地每畝輸稅三升，水地每畝五升。軍、站戶除地四頃免稅，餘悉征之。」「（至元）十七年（西元1280年），遂命戶部大定諸例：全科戶丁稅，每丁粟三石，驅丁粟一石，地稅每畝粟三升。減半科戶丁稅，每丁粟一石。新收交參戶，第一年五斗，第三年一石二斗五升，第四年一石五斗，第五年一石七斗五升，第六年入丁稅。協濟戶丁稅，每丁粟一石，地稅每畝粟三升。隨路近倉輸粟，遠倉每粟一石，折納輕齎鈔二兩。」從上述記載的稅糧制度、徵科辦法、稅額看，農戶的賦稅比較輕。在北方地區，地曠人稀，每戶可耕種土地達幾百畝，按丁徵稅，既增加了元朝政府的國庫收入，又減輕了人民的負擔，有利於農業生產的發展和糧食的自給。

❷·學習農業生產技術，確立農業發展地位

蒙古族的農業在諸部林立之時，汪古部和弘吉剌部已經「能種秫、稷」，「食

粳稻」，學會經營農業，蔑兒乞部也有了田禾。蒙古國至元朝時期，蒙古族聚居區的軍事屯田大為發展，漠南地區的農業逐漸擴展到漠北蒙古族聚居的牧業區，有不少蒙古族牧民參加農業生產，學會了耕種。成吉思汗建國後，曾令鎮海屯田於阿魯歡，經過若干年發展，克魯倫、鄂爾渾、塔米爾等河沿岸都有人利用河水灌田，種植耐寒的糜、麥等農作物，謙謙州「亦收禾麥」，乞兒吉思人「頗知田作」。根據《元史》記載，元朝建立後，為給戍軍就近解決糧餉，自至元十一年（西元1274年）開始，政府歷次調動軍隊，撥發農具、耕牛、種子，在和林、稱海、五條河、海刺禿、兀失蠻、杭愛山、呵扎各處，並遠及謙謙州和乞兒吉思人所在地屯田積穀，和林與稱海為嶺北兩大屯田中心。至大元年（西元1308年），和林屯田秋收糧食九萬餘石。同年，稱海屯田收糧二十萬斛。英宗時，在五條河、應昌路開墾土地，糧食收穫頗豐。沙井、淨州以至延安府境內的汪古人多從事農業，當時被稱為「種田白達達」。亦集乃路的黑水河流域，土著的唐兀人也從事農業，元朝政府發給他們耕牛、農具、種糧，還疏濬河渠，擴大耕地。《元史·食貨志》一記載：「農桑，王政之本也。太祖起朔方，其俗不待蠶而衣，不待耕而食，初無所事焉。世祖即位之初，首詔天下，國以民為本，民以衣食為本，衣食以農桑為本。」點明了農業是元代的國家之本。

　　明朝時期，隨著蒙古諸部的幾次統一，一些地區的農業開始恢復，促進了蒙古地區的農業發展，但耕作方式仍舊粗放，「但有耕種，惟藉天不藉人。春種秋斂，廣種薄收，不能胼胝作勞以倍其入。」[1] 當時，種植的農作物有麥、穀、豆、黍、秫、糜子，還經營園藝，栽培瓜、茄、芥、蔥、韭類蔬菜。漠南地區的農業一度繁盛起來。清朝湧入蒙古地區的漢人越來越多，更多的耕地被開墾出來。蒙古族中有很多人實行農牧兼營或棄牧就農，許多牧場被開闢為農田，變游牧為定居，耕地面積日益擴大。到十八世紀和十九世紀之交，農業便在蒙古地區正式形成獨立的經濟部門。到清朝後期，農區和半農半牧區的蒙古族已經是「農重於牧，操作也如漢人」

1　蕭大亨：《夷俗記·耕獵》，齊魯出版社，1997年。

了。

三、手工業政策與產業發展

元朝設工部，「掌天下營造百工之政令，凡城池之修濬，土木之繕葺，材物之給受，工匠之程式，銓注局院司匠之官，悉以任之」。[1]蒙古族的手工業以畜產品加工、製乳、冶鐵、金屬製品、陶瓷、釀酒、煮鹽為主要的生產部門。下設金銀器盒提舉司、鐵局、器物局、銀局等，管理各種手工業產品的製作。另外，在冶鐵、鑄銅、煮鹽、榷茶、釀酒等方面，都設專門機構進行管理。如釀酒課稅，「太宗辛卯年，立酒醋務坊場官，榷沽辦課，仍以各州府司縣長官充提點官，隸徵收課稅所，其課額驗民戶多寡定之。」「酒課：腹裡，五萬六千二百四十三錠六十七兩一錢。遼陽行省，二千二百五十錠一十一兩二錢。……」[2]此外，在元朝的刑法中規定：「諸犯私鹽者，杖七十，徒二年，財產一半沒官，於沒物內一半付告人充賞。鹽貨犯界者，減私鹽罪一等。」「諸茶法，客旅納課買茶，隨處驗引發賣畢，三日內不赴所在官司批納引目者，杖六十；……犯私茶，杖七十，茶一半沒官，一半付告人充賞，應捕人同。」「諸私造唆魯麻酒者，同私酒法，杖七十，徒二年，財產一半沒官，有首告者，於沒官物內一半給賞。諸蒙古、漢軍輒醞造私酒醋曲者，依常法。諸犯禁飲私酒者，笞三十七。諸犯界酒，十瓶以下，罰中統鈔一十兩，笞二十，七十瓶以上，罰鈔四十兩，笞四十七，酒給元主。酒雖多，罰止五十兩，罪止六十。」[3]對販賣私鹽、私茶、私酒、私酒醋曲的人，均給予嚴厲的懲罰，旨在保護國家手工業的發展，使茶酒鹽市場完全掌控在政府手中，為創造更多的生活資料提供了法律上的保證。明清時期，蒙古族的傳統手工業得到了繼續發展，如畜產品加工、冶鐵、木器製造、皮革等。

1　宋濂等：《元史·百官志一》，中華書局，1976年。
2　宋濂等：《元史·食貨志二》，中華書局，1976年。
3　宋濂等：《元史·刑法志中》，中華書局。1976年。

第二節　飲食結構與特色風味

　　元朝至明時期，中北地區主要居住的是蒙古族，在繼承前代民族飲食製作和飲食風味的基礎上有了進一步的發展。使得製作方法多樣，飲食風味豐富，並出現了飲食文化方面的著作。與此同時，蒙古族的飲食結構和進食方式也隨之發生了變化。

一、飲食結構與風味製作

❶·飲食結構

　　肉食、乳食。蒙古族的飲食結構仍以肉食、乳食為主。《黑韃事略》記載了蒙古族食肉的種類，有羊、牛、馬、兔、鹿、野豬、黃鼠、頑羊、黃羊、野馬、魚等，包括了牧養家畜和獵取的野生動物及水生動物。元代以後，糧食逐漸成為蒙古族的三大食物之一，習慣用炒米與油茶合食，米食、麵食種類有炒米、肉粥、奶粥、餅食、炸麵食、羊肉麵條等，一直延食到近現代。清代蒙古族的奶食品、酒、茶都追求味的美感。清趙翼《簷曝雜記》卷一《蒙古石酪》：「蒙古之俗，羶肉酪漿，然不能皆食肉也。余在木蘭，中有蒙古兵能漢語者，詢之，謂：『食肉惟王公台吉能之，我等窮夷，但逢節殺一羊而已。殺羊亦必數戶迭為主，刲（kuī）而分之，以是為一年食肉之候。尋常度日，但恃牛馬乳。每清晨，男婦皆取乳，先熬茶熟，去其滓，傾乳而沸之，人各啜二碗。暮亦如此。』此蒙古人饘（zhān）粥也。」記述了蒙古族奶茶的熬製和飲用。

　　菜蔬。在反映元代飲食文化的一些典籍中多有記述。《飲膳正要》記載的蔬菜有46種，《農書》記有32種，《飲食須知》記有70餘種，總計種類有菘、蘿蔔、茄子、瓠、冬瓜、黃瓜、芥、菠薐、萵苣、莧菜、芋、韭、薑、蔥、蒜、葵、菌子、芹等。曾有前代的一些詩文對蒙古族人的美食有過讚美的描摹。南宋汪元量《水雲

集・湖州歌》曰：「每月支糧萬石鈞，日支羊肉六千斤，御廚請給蒲萄酒，別賜天鵝與野麕。」耶律楚材作《鹿尾》詩曰：「鑾輿秋獮獵南岡，鹿尾分甘賜尚方。濃色殷殷紅玉髓，微香馥馥紫瓊漿。韭花醋辣同蔥薤，芥屑差辛類桂姜。何以氈根蘸濃液，邀將詩客大家嘗。」其中提到了蔥、韭花、薤等調味品。元張之翰的《食松蕈（xùn）詩》曰：「初嚼帶寒雨，再嚼生清風，三嚼五嚼六七嚼，一洗滿腹葷羶空。」[1]讚美蒙古族食用的天然松類食品。

水果。王禎《農書》記載元朝的水果有23種，《飲膳正要》記有39種，《飲食須知》記有53種，綜合起來看，種類有梨、桃、李、梅、杏、棗、栗、柿、葡萄、西瓜、石榴、枇杷、木瓜、甜瓜、桑椹等，而梨、李、杏、桃、葡萄、西瓜、甜瓜等在中北地區均有生產。

❷·風味製作

蒙古族的肉食製作堪稱一絕，烹飪方法有多種。舉辦宴會時，要擺列燒烤器具，烤食野味。《居家必用事類全集》介紹了宴席上烤肉的方式，野味有塔剌不花、黃鼠、野鴨、川雁、黃羊、獐、鹿等，烤肉時灑抹油、鹽、醬、醋等調料。內蒙古元代遺址和窖藏中常見有烤肉的鐵火盆、鐵烤架，說明這種製作方法比較普遍。再有就是烹煮法，元代蒙古族烹製鹿尾和鹿舌時，要「冷水下，慢火煮。水少火慢，不損味。」[2]烹煮熊掌工藝為「得酒、醋、水三件同煮，熟，即大如皮球。」[3]清朝時期，「食羊背子為蒙古人最敬之食品。全羊由背上第七肋骨至尾部割為一段，再割四肢、頭、頸、胛各為一件。帶尾入鍋。其煮之火候，約為食時許，即達脆嫩之度。煮過久則肉老不堪食矣。用大銅盆盛之以奉客。客執餐刀劃羊背上作十字形，祀也。然後庖人操刀，先由背上左右各割取三條，跪而進之客。客食前，亦必割嘗庖人一二條，然後自

1　張之翰：《西岩集》卷四，江蘇古籍出版社，1999年。
2　《居家必用事類全集・庚集》，轉引自《四庫全書・子部》，上海古籍出版社，2002年。
3　賈銘：《飲食須知》卷八，中國商業出版社，1985年。

用刀割食之。此其作法與食法也。」[1]這段記載反映了蒙古族的烹飪技藝和吃肉方法。

元人魯明善的《農桑衣食撮要》捲上記載了蒙古人作酪的方法，「奶子半勺，鍋內炒過後，傾餘奶熬數十沸，盛於罐中，候溫，用舊酪少許，於奶子內攪勻，以紙封罐口。冬月暖處，夏月涼處頓放，則成酪。」「將好酪於鍋內，慢火熬，令稠，去其清水，攤於板上，曬成小塊，候極乾，收貯。切忌生水濕器」，就製成乾酪。將酪盛在桶中，用攪奶棒攪拌，倒入涼水中凝固，再用慢火煉，成為奶酪。熬奶冷卻，奶面結皮，去皮再熬，油出去渣，便成酥油。因此，飲食製作方法有煮、烤等，甚至將奶子製成乾酪。

此外，在元朝忽思慧編著的《飲膳正要》中記載了當時的作料，有胡椒、小椒、良薑、茴香、蒔蘿、陳皮、草果、桂皮、薑黃、蓽撥、縮砂、蓽澄茄、甘草、芫荽子、乾薑、生薑、五味子、苦豆、馬思答吉、咱夫蘭、梔子、哈昔泥等。《元史·食貨志》中記載了鹽業、醋課的情況。由此看出，烹調的作料比較豐富。

元代以糧食製作的飲食風味有肉粥、蔬菜粥、藥粥、麵條、饅頭、蒸餅、燒餅、餛飩、餃子等。元王禎《農書·百穀譜集之一·小麥》記載：「小麥磨麵，可

1　《達胡爾蒙古考》，轉引自王訊、蘇赫巴魯編著：《蒙古族風俗志》上，中央民族學院出版社，1990年。

作餅餌，飽而有力，若用廚工造之，尤為珍味。」在中北地區，常見的麵食有羊肉粥、羊肉麵、羊肉麵片、牛羊肉撥魚、饅頭、包子、燒賣等。但這一時期蒙古族主要以肉食為主，特別是羊肉有多種做法製作成各種菜餚，如羊皮、羊肝、羊肚、羊心、羊肺、羊尾、羊胸、羊舌、羊腱子、羊腰子、羊腸、羊頭、羊蹄、羊血、羊髓、羊骨等，都可製作美味的菜餚。牛、馬、驢等也可作為做菜的原料，如宮廷菜餚中的攢牛蹄、馬肚盤、牛肉脯、驢頭羹、驢肉湯等。

二、特色宴席

❶ · 元代的詐馬宴

在元代蒙古人的宴會中，最重要的就是「只孫宴」，俗稱「詐馬宴」或「詐馬筵」，由蒙古大汗或元朝皇帝為節慶和重要事件所舉辦，因參加者身著統一顏色的服裝而得名（「只孫」為蒙古語，漢譯為「顏色」；「詐馬」為波斯語，漢譯為「衣」）。元人周伯琦曾目睹了上都詐馬宴的盛況，其《近光集‧詐馬行序》曰：「國家之制，乘輿北幸上京，歲以六月吉日，命宿衛大臣及近侍服所賜只孫，珠翠金寶，衣冠腰帶，盛飾名馬，清晨自城外各持彩仗，列隊馳入禁中，於是上盛服，御殿臨觀，乃大張宴為樂。唯宗王、戚里、宿衛大臣前列行酒，餘各以所職敘坐合飲，諸坊奏大樂，陳百戲，如是者凡三日而罷。其佩服日一易。大官用羊二千嗷、馬三匹，他費稱是，名之曰『只孫宴』。『只孫』，華言一色衣也，俗呼為『詐馬宴』。至元六年歲庚辰，忝職翰林，扈從至上京。六月廿一日，與國子助教羅君叔亨得縱觀焉。因賦《詐馬行》以記所見。」上都（故城在今內蒙古正藍旗東）的「詐馬筵」多在每年夏曆的六月舉行，地點設在可容納數千人的蒙古包式建築失剌斡爾朵（棕毛殿），持續三天左右。每一次「詐馬筵」要用羊兩千隻、馬三匹，山珍海味應有盡有。元楊允孚《灤京雜詠》中是這樣記述的：「錦衣行處狻猊習，詐馬筵前虎豹良。特勒雲和罷絃管，君王有意聽堯綱。」註：「詐馬筵開，盛陳奇獸，宴享

既具，必一二大臣稱『吉思皇帝』，禮撤，於是而後禮有文，飲有節矣。」可見其豪華奢侈的程度。

❷ · 清代的草原飲膳親藩宴等

清朝皇帝為表對親族、臣屬的親善關愛及褒獎，每年都要舉辦幾個御宴，如親藩宴、廷臣宴、九白宴等。

「親藩宴」是清朝皇帝為招待與皇室聯姻的蒙古親族所設的御宴，一般設宴於正大光明殿，由滿族一二品大臣作陪。歷代皇帝均重視此宴，每年循例舉行。而受宴的蒙古親族更視此宴為大福，對皇帝在宴中所例賞的食物十分珍惜。《清稗類鈔·蒙人宴會之帶福還家》一文中說：「年班蒙古親王等入京，值頒賞食物，必攜之去，曰帶福還家。若無器皿，則以外褂兜之，平金繡蟒，往往湯汁所沾，淋漓盡致，無所惜也。」

「廷臣宴」於每年上元後一日（即正月十六日）舉行，是時由皇帝親點大學士、九卿中有功勛者參加，固興宴者榮殊。宴所設於奉三無私殿，宴時循宗室宴之禮。皆用高椅，賦詩飲酒，每歲循例舉行。蒙古王公等皆也參加。皇帝藉此施恩來籠絡屬臣，同時又是大臣們功祿的一種象徵形式。

「九白宴」始於康熙年間，康熙初定蒙古外札薩克等四部落時，這些部落為表示投誠忠心，每年以九白為貢，即：白駱駝一匹、白馬八匹，以此為信。蒙古部落獻貢後，皇帝設御宴招待使臣，謂之「九白宴」，每年循例而行。在席宴的菜餚中，有蒙古風味的飲膳，如蒸羊羔、掛爐羊、蒸羊肉、燒羊肉、五香羊肉、醬羊肉、汆三樣兒、爆三樣兒等。

三、飲食結構與進食方式的演變

❶ · 元代蒙古族的進食方式與酒飲盛行

蒙古族建國前及蒙古國時期，考古發掘的資料甚少，不能從實物去考察蒙

◂圖7-3　元代《宴飲圖》，見於內蒙
古赤峰市三眼井元墓

古族的進食具。從蒙古人的經濟形態和生產方式看，游牧性質還很濃厚，刀具為其主要進食工具，進食方式以手食為主。這一時期的居住形式基本為帳幕，在帳內就地架火煮食，人們圍灶手食，刀具用於切割肉食，也可直接進食。靠近漢地的汪古部、弘吉剌部等，在農業民族的影響下，開始向定居生活轉變，「築室而居」，出現了房屋，學漢人使用箸，逐漸脫離了手食階段。

　　元代漠南地區的蒙古族，多開始轉向定居的生活，草原上出現了許多大、中、小城市，飲食群體趨於穩定，隨之進食方式也發生了重大的變化。進食具除刀具外，勺、箸也普遍使用。內蒙古豐鎮市八號地元代遺址[1]出土了一件鐵刀，雙面刃，殘長11釐米。赤峰市三眼井元代蒙古貴族墓[2]的墓室壁畫「宴飲圖」，墓主人端坐在長方形桌後，桌上置碗、勺、箸、食物等，勺為曲柄，箸呈圓柱形。「出獵圖」中酒館的西間三人，主人居中，女侍手中捧一碗欠身向主人進飲，男侍手舉一鷹立於旁側，長方形桌上擺放碗、盤、碟、勺、箸等，主人向女侍接物，箸為圓柱形。箸本為漢民族使用，蒙古族吸收漢族文化因素，在進食方式上也借鑑漢族風俗，擺脫了手食，使用箸具。

1　內蒙古文物考古研究所：《豐鎮市八號地元代遺址發掘簡報》，《內蒙古文物考古文集》第一輯，中國大百科全書出版社，1994年，第636-638頁。
2　項春松、王建國：《內蒙古昭盟赤峰三眼井元代壁畫》，《文物》，1982年第1期。

◄圖7-4　元代的雙龍戲珠紋鋬耳金盃，內蒙古
正藍旗出土

　　蒙古族飲酒之風盛行，特別在上層社會中頗為流行，婚姻、喪葬、禮儀、日常生活都離不開酒。根據文獻記載，元朝有「酒局」和「酒海」之名，都是盛酒用的器皿。《魯不魯乞東遊記》中所記述的酒局為一棵大銀樹，根部有四隻銀獅，每一隻銀獅嘴裡有一根管子，每一根管子噴出一種飲料，樹頂上有一手持喇叭的天使，宮殿外另一房間的僕人聽到天使喇叭的呼叫，就把飲料輸入。製作可謂奇巧。又見元陶宗儀《南村輟耕錄》卷二十一《宮闕制度》條記載：「（大明殿）中設七寶雲龍御榻，……前置燈漏，貯水運機，小偶人當時刻捧牌而出，木質銀裏漆甕一，金雲龍蜿繞之，高一丈七尺，貯酒可五十餘石。」《元史・世祖紀》記載：至元二十二年（西元1285年）正月「壬寅，造大樽於殿，樽以木為質，銀內而金外，鏤為雲龍，高一丈七尺」。後兩段記載雖無「酒海」一詞出現，但《南村輟耕錄》卷五《劈正斧》條可佐證。云：「天子登極，正旦、天壽節，御大明殿會朝時，則一人執之（石斧），立於陛下酒海之前。」這麼大的盛酒器必然有舀酒器和飲酒器才能飲用。考古學資料表明，元代的舀酒器和飲酒器非常發達。內蒙古博物館曾在錫林郭勒盟徵集到一件鋬耳金盃，敞口，弧腹，平底，口至腹部附一曲邊狀鋬耳，下飾指環，器外表鏨刻雙龍戲珠紋，因器型較大，不易飲用，應為舀酒器。內蒙古興和縣五甲地墓葬[1]，出土一件高足金杯，敞口，卷沿，弧腹，倒置喇叭形高圈足，素面，為元

───────────────

1　蓋山林：《興和縣五甲地古墓》，《內蒙古文物考古》，1984年第3期。

中國飲食文化史　　中北地區卷

228

代典型的飲酒器。由此可見，元代蒙古貴族的飲酒方式比較講究，有一套嚴密的程序。

❷‧清代蒙古族的飲食結構與進食方式

元末明初，蒙古族主體退居北方草原地區，形成了韃靼部、瓦剌部、兀良哈三衛（朵顏、福余、泰寧）三大部。後在與明朝的連年戰爭中，破壞了漠南地區蒙古族的安定生活，恢復了游牧方式。到俺答汗時期，成批的漢族居民進入漠南地區，土木建築的房屋興起，出現了村寨，修築城市，使一些蒙古族的生活走向定居。

明代蒙古族的進食器具缺乏實物資料，但從其生活方式看，明代早期的游牧性質比較濃厚，刀、勺仍為主要的進食具。明代中晚期，漠南蒙古族受漢族文化的影響，逐漸趨於定居生活，用箸進食，但手食仍為蒙古族的進食方式之一。

清代的蒙古諸部，先後歸附清朝，使其經濟逐步恢復。清朝後期，蒙古社會較為穩定，多種經濟向縱深發展。在大部分地區，原來占支配地位的單一的游牧經濟，發展成為以畜牧業為主，兼營農業、手工業等多種經濟。有的地區，農業居於支配地位。在經濟發展緩慢的地區，也呈現多種經濟的萌芽。

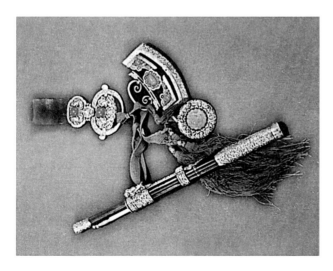

◀圖7-5　清代龍紋蒙古刀（內蒙古博物院藏）

清代蒙古族的食物以肉類為主，兼食糧、蔬菜。後者的比例逐步增大，有的地區已經完全以糧食為主。進食器具也發生了重大變化，除刀、勺、箸等外，出現了刀箸合一的蒙古刀，一般為骨柄木鞘，配有筷子，木鞘多用銀鑲包，鏨有各種紋樣。如內蒙古博物館館藏的龍紋蒙古刀，木質刀柄、木鞘，上飾銀件，鏨刻花草及龍紋；鞘內裝鋼刀，插象牙箸一雙，箸尾端包銀；鞘外配紫色綬帶和火鐮，火鐮上飾銀，嵌珊瑚珠。至此，我國古代北方游牧民族的箸類型從最初的匕發展到刀、匕，又發展到刀、勺、箸，最後演變為刀箸並用，合二者的功能為一體，這是蒙古民族文化和漢族文化交流的結果。

從居住形式看，牧區與農業區有較大的區別，也決定了他們進食方式的不同。從事畜牧業的蒙古族，仍過著游牧生活，居住傳統的氈幕（蒙古包），平常在氈幕內架火煮食，人們圍桌而食。食物結構以肉為主，除刀、箸外，手食的比重仍很大，如手扒肉、炒米、奶食等，都用手直接進食，這是蒙古族傳統的進食方式。隨著農業的發展，部分蒙古族由游牧走向定居，半農半牧地區出現了土木結構的蒙古包，在屋中立一木柱，上蓋草頂，圓形牆壁用磚或土坯或塗泥的柳條砌成，開窗戶，室內有半圓形土炕，可在室內的炕上圍桌而食，表現出漢文化的程度較高。這部分蒙古族所食的糧食在食物結構中的比例增大。其進食器具除刀具外，箸逐漸成為主要的進食具，手食的比重縮小。農區的蒙古族，以漢式的平房為居所，常見有兩間和三間，以土牆為外廓組成院落，屋門向南，南北設窗戶，東西有廂房，室內有土炕和連炕的灶，把進食地與煮食地分開，完全漢化。主食以糧食為主，以蔬菜、肉類為副食，進食工具的箸居主導地位，手食僅限於傳統的食物。

第三節　飲食禮俗集成

在中北地區生活的各民族，從原始時期就出現了與飲食相關的禮俗，當游牧民

族出現以後，又不斷受到中原地區影響，接受了很多的漢族飲食禮俗。到元明清時期，蒙古族在繼承了前代民族飲食禮俗的基礎上，形成自己特色的飲食禮俗，有集大成之趨勢，具體表現在降生、生日、婚姻、喪葬、祭祀、宗教、慶典、節日、禁忌等禮俗活動中，皇家尤具特色。

一、生日和婚姻禮俗中的宴飲慶賀

在文獻中有關於元朝皇帝過生日的記載，並且與飲食活動有著一定的聯繫。元代皇帝的生日慶典稱為「天壽聖節」，其儀式同於「元正受朝儀」。《元史‧禮樂志》一記載：「禮畢，大會諸王宗親、駙馬、大臣，宴饗殿上，侍儀使引丞相等升殿侍宴。凡大宴，馬不過一，羊雖多，必以獸人所獻之鮮及脯鱐（sù），折其數之半。預宴之服，衣服同制，謂之質孫。四品以上，賜酒殿上。典引引五品以下，賜酒於日精、月華二門之下。宴畢，鳴鞭三。侍儀使導駕，引進使導後，還寢殿，如來儀。」從元代皇帝的生日慶典看，與遼代、金代的皇帝基本相同，都要接受各級官員和外國使者的拜賀，並有跪拜、進酒、賜酒、賜宴等飲食禮儀，只不過元代的宴席對菜餚的原料有一定的限制和要求。

蒙古族的結婚禮儀有一套繁複的程序，如相親、求婚、許婚、下聘禮、許婚筵席、迎娶、送嫁，有的「婚嫁之會，五百里內首領，皆載馬湩助之，皂車氈帳，成列數千」[1]。在婚禮上都要舉辦酒宴以示慶賀。在成吉思汗少年時，其父攜之到乞顏部求婚相親，乞顏部首領曰：「而今我有一女，名喚布爾德，年方九歲，可配與汝此子。」父（成吉思汗之父）嫌其小，則其子（成吉思汗）曰：「終當成此一事，可即成之。」遂敬其禮酒，納其雙馬為聘禮，留鐵木真而歸。[2]

1　李志常：《長春真人西遊記》上卷，王國維箋證本，內蒙古教育出版社，2001年。
2　薩囊徹辰著，道潤梯步譯校：《蒙古源流》，內蒙古人民出版社，1980年，第108頁。

二、喪葬禮俗中的飲食祭奠

蒙古國、元朝時期的蒙古族，人死後，其親人則痛哭表示哀悼，置肉乳於死屍前，親友也都前來獻食。凡帝王后妃死，以棺殮之，「用梡木二片，鑿空其中，類人形大小合為棺，置遺體其中，加髹漆畢，則以黃金為圈，三圈定。」[1]內蒙古鄂托克旗阿爾寨石窟第28號窟西壁上繪有一幅蒙古貴族的喪葬圖，證實了這種埋葬的方式。一般貴族死後，祕密埋在合適的空地，同時埋一頂帳幕，使死者坐於帳中，再置一匹母馬及它的小馬、一匹備有鞍轡的馬，意在使其在另一世界裡有帳住、有奶喝、有馬騎。《元史》中記載了元代皇帝、皇后的喪葬風俗。在喪葬儀式中，多次有以羊「燒飯」進行祭奠，隨葬金銀飲食器，但數量較少，這應該是葬俗所形成的定製。蒙古族的「燒飯」之俗，與葬俗有很大關係。「元朝人死，致祭曰燒飯」，每年九月內及十二月十六日以後，「於燒飯院中，用馬一，羊三，馬湩，酒醴，紅織金幣及里絹各三匹，命蒙古達官一員，偕蒙古巫覡（xí），掘地為坎以燎肉，仍以酒

◀圖7-6　元代《喪葬圖》壁畫，見於內蒙古鄂托克旗阿爾寨石窟第28號窟

1　葉子奇：《草木子》卷三下，中華書局，1983年。

禮、馬湩雜燒之。巫覡以國語呼累朝御名而祭焉。」[1]將牛、羊肉和酒、湩焚燒，以祭奠死者。

明朝時期，蒙古人死後或請薩滿跳神驅鬼，或請喇嘛誦經，以超度亡靈。黃教傳入前行土葬，貴族、領主死後，以棺木裝殮，將其生前的衣服、甲冑隨葬，將愛妾、僕人、良馬殉葬；平民死後，也將其平時的衣物同葬。自黃教傳入以後，俺答汗廢除了人畜殉葬制度，改行火葬。貴族、領主死後，召喇嘛誦經，以死者所愛良馬衣甲等酬謝喇嘛。死者親戚、部眾來弔喪者，常贈送牛馬助葬，葬畢將牛馬轉贈喇嘛。清朝時期，蒙古人的喪葬的葬式大致分三種：即土葬、野葬、火葬，以鄂爾多斯蒙古人為例。家中有長者辭世，在其一閉眼時馬上殮入白布袋中，面向西北方位雙手合十盤坐。此時家中凡盛有水的器皿，全部倒掉空乾。在死者面前的桌上點一盞佛燈，盤中擺上沒有印記的七個圓餅和五顆紅棗，並把死者生前喜愛的飲食盛到盤中放在一旁。然後用幪（méng）氈蓋上蒙古包的天窗，關嚴門窗。下葬日定在死者嚥氣的次日或第三天的同一時辰，出殯時，家庭成員手舉盛滿鮮奶的瓶子低聲吟誦禱告。出殯第三日，請來喇嘛為死者誦「超度經」，並請主要親戚和鄉鄰參加喪宴。在喪宴上，親戚和鄉鄰帶來奶食、糧食，安慰死者的家屬，寄託自己的哀思。死者家屬屠宰綿羊招待客人，把羊骨頭全部拿到死者墳前燒掉。死者死後的第七天、二十一天、四十九天和八十一天上，家人要到墳墓上焚燒食物進行祭奠；去世三週年，再到墳墓上舉行祭奠。其後在每年臘月三十晚上的「祭先人」儀式上以酒食、奶食進行祭奠。

三、祭祀禮俗中的飲食祭品

元代的蒙古族崇拜天地、山川、日月、五行、先祖，由薩滿主持祭儀，常用牛、馬、羊及飲食作祭品。祭祀儀式在城郊或宗廟舉行。《元史・祭祀志一》記載

1　宋濂等：《元史・祭祀志六》，中華書局，1976年。

第七章　元代至明清時期

233

了英宗至治二年（西元1322年）九月在南郊的一次祭祀活動，大臣們商議祭祀之事，其中的內容包括匏（páo）爵、犧牲、割牲。所謂匏爵，「郊之祭也，器用陶匏，以天象地之性出。」也即「陶瓦器，匏用酌獻酒。」犧牲，是「郊特牲而社稷太牢」，「天地之牛角繭栗」。「國朝大德九年（西元1305年），蒼犢二，羊豕各九。至大三年（西元1310年）馬純色肥腯一，牲正副一，鹿一十八，野豬一十八，羊一十八，圓議依舊儀。」割牲，「蓋犬豕牛羊，分別骨肉貴賤，其解之為體，則均也。皇朝馬牛羊豕鹿，並依至大三年割牲用國禮。圓儀依舊儀。」也就是郊祭時，用陶器盛酒以獻，用牛、羊、豬、狗、鹿作祭品，肢解以獻。

宗廟祭祀的對像是先祖。根據《元史‧祭祀志三》的記載，祭祖時，用馬、牛、羊、豬、鹿、乾肉、肉醬和稻、高粱、黍、稷等作祭品，用盤、鉶、籩、豆、簠、簋、彝、尊作供器。宗廟祭祀儀式中的親祀時享儀，包括齊戒、陳設、車駕出宮、省牲器、晨課、進饌、酌獻、車駕還宮等內容，都和飲食有直接的關係。蒙古族還有「射草狗」之俗，也屬於原始祭祀的一種。每年十二月下旬，灑掃平地，以乾草束一人形、一狗形，剪雜色綵緞充為腸胃，選達官世家子弟以箭交射之，射至糜爛，遂以羊、酒祭之。祭畢，皇后及太子、嬪妃並射之，各解所服衣，由蒙古巫覡祝贊，以求脫衣。

清朝蒙古族有祭天、祭地、祭敖包、祭火、祭祖等活動，並一直流傳至今，儀式中的飲食活動比較豐富。祭敖包（人工壘成的石堆）的時間在農曆五月或七月，正值水草豐美、牛羊肥壯的季節。儀式從早晨開始，人們從四面八方來到敖包前，按順時針方向轉一圈，到南邊磕頭，向敖包添加石塊、樹枝，祈神降福，保佑人畜兩旺。主持祭儀者焚香、酹酒、獻哈達、獻祭品、獻祭歌。祭品有酒、奶油、奶酪等。儀式結束後，舉行賽馬、摔跤、射箭等文體娛樂活動。「敖包」是蒙古語音譯，漢語的意思為「高堆子」，原指在游牧交界處及道路上用石塊或泥土堆積起來以作標記的石堆或土堆。正如《清會典》所記：蒙古「游牧交界之所，無山無河為志者，壘石為志，謂之敖包。」後來逐漸被視為神靈的居所，被作為崇拜物加以祭祀和供奉。敖包一般均建在地勢較高的山丘之上，多用石塊堆積而成，也有的用柳條圍築，中填沙土，呈圓

包狀或圓頂方形基座。上插若干幡桿或樹枝，上掛各色經旗或綢布條。包內有的放置五穀，有的放置弓箭，有的埋入佛像。

四、佛教與景教禮俗中的飲食供奉

元朝的蒙古諸帝，篤行佛事，有的一年四季齋醮不斷，「僧徒貪利無已，營結近侍，欺昧奏請，佈施莽齋，所需非一，歲費千萬」[1]。元仁宗延祐四年（西元1317年），據宣徽院統計，這一年僅用在做佛事的飲食供應上就耗費麵43.95萬斤，油7.9萬斤，每日宰羊達萬頭。可見，元朝政府供奉佛教寺院所需的巨大財物。

元代的蒙古族除了信仰佛教外，還信景教。在內蒙古達茂旗敖倫蘇木古城及附近，發現有古敘利亞文石碑和漢、蒙、敘三體殘碑，城內還有教堂遺跡，墓葬中出土有十字形銅飾牌。四子王旗發現耶律公神道碑。[2] 這些都是汪古部信仰景教的實例。在內蒙古阿拉善左旗有一部分信仰伊斯蘭教的蒙古族，他們的語言、文字、生產、生活方式基本上同於蒙古族，在信仰上卻與回族相同，以致於對其生育、婚姻、喪葬、節日、飲食等習俗有很大的影響。在飲食上也與其他蒙古族一樣喜食奶食品和牛羊肉食，但宰牲必須由阿訇主刀，同時與信仰伊斯蘭教的民族一樣有對某些食物禁忌的習俗。

明朝的蒙古族主要信仰藏傳佛教（即喇嘛教）。蒙古封建領主為了表達對喇嘛教的虔誠，爭相把自己的土地、牲畜、金銀財寶施捨給寺廟，還免除喇嘛的賦稅，使喇嘛寺廟占有了越來越多的土地、牲畜和屬民，上層喇嘛逐漸形成一個新的封建領主集團，擁有雄厚的經濟勢力。各寺院定期舉行「廟會」，前來拜奉和捐物者甚多。清朝時期，蒙古地區的喇嘛教更進一步發展，形成一個龐大的飲食群體。

1　宋濂等：《元史・釋老傳》，中華書局，1976年。
2　蓋山林：《陰山汪古》，內蒙古人民出版社，1991年。

五、飲食禁忌與禁令

禁忌是人們為了自身的功利目的而從心理上、言行上採取的自衛措施。禁忌是從鬼魂崇拜中產生的，其中包括很多內容，有飲食禁忌、居住禁忌、交通禁忌、宗教禁忌、生產禁忌等。飲食中的禁忌反映在生產、生育、婚姻、平安等觀念中，多是一些經驗生活的總結。而禁令則是指禁止某一行為的命令，一般由權力機構發佈。古代中北地區在對游牧民族的禁令中，多是禁酒和禁止對牲畜宰殺的條令，旨在保證有充足的生活資料來源。

在元代有很多對食用家畜肉頒佈的法令，其中有禁止屠宰牲畜的條例。《元典章》卷五十七《刑部十九・禁屠殺》記載，至元九年（西元1291年），元世祖下令：「大都為頭漢兒城子裡」，不許殺羊羔，違者重罰。至元二十八年（西元1291年），世祖下詔曰：「休殺羊羔兒吃者。殺來的人根底打一十七下，更要了他的羊羔兒者。」這是出於保護牲畜的繁殖而禁殺羊羔和母羊。《元史・世祖紀》七記載：「（至元十六年十二月）丁酉，八里灰貢海青，回回等所過供食，羊非自殺者不食，百姓苦之。帝曰：『彼吾奴也，飲食敢不隨我朝乎！』詔禁之。」海青回回信仰伊斯蘭教，宰羊者必須為同一宗教的信徒，不吃別人宰的羊，遂被朝廷詔令禁止。《元典章》卷五十七《刑部十九・禁屠殺》還記載：（中統二年忽必烈下令）「凡耕佃備戰，負重致遠，軍民所需，牛、馬為本。往往公私宰殺，以充庖廚貨之物，良可惜也。今後官府上下公私宴會並屠肆之家，並不得宰殺牛、馬，如有違犯者，決杖一百。」《至正直記》卷三《議肉味》記載：「牛、馬之為畜，最有大功於世，非奉祀先聖及有故（謂天子聖節之宴）則不食。」因為牛、馬在農耕中的作用，禁止在宴會上宰殺，只有病死或體弱的牛馬經上報官府同意後方可食用，祭祀祖先時也可宰殺。《元典章》卷五十七《刑部十七・禁刑》記載，蒙哥汗七年丁巳（西元1257年），下令：「按月初一日、初八日、十五日、二十三日這四個日頭，不揀是誰但是有性命的，背地裡偷殺的人，每不斷按答奚（蒙古語，漢譯即：斷沒家產人口）甚。」至元三十年（西元1293年）九月，忽必烈下旨：「五月初一日至月終，除上都不禁外，

大都並各路禁斷宰殺。」對宰殺牲畜作了時間上的限制。

明代，蒙古族在遇到雷鳴時，如果有被震劈而死的牲畜，就認為是凶事，須以酒食祝禱天地，立兩根柞木杆作為門，然後驅趕牲畜，若能從門中通過者則為吉，可留下；若是從門外過者為凶，則不留，可讓眾人搶走。遇事，燒羊琵琶骨以斷吉凶。每月的初八、十五、十八、二十五、三十概不得宰殺牲畜。若有違犯者，見者可奪取其宰殺之畜歸為己有，並告官作證。不得殺健康之馬、蛇、蛙、海番鴨、野山羊羔、百靈鳥及狗，若有殺死者，見者可奪取其一馬。

清代，蒙古族認為江河、湖泊、雨水為龍王爺所有，忌諱在河水裡洗澡和邁過井口，也不能將井水往回倒。孕婦禁吃駱駝和兔子肉，怕生兔唇的孩子；禁吃花鳥和帶斑點的鳥蛋，怕生麻子；禁吃蔥蒜和辣子，怕對孩子的眼睛有害。在弔喪期間，禁止宰殺牲畜、打獵和買賣，不許參加祭祀、宴會、喜事及一切娛樂活動。主人待客割手扒肉，禁止刀刃對著客人，以示不敬。禁食河中之魚，認為魚是水中的精靈。忌諱在火的近旁用刀切割肉食，也不許用刀子直接從鍋中把肉扎插出來，認為這樣做是對火不敬；更不允許向火中投放不潔之物或散發臭味的東西，甚至連那些很容易使火勢減弱的東西也不准投入，如毛、皮、骨、蔥、蒜等，反映出蒙古族的敬火之俗。

第四節　飲食器造型藝術與文學藝術作品中的飲食文化

在元、明、清三代時期，中北地區的飲食文化仍然在藝術形式中有所反映，具體表現在飲食器的造型、繪畫、歌舞藝術以及文學作品的描述。特別是在繪畫藝術中，出現大場面的宴飲場景，並與狩獵前和狩獵後的活動相結合，突出蒙古貴族在狩獵的間暇之時休息宴飲的情景。

一、飲食器的造型藝術

在中北地區，元代飲食器從質地上分為金銀、陶瓷、玉石、皮木等，涉及炊煮器、盛食器、進食器、飲用器、貯藏器等，在造型上包括了各種質地飲食器的形制、裝飾、工藝等內容。

❶・金銀飲食器的造型藝術

金銀飲食器經過前代民族的發展，又大量吸收了漢族文化的因素，故日漸成熟。主要飲食器有杯、碗、盤、壺等，以圈足、圓底、平底居多。高足杯，敞口，深腹，腹壁直，近底內收，高圈足，其形狀達到完善。紋飾以植物紋為主，有牡丹、蓮花、忍冬、花草、卷草、靈芝等；動物紋有龍、鳳等。製作工藝有鑄、錘鍱、銲接、鏨刻、浮雕、鎏金等，應用十分嫻熟。紋飾佈局分單點裝飾和分區裝飾。單點裝飾在器物內底飾一種紋樣，如內蒙古敖漢旗盛家窩鋪出土的龍紋銀盤，內底鏨刻雙龍，間填祥雲，內沿上刻一週花瓣紋。分區裝飾是在器物外表按單元鏨刻同樣的花紋，如內蒙古烏蘭察布市徵集的荷花紋高足金盃，在腹外表鏨刻四組外向連弧紋的內框，內鏨盛開的荷花，口沿及足沿鏨刻輔助性的卷雲

◀圖7-7　元代的荷花紋高足金盃，內
　　　　蒙古烏蘭察布市出土

紋和蓮葉紋，紋飾層次分明，繁而不華。有的在器物口沿下鏨刻連綴式紋樣，如烏蘭察布市徵集的卷草紋鏨耳金盃，口沿下及鏨耳上鏨刻連綴的卷草紋，具有飄逸之感。

明清蒙古族多喜飲酒，分馬奶酒與糧食酒，而且貫穿於蒙古族的各種禮儀中，如婚姻、喪葬、祭祀、節日等。酒具有敦穆壺、杯、碗等，其中，銀碗是蒙古族敬酒禮儀中最講究的飲酒具。銀碗分純銀和木胎包銀兩種，如內蒙古博物館收藏的木胎包銀碗，敞口，弧腹、圈足；碗內、口沿、底包銀，中腹露木胎；下腹及圈足鏤雕卷枝牡丹紋、蓮瓣紋和聯珠紋。這種銀碗為直接飲酒的用具，一般在舉行禮儀或待客時使用。

❷ · 陶瓷飲食器的造型藝術

元代的瓷質飲食器以白釉居多，還有影青釉、青釉、靛藍釉、黑釉、茶釉等。器形有罐、缽、碗、盤、杯、碟、瓶等，器表多素面，玉壺春瓶、梅瓶、四繫壺各具特徵，牛腿瓶、雙繫扁壺具有蒙古民族的造型特點。紋飾種類有花草紋、樹葉紋、牡丹紋、蓮花紋、雙魚紋、飛鶴紋、文字紋等，釉色分白、黑、茶、綠、影青、藍等，紋樣裝飾在器物外表、內底、內腹部，常見有隨意點飾的簡單花草紋，雙魚的形象活靈活現，立體藝術非常強烈。從瓷系看，多數屬於北方窯系，部分瓷器來自南方窯系，說明南北飲食器的交流較為頻繁。如內蒙古集寧路元代古城遺址[1] 發掘出土了大量的元代瓷器，其中出土完整的瓷器200餘件，可復原瓷器標本的4800餘件。瓷質飲食的最大特點是種類豐富，窯系較多。根據胎釉的裝飾特點看，涉及有磁州窯、景德鎮窯、龍泉窯、鈞窯、定窯、耀州窯、建窯、吉州窯、霍窯等九大窯系。在這些出土瓷器中，數量最多的是磁州窯的瓷器，其次為龍泉窯、景德鎮窯、鈞窯、霍窯、定窯、耀州窯。其中磁州窯的瓷器其釉面裝飾以白地黑褐花為主，有釉上彩與釉下彩之分，還有一些素面的白釉、黑釉、醬色釉等品種。此

1　陳永誌主編：《內蒙古集寧路古城出土瓷器》，文物出版社，2004年。

類器物胎質疏鬆，呈黃白色，在器底有支釘痕跡。磁州窯仿建窯、吉州窯系列的結晶類黑瓷，燒製得非常細緻、精美，釉面有「油滴」「兔毫」「木葉」「玳瑁」「鷓鴣斑」類裝飾。絞胎、絞釉類器物以盤、碗、杯為主，絞胎類器物以藍、褐兩種顏色的胎泥混合組成團花狀，外罩透明釉。

❸．玉石飲食器的造型藝術

這一時期，玉器發展達到了鼎盛時期。在南方的蘇州、揚州、杭州、南京，北方的北京、天津等地，先後形成了高度發達的製玉行業。社會上玉器的實用更加廣泛，涉及日常生活的許多方面，大型玉雕也層出不窮，陳設品和玩賞品成為玉雕生產的主流，製玉工藝也達到了空前的高度。玉器工藝深受當時繪畫、書法、工藝雕刻的影響，作品追求意境神韻與筆墨情趣，以適應文人高雅的品位。

清代乾隆時期，由於玉材豐富、皇家提倡和社會需求，玉雕藝術取得了無與倫比的成就。這些中原地區的玉製工藝品，通過文化交流傳到中北地區，被游牧民族的上層社會所擁有。如「瀆山大玉海」即為傳世品，舊稱「玉甕」，是北京北海公園團城收藏的一件元代傳世巨型酒器，系用一整塊黑質白章的大玉石精雕細琢而成。口呈橢圓形，周身雕刻波濤洶湧的大海，浪濤翻滾，漩渦激流，氣勢磅礴。在海濤之中，又有海龍、豬、馬、鹿、犀、螺等神異動物遊戲其間，海龍下身隱於水中，上身探出水面，張牙舞爪，戲弄著面前瑞雲托承的寶珠。豬、馬、犀、鹿等動物遍體生

◀圖7-8　元代瀆山大玉海（北京北海公園團城藏）

鱗，使人聯想到神話裡龍宮中的獸形神怪和蝦兵蟹將。可以說，這是一幅活生生的龍宮世界景象圖，神祕莫測。更難能可貴的是，該器不僅形體巨大，氣度不凡，而且雕工極精，利用玉色的黑白變化來勾勒波浪的起伏、表現動物的眉目花斑，可謂匠心獨運，技藝高超。這種酒海是元代蒙古宮廷擺放的酒器。

❹·皮木飲食器的造型藝術

根據中北地區游牧民族從事的畜牧業經濟類型看，皮製器物比較普遍，但由於不易保存，遺跡中很少發現完整的器物。在鮮卑和契丹的許多墓葬中，常見皮製的器物，多數因腐朽而器形不明。在遼代墓葬中，常出土有陶瓷製作的雞冠壺，從早期到晚期都有，這是一種仿皮囊製作的飲食器，多數留有皮囊縫合的裝飾，說明契丹人的皮囊壺在日常生活中具有普遍性。《元史·太祖紀》記載：「帝會諸族薛徹、大醜等，各以旄車載湩酪，宴於斡難河上。帝與諸族及薛徹別吉之毋忽兒真之前，共置馬湩三革囊：薛徹別吉次毋野別該之前，獨置一革囊。」皮囊是當時盛裝水、乳、酒等飲料的主要器物。

內蒙古四子王旗、達爾罕茂明安聯合旗、興和縣的金代和元代墓葬中，出土有樺

◀圖7-9　遼代綠釉雞冠壺，內蒙古赤峰地區出土

樹皮盒、筒等，均係縫製而成。[1]如四子王旗紅格爾金代墓葬出土的樺皮盒，呈圓筒狀，有的上有提梁，縫合痕跡清晰。元代蒙古草原仍以木器為食器，元末熊夢祥的《析津志輯佚·風俗》記載：大都（元都城）「早晚多便水飯。人家多用木匙，少使箸，仍以大鳥盆木勺就地分坐而共食之。」還說：大都木器，用「高麗樻子木剜成或旋成，大小不等，極為樸質。凡碗、碟、盂、盞、托，大概都有」。內蒙古博物院收藏品有一件紅漆木盤，為敞口，弧腹，圈足。在清代蒙古族傳世的飲食器中，也有木製的壺、碗、盤、杯等，多數都是素面，少數有雲紋、草葉等圖案。

二、繪畫所表現的飲食場面

元代的繪畫作品中，表現飲食場面的主要是墓葬壁畫。如內蒙古涼城縣後德勝元代墓葬[2]壁畫的「家居圖」，男主人在畫面正中，端坐於卷雲形單扶手椅上。兩旁各端坐一位衣著華麗的婦人，應為男主人的妻妾。男主人身後兩邊各站一名男侍，右邊者雙手握儀杖，左邊者雙手托物於胸前。婦人兩邊各站一女僕，右邊女僕雙手捧一褐色唾盂，左邊女僕雙手捧一紅色唾盂。其後面各有兩個正在擺列宴飲品的女僕，右邊一組女僕站在黑色方桌旁，桌上放黃色執壺等；左邊一組女僕跪在紅色長方形几案的後面，幾上置器物，右邊女僕雙手捧一小碟，碟內有一高足杯，左邊女僕雙手執一玉壺春瓶。內蒙古赤峰市元寶山墓葬[3]壁畫的「生活圖」，繪於墓室的東、西壁上。東壁繪有一長方形高桌，桌上倒扣三件敞口淺腹圈足碗，正中置一黑花執壺，旁有一黑花蓋罐。桌旁立一人，左手捧碗，碗中一物似研杵，握於右手。西壁繪的高桌上置有黑花瓷壺、蓋罐、玉壺春瓶各一件，桌旁也立一人，雙手托

1　田廣金：《四子王旗紅格爾地區金代遺址和墓葬》，《內蒙古文物考古》創刊號，1981年；蓋山林：《陰山汪古》，內蒙古人民出版社，1991年；蓋山林：《興和縣五甲地古墓》，《內蒙古文物考古》，1984年第3期。

2　內蒙古自治區文化廳文物處等：《內蒙古涼城縣後德勝元墓清理簡報》，《文物》，1994年第10期。

3　項春松：《內蒙古赤峰市元寶山元代壁畫墓》，《文物》，1983年第4期。

盤，盤內置兩碗，作供奉狀。這兩幅繪畫作品，是墓主人生前夫婦對飲、侍者奉食場面的真實寫照，也反映了當時的飲食生活狀況。

內蒙古赤峰市三眼井墓葬壁畫的「宴飲圖」，畫面正中為三間歇山頂建築，室內置一長方形桌，上面擺放有各種餐具和食品，男女主人平坐宴飲。男主人居左，身後立一男侍，手捧淺盤奉食。女主人居右，身後有兩個侍女，一個手持扇，另一個手托蓋碗。東間為膳房，有男女侍者各一，其身前有一案，上置長瓶、碗、碟、勺、食物等，為備食狀。

「出獵圖」繪男主人出獵前的小飲狀況，東間西門掩閉，正中一間有三個侍者，其中一個侍女袖手站立，催促手捧長瓶的侍女和手托碗的男侍端食進奉。在三間歇山頂房屋的垂脊上高挑酒帘，上有墨書漢字「春風館」，為民間酒館。西間屋內主人居中，女侍手捧一碗欠身向主人進飲，男侍手舉一鷹立於旁側，長方形桌上擺放碗、盤、碟、勺、箸等。出獵的場面是主人和兩個侍從各騎一馬，主人在前揚鞭回首，侍從一人為鷹偛，另一人手持長弓、背箭壺，馳馬逐兔，兩隻獵犬和獵鷹撲向野兔，展現了圍獵的真實情景。

「獵歸圖」中的主人揚鞭走在前面，兩個侍從分別負箭壺、舉鷹，馬後拴帶獵物，面帶笑容滿載而歸，兩隻獵犬一前一後奔跑嬉戲。迎接主人歸來的儀仗隊由五

◀圖7-10　元代《家居圖》壁畫，見於內蒙古涼城縣後德勝元代墓葬

人組成，二侍者捧角杯、湯瓶獻飲，後三人擊鼓、奏排簫、吹橫笛。房屋東間放一案，上有餐飲具和食物，兩個侍者正在備餐。

元代墓葬壁畫，均以寫實的手法、藝術的形式表現了蒙古族人的生活場景和宴飲狀況。三眼井墓葬的壁畫內容具有聯貫性，用流暢均勻的線條，高超的畫技，反映男女主人和侍從的面目表情、衣著裝飾、宴飲風情及出獵狀況，就連獵犬、獵鷹的細微情節也描繪得真實細膩，具有很高的藝術價值。

三、歌舞活躍宴飲的氛圍

早在蒙古部落林立的時代，就已經形成宴飲中的歌舞藝術。推舉可汗時要舉行盛大宴會，如成吉思汗的祖先忽圖剌當選為全蒙古的可汗時，曾設宴以舞蹈慶祝。「全蒙古，泰赤兀惕，聚會於斡難之豁兒豁納黑川，立忽圖剌為可汗焉。蒙古之慶典，則舞蹈筵宴以慶也。即舉忽圖剌為可汗，於豁兒納黑川，繞蓬鬆樹而舞蹈，直踏出沒脅之蹊，沒膝之塵矣。」[1]西元一二五三年，魯不魯乞出使蒙古，記錄了參加拔都汗和蒙哥汗宮廷宴會時的情景。「當主人要飲酒時，一個僕人就大聲喊道：『赫』，於是琴手彈起琴來，同時他們舉行盛會時，他們都拍著手，隨琴聲起舞，男人在主人前，女人在主婦前。主人喝醉了，這時僕人又如前一樣大喝一聲，琴手就停止了彈琴。蒙古人在飲酒時，都要唱歌跳舞，直至儘興。接著他們輪番把盞，有時他們放蕩地和開懷地飲酒。他們要跟人賽酒，便抓住他的兩隻耳朵，拼命要掰開他的喉嚨，他們同時在他面前，拍手跳舞。同樣，當他們要為某人舉行盛宴款待時，一人拿著盛滿的酒杯，另兩個人分別站在他的左右，這三人如此這般向那個被敬酒的人又唱又跳，他們都在他面前歌舞。他伸手去接杯，他們卻迅速地把杯子縮回去，然後他們再如前一樣遞過去，他們三番四次不讓他接著杯子，直至他興奮起

1　道潤梯步譯：《蒙古秘史》，內蒙古人民出版社，1979年。

中國飲食文化史　中北地區卷

來，有了胃口，這時他們才把杯子遞給他。他邊喝酒，他們邊唱歌拍手和踏足。」[1]

波斯學者志費尼分別對窩闊臺和貴由大汗的宮廷宴樂作了描述，「他（窩闊臺）這樣過他的日子，盡情享樂，觀看歌舞，親近歌姬，暢飲美酒。」「在歡樂的酒宴中，他們舉杯為樂，愉快地涉足於遊戲的場地，凝視歌姬以飽他們的眼福，傾聽歌聲以悅他們之耳。」[2]

每當舉行重大禮儀活動時，都要舉行宴飲，並以樂舞相伴，如天壽節上的樂舞內容。「引隊禮官樂工大樂冠服，並同樂音王隊。次二隊，婦女十人，冠唐巾，服銷金紫衣，銅束帶。次婦女一人，冠平天冠，服繡鶴氅，方心曲領，執圭，以次進至御前，立定，樂止，念致語畢，樂作，奏《長春柳》之曲。次三隊，男子三人，冠服舞蹈，並同樂音王隊。次四隊，男子一人，冠金漆弁冠，服緋袍，塗金帶，執笏；從者二人，錦帽，繡衣，執金字福祿牌。次五隊，男子一人，冠卷雲冠，青面具，綠袍，塗金帶，分執梅、竹、松、椿、石，同前隊而進，北向立。次六隊，男子五人，為烏鴉之像，作飛舞之態，進立於前隊之左，樂止。次七隊，樂工十有二人，冠雲頭冠，銷金緋袍，白裙，龍笛三，觱（bì）栗三，札鼓三，和鼓一，板一，與前大樂合奏《山荊子》帶《妖神急》之曲。次八隊，婦女二十人，冠鳳翹冠，翠花鈿，服寬袖衣，加雲肩、霞綬、玉珮，各執寶蓋，舞唱前曲。次九隊，婦女三十人，冠玉女冠，翠花鈿，服黃銷金寬袖衣，加雲肩、霞綬、玉珮，各執棕毛日月扇，舞唱前曲，與前隊相和。次十隊，婦女八人，服雜綵衣，被榭葉、魚鼓、簡子。次男子八人，冠束髮冠，金掩心甲，銷金緋袍，執戟。次為龜鶴之像各一。次男子五人，冠黑紗帽，服繡鶴氅，朱履，策龍頭漬杖，齊舞唱前曲一闋，樂止。次婦女三人，歌《新水令》《沽美酒》《太平令》之曲終，念口號畢，舞唱相和，以次而出。」[3]

明代蒙古族能歌善舞，在岷峨山人的《譯語》中有記錄。「酋首將入凡虜家，家

1　道森編：《魯不魯乞東遊記》，選自呂浦譯：《出使蒙古記》，中國社會科學出版社，1983年。

2　志費尼著，何高濟譯：《世界征服者史》，內蒙古人民出版社，1981年。

3　宋濂等：《元史·禮樂志五》，中華書局，1976年。

長即褰（qiān）氈帷納之正中，藉氈而坐。家長以下無男女以次長跪進酒為壽，無貴賤皆傳飲至醉。或吹觱筑，或彈琵琶，或說彼中興廢，或頓足起舞，或抗音高歌以為樂。」《李北使實錄》記載，西元一五五〇年，蒙古瓦剌部首領也先招待明使李實，「宰馬備酒相待，令十餘人彈琵琶，吹笛兒，按拍歌唱歡笑。」袁彬《北征事蹟》亦記，也先每宴會，都「自彈虎撥思兒唱曲，眾達子齊聲和之。」

四、文學作品中的飲食描述

元代蒙古族隨著統一語言的形成和文字的產生，創作了各種形式的文學作品，描述了蒙古族人的經濟生活和飲食習俗。《蒙古秘史》是蒙古族的第一部書面著作，採用了編年體，從蒙古族起源的原始傳說寫起，一直敘述到十三世紀四〇年代為止。它以傳記文學的手法，韻散結合的形式寫成。它既是一部史書，又是一部文學價值很高的作品，書中多次提到蒙古族飲食行為的內容。

明代蒙古族的英雄史詩中，《江格爾傳》是史詩的代表作。詩中塑造了部落盟主江格爾、紅色雄師洪古爾、智多星阿拉譚策吉、鐵臂薩布爾、雄辯家明彥等個性鮮明的形象，篇章結構、故事情節都具有游牧民族說唱藝術的特點，每一章以酒宴開始，以酒宴結束，涉及了蒙古社會生活的各個方面。

許多漢族與其他民族的詩中也提到了蒙古族的飲食風俗。程文的《牛穌》詩云：「牛穌真異品，牛乳細烹熬。堅滑黃凝蠟，沖融白瀉膏。」程文還賦詩曰：「煮酪以為餅，圓方白更堅。齋宜羞佛供，素可列賓宴。」楊允浮的《灤京雜詠》卷下曰：「不須白粲備晨炊，乳酪羊穌塞北奇。」這是描述蒙古族傳統的奶食品。南宋降元後，宋室隨行人員汪元量在燕京和上都參加元朝的宴會，深有感觸，作了很多關於飲食方面的詩，多收錄於《湖山類稿》中，如：「御廚請給蒲萄酒，別賜天鵝與野鷹。」「天家賜酒十銀甕，熊掌天鵝三玉盤。」這都是稱讚美酒、美味的作品。元耶律鑄的《行帳八珍·駝鹿唇》詩序中說：「駝鹿，北中有之，肉味非常，唇殊美，上方珍膳之一也。」元朝學儒胡助作詩《送蘇伯修分院上都》曰：「下直錦袍淋馬

酒，大酺氈帳割駝峰。」詩人貢師泰作詩《上京大宴和樊時中侍御》曰：「馬湩浮犀碗，駝峰落寶刀。暖茵攢芍藥，涼甕酌葡萄。」這是讚美飲品、畜肉和野味的詩。呂誠的《摘菌》詩曰：「菌子白於雲，羅生枯楊枝。地氣蒸土膏，儼如三秀芝。鮮摘色瑩潤，薄美香敷腴。飲食貴適口，豈謂物細微。」讚美蒙古族食用的天然菌類食品。

第五節　飲食文化交流與理論總結

蒙元帝國是世界歷史上版圖最大的國家，經過西征南討，征服了許多國家，促進了飲食文化的交流。明清時期，蒙古族退居中北地區，在農耕經濟與牧業經濟互相支撐並進的經濟環境下，文化交流仍很頻繁，帶動了與中原地區的飲食文化交流。同時，這一時期出現了總結飲食理論的著作，使中北地區飲食文化理論趨於完善。

一、經濟貿易與飲食文化的交流

❶‧蒙古國、元朝與外國的飲食文化交流

蒙古國、元朝時期，色目商人多販運珠寶、香料等奢侈品供給元朝統治者，把西域生長的經濟作物輸入蒙古地區，其中以水果（葡萄、西瓜等）和棉花最引人注目。蒙古軍隊西征歐亞，攻占高麗、安南、緬國、占城、爪哇、琉球等國，促進了蒙古族與今中亞、西亞、俄羅斯、東南亞、東亞的相互往來，促成他們之間的飲食文化交流。如元朝蒙古族的鋬耳杯就是民族文化交流的產物。該杯外形為敞口，弧腹，平底，在口一側附花邊形或月牙形鋬耳，其下飾圓形指環。又如高足杯，深腹，喇叭形高足。這些都是在吸收前代民族和西方文化的基礎上所創製的酒器。元

◀圖7-9　元代青花雙鳳紋菱花盤（伊朗
國家博物館藏）

朝的疆域最大時可抵達今歐洲、東亞、東南亞等地區，為中西和南北飲食文化的交流提供了暢通的條件，也使外國的飲食及方物源源不斷進入中國地區。如《元史》卷九十六《外夷》二記載：「三年九月，以西錦三、金熟錦六賜之，復降詔曰：『卿既委質為臣，其自中統四年（西元1263年）為始，每三年一貢，可選儒士、醫人及通陰陽卜筮、諸色人匠各三人，及蘇合油、光香、金、銀、珠砂、沉香、檀香、犀角、玳瑁、珍珠、象牙、綿、白磁盞等物同至。』仍以訥剌丁充達魯花赤，佩虎符，往來安南國中。」同時，元朝的飲食器具也通過絲綢之路傳入西方國家。如土耳其伊斯坦布爾托普卡王宮博物館收藏的元代青花瓷器達四十件，器形有大盤、大碗、葫蘆瓶、八棱梅瓶、高頸瓶、扁壺、魚藻罐等，器形偏大，不見玉壺春瓶、小碗、小盤、高足杯、盞托等小型器具。伊朗德黑蘭的阿特別爾寺收藏有元代青花瓷器三十二件，器類有大口盤、葵口盤、斂口大碗、敞口大碗、梅瓶、高頸罐、圓口罐、扁瓶等。在元朝大一統的局面下，有些元代的青花瓷器應該是從草原絲綢之路傳入到現在的土耳其、伊朗地區，而且多數是專門為元朝宮廷所燒製的高品質飲食器。由此看出，蒙古族飲食文化與西方國家交流的狀況。

❷‧中北地區與中原的貿易與文化交流

（1）戰爭及商業中心城市帶來的經濟文化交流　蒙古族在草原時的統治時期，生產技術落後，生產力低下，主要從事畜牧業，只在哈拉和林（蒙古汗庭，故城在今蒙古國烏蘭巴托附近）一帶有少量的農業，社會經濟很不穩定。蒙古貴

族為了滿足私慾，對各族人民進行了掠奪性和破壞性的戰爭，正如馬克思、恩格斯所言：「鄰人的財富刺激了各民族的貪慾，在這些民族那裡，獲取財富已成為最重要的生活目的之一。」[1]在戰爭中，必然出現經濟、文化的交往，也會帶來飲食文化的交流。元朝的交通業十分發達，自大都至全國各地的赤站很多，為商業的發展提供了有利條件，當時蒙古地區的上都、應昌、肇州等地，都是著名的商業中心，「在市者則四方之商賈與百工之事為多。」[2]忽必烈為了鼓勵各地商人到蒙古地區貿易，「特免收稅以優之」[3]。來到這裡的商賈，多販運糧食。元朝政府還「悉出戶部茶鹽引，募有能自挽自輸者，入其粟而授其券」，來「捐利以予商人」[4]。蒙古族十分需要糧食，商賈把糧食源源不斷地運入蒙古地區，對改善他們的飲食結構起了積極作用。另外，中原地區的錢幣、銀器、陶器、鐵器等輸入蒙古地區，密切了蒙古地區與中原地區的經濟聯繫。

（2）集寧路榷場貿易　內蒙古呼和浩特市東郊白塔村窖藏[5]，出土有鈞窯香爐、鈞窯鏤空座雙螭耳瓶、龍泉窯纏枝牡丹紋瓶、龍泉窯纏枝蓮紋瓶。從工藝製作和裝飾紋樣看，都為元代瓷器中的精品，而且是從中原和南方地區輸入的。二〇〇三年，內蒙古文物考古研究所在察哈爾右翼前旗巴音塔拉鎮土城子村集寧路古城遺址進行了發掘，發現大量的瓷器，僅完整或可復原的瓷器就達三千餘件，其種類之繁雜，窯口之眾多，工藝之精美，為中北地區考古歷史所未見。一九七六年，在集寧路故城窖藏[6]中出土了雙耳白瓷壺、白瓷盞、青白瓷碗、鈞瓷缽、龍泉窯雙魚紋洗等。集寧路古城所處的位置是元朝的一個榷場，是中北地區重要的商品集散地。元世祖統一中國後，江南地區的絲織品、金銀品、瓷器等大量輸入中北地區，使集寧路成為當時連接中北地區、中原地區商貿交易的重要紐帶。古城各個遺址出土的金

1　中央編譯局編譯：《馬克思恩格斯選集》第四卷，人民出版社，1972年，第160頁。
2　虞集：《道園學古錄》卷十三《北都留守賀惠愍公廟碑》，商務印書館，1937年。
3　宋濂等撰：《元史・世祖紀八》，中華書局標點本，1976年。
4　柳貫：《柳待制文集》卷十六《送劉宣寧序》，《四部叢刊》，商務印書館，1933年。
5　李作智：《呼和浩特市東郊出土的幾件元代瓷器》，《文物》，1977年第5期。
6　潘行榮：《元集寧路故城出土的窖藏絲織物及其他》，《文物》，1979年第8期。

銀器、瓷器等物品，說明了草原絲綢之路的起點就在今內蒙古地區，這裡彙集了中原地區的大量飲食器，通過草原絲綢之路運往西方國家，並把西方諸國的商品通過該道經中北地區輸入中原地區。在其他遺址和墓葬中，出土數量較多的飲食器和農業生產工具，都是從中原地區傳入的，是當時蒙古族人喜愛的物品。中北地區的牲畜和畜產品，也被中原地區的漢人所接受，用於改善飲食結構和發展經濟。

（3）「通貢」貿易　「通貢」是在蒙古封建主與明朝之間進行的，各部領主利用屬民上交的牲畜、獵物和各種手工製品向明朝「進貢」，明廷回贈絲織品、棉紡品、農產品、生活用具、醫藥、佛經及貨幣等。根據《明實錄》記載，從永樂元年（西元1403年）至隆慶四年（西元1570年）間，蒙古封建主向明朝進貢即有八百多次。正統十二年（西元1447年），「瓦剌使臣皮兒馬黑麻等二千四百七十二人來朝，貢馬四千一百七十二，貂鼠、銀鼠、青鼠皮一萬二千三百。」明廷回贈的物品，幾乎全部被蒙古各部封建主占有。平民只能高價換取一點。

（4）馬市貿易　明朝通過馬市和木市與蒙古地區交換物品。蒙古首領俺答汗幾次要求開茶市，遭到明廷的反對，未能實現。但馬市在明朝初期就開設了，「永樂間，設馬市三：一在開原南關，以待海西；一在開原城東五里，一在廣寧，皆以待朵顏三衛。」[1]永樂六年（西元1408年）明成祖命在甘州、涼州、蘭州、寧夏等處進行馬匹交易。正統三年（西元1438年），開大同馬市，與中原進行貿易。嘉靖三十年（西元1551年），在俺答汗的強烈要求下，明朝在大同鎮差堡、宣府新開口堡、延綏、寧夏等地開設了馬市。隆慶五年（西元1571年），俺答汗與明朝達成了和平貢市的協議，明朝先後在大同得勝堡、新平堡、守口堡、宣府張家口、山西永泉營、延綏紅山寺堡、寧夏清水營、中衛、平虜衛、甘肅洪水扁都口、高溝寨等十一處開設了馬市。這種馬市為官市，由明朝指定地點，每年定期開市一兩次，每次三至十五日左右，雙方官員監督，由明朝定出牲畜價格，用銀兩、錢鈔收購馬匹，或用布、緞、鐵鍋等折價易馬。

1　張廷玉等：《明史・食貨志五》，中華書局，1974年。

因官市滿足不了蒙古封建主的貿易要求和蒙漢民間對物品的需要，那些過去被明朝禁止的民間私下貿易之地被准予開設私市，以物易物。還有一種在適當地點開設的月市。《萬曆武功錄》卷八《俺答汗列傳下》記載：「牛（易）米豆石餘，羊穄（qiè）粿數斗。無畜，間以柴鹽數斗易米可一二斗，柴一擔易米可二三升，而其甚者，或解皮衣，或執皮張馬尾，惟冀免一日之飢。」交易的品種，官市蒙古方面主要出售馬匹。在民市上，蒙古地區用馬、駝、騾、驢、牛、羊、氈、裘、皮張、馬尾、鹽、鹼、柴草、木材等，與明朝交換糧食、布、絹、絲、緞、衣服、農具、鐵鍋、銅鍋、紙張、醫藥、顏料、日常用具、茶葉及各種食品。其中，牲畜、糧食、飲食器、食品的交易額度較大。互市給雙方帶來了穩定和繁榮，《明神宗實錄》卷三十三載：「俺答汗納款馬市互易，邊疆無警，畿輔晏然，漢唐以來所未有也。」安定的環境促進了雙方飲食文化的交流。

（5）商幫貿易　清朝由於漢族商人大批湧入蒙古地區進行貿易，結成山西商幫和北京商幫，壟斷了蒙古地區的市場，他們從蒙古族人那裡收購原料和畜產品，並販賣各種日用品，隨著生意的逐漸穩定，這些商人便在這裡居住下來，發展了原有的城市和形成新的城鎮，在飲食上影響了當地蒙古族或接受了蒙古族的風習。這些商人往往用很少的商品與蒙古族人交換牲畜，出現了「茶一斤易一羊，十斤易一牛」的局面。

從清朝晚期開始，隨著大批漢族人到蒙古地區開墾蒙荒，使得部分蒙古族的飲食風習同漢族一樣了。通過商業貿易，進一步溝通了蒙古地區與內地的物質交流。漢族商人供應給蒙古族人需要的生產工具和生活用品，同時也將蒙古族人無力充分利用的土特產收購起來，供應內地人民的生活需要。例如，木材、鹽、鹼、礦產、藥材、山貨、獵物等，在蒙古族人那裡很少被利用，通過商業的流通，為蒙古族人民開闢了新的生產加工領域，也使漢族人民得到了以前所未有的特產方物。在商貿過程中，飲食方面的交流幅度很大，同時與飲食相關的經濟、風俗也在相互影響，促進了蒙古地區與內地的飲食文化交流。

清朝對中北地區實行了「滿蒙聯姻」的政策，將清廷公主、郡主嫁給蒙古的王公貴族，在有效控制蒙古地區的同時，也促進了飲食文化的交流，使蒙古族上層社會出現了傚傚清代貴族的飲食風習。如反映在茶具與飲茶風俗方面，茶盞的風行即是一例。茶盞以康熙、雍正、乾隆盛行的蓋碗最負盛名，由蓋、碗、托三部分組成。蓋為天、托為地、碗為人，象徵「天地人」三才，反映了中國人器用之道的哲學觀。蓋呈凸形，捉手呈小圈足狀較高；碗敞口，小底，有矮圈足；蓋徑多小於碗口徑，扣於碗口內，少數蓋大於碗口，俗稱天蓋地式，碗帶蓋既保潔又保溫且易凝聚茶香；「茶托」又稱「茶船」，托呈中心下凹的一個淺形圓盤狀，其下凹部位恰好與碗底之圈足相吻合。除此而外其形還如船形、元寶形、海棠花形、十字花形，喝茶時手托茶船，又利於隔熱，避免手被燙傷。這種茶盞在蒙古上層社會中特別風行，足見中原茶文化對中北蒙古族人的影響之大。

二、農牧業生產技術與飲食文化理論的完善

經過前代游牧民族長期的生產及生活的實踐探索與創造，到元、明、清時期形成了許多農牧業生產技術及飲食文化方面的專著，總結記錄了很多創新的理論，代表著作有元代司農司編纂的《農桑輯要》、王禎著的《農書》、魯明善著《農桑衣食撮要》、忽思慧著《飲膳正要》、賈銘著《飲食須知》、日用百科全書《居家必備事類全集》、清代袁枚著《隨園食單》等。這些著作涉及了農業、牧業、飲食等方面的內容，加之養殖、牧放、管理的實踐經驗，使古代中北地區的飲食理論達到了完善階段。

蒙古族在長期的畜牧業生產過程中，積累了游牧方法、養畜方法、馴育保護、草場選擇等方面的經驗，懂得了「隨季候而遷徙。春季居山，便畜牧而已」的道理，依季節的特徵，合理使用牧場，免於一年四季到處奔波，造成牲畜倒斃，從而保護了牲畜的草料不受損害。在養畜方法上，已掌握騸馬技術，注重選配種畜，

以保證畜種的優良和牲畜的強壯。同時，注意馬匹的馴育和保護，使馬匹強壯而宜用。羅振玉編印的《海寧王忠愨公遺書》三記載了蒙古族的養馬方法，「自春初罷兵後，凡出戰好馬，並恣其水草，不會騎動，直至西風將至，則取而控之，繫於帳房左右，餧以些少水草，經月後，膘落而實，騎之數百里，自然無汗，故可以耐遠而出戰。尋常正行路時，並不許其吃水草，蓋辛苦中吃水草，不成膘而生病，此養馬之良法。」

蒙古族實行牧人分工管理、牲畜分群放牧的方法，《海寧王忠愨公遺書》記「扇（騸）馬、騍馬各自為群」。牧人也有「放馬的」「放羊的」「放羔兒的」「放牧駱駝的」。蒙古牧民十分重視牧場的選擇和水草的保護，駐牧的場所都是水草豐美之處。凡破壞牧場者，都要受到懲罰。

蒙古族從牛奶中提取奶油，把奶油煮乾，貯藏於羊胃裡保鮮，以供冬季食用。提取奶油後留下的奶，使其變酸，然後煮之，凝固成堅硬的酸奶塊，收藏在袋子裡，待到冬季缺奶時，就把這種酸奶放在皮囊裡，倒入熱水，攪拌溶化飲用。此外，還製作奶豆腐、奶酪、奶皮、炒米、乾肉等，置於倉庫中備食。元朝建立後，用倉貯藏糧食，以防止腐壞。內蒙古正藍旗元上都故城城外東西兩側各有一座規模龐大的糧倉遺址[1]，東邊的稱為萬盈倉，西邊的稱為廣積倉，成排分佈，每排由若干室組成。可見在貯藏食物方面的豐富經驗。

在蒙醫食療法中，如同中原一樣，有著「醫食同源」的理念，其中有很多藥品為可食的農作物及其他食品。如「達延可汗身患痞積，特穆爾哈達克之妻為此，用九匹初產駝羔的母駝之乳醫治，磨穿了三隻銀碗，治療結果，萍藻般的七塊瘡疤脫落了，方告痊癒。」[2] 還逐漸總結經驗，形成很多文字性的著作，如《蒙醫正典》《醫學大全》《藥劑學》《藥五經》《配藥法》等，涉及用飲食調理身體的方法。

清代蒙古族在牧業生產中，更加注重草場的合理使用和牲畜的馴育，在生產技

1　葉新民：《元上都研究》，內蒙古大學出版社，1998年。
2　朱風、賈敬顏譯：《黃金蒙古史綱》，內蒙古人民出版社，1985年，第83頁。

術和經營管理上實現了改進，如在半農半牧區採取打井、搭棚、築圈、開闢「草甸子」、貯備冬飼料，以及實行牧草保護等，形成一套完整的養畜、保畜經驗。

經元、明、清的發展，中北地區的農牧業生產技術以及飲食文化理論已逐步達到完善階段，無論是從種植、養殖、牧放、飲食結構，還是從食物加工、烹調技藝、飲食衛生、飲食保健、飲食觀念來看，都已形成理論架構，對現代中國飲食理論有著重要的借鑑作用。

❶・《飲膳正要》《飲食須知》對草原飲食文化理論的總結

（1）《飲膳正要》　　《飲膳正要》是元人忽思慧（《四庫全書總目提要》譯作何斯輝）所撰的一部關於飲食文化方面的著作，今人視之為古代營養學專著。忽思慧為宮廷飲膳太醫，《飲膳正要》成書於天歷三年（西元1330年），共分三卷。全書的指導思想是以食療疾，重視食物的性味、食用禁忌、食療的作用，比較詳細地記錄了元朝宮廷飲食的情況。第一卷的內容是諸般禁忌，聚珍品饌：包括「養生避忌」「妊娠食忌」「乳母食忌」「飲酒避忌」「聚珍異饌」。第二卷為諸般湯煎，食療諸病及食物相反中毒等：包括「諸般湯煎」「諸水」「神仙服餌」「四時所宜」「五味偏走」「食療諸病」「服藥食忌」「食物利害」「食物相反」「食物中毒」「禽獸變異」等。第三卷分是「米穀品」「獸品」「禽品」「魚品」「果品」「菜品」「料物」等。在「聚珍異饌」中，有70多種以羊肉作為主料或輔料，為總數的十分之八左右。在「食療諸病」中，共有61種療方，其中12種與羊肉有關。在「獸品」中，記錄可食用的草原地區的野獸有黃羊、野馬、野駝、熊、麋、鹿、野驢、野豬、獺、虎、豹、麝、狐、狼、兔、塔剌不花（土撥鼠）、獾、野狸、黃鼠等，野禽有大金頭鵝（也可失剌渾）、小金頭鵝（出魯哥渾）、不能鳴鵝（剌兒乞剌）、花鵝（阿剌渾）、雁、野雞、山雞、野鴨、鵪鶉、雀等。其中，土撥鼠是草原地區特有的動物，「煮食之宜人。生山後草澤中，北人掘取以食，雖肥煮則無油，湯無味，多食難克化，微動氣。」

忽思慧的《飲膳正要》，內容包括飲食衛生理論、食譜、食品原料性能鑑別，

總結了漢、蒙古、維吾爾、回等民族的飲食經驗，始終貫穿著飲食養生、食療和保健思想。忽思慧認為，飲食的原則應是利於養生，「飲食必稽於本草」，「飲膳為養生之首務」。通過合理的飲食實現健康長壽的目的，逐漸成為古代北方游牧民族的科學飲食觀。他在書中說道：「心為一身之主宰，萬事之根本，故身安則心能應萬變，主宰萬事，非保養何以能安其身。保養之法，莫若守中，守中則無過與不及之。病調順，四時節慎飲食，起居不妄，使以五味調和五藏，五藏和平，則血氣資榮，精神健爽，心志安定，諸邪自不能入，寒暑不能襲，人乃怡安。夫上古聖人治未病不治已病，故重食輕貨，蓋有所取也。故云，食不厭精，膾不厭細。魚，餒肉敗者，色惡者臭，惡者失飪，不時者，皆不可食。然雖食飲，非聖人口腹之慾哉。蓋以養氣養體不以有傷也。若食氣相惡，則傷精，若食味不調，則損形。形受五味以成體，是以聖人先用食，禁以存性後製藥，以防命，蓋以藥性有大毒。有大毒者治病，十去其六，常毒治病，十去其七，小毒治病，十去其八，無毒治病，十去其九，然後穀肉、果菜，食養盡之，無使過之，以傷其正，雖飲食百味，要其精粹，審其有補，益助養之，宜新陳之異，溫、涼、寒、熱之性五味偏走之病，若滋味偏嗜，新陳不擇，製造失度，俱皆致疾可者行之，不可者忌之。如妊婦不慎行，乳母不忌口，則子受患。若貪爽口而忘避忌，則疾病潛生而中，不悟百年之身而忘於一時之味，其可惜哉。孫思邈曰：謂其醫者，先曉病源，知其所犯，先以食療，食療不癒，然後命藥，十去其九。故善養生者，謹先行之，攝生之法，豈不為有裕矣。」

書中記載了蒙古族的一些珍食異饌，如「炙羊心、治心氣驚悸、鬱結不樂。羊心一個，帶系桶，咱夫蘭三錢，右件用玫瑰水一盞浸，取汁，入鹽少許，簽子簽羊心，於火上炙，將咱夫蘭徐徐塗之，汁盡為度，食之安寧心氣。令人多喜。」「馬思答吉湯，補益溫中順氣，羊肉一腳子，卸成事件。草果五斤、官桂二錢、回回豆子半升，搗碎去皮。右件一同熬成湯，濾淨，下熟回回豆子二合，香粳米一升，馬思答吉一錢、鹽少許，調和勻，下事件肉，芫荽葉。」「沙乞某兒湯，補中下氣，和脾胃，羊肉一腳子，卸成事件（指將羊腿切碎），草果五個、回回豆子半斤，搗碎去皮。沙乞

某兒五個、系蔓菁，右件一同熬成湯、濾淨、下熟回回豆子二合，香粳米一升、熟沙乞某兒，切如色數大，下事件肉，鹽少許，調和食勻。」這些食饌都顯示出北方草原游牧民族的飲食特色，並具食療作用。

《飲膳正要》當時雖是為元代皇帝延年益壽所編的專著，但對人民百姓也起了很大作用。正如該書的序言裡所說的那樣：「中宮覽焉念，祖宗衛生之戒，知臣下陳義之勤思，有以助呈上之誠身而推其仁民之至，意命中政院使臣拜住刻梓而廣傳之。茲舉也，蓋欲推一人之安而使天下人舉安，推一人之壽而使天下之人皆壽，恩澤之厚，豈有加於此者哉。」因此，這是一部關於對草原飲食文化理論總結方面的書籍。

（2）《飲食須知》　　《飲食須知》為元人賈銘著。賈銘，海寧人，字號華山老人。朱元璋建立大明時已經百歲。太祖召見，問其頤養之法，回答「要在慎飲食」。於是寫此書進覽。書中的序說：「飲食藉以養生，而不知物性有相反相忌，叢然雜進，輕則五內不和，重則立興禍患，是養生者亦未嘗不害生也。」告訴人們在飲食中注意反忌，提倡養生之道。

《飲食須知》共分八卷，卷一為「水火」，包括天雨水、梅雨水、液雨水、臘雪水、冰、露水、半天河水、屋漏水、冬霜、冰雹水、方諸水、千里水、井水等諸多種。

卷二為「穀類」，有粳米、糯米、黍米、蜀米、粟米、秫米、稗子米、大麥、小麥、蕎麥、苦蕎麥、雀麥、胡麻、白芝麻、亞麻、大麻子仁、黑大豆等諸多種。

卷三為「菜類」，包括韭菜、薤、蔥、小蒜、大蒜、蕓薹菜、菘菜、芥菜、萵苣菜、白苣菜、苦菜、萊菔根、胡蘿蔔、芫荽、茄子、芋艿、山藥、茼蒿等諸多種。

卷四為「果類」，包括李子、杏子、桃子、栗子、棗子、柿子、梅子、梨、木瓜、棠、柰子、林檎、石榴、橘子、柑子、橙子、香櫞、金柑、枇杷等諸多種。

卷五為「味類」，包括鹽、麻油、豆油、黑砂糖、白砂糖、蜂蜜、薄荷、蓽撥、草荳蔻、紅荳蔻、食茱萸、川椒、胡椒、小茴香、蒔蘿、桂皮、茶、酒等諸多種。

卷六為「魚類」，有鯉魚、鯽魚、鱒魚、鱸魚、鱖魚、鱣魚、鯖魚、白魚、鮰

魚、鯊魚、鰷魚、殘魚、鱒魚、石首魚、勒魚、鯧魚、鱧魚、鰻鱺魚、鱘魚等諸多種。

卷七為「禽類」，包括鵝肉、鴨肉、雞肉、野鴨、野雞、鵪鴰肉、雀肉、鶉肉、鷓鴣肉、雁肉、鳩肉、雉肉、竹雞肉、英雞肉、黃褐侯肉、桑肉、鴰肉等諸多種。

卷八為「獸類」，包括豬肉、羊肉、黃牛肉、狗肉、馬肉、驢肉、騾肉、鹿肉、麋肉、虎肉、豹肉、野豬肉、豪豬肉、駝肉及峰脂、熊肉、山羊肉、羚羊肉等諸多種。書中列舉的主食和副食品種，是從諸家《本草》中專選食物之反忌匯成一編，以此來提醒世人要慎在飲食，該書是一部飲食生活方面的重要史籍。

❷·《居家必備事類全集》對元代飲食風味和製作的概述

《居家必備事類全集》是元代的一部日用百科全書型的類書，共分十集。其中，己集分「諸品茶」「諸湯」「渴水」「熟水」「法制香藥」「果食」「諸酒」「造諸醋法」「諸醬類」「諸豆豉」「飲食類」。「飲食類」中又分「疏食」「淹藏肉品」「淹藏魚品」「造鮓品」各個門類。庚集的飲食類下分為「燒肉品」「煮肉品」「肉下酒」「肉灌腸紅絲品」「肉下飯品」「肉羹食品」「回回食品」「女真食品」「濕麵食品」「乾麵食品」「從食品」「素食」「煎酥乳酪品」「造諸粉品」「庖廚雜用」等門類。其中對饅頭的種類和用途介紹得頗為詳細，如有「平作小饅頭（生餡）、攛尖饅頭（生餡）、臥饅頭（生餡，春前供）、捺花饅頭（熟餡）、壽帶龜（熟餡，壽筵供）、龜蓮饅頭（熟餡，壽筵供）、春重（熟餡，春前供）、荷花饅頭（熟餡，夏供）、葵花饅頭（喜筵、夏供）、毬漏饅頭（臥饅頭口用脫子印）。」使人們瞭解到元代的饅頭是一種包餡的主食，分生餡和熟餡兩種，不但用於四時祭享，而且是壽筵上不可缺少的食品。

❸·《農桑輯要》《農書》《農桑衣食撮要》中的農牧經驗

（1）《農桑輯要》　《農桑輯要》是元世祖時官撰頒行的一部講論「播植之宜，蠶繰之節」的書，有元一代，以是書為經國要務。全書共七卷，分為十門：典訓（記述古代典籍中有關農桑起源及重要史實）、耕墾（敘述耕種操作方法）、播種

（介紹穀類和纖維、油料等作物的栽培技術）、栽桑、養蠶、瓜菜、果實、竹木、藥草（包括茶、染料）、孳畜。內容絕大部分引自《齊民要術》《士農必用》《務本新書》《四時纂要》《韓氏直說》等書，雖系摘錄，但取其精華，摒棄名稱訓詁和迷信無稽的說法。其中也有一些文字是出於編纂人之手，都以「新添」標明。從書中所述農作物的種類、耕作方法、氣候特點、資料來源看，概括了中國北方（黃河流域及以北地區）的農業生產經驗，涉及北方草原地區的農業生產狀況。

（2）《農書》　元人王禎撰《農書》共有三十六卷，分為三個部分：論述農業生產的《農桑通訣》（一至六卷）；介紹農業生產工具的《農器圖譜》（七至二十六卷）；分論各種作物栽培的《穀譜》（二十七至三十六卷）。該書記述的農業生產打破了南北區域，是北方農民40年來生產技術的提高與總結，並大量吸收了南方先進農業生產的寶貴經驗。在北方旱地耕作中強調深耕細耙，認為只有「深耕易耨」才能「歲可常稔」。這是對北方旱地翻耕法耕作體系所做的系統概括。在發展林業方面，《農桑通訣·種植篇》通過介紹歷史上發展林業的成功經驗，闡述了發展林業是「利博」和「興國」的大事，不可緩。並具體介紹了果樹的嫁接、移植等栽培技術及管理方法，為發展林業生產提供了技術經驗。在發展牧業方面，《農桑通訣·畜養篇》總結了養馬、牛、羊、豬、雞、鵝、鴨的經驗。在養馬方面，繼承和發揚了「食有三芻，飲有三時」的經驗。在養牛方面，認為「養牛，必有愛重之心」，然後才能「視牛之飢渴，猶己之飢渴；視牛之困苦羸瘠，猶己之困苦羸瘠；視牛之疫癘若己之有疾癘；視牛之孕育若己之有子也」。如果能這樣，牛就一定蕃盛。王禎認為要養好牛，就要在「勿犯寒暑」「勿使太勞」「時其飢飽」「節其作息」等方面下功夫。同時要準備充足的飼料，並及時為牛治病。這些理論對以畜牧業為主的中北地區極具指導意義。

（3）《農桑衣食撮要》　魯明善的《農桑衣食撮要》共分上、下兩卷，詳細地按月令記述了各地的農事活動，內容包括耕作、水利、氣象、瓜菜、果樹、竹木、藥草、桑蠶、養蜂、畜牧、釀造及農畜產品加工等方面。魯明善重農思想明確，他說：「務農桑，則衣食足；衣食足，則民可教以禮義；民可教以禮義，則國家天

下可久安長治也。」《農桑衣食撮要》是一部莊稼人實用的農業小百科全書，具有明確的實踐性，語言簡明易懂，可以看出魯明善是一位關心民生的地方官。作為維吾爾農學家的魯明善，不僅總結了漢族勞動人民的生產經驗，同時也總結了西北地區各民族的生產經驗並加以傳播，為我國的農學書籍增添了新的內容。

第八章　中華民國至中華人民

共和國時期

一九一一年，資產階級民主革命推翻了清王朝，結束了兩千餘年封建社會的長期統治，從此中國人民開始了新的歷史。一九四九年，中國共產黨領導全國人民推翻了國民黨的統治，建立了中華人民共和國，我國進入了社會主義建設時期，各項事業蒸蒸日上。一九七八年，中國共產黨第十一屆三中全會的召開，標誌著我國社會主義建設進入了一個新的階段。中北地區飲食文化也發生了很大的變化，進入一個多姿多彩的發展時期。

第一節　中華民國中北地區飲食文化概況

民國初期，中北地區的畜牧業處於衰退的狀況。二十世紀三〇年代，察哈爾各旗蒙古族人口約四萬餘人，而牲畜只剩下一萬餘頭（只）。這一現象直到牧區民主改革（1947年）後，畜牧業經濟才有所好轉。農業也呈衰退趨勢，在實行農村土地改革後，農業經濟得到恢復和發展。在傳統的食品加工業中，從事牧業的蒙古族，有畜產品加工、製乳、釀酒等行業。

一、追求溫飽的大眾飲食生活

二十世紀四〇年代以前，內蒙古地區先後由北洋軍閥、國民黨政府、日本侵略者統治，經濟上殘酷的掠奪和沉重的剝削，使大多數蒙古族人民處於水深火熱之中，生活不得溫飽。察綏兩省的蒙古族人民不僅負擔蒙旗政府和王公札薩克原有的攤派，還要承受省縣政府新加的田賦和苛捐雜稅，使其「全部生產的收入或其他利潤，都被掠奪殆盡，幾無以生存」[1]，過著半飢半飽的貧苦生活。同時，內地大量農耕移民的進入，逐漸改變了游牧經濟的生產和生活方式，導致草原面積急遽減

1　賀揚靈：《察綏蒙民經濟的解剖》，商務印書館，1935年。

少，牲畜數量銳減。一九〇二年，清王朝推行「放墾蒙地」的政策，遷移大量內地的漢民從事粗放的農業生產；北洋軍閥政府時期，移民有增無減。在一九〇二至一九三七年的35年內，內蒙古地區漢族人口從近百萬驟增到318萬。「內蒙古東部靠東北線、熱河、察哈爾和綏遠河套地區，都在放墾，農墾區由南向北，由東往西，不斷向草原和畜牧業區推進，到20世紀20、30年代，京綏鐵路沿線和綏遠河套地區，成為華北重要的雜糧基地。」[1] 過度墾荒使草原遭受嚴重破壞，「水土流失現象日趨嚴重，草地退化、沙化趨勢有增無減，自然災害頻繁發生。」[2] 由此，生活在草原地區的蒙古族陷入貧困境地，人口由102萬下降至83萬，牲畜頭數由二〇年代的7000萬頭（只）降至不足1000萬頭（只），溫飽問題亟待解決。

至一九四七年內蒙古自治區成立後，中北地區的經濟得到迅速恢復和發展，人們的食生產和食生活均有了歷史性的改變和進步。種植、養殖、牧放、食品加工等都得到前所未有的發展，糧食、油料、糖、乳品、肉食等都有不同程度的增長，保證了城鄉居民的正常供應。但是，很多牧場繼續被開墾為農田，結果是糧食產量沒有提高，草原生態也遭受破壞，在一定程度上影響了人們的食生產和食生活，人們只能滿足於最基本的飲食消費，抑制消費成為人們的主導意識。低消費和解決溫飽是這一時期飲食生活和飲食文化的基本特徵。經濟上的封閉、思想上的禁錮，導致了飲食文化交流的侷限，群眾的飲食追求仍以溫飽為主。

二、飲食結構與飲食習俗

❶·飲食結構

中北地區的蒙古族在民國時期仍以畜牧業為主，儘管人們的日常生活處於困乏狀態，但仍是以肉、奶為主要飲食原料。在飲食儲備方面，由於草原的生態環境和

1　劉克祥：《簡明中國經濟史》，經濟科學出版社，2001年。
2　哈囉德‧F‧黑迪著，章景瑞譯：《草原管理》，農業出版社，1982年。

第八章　中華民國至中華人民共和國時期

263

氣候條件的不同，形成了三種不同的飲食區域，即農業區域、半農半牧區域和純牧區域。如在純牧區，人們的飲食狀況在夏季和冬季有所不同。夏季從四月到十月，包括從母畜產犢到乳品加工結束及奶製品的冬貯。在牧區，奶食多製作成乾酪，肉食簡單包裹就地挖坑埋藏。儲藏奶食、肉食的器具為牛、羊的胃，這種儲藏方法特別是在冬季儲藏中既能保持奶食的新鮮，又能起到給食物保潔的作用。農區的蒙古族如同漢族一樣，用粗瓷缸貯藏糧食和醃酸菜。

這一時期的口糧主要是奶製品，偶爾有些肉製品。冬季食用宰殺和貯備的家畜肉、夏季貯備各類的奶製品。烹飪方式以煮燉為主。從現代科學觀點來看，煮食較多地保留了人體所需的維生素、礦物質等營養成分。另外，游牧民本身所需的維生素和礦物質無法靠蔬菜果類供應，於是就喝大量的茶和乳酸飲料加以補充。這種搭配，體現了獨有的草原文化習俗。

在飲食器具上，中北地區的人們主要是以刀、箸進食，以刀割肉，再用箸夾食。牧區的盛食器、飲用器常見木質器皿，如碗、盤等；農區一般為粗瓷器，有碗、盤、杯、壺等，也有金屬製作的器物。王公貴族階層除了精細的瓷器外，還有銀器、漆器等器皿。

❷·飲食習俗

蒙古族的飲食習俗仍具有家庭的、社會的、宗教信仰的多種功能。在家庭生活中，飲食在維繫家庭成員之間的情感以及促進家庭成員的協調合作上起到了重要作用。如當冒著凜冽的嚴寒而辛苦一天的牧人與家人圍坐在一起，捧起熱騰騰的奶茶，就會感到生理與心理的滿足，並且憧憬著明天的勞作與享受。在傳統的人生禮俗與節日禮俗中，飲食習俗還是維繫人與人之間的社會交往，聯絡情感、增進友誼的紐帶。如在簡單的宴席上，伴著歡快的歌舞，唱著讚美的祝詞，使熱烈的氛圍構成了一幅生動的畫面，在這裡人們的精神物化與心態達到了和諧統一。在祭祀時，蒙古族無論是祭敖包還是祭祖先，都要屠宰牲畜作為祭品。正如元時文獻《魯不魯乞東遊記》記載：「在一個最近死去的人的墓上，他們在若干高桿上懸掛著十六匹

馬的皮，朝向四方，每一方四張馬皮，他們並且把忽迷思（酸馬奶）放在那裡給他喝，把肉放在那裡給他吃。」民國時期仍然如此，所供的肉食品是獻給神靈，希冀得到神靈和祖先的賜福。另外，飲食也是蒙古族信仰的物化。蒙古族信仰藏傳佛教（即喇嘛教），祭神時，常以飲食供奉諸神。蒙古族還盛行一種「喇嘛茶」（需要鼎沸的水來泡，口味重），就是喇嘛教教規在飲食上的反映。從而形成了特色鮮明的宗教飲食文化。

民國時期，中北地區與其他地區，以及蒙古族與漢族、滿族等民族的飲食習俗是在相互交流與影響的。如「全羊席」是蒙古族的傳統宴席，製作中就吸取了漢族的烹調技藝，食用時又頗具蒙古特色，是蒙漢飲食文化交流的結晶。其做法是把全羊解為幾段，煮熟後，盛入長方形或橢圓形大木盤中，按全羊形擺好，然後插上數把蒙古刀，端到宴席上，再撤掉頭和四肢。開始食用時，主人站起先用蒙古刀在全羊上劃個「十」字，表示「請」的意思，這時賓客方可用刀食用。吃全羊，也叫第一道宴，過後再上酒、菜，最後上飯。蒙古族的駝羹、牛蹄筋、馬乳等飲食，也被漢族、滿族等民族所接受。農業區的蒙古族，在食肉方法上基本與當地漢族接近。隨著民間經濟文化的交流，牧區、半農半牧區也吸取了各兄弟民族的長處，食肉方法越來越豐富，做法有煎、炒、烹、涮、燴、溜等。在東部區和半農半牧區，蒙古族和漢族、滿族居住地區相距比較近或者雜居，食用糧食的品種大體相同。蒙古族人的飲食習慣是與生活、生產方式息息相關的，比如，為方便游牧生活，每天的早點都是足足地喝上一頓奶茶。東部區的多數蒙古族自從事農業生產以後，住地穩定了，生活習慣也發生了變化，如飲用紅茶已成為農業區蒙古族的習慣。蒙古族把白酒叫「黑酒」，把紅茶叫「黑茶」，均表示烈性的意思。飲紅茶也稱「清飲」，目的不是為了攝取營養，而是為了易於消化。此時的蒙古族有喝早茶習慣，每天清晨起床後不吃飯先燒水沏茶。當然，更多的是飯後喝、來客人喝、晚間喝。喝晚茶，是一種極好的生活享受，可以消除一天疲勞、消除暑熱。茶是會晤朋友、聚會談天不可缺少的飲料。這些習慣同樣也是受到了漢族飲食習俗的影響。

第二節　新中國中北地區飲食文化的新興發展

新中國成立以後，中北地區的飲食文化在總體上呈現出新興發展的趨勢，特別是在產業方面及時調整了相關的政策，使現代牧業、農業、工業等有了很大的進步，改變了民國以來的衰落狀況，飲食結構和飲食器具有了很大改善。這期間雖然經歷了政治運動和自然災害，對人們的食生產和食生活有一定的影響，但在改革開放後，中北地區飲食文化呈現新興發展的面貌。

一、現代產業結構的形成

❶·牧業經濟

二十世紀五〇年代以後，中北地區的牧業經濟在一段時間內呈上升趨勢，但其間由於出現自然災害和某些政策執行的偏差，導致了經濟的回落。從七〇年代末期起，國家和地方政府清除了在畜牧業生產上「左」傾錯誤的影響，頒佈了一系列有利於發展牧業經濟的政策，取得了很大成效。一九八四年，開始實行草畜雙承包政策，在牧區全面推行草原分片承包、牲畜作價歸戶的「雙包制」，即「草場公有，承包經營，牲畜作價，戶有戶養」，把「人畜草」和「責權利」有機地統一協調起來，使經營畜牧業和經營草原緊密掛鉤，讓生產者在爭取獲得更多經濟效益的過程中，關心生態效益、激發牧民養畜和保護建設草原的積極性。一九八五年，內蒙古畜牧業的各項指數都遠遠超過了以前，與一九七九年相比，牛羊肉產量增加66.3%，牛奶增加到原有產量的2倍多，種草692萬畝，飛播牧草143余萬畝，圍建草庫倫478萬畝，牲畜出欄率高達23.5%，存欄頭數達3836萬頭（只）。[1]一九九〇年年末，內蒙古牲畜存欄數達4254.1萬頭（只），從數量、質量、商品率等綜合效益比較，都達到

1　郝維民：《內蒙古自治區史》，內蒙古人民出版社，1991年。

一個新的水平。這使得牧區完全擺脫了自給自足的自然經濟狀況，進入發展商品畜牧業、效益畜牧業的時期。二十世紀末至二十一世紀初，畜牧業發展呈快速增長趨勢，保證了人民生活水平的提高。內蒙古全區草原全面推行以草定畜、季節休牧、劃區輪牧的科學飼養方式，探索草畜平衡，實施禁牧、休牧和劃區輪牧、基本牧場保護等制度，在保護草原資源方面取得了成效。二〇〇五年，全區禁牧休牧面積達到6.24億畝，草原建設總規模達到9670萬畝，為全區生態建設實現「整體遏制、局部好轉」做出了重要貢獻。調整和優化牧業結構，給內蒙古的畜牧業帶來質的變化。在草原畜牧業穩定發展的同時，大力發展農區畜牧業，對中北地區的產業結構優化起到重要作用。

二十世紀末，為了保護生態平衡，中北地區已禁止打獵。狩獵，這一作為飲食補充的經濟活動手段才退出歷史舞台。同時採集活動也非常有限，它不再是一種經濟性質的活動。

❷·農業及手工業

二十世紀五〇年代後，由於政治上的原因，農業生產呈波動狀態。到八〇年代後，農業經濟迅速發展，糧食產量逐年增長，基本形成了河套地區和呼倫貝爾地區兩大糧食基地。特別是二十一世紀後，國家實施免收農業稅等政策，提高了農民生產積極性。二〇〇八年全區種植業獲得全面豐收，全年農作物種植面積9324萬畝，其中糧食作物種植面積6560萬畝，糧食總產量達1662.15萬噸，創歷史最高水平。

進入現代時期，蒙古族仍然以傳統的手工業為主。從事牧業的蒙古族，有畜產品加工、製乳、釀酒等行業。直到二十世紀五〇年代以後，傳統的手工業受到現代工業的衝擊，現代科技被應用於傳統的手工業之中，使畜產品和食品加工工業迎來了新的發展機遇。如乳品、冷飲、糕點、肉食、啤酒、白酒、麵粉等行業，在高科技的開發後，已創造出各種食品的名牌效益。特別是改革開放以後，內蒙古以獨特的自然資源使許多食品榮獲國家、部、省級名優產品稱號，以肉食、乳品、酒類為多，開發名、優、特產品的戰略正穩步推進。

二、蒙古族的飲食器具及其文化含義

❶·飲食器具的種類

　　蒙古族傳統的飲食器具以木、皮製品為主，如木碗、木匙、木模、木桶、木杵、「虎忽勒」等。木碗最早用樹皮製作，後來大量以松木製作。按照蒙古族的傳統風俗，每人都必用自己的碗筷，尤其是在集體聚餐或宴席上，如果沒有自己的碗筷將被嘲笑。木匙的頂部一般刻有蔓形花紋或馬頭，頂端有一孔，可穿入皮繩，以便攜帶。木模呈長方形或橢圓形，形狀大小不一。木桶用作釀酒或製奶，搗奶桶呈上小下大的柱狀，以此來製作奶油、奶酪、奶豆腐、奶皮等食物。「虎忽勒」即為一種以馬皮或牛皮製作的盛水、盛酒器皿，呈元寶形，中間部位呈壺嘴狀，上有木塞，木塞頂部有一孔，可穿入皮繩，或掛在身上，或掛在馬上攜帶，結實耐用。

　　另外，金屬製作的飲食器具是也是傳統的器物之一，常見的有銀器、銅器、鐵器。在傳世的金銀器中，蒙古族民間的工藝特徵非常明顯，器類有銀碗、銀盤、銀托盤、銀盅、鑲銀蒙古刀等，各種銀器的造型美觀大方、淳厚凝樸，強調形體的平衡與對稱。在銀器上鏨刻雲紋、犄紋、龍鳳紋、卷草紋、八寶紋、幾何紋等圖案，多為蒙古族傳統的紋飾，體現了蒙古族民間藝人和勞動人民的豐富的想像力和創造才能。銅鐵製品有銅鍋、銅執壺、銅杯、銅敦穆壺、銅勺、鐵鍋、鐵烤架、鐵火

◀圖8-1　現代的銅執壺，內蒙古地區

盆、鐵勺等。其中，「吉拉布其」為蒙古族所用金屬鍋的總稱，鍋中間有一邊沿，鍋上部邊沿鑄有傳統花紋，有的還鑄有蒙古文，平時煮肉、熬奶茶都用此鍋，容積較大；鍋下面有鍋撐子，由六根或八根鐵柱構成，中間圍四五道鐵圈加以固定。

❷ · 器具裝飾的文化象徵意義

中北地區現代蒙古族的飲食器裝飾有動物、植物、人物故事、宗教題材、文字符號、幾何圖形等圖案，而且往往由幾種圖案組成，單一的裝飾比較少見。動物裝飾有龍、麒麟、獅、虎、馬、羊、牛、鹿、猴、鼠、蝙蝠、摩羯、鳳、鶴、孔雀、鴛鴦、喜鵲、鸚鵡、錦雞、飛燕、雞、鴨、魚、蟾蜍、蝴蝶、蜻蜓等；植物裝飾有蓮花、牡丹、梅花、蘭花、菊花、桂花、葫蘆、靈芝、松、竹、柳、桃、石榴、西瓜、葡萄、荔枝、蘋果等；人物故事造型有孝子圖、高士圖、對弈圖、伎樂圖、家居圖、宴飲圖、狩獵圖、出行圖、五子登科圖等；佛教題材造型有佛像、菩薩、弟子、仙人、法器等；幾何符號造型有迴紋、盤長、菱形、卷雲、「囍」「壽」「卍」等。這些題材都是中國傳統的吉祥圖案，反映出各民族的文化交流情況，飲食器上的裝飾同樣具有文化的象徵意義。下面列舉幾例說明。

龍的崇拜在中國有著悠久的歷史，新石器時代有些氏族就把龍作為圖騰崇拜，使龍成為氏族或部落的族徽。在中國歷史上，龍作為神靈崇拜扮演過重要的角色，是「四靈」之一。龍是最大的靈物，它威力無比、神通廣大，成為封建時代神學政治的重要工具。在民間，龍被普通百姓視為神物、靈物、吉祥之物，以龍命名，稱子孫為「龍子龍孫」，祈盼子女「望子成龍」，把女婿稱為「乘龍快婿」，就連屬相中的蛇也婉稱「小龍」。「龍的傳人」已成為中華民族的象徵符號，龍的吉祥圖案一直被人們所喜愛。如蒙古族雙龍戲珠紋銀碗，圖案象徵風調雨順，五穀豐登。

鳳凰，是神話傳說中的一種瑞鳥，是「四靈」之一，百禽之王。鳳凰作為百鳥之長，與神學政治有關，它是王道仁政的象徵，是亂世興衰的晴雨表。古代以鳳凰的五種行止標誌政治等級的清明程度，《韓詩外傳》說：「得鳳之象，一則過之，二則翔之，三則集之，四則春秋下就之，五則沒身居之。」《禮斗威儀》說：「君乘土

而王，其政太平，則鳳集於林苑。」《春秋感精符》云：「王者上感皇天則鳳凰至。」因此，只有君道清明、天下太平時，才能感動皇天，鳳凰才會在天下出現。鳳凰在蒙古族傳統的飲食器中亦是吉祥的象徵，常見「龍鳳呈祥」「雙鳳戲珠」「鳳戲牡丹」等紋樣，象徵婚姻美滿、吉祥如意。

鹿，種類很多，包括梅花鹿、馬鹿、水鹿、麋鹿、馴鹿、駝鹿、麝、獐、麂等，這是北方游牧民族主要的獵獲動物之一。在中國傳統文化中，鹿作為吉祥物由來已久。《詩·小雅·鹿鳴》序云：「《鹿鳴》，燕群臣嘉賓也。」其詩曰：「呦呦鹿鳴，食野之苹。我有嘉賓，鼓瑟吹笙。」在封建神學政治中，白鹿是伴隨明君、聖人出現的兆應。白鹿又稱天鹿，是象徵吉祥的瑞獸。道教把鹿看作仙獸，推崇白鹿為「壽千歲」的神仙夥伴，以符合道家的長生不老觀念。鹿在佛教中也是一種備受尊崇的吉祥動物，有鹿菩薩神話、「鹿女」傳說故事、《九色鹿經》等，充滿著吉祥如意之光。蒙古族和漢族的飲食器中，有單獨的鹿紋或者與鶴、牡丹、蝙蝠等圖案組合，來寓意長壽、富貴長壽、福祿長久、福祿雙全、路路順利等意。

馬，在新石器時代就已被人類馴化，是「六畜」之一，也是北方游牧民族主要的交通和征戰工具，在飲食器的裝飾上也有發現。馬作為吉祥圖案，有其一定的象徵意義。如「馬上封侯」寓意很快能被封為侯位的顯貴，是一種期盼富貴榮華的心理願望；「八駿圖」比喻人之奇才，催人奮進。在中北地區的飲食器中，也常有馬的裝飾圖案，一方面有奮進、榮華之意，另一方面寓意游牧式的經濟生活。

蓮花，屬於睡蓮科水生宿根植物，在中國傳統文化中具有很高的地位，分聖、俗兩個方面。佛教中的蓮花與俗界不同，據說佛教創始人釋迦牟尼在家鄉盛植蓮花，有多種類型，他與弟子以蓮花為喻，用來解釋佛教。所謂「佛陀之淨土，以蓮花為所居」指稱佛國，並喻之為「蓮花藏界」，賦予蓮花以神聖的意義。因此，蓮花成為佛教的一種標誌，凡是佛教的建築、造像、壁畫、器物上，都有蓮花的形象。在世俗人間，蓮花成為人們欣賞、採摘的對象，並被賦予文化的象徵意義，把蓮花作為一種吉祥物，在中國傳統的圖案中被廣泛應用。蒙古族信仰藏傳佛教（即喇嘛教），在日常的飲食器中也裝飾蓮花紋樣，來像徵平安吉祥、多子多福、

婚姻美滿。

　　盤長，俗稱「盤腸」，又稱「吉祥結」，本為佛教中「八寶吉祥」之一。八吉祥為法輪、法螺、寶傘、白蓋、蓮花、寶瓶、金魚、盤長。《雍和宮法物說明冊》云：「法螺，佛說具菩薩果妙音吉祥之謂；法輪，佛說大法圓轉萬劫不息之謂；寶傘，佛說遍復三千淨一切藥之謂；蓮花，佛說出五濁世無所染著之謂；寶瓶，佛說福智圓滿具完無漏之謂；金魚，佛說堅固活潑解脫壞劫之謂；盤長，佛說迴環貫徹一切通明之謂。」由於八件寶物中的第一件是法螺，意為「妙音吉祥」，故總稱「八吉祥」。「盤長」本身含有事事順、路路通的意思，其圖案盤曲連接，無頭無尾，無休無止，顯示出綿延不斷的連續感，含有長久永恆之意，被人們作為吉祥紋樣，象徵世代綿延、福祿承襲、壽康永續、財源滾滾、愛情長久等。在蒙古族的銀碗、銀壺、銅壺等飲食器中，常出現盤長紋飾，也具有這些文化的象徵寓意。

　　「卍」字是一種吉祥符號，有著悠久的歷史，新石器時代馬家窯文化的半山、馬廠遺址出土的彩陶器上有其雛形，被認為象徵太陽或火的符號。在佛教中象徵吉祥福瑞，稱為「吉祥海雲」，又稱「吉祥喜旋」。佛的手足及胸臆之前都有吉祥喜旋，以表佛的功德。古代皇家貴族用此字祝頌千秋萬代、家天下永固，民間大眾也用此祈盼子孫綿延、萬代不絕、福壽安康，所謂「卍字不到頭」。在蒙古族傳統的飲食器圖案中，「卍」字或與其他吉祥物的組合，演變出「長腳卍字」「富貴不斷頭」「萬年如意」「萬代長春」等吉祥紋樣。

　　蒙古族飲食器上的象徵符號，是其整個像徵系統的表層結構和深層意義的統一體，通過表層的物化符號反映深層的文化內涵，體現了匠人在構圖構思中的率直自然，也承載了人們的純樸觀念和美好的心理願望。如「雙龍戲珠」「雙鳳戲珠」「龍鳳紋」「摩羯戲水」「鴛鴦戲水」「蓮花紋」「牡丹紋」等，將圖案的場面和內容刻畫得微妙細膩、淋漓盡致，寓意對幸福生活的憧憬與嚮往。另外，有些飲食器在不同的儀式或場合中使用，也用來代表使用者的身分和地位。

三、蒙古族的日常飲食製作與風味

現代蒙古族食牛、羊肉，多用煮、烤、炒、涮，還製作肉脯、血腸等，形成了一大批肉類特色食品。奶製品也是代代相傳，越做越精。特別是改革開放以後，內蒙古以獨特的自然資源使許多食品榮獲國家、部、省級名優產品稱號，尤以乳品為多，開發名、優、特產品的戰略正穩步推進。長期以來，肉和奶始終是蒙古族人最悠久的傳統食品，具有鮮明的民族特色。下面介紹幾種典型的蒙古族傳統食品。

❶·蒙古族的烤全羊

烤全羊是在蒙古族傳統的火烤羊肉的基礎上逐步改進而成的。製作過程比較複雜，只有招待重要的賓客或舉行隆重的宴會、祭奠時才能品嚐到。烤全羊的製作過程為：選兩歲左右的肥綿羯羊一隻，在腹部劃十釐米左右的口，用一隻手伸進胸腔中的右心房，將動脈血管搯斷，羊因失血過多而死亡，這叫「攥心羊」。與傳統的大抹脖宰殺法相比，顯得乾淨、利落，外表體損傷度小。把血從體內控出後，用水燙去羊毛，除去內臟，羊體內外用清水洗乾淨，然後把多種調料撒入腹腔中，外表體再刷一層糖糊和香油。經風吹待胴體不再往下滴水時，用鐵鏈將羊體吊起放入燒好的烤爐內。用來烤羊的木柴，系生長於沙漠中的梭梭柴，質地堅硬，煙少火旺

◂圖8-2 現代內蒙古地區的烤全羊

後勁足。經過四五個小時的高溫吊烤，烤全羊即可出爐。烤全羊需要經過十八道工序。剛出爐的烤全羊，要經過一番整形和裝飾。先把羊抬到一個大木盤上，使其前腿趴、後腿彎曲、蹲臥在盤中央，再將羊的嘴裡放幾棵綠菜葉，宛如在食草。羊脖子上要繫一紅綢帶以示隆重。食用烤全羊的程序相當講究，先上酥脆的皮，再上鮮嫩的脂肪肉塊，最後才上連著瘦肉的肋骨。這三道菜不可同時上，要視賓客品嚐的情況留有餘地。但也不可待上道菜見底再上下道菜，否則有失禮節，冷淡了進餐氣氛。食用烤全羊，必須佐以荷葉餅、蔥段、醬、醋、蒜末等調味品，使其更濃更香，別有風味。

❷·蒙古族的手扒肉

蒙古族稱肉食為「紅食」，蒙語為「烏蘭伊德」，手扒肉一般用作晚餐，是蒙古族傳統的飲食風味。手扒肉的烹製方法為：挑選一隻肥嫩的綿羊或山羊，宰後剝皮，去掉頭蹄，然後用鋒利的蒙古小刀，順著筋骨連接的關節部位，連骨帶肉將一根根完整的骨頭卸開。骨肉卸好後，放進鍋裡，倒入涼水。鍋內除添加少許的食鹽外，不再需要任何作料。待鍋開後，用勺子上下揚湯，將少許血沫撇出鍋外。肉剛熟即要及時出鍋，這叫「開鍋肉」。這種做法肉香味美，鮮嫩異常，富有營養。食用手扒肉時不用筷子，而用蒙古刀剝、刮、剔、手扒著吃。在牧區的牧民家吃手扒肉有一套禮儀，客人不要自己動手隨意選食。主人會根據客人的年齡和地位，為客人選擇不同部位的羊肉。老年人一般吃羊大腿，肉嫩好嚼；青年人吃羊肋巴骨和脖子肉；小孩啃羊小腿；女賓更受照顧，一般吃肥嫩的羊脯肉。

❸·蒙古族的風乾肉

蒙古族的風乾牛肉也為傳統的美味食品之一，製作起來有一套完整的程序。選用牛的臀部和後腿精肉為原料，經過排酸處理，使牛肉乾味道更加鮮美。然後用刀進行切割，先切成大片，再切成條狀，之後盛入盆中用孜然末、胡椒粉、精鹽、味精、十三香、辣椒等醃製，使肉入味。將醃製好的肉條依次懸掛在屋內的風乾架

上，要避免陽光直射，依靠自然風風乾，目的是去除原料肉中的部分水分，同時使其中的脂肪析出，並在酶的作用下使肉成熟，逐漸形成特殊風味。風乾好的半成品還應再進行一次切割，以利最後的炸製。炸製牛肉乾應使用清澈、透明的優質葵花油，並且要進行兩次炸製，就可形成味道獨特的牛肉乾。

❹・蒙古族的乳類珍品

乳食，蒙古語為「查干伊德」，具有純潔、吉祥的意思，有奶茶、奶酪、奶豆腐、奶皮、黃油、酸奶汁等。

奶茶，蒙古語稱「蘇台切」，是蒙古族最喜歡的飲料，一日三餐都要喝茶，故有「寧可一日無飯，不可一日無茶」之說。奶茶的做法一般是先把磚茶搗碎，放入茶壺或鍋內熬煮，然後加上新鮮的牛奶，燒沸以後，用勺頻頻撩揚，待茶奶交融的同時，通常加少許鹽即可，味道濃香綿厚。

奶豆腐，蒙古語為「胡魯達」，將擠下的鮮奶放入小瓷缸中發酵沉澱後，使奶油脂上浮，蛋白質下沉，然後起出上層純白色之油脂，即成為「奶嚼口」。將沉澱之蛋白質除去清湯，放入鍋中煮熟、攪黏，放入木製模子中，凝固後取出晾乾即成奶豆腐。

奶皮子，蒙古語為「烏魯木」，將鮮奶置鍋中煮沸，用勺揚出泡沫後改用文火，

◀圖8-3　現代內蒙古地區
　　　　家庭在晾肉乾

使油脂上浮凝結成一層油皮，片片起出如半指厚，呈乳白色，味道香甜酥美。

黃油，蒙古語為「沙拉陶蘇」，將「奶嚼口」置鍋中，稍攪拌，加文火煎燉，使水分和油質分解，油質上浮，蛋白質下沉，上層為黃油，下層為酸油。

酸奶汁，蒙古語為「愛勒格」，將做奶豆腐時提取出的清湯放入酸奶缸中，再加進些鮮奶使其發酵，味酸甜後即可飲用。

❺·蒙古族的馬奶酒

馬奶酒，蒙古語稱為「耶蘇克」或「烏斯克」，為蒙古族最高檔的飲料。傳統的釀製方法主要採用撞擊發酵法，據說最早是由於牧民在遠行或遷徙時，為防饑渴，常把鮮奶裝在皮囊中隨身攜帶，因整日騎馬奔馳顛簸，使皮囊中的奶顫動撞擊，變熱發酵，成為甜、酸、辣兼具的奶酒。近現代的馬奶酒製作是先將經過巴氏殺菌消毒的馬奶子放入木桶，蓋上桶蓋，靜放一夜，待馬奶開始發酵後，再把它倒入另一木桶，將第三桶中的馬奶，在第三天再倒入一個木桶內，製作過程中每隔一小時用特製的木棒攪動一次，如此反覆變換六次，等馬奶完全發酵成熟後即可飲用。就其色、香、味而言，發酵一晝夜的味美；發酵兩晝夜的味適中，「色玉清水，味甘香」，也就是說兩次發酵的馬奶酒味道純正；發酵三晝夜的酸味強烈。除撞擊發酵法外，現在還有釀製烈性奶酒的蒸餾法。馬奶酒的釀製和飲用，主要是在夏秋水草豐美、牛肥馬壯的季節，酒液一般呈半透明狀，酒精含量比較低，具有驅寒、活血、舒筋、健胃等功效。

四、蒙古族飲食結構及進食方式的變化

現代蒙古族因不同地區的經濟差異，食物結構有很大的差別。由於漢族文化的多重滲透，進食方式的差異在某種程度上逐漸縮小。農區的蒙古族，以經營農業為主，食物主要是糧食，以肉、乳為輔。半農半牧區的蒙古族，經營農業和畜牧業，食物以糧、肉、乳並用。牧區的蒙古族，主要經營畜牧業，以肉、乳為食，輔以糧

食。

近年來，經過對土地和牧場資源的開發，中北地區增加了農作物和牲畜的產量及品種，調劑了蒙古族的飲食結構。主要的糧豆作物有小麥、玉米、水稻、穀子、蕎麥、高粱、糜黍、大豆、豌豆、馬鈴薯；油料作物有胡麻、油菜籽、向日葵、蓖麻籽；經濟作物有甜菜、小茴香、黑瓜子、中草藥。畜種有蒙古牛、三河牛、短角牛、草原紅牛、西門塔爾牛、黑白花奶牛、烏珠穆沁山羊、阿拉善雙峰駝、烏蘭哈達豬、河套大耳豬等。另外，豐富的河湖水系資源，為發展漁業經濟提供了便利條件。魚類有鯉魚、鯽魚、草魚、鱅魚、鱖魚、鯰魚、青魚、甲魚等，中北地區還發展養殖漁業。這些為蒙古族的飲食提供了充足的糧食、肉類、奶食，擴大了飲食來源。

以蒙古族鄂爾多斯部為例，傳統的飲食以奶食為多，肉食次之，糧食複次，最富特點的是茶飲。鄂爾多斯蒙古族的奶食品製作原料主要是馬奶、牛奶、駱駝奶、綿羊奶和山羊奶，馬奶和綿羊奶被視為上等奶，用於祭祀天神和慈佛的供品。奶食被尊為上品，含有「聖潔、崇高」之意，有「白食」和「百食之長」之稱，種類有生奶、窩奶、酸奶、奶油、奶豆腐、奶皮子、奶酪、奶酒等。肉類多食畜肉，即牛、駝、山羊、綿羊肉，也兼食豬、雞等家畜家禽肉，再就是野生動物肉。鄂爾多斯蒙古族每到冬季初冷即宰殺牲畜，以貯存冬春的肉食。夏秋季宰殺的牲畜，如果一次吃不完，就掛起肉條於通風處晾乾，是放牧時的方便之食。他們還根據牲畜種類的不同性質，分季節食不同的畜肉，例如綿羊肉和馬肉性溫，牛肉、駝肉和山羊肉性寒，遂在冬天多食綿羊肉，夏秋季吃牛和山羊肉。吃羊肉一般是新鮮肉，現宰現吃；牛肉則可以儲存待用，故有諺云：「羊肉過百天變成毒，牛肉過百天變良藥。」主要的肉食有馬肉、整羊、羊背子、胸脯肉、牛羊內臟、野生動物（黃羊、野兔）等，主要做法有手扒羊肉、炸肉串、涮羊肉、烤肉等。隨著漢族人的移入，鄂爾多斯蒙古族受其影響開始食豬、雞肉，有燉豬肉、勾雞肉、肉燉菜、炒菜等不同吃法。糧食中最普遍的食品是炒米，麵食也很多。種類有炒米、肉粥、奶粥、奶棗粥、餅食、炸麵食、羊肉麵條、餡食、

青稞炒麵等。茶是鄂爾多斯蒙古族重要的飲品，有民諺曰：「茶水雖淡乃百食之最」，一日三餐中，早午兩餐必飲茶。所飲茶為磚茶，多熬煮，非泡茶。飲用茶分紅茶、奶茶、麵茶等，飲茶時常有食品相佐，有炒米、饊子、奶酪、奶皮子、酥油、糖、鹽等。根據以上所述的食物結構看，刀具仍為主要的食肉進食用具，因受漢族飲食風習的影響，箸的比例逐漸增大，有的食物（如手扒羊肉、奶食）直接用手吃。有些地區還引進了國外的進食方式，如西餐，用刀、叉、勺進食。這些變化，反映了蒙古族傳統的飲食文化正在融入現代意識，也是牧業民族與農業民族文化相互交流的結果。

隨著內蒙古地區與國內各省區經濟貿易往來的頻繁，特別是改革開放以來，飲食文化的交流達到前所未有的程度。其他民族的飲食源源不斷地傳入蒙古地區。在內蒙古地區，大到全國各地的菜餚，小到地方小吃，乃至調味品、蔬菜、瓜果，幾乎在大小飯店及市場上都有銷售，如川菜、粵菜、湘菜、北京烤鴨、天津狗不理包子、西安羊肉泡饃等，都可以在飯館吃到。在內蒙古縣級以上的城市中，都可見到維吾爾族的烤羊肉串小攤，大城市中還可品嚐到新疆風味的菜餚和美食。東北地區的大米，以其色白、澤晶、氣香、黏糯、質韌、味甜、口潤、脂腴而深受蒙古族人民的青睞。朝鮮族的狗肉、泡菜，雲南傣族的傣家菜，也成為內蒙古地區的美味特色。而蒙古族傳統的手扒肉、涮羊肉、酸奶、奶茶等，也為內地人民所喜愛。蒙古風味的餐廳，已在中原地區開始風行。據不完全統計，僅北京就有三百多家，他們既把蒙古族傳統飲食傳入京城，又把與飲食相關的歌舞藝術獻給來自各地的人們。與此同時，現代蒙古風味的飲食，已引起世界各國來賓的矚目。在內蒙古各種民族特色的飯店、酒家、餐廳內，都可見到外國遊客品嚐牛羊肉和奶製品的場面，這也是一種飲食文化的交流。在日本的餐廳中，常見一道「成吉思汗火鍋」的菜餚，相傳在成吉思汗西征時發明，後傳入日本，受到日本人民的歡迎。在加拿大魁北克地區，也有一種涮牛肉的吃法，類似蒙古族的涮羊肉，據說是從中國北方地區傳入的。因此，蒙古族的飲食文化不僅在國內風靡盛行，還逐漸走出國門，弘揚了傳統的民族文化。

五、鄂溫克族、鄂倫春族、達斡爾族的飲食狀況

筆者曾於一九九○年、二○○二年、二○○九年三次前往呼倫貝爾地區進行民族文化的調查工作，其中包括了鄂溫克族、鄂倫春族、達斡爾族的飲食文化狀況。在林區生活的鄂溫克族以狩獵為生，飲食以肉食為主食，常見犴、鹿、麅子等肉食。熟食方法一般採用煮、烤、熬湯。為了便於攜帶和貯藏，常將鮮肉曬成肉乾，做肉乾的方法分兩種，一為煮熟後曬乾，一為鮮肉切成條形後略加食鹽曬乾，食用時烤或煮。犴、鹿、麅的肝、腎可以生吃。牧區的鄂溫克族的肉食主要是羊肉，如手扒肉等。鄂倫春族也以狩獵為生，肉食為麅、鹿、犴、野豬、熊，其中麅子肉最多。熊雖然為其崇拜的圖騰，但也會吃掉，只不過要進行一定的祭祀活動，即將熊的內臟、頭、蹄掛在樹上風葬，而且口中念叨：「不是我們要吃你，是上天要我們吃」等祭詞。食肉方法常見煮肉，很鮮嫩，蘸鹽水吃，還有烤肉、燒肉、燉肉等。其中有一種食肉法為「阿素」，即將剔骨麅頭肉、麅肺、麅腦煮熟後切成小塊揉在一起，然後澆上野豬油拌著蔥花吃。鄂倫春族人同鄂溫克族人一樣，也有吃野生動物生肝的習慣，據說可以明目。同時，也有曬肉乾和乾魚的習俗。有部分達斡爾族從事狩獵和牧業，也以野生動物和家畜的肉食為主。

牧區鄂溫克族喜歡喝奶茶，飲用時可以放一些奶油、奶酪等製品。喝茶以早餐和午餐為主，還可以就食麵包和油炸點心。晚飯後也要喝茶，有時會加入炒熟的麵變為麵茶，有時加入煮熟的肉變為肉茶。達斡爾族的奶食有奶茶、鮮奶拌米飯、奶粥、牛奶麵片、奶皮、奶酪、黃油、酸奶等，有時用酸奶拌米飯、炒米、麵餅等。

在鄂溫克族、鄂倫春族、達斡爾族中，也有把糧食作為飲食結構中的重要組成部分者。如嫩江流域的鄂溫克族，在發展農業的基礎上將糧食作為主食，常見的種類有稷子、燕麥、蕎麥、大麥等。稷子米用來做肉粥、奶粥、乾飯，以稷子麵做發糕、油炸餅；用燕麥米做肉粥，炒燕麥麵；用蕎麥做乾飯、肉粥、奶粥等。二十世紀五○年代以後，種植小麥、玉米、穀子增多，並逐漸代替了傳統的主食。林區的鄂溫克族用小麥麵烤食「列巴」。達斡爾族的糧食分米食和麵食兩種。米食主要是

稷子米，做成乾飯、黏粥、糕點等；麵食主要是蕎麥麵，做成餄餎、蘇子餡麵餅、黏粥、乾飯等。後來主食發生了變化，以小米、玉米、小麥為主，多吃油餅、麵條、饅頭、餃子等。

第三節　新中國中北地區的飲食禮俗

新中國成立以後，中北地區蒙古族和其他民族的人民生活有了明顯改善，這使傳統的飲食禮俗得以發揚光大。無論是生育、生日、婚姻、喪葬，還是節日、娛樂、祭祀、歌舞、敬老等禮俗中，無不體現出飲食的重要性。

一、生育與生日禮俗中的飲食文化

蒙古族各部的生育禮儀有所不同，總體上都與飲食有很大的關係，以內蒙古西部的阿拉善蒙古族和東部的呼倫貝爾巴爾虎蒙古族為例說明。阿拉善蒙古婦女生育時要移居在臨時搭建的蒙古包內，門前高掛紅布，表示外人禁止進入，稱為「忌門」。在嬰兒出生第四日要舉行「烏嘎拉嘎」（漢語為洗三）儀式，由籌備、洗禮、宴客組成。在儀式前準備好肉、奶、油炸餅、糖等食品，準備邀請親朋好友、左鄰右舍前來參加，邀請喇嘛焚香誦經。洗禮開始後，主人向客人敬茶，桌上擺滿各種食品。由嬰兒的祖母或接生婆用加少許食鹽的溫水給孩子洗澡，有「海納百川，年年富裕」之意。再用松柏葉煮的水洗第二遍澡，有「長命百歲，平平安安」之意。洗完澡以酥油塗抹嬰兒前額，置之母親身邊，恭請長者為其取名。洗禮結束後，參加儀式的客人依次手捧禮物，口誦祝辭，用手指蘸酥油塗抹到嬰兒前額，將禮物交給嬰兒母親，此後主人以豐盛的宴席招待客人。巴爾虎蒙古族婦女分娩前，家人要為其準備肉、蛋等食物和嬰兒用品。嬰兒滿月之日，遠近的親朋好友都要前來祝賀，以綢緞、布匹或牛、羊作為禮物，其中外祖母贈送的禮物最為貴重，屆時主人

設盛宴招待賓客。如今的蒙古族婦女生育時，已不再移居外氈帳，但宴請親友的習俗仍然保留下來。

現代蒙古族嬰兒週歲時的禮慶，各地的形式有所不同。以鄂爾多斯蒙古族為例，嬰兒週歲時要舉行剪髮儀式。從上午10時前舉行，首先請父母雙親和至親中長輩上席入座，其他親朋好友以序入席。嬰兒父母將盛在盤中的油餅放在長輩面前，用鮮奶獻「德格吉」，跪地叩拜說：「請您給我們的孩子剪髮。」主客象徵性地食用「德格吉」後回答：「午前給孩子剪髮大吉利。」孩子父親托出用紅布蒙著的銀盤，盤裡裝滿油餅等食品，紅布上放一把繫著哈達的新剪刀，將盤放在宴席中央，然後將鮮奶獻給主客，請他給孩子剪胎髮。主客長者用剪刀剪下孩子的頭髮放在盤裡，再用盤中的奶食塗抹在孩子腦門上，把送給孩子的禮品放在盤中，吟誦《剪髮祝辭》，再把剪子遞給下一個人，客人依次給孩子剪下頭髮，並團成小圓球，配上青銅和銅錢，嵌上貝殼、珍珠、綠松石等，縫在孩子衣服的後衣領上。剪髮後舉行抓歲儀式，讓孩子從數種禮品中，任意抓取一件物品，預測其日後前途。在舉行週歲儀式時，請親友鄰居來參加，屆時至親好友攜帶整羊、磚茶、衣服、玩具等禮物參加。宴席進行到中午，主人擺上整羊，大家共嘗鮮香的羊背子，飲酒歡歌。之後，賓客吃幾樣象徵吉祥福壽的食品，週歲宴結束。蒙古族男孩長到10至12歲，女孩長到18至19歲時，舉行「留髮」儀式，置辦酒宴招待前來參加者，這是孩子長大成人的標誌。現在的內蒙古地區，大部分蒙、漢族的孩子以12歲生日為成人禮儀，在飯店或家中大辦酒宴，邀請親朋好友前來參加。儀式上，小孩要給近親敬酒，孩子父母要給每位參加者敬酒，參加酒宴的來賓都要送上一份錢財表示慶賀。蒙古族人過生日，根據年齡的不同，所上的羊肉部位也有差異。為61歲、73歲老人祝壽，要設大型宴會招待賓客，每桌上都上一隻整羊；為47歲到61歲長輩祝壽，設小型家宴，只上羊胸椎；為47歲以內的長輩過生日，要上帶有3根肋條的羊腰背和胸椎，同時用這隻羊做手扒肉招待女客人；為25歲的人過生日，只上卸下胸骨叉的胸脯和大腸。宴席間，所有的來客和晚輩都要給過壽者敬酒，祝賀長壽、幸福，體現了「尊老」的飲食文化思想。

二、婚姻禮俗中的飲食文化

（1）布里亞特蒙古族婚禮　在現代蒙古族中，各部的婚姻禮俗所體現的飲食文化功能是不相同的。如呼倫貝爾布里亞特蒙古族的婚禮由定親、姑娘走親戚、婚宴、省親組成。在確定戀人以後，男方家族長擇吉日良辰，攜帶哈達到女方家去求親。到達後先向女方家供奉的佛龕叩拜問安，接受女方家敬茶後，向女方家說明來意，並向佛龕陳述：欲將誰家的女兒聘為誰家做兒媳婦，然後將哈達獻上。如果女方家同意這門親事就收下哈達，如果不同意就說明原因。在女方家接受哈達後，雙方可以進一步商議婚禮的有關事宜。在婚禮前的幾日內，女方要到自己的親戚家住宿做客，順便選男女青年各一名作為婚禮上的伴郎和伴娘。結婚前一天，女方要回到自己家舉辦喜宴和歌舞活動，長者教導姑娘出嫁後要爭取生活美滿幸福。婚禮當日，女方送親人將新娘送到新郎家圍房轉三圈，然後男方在西南、女方在東北向分別下馬，男方的親友迎接問候，行見面禮敬請入席。男女雙方從族親中選長者為首席胡達（男親家）並排坐中心位置，左側為雙方首席胡達貴（女親家），右側為雙方的娘舅親，其他客人分年長或輩分依次入席。先上奶茶、糕點，後上熟羊頭、馬頭，並面向客人敬獻。婚禮進行一整天結束，期間幾次敬酒、進食。婚後每年的正月後要專門回娘家省親，每當探親女兒返回時，娘家要煮羊或牛薦骨、脛骨熟肉和奶製品、糕點、糖果等禮品讓女兒帶回去。

（2）科爾沁蒙古族婚禮　科爾沁蒙古族的婚禮包括定親、認親、納聘禮、婚禮等程序。在結婚前，男方請媒人到女方家說親，並攜帶酒、哈達等禮品，女方家如果同意就收下，並會提出一些附加條件。訂婚之後，男方請擇日先生選擇吉日，舉行哈達宴席（換盅），女方主事者數人到男方家認親，男方的親友要陪客，準新郎向客人依輩分敬酒。認親後，男方給女方家下聘禮，以牛、馬、羊、錢財、布匹、綢緞等為聘禮，根據經濟條件納「九」或「九」的倍數（蒙古族崇「九」，以示吉祥），貧寒者也要納奇數聘禮。婚禮時按照選定的吉日舉辦兩日，第一日為女宴，即新郎前往女方家娶親，當迎親隊伍到女方家門口時，女方閉門不納（佯裝拒娶），

雙方要進行幾次問答才能進門。迎親隊伍進門後，女方家開宴，新郎在伴郎的陪伴下向客人敬酒。宴畢，新郎向岳父母敬獻哈達、點煙、磕頭致禮。至黃昏，再擺沙恩圖（踝骨宴），開席前由新娘的嫂子為新郎著裝，然後開始酒宴，當廚師端上煮好的羊背子（其中有踝骨肉）時，雙方的參宴者爭取踝骨，如果女方搶到，新郎就請求對方還回踝骨，並給女方唱歌、點煙、問好，宴席將會進行到深夜。次日男方設宴。女方家組織送親的隊伍，新娘由幾名婦女抬上篷車，新郎、伴郎等騎馬在前引路，先朝吉祥方向出發，再向男方家前進。到目的地後男方家人出來迎接，然後舉行跪拜、辯論遊戲、喇嘛誦經祝福、叩拜佛像和火神、新娘化妝、新娘叩拜公婆和南方長者等系列活動。開席後，男方家用牛羊肉等美味佳餚成雙上菜，講究用八碗八碟、八碗十二碟、二十四碟等招待賓客，新郎、歌手等要給來客敬酒獻歌，直到女方客人滿意為止。宴畢，送親隊伍要返回，男方再備一桌酒席。女方首席送親者囑託男方父母對兒媳婦多加體貼關照。此後，送親隊伍起程，男方家人歡送數里。晚上入洞房前，新婚夫婦要喝由紅線連接的雙杯滿酒，吃長壽麵，互相三叩頭，以表示互敬互愛、白頭偕老。新婚第三日，女方親屬帶著糕點或其他食品來看望新娘，稱為會親家，男方擺宴款待，之後新娘攜新郎回娘家。

在布里亞特、科爾沁、鄂爾多斯蒙古族的整個婚禮過程中，多次出現敬酒、贈送禮品和宴飲的場面，並賦予一定的象徵意義。尤其是鄂爾多斯蒙古族的整羊席，非常講究，從「大定」到告辭宴，宴席貫穿整個婚禮，奶食品和酒則成為婚禮中的重要飲食。如此煩瑣的婚禮在當今蒙古族中已逐漸變得簡單了。城鎮中居住的蒙古族，在結婚儀式上已與漢族相同，僅在某些儀式上還保留了傳統習俗，如新郎、新娘給長者敬酒、敬煙和唱歌娛樂等。

（3）鄂溫克族、鄂倫春族、達斡爾族婚禮　鄂溫克族、鄂倫春族、達斡爾族等民族的婚姻習俗與蒙古族既有相近的一面，又有各自的特點。達斡爾族的婚俗有定親、過禮、娶親的過程；鄂溫克族與鄂倫春族的婚俗有求婚、認親、過禮、婚禮的過程，飲食及其活動貫穿整個儀式。如鄂倫春族的婚俗，在認親儀式上，男方父母、媒人、男方個人要攜帶酒肉到女方家認親，如果男方已經成年就會當天同房，

▲圖8-4 現代內蒙古地區的鄂爾多斯蒙古族婚禮中的飲食情況

這裡的酒肉是作為到女方家的媒介物。過禮時，男方也要帶馬匹、燒酒、野豬肉前往女方家，到達後大擺宴席，女婿給岳父母磕頭，但岳父母不參加宴席。在婚禮當日，雙方邀請親友在男方家舉行，婚前幾日，男方到女方家接新娘，由兄弟姐妹陪同，回程時要提前走一天。等迎娶新娘的隊伍到了男方家後，先拜天，然後由新娘拜公婆及長輩，在「斜仁柱」（以前鄂倫春族的居住形式）前點燃預積柴薪，親友圍薪而坐，宴席開始，酒至數巡，歌聲響起，熱熱鬧鬧直至深夜。入洞房前，新郎、新娘用一個碗和一雙筷子共吃「老考太」（黏粥），以示白頭偕老。現在，三個少民族的婚禮逐漸與其他民族一樣趨於簡單化。

三、喪葬禮俗中的飲食文化

近現代蒙古族的葬禮，多融入漢民族的特點，實行土葬，葬具為木棺。各地的葬儀都不盡相同，但都以宴飲為重要的儀式組成，體現了中華民族注重家庭觀念的飲食思想。如鄂爾多斯蒙古族的葬禮，人死後一般停放在屋裡的炕梢，遺體前擺放酒、肉及食品作供品。次日出殯，忌諱從屋門和院門出，而是從窗戶把遺體抬

出，用布遮光，置入木棺中。再把木棺從院牆抬出，到墓地埋葬。葬畢，死者子女親友磕頭，在墳前擺放酒食供品。出殯之日，參加者要在亡人家中吃七八頓飯，最重要的是晚宴，擺全羊席，以謝親友來賓。日後在死者的忌日以及每年的祭祀活動中，都要以飲食進行祭奠。

科爾沁蒙古族的葬禮，人死後全家舉哀，請有經驗的老人給死者整容，換衣服，用白布遮臉。通知至親好友前來弔唁，送祭品。將死者埋葬後，家人殺牛宰羊，設宴招待前來參加葬禮的親鄰，保佑人們長壽。

阿拉善蒙古族無論男女老幼死後，都赤身裝入白布袋裡，停放三至七日，誦經焚香。如果死者是女子，要將其頭髮散開；如果是小孩要給裝點心、糖果等食物，並將遺體棄之路旁，認為轉生快；老人死後裝在櫃子裡。出靈時，遺體從窗戶抬出，放在勒勒車上或用駝馱。埋葬完返回時，留守的家人點燃兩堆火讓送葬者走過，並端一碗奶食讓每個人都吃一點，以圖吉利。如今，提倡新俗，實行火葬，但葬禮和祭奠儀式仍繼承了傳統的方式，而且向簡化發展。

在鄂溫克族的喪葬習俗中，將飲食、飲食器、飲食活動都作為祭奠死者的主要媒介。鄂倫春族傳統的喪葬稱為樹葬或風葬，也有土葬。他們認為人死後，肉體雖然消失，但靈魂永遠存在，讓死者在冥界中生活，就需要將死者生前的碗筷、獵刀、煙荷包、弓箭等隨葬。死後週年的祭祀最為隆重，到時在居住的「斜仁柱」前另搭一個「斜仁柱」，以備死者靈魂回來居住，床前備有一供桌，上放燒酒、野獸肉等祭物；祭祀開始後，主持人念禮單，來客的晚輩雙膝跪下，平輩以上站立，隨後設宴席招待來賓，親友守夜。從二十世紀五〇年代以後，喪葬習俗逐漸簡化，但飲食在喪葬中的作用卻一直延續下來。

四、待客禮俗中的飲食文化

蒙古族待客禮節，根據來客的身分、年齡、性別以及同主人的關係而定。一般向客人敬茶，右手端碗，左手指尖輕托碗底，客人雙手接碗。上茶時，擺奶食

品和其他食物。客人先嘗奶食，以示對奶食的敬重。茶後，煮羊肉招待客人，對尊貴的客人上羊背子；對老年人上羊背子或肩胛、脛等；給年輕人上脊椎、肋骨；給女人則上胸、肋等。客人告辭，全家送別，有時老太太還要用牛奶醅祝。遇到宴請特別尊貴的客人，要擺整羊席，以示對客人的尊敬。同時每個地區各有特點，如在烏拉特蒙古族，有客人來訪時，主人要親自走出蒙古包迎接，以右手放在右胸前，微微鞠躬請客人進包。至親長輩或尊貴客人到來時，主人行打千請安之禮。客人入包後尊者坐正面，其他客人由左依次入座，主人款以奶茶、油餅、炒米、黃油、奶酪、手扒肉等食品，並獻茶，遞煙敬酒、吃飯、獻哈達、嗅鼻煙壺等。這些活動必讓老者長輩在先，晚輩次之。客人離席，主人要送出蒙古包數步，以示敬客。布里亞特蒙古族如有客人來訪，要出外迎接客人，若是長輩還需雙手接過馬韁，並問安迎進屋裡，按照輩分和性別坐下後，主人給客人進煙、上茶、上奶食品，上茶時必須以右手端上，客人也要用右手接茶。遇到節日，還要擺宴席招待客人，主人向客人敬酒，客人用右手相接酒杯，用無名指蘸酒滴在地上，彈向火爐，向在座人說聲請喝酒。客人告別時主人先到外面，客人向主人和參加宴席者躬身致謝。錫林郭勒蒙古族的主客見面時，客人要問主人全家好和牲畜情況。客人下馬後，主人要到蒙古包外為客人看狗。如是至親長輩或尊貴客人到來，必行請安禮，男子跪右膝，左腿向前彎曲，上身前傾，手心向上遞茶；女子屈雙膝，雙手端碗遞茶。座位也很有講究，尊者坐正面，客人坐西面，主人坐東面。互相敬煙、敘話。在就坐、敬煙、上茶、斟酒、吃飯時，必先讓老者、長輩。客人離席時，主人要送出蒙古包外數步，並說「賽音白努」相互道別。

達斡爾族熱情好客，親朋好友光臨必然出門迎接，先以煙敬客。如果是遠道而來的客人，要備好酒餐待客。送客時，讓客人先出，長輩前行，晚輩隨後。鄂倫春族也以酒席招待客人。牧區的鄂溫克族待客是向客人敬奶茶、奶食品，並以酒肉招待；林區鄂溫克族習慣用鹿、犴胸口肉、脊骨肉、肥腸和馴鹿奶接待尊貴的客人。由此可見，酒食，在這三個民族的待客禮俗中尤為重要。

蒙古族在祭祀、婚禮、節日、喪葬禮儀中，參加者借酒宴聚會相互瞭解，相互訴說別來之事或各自的生活。按蒙古人傳統，不論是不是親戚故舊，認識與否，只要來到家中就是客人，主人一律以茶、食招待。即使客人很忙，也要品嘗奶食後才能上路，以表接受主人送上的吉祥之意。通過主客之間的共飲來增進友情。

五、節日禮俗中的飲食文化

蒙古族的傳統節日有春節、元宵節、清明節、端午節、臘八節等，其中以春節最為隆重。生產節日有興畜節、「其本哈爾」、祭打穀場節、馬奶節、「古魯木塔」等，大多數節日中的飲食活動都很突出。

（1）臘月二十三　春節前的臘月二十三，是蒙古族的祭灶日，舉行祭火儀式。人們從早晨開始，把準備好的羊肉整塊放在鍋裡慢煮，然後灑掃庭院、房屋。夜幕垂臨，點燃一把香，繞住宅一週，來到準備好的火撐子前，左右各繞祭三週，插香於火盆內。在火撐子前，鋪一席白毛氈，擺一張木桌，桌中央的一隻碗裡盛著炒米、茶葉、紅棗、黃油、羊胸脯肉等，上插燃著的香。桌上還有一個盤子，內裝綿羊的四根肋條、頸骨、灌腸、胸脯、羊尾等。盤中祭品於當晚儀式上用，碗中祭品留待正月初一以前向火撐子投祭。祭儀中，向火撐子內投食，並誦祭辭。祭完後，全家人吃「阿木斯」（一種加黃油、大棗的米粥）和手扒羊肉，並飲酒。除夕日和除夕夜，人們先用肉、酒祭天，再圍坐在一起吃羊骨頭和牛羊蹄筋肉，大家玩樂閒聊，守歲到天亮。

（2）正月初一　正月初一這一天，蒙古族家家戶戶都要出門給族人和鄰里拜年，帶上酒、餅、糕點等飲食。每到一家，先給佛像進香磕頭，再給長輩獻上禮物，敬酒磕頭。主人要擺酒宴，招待拜年者。這種歡樂的氣氛，整日的宴飲遊樂，一直要延續到正月底。如巴爾虎蒙古族在大年初一早晨，每家每戶準備好酒、手把肉、大米肉粥、點心、糖果等，近親、遠親和鄰居相互拜年。進入蒙古包先向長輩

拜年，再問候平輩。小孩來拜年，主人要給糖果、點心；青壯年來拜年要贈送給他們毛巾、布料等。對年長者要敬送酒、哈達、腰帶等禮品。拜年時吃肉粥、手把肉、糖果、點心等，還要飲酒、嬉戲。興安盟的蒙古族在正月初一出屋前要擺供焚香，男子向西南行三拜九叩禮，祭天。回到房子後，晚輩向長輩敬獻酒和食物，祝長輩長壽。長輩則誦頌詞祝晚輩新年快樂，向幼童分發吉祥糕點，表示祝福。早晨吃完餃子後，鄰里鄉親互贈新年飯，互相敬酒，祝福安康。

（3）清明節　清明節是祭祀祖先的日子。上墳、添土、燒紙、焚燒酒食告祭，大家族聚在一起共同祭祖。如通遼地區的蒙古族，在清明節到祖墳上添土祭祀。添土時要在距墳丘五六十步遠的地方挑土，若祖墳在兩地，此日可遷並到一起。給祖墳燒「吐勒希」（即炒米、黃油、鮮肉、茶葉、棗、炷香、布塊、紙錢等）上供。有些村屯還群集宰殺豬羊並在墳地搭灶起鍋，向先人墳墓獻肉食。添完土後，共同喝粥，吃「布胡勒」（即全羊之意），然後到附近打獵。興安盟的蒙古族，在清明節這一天，食用烏審肉（冬季留存的肉），並且分送鄰舍，節前後三天上墳祭祖。烏蘭察布的蒙古族清明節祭奠時，對於祖宗的墳墓須由各家共同祭奠。之後把祭剩的酒食集中起來，按照輩分、長幼依八字形排坐，由長者給每人分酒食，受分者向長者請安問好。

（4）興畜節　興畜節的蒙古語為「瑪力音新敖如魯呼」，大體上在每年的正月和清明前後舉行。屆時，男女老幼穿上節日盛裝，集合到野外，搭建蒙古包，設鍋灶。將畜群圍住，逐頭查看膘情，研究接羔接犢事宜，選出最肥壯的種公畜，給它披紅掛綵。同時，焚香燒紙，誦經祈禱，求山神保佑風調雨順、牧業繁盛。然後，舉行摔跤、說書、唱歌等娛樂活動。擺設宴會，歡樂竟日。如錫林郭勒盟太僕寺旗的蒙古族將每年的正月十五日定為給牲畜過年的日子，根據牲畜數量，一個或幾個村屯經過協商，向各戶徵集好牲畜作為過年用。正月十六日，各戶男女老幼彙集在水草豐美的地方，支起鍋灶，將所有牲畜集中起來，請喇嘛誦經，焚香舉酒，向上天撒獻食物。在支起的鍋灶上炸好圓形油餅，並套在牛脖子上，讓人們競相爭取。將五色綢帶經喇嘛祝福後繫在公牛、公馬、公駝等牲畜的脖子上。此後，凡是繫有

綢帶的牲畜都不能宰殺或出售，直到老死。另外，還立石頭稱為新年老人，將黃油、奶食塗在上面，以表示祝福祭奠。參加者圍坐在一起，向長期放牧者祝福，擺好酒肉，歡樂竟日。

（5）端午節　各地蒙古族的端午節習俗各不相同。通遼地區的蒙古族在此日清早要去飲水井上往下俯視，然後打無根水（不接觸地）洗臉漱口。還要到野外採艾蒿堵耳朵，並把艾蒿掛在門窗及箱櫃上，以避疫驅蟲。登高處以示長壽。若附近有湖泊，於日出前年輕人必須下水一遊，若沒有湖泊也可用井水澆身。此日要煮雞蛋吃，雞蛋必須前一天晚上放屋外過夜。興安盟蒙古族在天亮前起床，首先到井口注視井水，打一桶水不看地面就喝幾口，然後洗臉，日出前採回艾葉插在門窗上，男女青年帶領孩子登高。日出後，騎馬到野外狩獵。

（6）「其本哈爾」　「其本哈爾」的漢譯為「閹割」「劁（qiāo）騸」，在每年農曆五月上旬擇日。此日早晨，人們便起來打掃衛生，準備騸羊用的工具。飯後，親朋好友會齊，開始輪流劁騸當年所生的羔羊。完畢後，主人殺肥羊一隻，做成手扒肉招待親友。

（7）祭打穀場節　祭打穀場節的蒙古語為「烏圖如模格黑呼」，在打穀時擇吉日舉行，主要流行於巴林草原。這一天，要做加入黃油、大棗的米粥，在每件打穀用具上抹一點，並誦祝辭。然後把米粥、酒、黃油等食品投入灶膛裡焚祭，參加者磕頭。此後，大家一起吃喝、唱歌、跳舞。

（8）馬奶節　馬奶節以讚頌駿馬和喝馬奶酒為主要內容，主要流行於內蒙古錫林郭勒草原和鄂爾多斯地區。在每年農曆八月下旬舉行，日期不定。當日早晨，牧民們身著盛裝，帶著食品趕往會場。集會開始後，主持人向貴賓和蒙醫敬獻馬奶酒和禮品，祝大家節日快樂。除準備足夠的馬奶酒外，還以全羊席等款待賓客。然後進行唱歌、誦詩、賽馬、摔跤、擲遠等娛樂活動，盡歡整天。

（9）火種節　「古魯木塔」漢譯為保存火種。通遼市扎魯特旗蒙古族有守火或拜火的習俗，在蒙古包的正中挖一個小坑，上面放鐵火撐子，每天生火後將一塊乾牛糞或乾樹疙瘩埋在火撐子下面，用力壓下能保存火種。每天早晨起床後首先要看

火種，一般情況下不能弄滅火種。早晨要煮奶茶，全家人喝茶前在火種上滴一滴黃油，以示敬供之意。一年之中，每到臘月二十三的晚上，每戶人家都要準備酒、黃油、大棗、糖、奶豆腐、炒米、五色布條等，在火撐子上堆好幹柴，點燃後主人將準備好的食物一點一點地扔到火中，給火神供奉，全家人跪在火撐子前祈禱祝福，然後共同吃「阿木蘇」（黃油加糖的什錦粥）。

（10）春節　春節，是達斡爾族的傳統節日，從除夕下午開始清掃庭院，屋內外貼春聯和年畫，大門外準備好點煙火的干糞，向諸神點香擺供，晚飯的傳統習慣是吃手扒肉。傍晚，各家都點燃煙火，並向火堆裡扔一些肉食飯菜、水餃、糕點等，祈求一年中的人畜平安、五穀豐登。初一早餐後，男子以長輩為首，按照輩分大小順序去親友家拜年，初二、初三是婦女拜年的日子，一直延續到初五。在過年間還要以物占卜年景的好壞，初一到初八以雞、狗、豬、羊、牛、馬、人、穀來預卜吉凶。春節也是鄂溫克族人的重要的節日，除夕晚上，家家都供諸神，老人祝福晚輩身體健康。初一日，各家都吃餃子、肉食，各家向長輩和親友拜年。

（11）豐收節　陳巴爾虎旗鄂溫克族有「米闊魯」節，即豐收節，在農曆三月下旬舉行。屆時人們清晨起床後，青壯年從「浩特」的一端開始，逐戶給馬烙印、除壞牙、剪耳記、剪鬃尾。老人在這一天送給兒女、外甥、侄子母羊羔，祝福羊群興旺。青壯年無論到誰家，主人都要設酒席致謝，有先茶後酒的習俗。敬酒時，主人捧一木盤放兩個酒杯，依次敬讓，對幫忙者敬獻哈達，說明當年仔畜成活和牲畜增殖情況，來者也祝願主家牲畜興旺。酒席間盡情歌唱，沉浸在牲畜的豐收喜悅之中。

六、祭祀與宗教信仰禮俗中的飲食文化

（1）成吉思汗祭奠日　蒙古族最大的祭祀是「成吉思汗祭奠日」，每年有大祭四次，分別為農曆三月二十一日的查干蘇魯克祭、五月十五日的淖爾祭、九月十二日的禁奶祭、十月初三的皮條祭，因四次大祭各在春、夏、秋、冬舉行，稱之為「四時大祭」。其中春季祭奠活動規模最大，屆時鄂爾多斯蒙古族幾乎所有的人都來

參加，地點就在今內蒙古伊金霍洛旗成吉思汗陵。祭祀時，在成吉思汗及其夫人的靈包前置供桌，桌上和周圍擺放著「九九」八十一隻膘肥尾壯的全羊和一匹全馬祭品，還有豐盛的奶油、美酒、磚茶等，桌旁懸掛白色和藍色的哈達。祭奠的內容：一是醑祭「九九」八十一匹白色母馬之乳，一是吉赫上的成吉思汗金殿的內外祭祀，晚上還有珠太薰香、招福致祥祭等儀式。醑灑馬奶為開始的小祭，金殿之祭為大祭，晚上的招福祭為夜間小祭。

關於祭奠的程序，在《祭祀程序》的抄本中有記錄：「三月二十一日的祭奠者，初獻哈達，獻神燈，獻香燭，獻三盤（獻酒三次），蘆葦薰香，誦讀牲羊贊，讓羊領牲。去吉拉上潑散潑散物，小祭就是這些。大祭開始，初獻哈達，獻神燈，獻香燭，獻全羊，誦香贊，獻鈴、奶油、蠟扦，祭灶分份子誦讀伊克烏其克，獻聖酒，唱十二支歌。定查古，殿內分份子，宮外的祝贊，誦讀鈴贊，四全羊，大祭結束。晚上小祭開始，珠太薰香，獻阿木蘇，獻全羊，抹畫呼德格，招福致祥，定三天。」

在白天的大祭儀式接近尾聲時，主祭者重跪靈前，手持銀尊，倒入剛祭過成吉思汗的聖酒，一旁守陵人雙手捧起古老的馬頭板，將馬頭伸入酒中，輕蘸酒水表示

敬意。然後，主祭人和所有參祭者共同分飲這尊有福之聖酒。同時，將祭祀用的全羊分成大塊，作為有福的聖物給大家分食。參加祭奠的每一個人都可嘗到羊肉，還悄悄留下一小塊包好，帶回去讓未能參加的人分享。整個成吉思汗大奠，所敬奉的羊肉、鮮奶、白酒都奉為聖食。奶食本來在蒙古族中被奉為「聖潔之食」，在成吉思汗大奠中更視為「聖潔」至上的聖食，人們紛爭享用祭品，祈望帶來幸福和平安。

（2）千盞佛燈節　千盞佛燈節在每年的農曆正月十五、十月二十五等日子舉行，它是蒙古族地區的喇嘛教（即藏傳佛教）寺院和牧民共同紀念的節日。在千盞佛燈節上，各寺院集會誦經，夜間繁星出現後，點燃千盞佛燈，樂善之人參拜。蒙古族家家戶戶同時在佛前點燈，用新鮮黃油供佛，做「阿木斯」飯，鄰里互贈。巴林草原在此節裡還做一種「豪喇森巴達」的食品，即將炒米碾碎，用黃油炒後，加上紅糖，放入做奶豆腐的模子內壓成硬塊，切成四方形或三角形互贈。這一節日傳說是黃教創始人宗喀巴的誕辰和圓寂日，以此飲食活動來紀念。烏拉特蒙古族每月初一、十五請喇嘛唸經；農曆正月十五、三月初三、五月初三殺牛祭佛；七月十五、九月初九、十月初三宰羊祭佛。興安盟蒙古族在千盞佛燈節的晚上，寺廟及各家各戶都點上佛燈，燒香拜佛，各家互贈烙餅、飯糰等食物，男子們走門串戶去拜佛，給老人敬酒。每家都給孩子們分發奶製品、糖果等，俗稱「趕二十五」。

（3）求雨祭祀　在科爾沁蒙古族薩滿教的尚西求雨祭祀活動中，遭旱災的人們聚集在居住地附近的獨棵大樹下，用花布條裝扮樹幹和樹枝，由薩滿誦經祈禱，奉獻全羊，還有兩個人扮成「尚西老人」坐在神樹下，大家都向他敬酒，進獻奶食品等食物，以請求賜予雨水。這些原始祭祀活動一直流傳到現在。布里亞特蒙古族認為，騰格里（天）發出的閃電是一種最濃的鮮乳從天而降，遇到大雷雨天氣時，誰看到這新奶誰得到幸福，但真正被授予新奶的人十分稀少。如果有人希望天神把天上的新奶注入自己家的奶桶獲得豐收，就去拜訪薩滿中的預言家，由預言家詳盡敘述可能實現的辦法，於是立刻就有新奶灌注下來。然後，把這些乳汁再倒入白樺樹皮做成

的杯中，這樣就永遠保持了天神的靈氣，並把它奉祭在高處。他們堅信樺樹皮杯裡的乳汁和雷神的箭一樣，都是應當返還歸天的聖物。

（4）祭火神　蒙古族稱火神「渥德」為火神母，在農曆臘月二十三日對火神進行年祭。在科爾沁草原一帶，每到這天晚上，先把一棵榆樹鋸斷，分成幾段，捆上茅草再纏上皮子，扔到火中燒，並向火中不停地灑酒和油，使火高旺，而蒙古勃額念祭火經咒「嘎林索德日」。另外，除一年一度的祭火外，還實行月祭，多在每月初一初二舉行，照例由勃額念祭火經，在火盆中燒松枝，投放酒、奶油等物，供祭傳統的奶食品，祭時，口誦祝詞：「勃額點燃的神火啊，渥德干用嘴吹旺的『渥德』；我們向你獻上純潔的奶油，我們向你敬上香甜的奶酒。」[1]蒙古族類似這種薩滿祭祀很多，都與飲食密切相關。

（5）祈福、還願及廟會　現代的部分蒙古族仍然信仰喇嘛教（即藏傳佛教），採用祭敖包和到寺廟的形式。去廟裡許願、還願、祈福，特別在各廟舉行廟會時，遠近的蒙古族和其他民族都來參加，佈施寺廟。以前用羊、食品佈施，現代多以錢鈔。如錫林郭勒盟蒙古族的瑪拉蓋廟會，從每年農曆五月最後一天開始至六月二十日結束。在民國時期，六月十三日是太僕寺旗左翼牧場五個牧群的祭祀儀式，屆時不論官員、喇嘛和俗人，男女老少都穿節日盛裝，帶上供奉和要出售的物品、牲畜等，從各地聚集廟前，除給廟內奉獻外，剩餘牲畜、皮毛、奶食品在廟會上出售或兌換日用品。六月十四日是跳鬼日，各廟喇嘛聚集於瑪拉蓋廟，戴各種鬼怪面具，身著專用服裝，隨著低沉音樂手舞足蹈，以示闢邪驅鬼，祈盼幸福吉祥。廟會期間，各地商人、牧民都前來趕會。廟會最後一天是抬麥達爾出巡日，喇嘛抬著事先做好的大型佛像，繞廟一週，以示頌佛。現代的農、牧區仍保留有各種廟會，除宗教儀式外，基本上成為人們物質交流的盛會。

（6）祭祀神靈　在現代鄂溫克族中也有以飲食作為祭祀神靈的媒介物。二○○二年夏季，筆者曾到內蒙古呼倫貝爾地區進行民族學田野調查，正逢鄂溫克族自治

1　白翠英、邢源等：《科爾沁博藝術初探》，內蒙古哲裡木盟文化處編印，1986年。

中國飲食文化史　中北地區卷

旗的涂明陽老薩滿為了祈神保佑自己身體健康而舉行作法儀式。首先以酒、奶食供奉在他的師傅墳前，作法前將鮮奶灑在作為犧牲的羊身上，以示對神的尊重；然後在作法中將羊殺掉，表示將淨過身的羊送給了神靈；在儀式完畢後，參加者按照輩分、長幼排列座次圍坐在一起，吃大塊羊肉和奶食品，輪流飲大碗酒，有神賜飲食之意，吃完後每個人都能得到健康和長壽，並將剩餘的食品讓參加者帶回家去，祈求能將吉祥、福氣、長壽等帶給家人。

七、各地不同的飲食禁忌

在現代蒙古族的生活習俗中，繼承了與飲食相關的禁忌風俗，並且各地都有一定的差異。

（1）呼倫貝爾地區的蒙古族　呼倫貝爾地區的蒙古族在蒙古包內當主人獻茶時，客人應欠身，雙手或用右手去接，不能用左手接。在蒙古包門外掛條氈子或在門右側綁一把草作為標誌，以示家中有婦女坐月子，或家中有病人，表示主人不能待客，外人不能隨便進入。在家中招待客人時，不能大聲吵嚷，不可當著客人的面數落妻子（丈夫）或教訓子女或撐打動物，否則被看作是對客人的不友好、不禮貌。家中的鍋灶不能用腳踩碰，不能在火盆上烤腳，宰羊忌割脖子。使用蒙古刀有「十一不准」和「十一禁忌」，「十一不准」為不能用蒙古刀指天、地、山、水、人、畜、日、月、星、火、佛；「十一禁忌」為忌孩子玩刀，忌傳遞時扔刀，忌刀尖對人，忌刀尖向上遞刀，忌刀尖插地，忌插樹，忌插烤肉，忌插肉吃，忌插肉遞人，忌插肉供佛，忌從刀面上邁過。敬酒的禁忌是，當主人敬酒時，客人在接酒後用無名指蘸酒向天、地、火爐方向各彈一下，以示敬奉天、地、火神；不會喝酒也要沾唇示意，表示接受主人的情意。老人進蒙古包未坐以前，主人必先將褥墊為老人鋪好，雙手捧碗給老人端茶敬酒，如老人回賞酒時，要用雙手接過酒杯，用中指蘸酒抹在腦門上表示謝意，喝完後將酒杯奉還，不能與老人一起用酒。

（2）興安盟地區的蒙古族　興安盟地區的蒙古族在生活中也有很多禁忌，如不

能從火上邁過，對落地火苗不能用腳踩滅。不能在火上灑倒奶汁、水等液體。不能在火上揮動紅布，不能把蔥蒜皮放入火裡。火盆頂上不能放東西，並保留火種永遠不能熄滅。作客時，不准在火盆上烤腳烤鞋襪或往火盆裡吐唾液。吃飯時，不准在長輩落座前就坐，晚輩不准坐在正中的位置。通遼地區的蒙古族，給人盛飯時忌舀三次或左手遞碗。忌奶食與蔥、蒜、鹹菜同食。吃飯時忌碗裡剩飯菜，未吃完前忌扔下飯碗出去。盛飯時不能壓飯，不能盛太滿。孕婦忌吃驢騾肉、飛禽肉和蛋，忌吃兔肉，禁止喝酒吸菸，忌用碟、盤、瓢、勺舀水喝。赤峰地區的蒙古族，忌吃馬、驢、狗肉，忌打凶悍之鳥和殺駝、食魚。不得殺死健康的馬、駝、野山羊羔、百靈鳥、鴻雁、海番鴨。每月初八、十五、十八、二十五、三十日不得宰殺牲畜，否則見者都可取其宰殺之畜。產婦月子中忌食生鹽，孩子過滿月時吃長壽麵忌放肉，親友做客可給孩子壓歲錢、衣物，但忌給帽子。

（3）內蒙古中西部地區的蒙古族　在內蒙古中西部地區，各地蒙古族的飲食禁忌也有所不同。錫林郭勒地區的蒙古族人待客時，若主人躬身端上奶茶，客人應欠身雙手去接。敬酒時，敬與被敬雙方都要把帽子戴正，把衣鈕扣好，把衣袖拉直。晚輩在長輩面前不能喝酒。不能往地上撒奶子或飯食。烏蘭察布地區的蒙古族，禁食羊尾骨，尤其子女未婚嫁前絕對不准齧食。禁食狗肉。鄂爾多斯地區的蒙古族，禁用筷子敲碗，吃肉時忌噎氣，忌在白開水裡放鹽。忌給客人用破碗倒茶、倒空茶或無鹽茶，否則是侮慢客人的行為。吃羊背子、手扒肉時不要用筷子，而要用刀子，骨頭不能隨地亂扔。煮羊背子時不能用蔥、蒜、辣椒等調料，忌用刀子從鍋裡撈肉。吃羊肝時要切成塊吃。夫妻吃後腿肉時，必須分吃胯骨肉。忌用左手敬酒，忌用單手敬茶盛飯。吃熱飯喝熱茶時忌吹氣，吃飯喝茶時忌長吁短嘆。退還借來的器皿時，忌空還，應在器皿裡放一些小食品等。往鍋裡下米時忌用袋子和篩籮倒。忌用奶油炒肉，忌將奶食品給乞丐吃。巴彥淖爾地區的蒙古族，為客人看茶時必須雙手端遞，禁單手遞碗，更忌用左手遞碗。阿拉善地區的蒙古族，給客人敬酒行禮時，忌不戴帽、不穿外衣。客人忌一手接碗，也忌主人一手遞飯、遞茶。留人吃飯時在客人未離開之前，不能收拾餐桌，茶壺必須蓋好蓋子。客人臨別時要向主人打招呼，並邀請主人到自己家做客，

忌不聲不響離去。到牧人家做客，出入蒙古包時，忌踩蹬門檻。燒火做飯時，鍋不能斜放，鍋裡不能放刀、叉之類東西。羊胛骨肉和脊椎肉不能一人吃，要分給在座的每一個人。請人吃飯，不能把羊脖子端上。擺好羊背子絕對不能從上跨越。忌從火、鍋蓋、盆上跨過。吃肉時刀不能對著客人放，也不能把刀子反放。忌吃自死的牛、羊、馬、驢、狗肉。忌農曆正月、四月宰殺牲畜。舉行婚禮時，被請來的喇嘛不能坐席吃宴。有節約用水和注意保持河水、泉水清潔的習俗，視水為生命之源。

（4）達斡爾族、鄂倫春族、鄂溫克族　達斡爾族人在生活中的禁忌是，不許將鍋在地上拉著走，囤底和囤尖糧食不給和不借別人，不能站著或走著吃飯，吃飯時不准大聲喧嘩，孕婦不得吃驢肉。鄂倫春族人在狩獵中，獵獲的野獸必須將其舌頭、食道、心臟連在一起，直到煮熟時才能割斷，認為這樣才能不斷地獵到野獸；婦女經期不能食用麅、鹿的內臟和頭肉，否則子彈會穿不透野獸；孕婦不許吃新鮮野獸肉，否則獵人不能打到獵物。鄂溫克族人不讓孩子吃羊肥腸，否則找不到好草場；小孩不許謾罵牲畜，不許撒掉奶類，火裡不能扔進蔥蒜等有氣味的東西。

禁忌本是古代人敬畏超自然力量或因為迷信觀念而採取的消極防範措施，在古代社會生活中曾經起著法律一樣的規範與約束作用。在中北地區，這兩個方面的內容都體現得十分鮮明，如有些禁忌體現了人們敬畏自然，愛護生態，節約糧食，尊敬老人，講究禮儀等。這些禁忌積極地約束著人們的日常行為，形成飲食文化的寶貴思想，與此同時，具有負面影響的禁忌也長期存在。隨著我國改革開放政策的實行和科技知識的普及，蒙古族一些傳統的與飲食相關的消極禁忌已逐步被改變和革除，一些積極性禁忌仍然保留下來，並且影響著人們的生活，成為各地蒙古族飲食習俗的主要特徵之一。

八、以歌舞烘托宴飲的氛圍

蒙古民族的歌舞藝術富有特色，如牧歌、酒歌、宴歌、勞動歌等，都反映了飲食文化的內容。酒歌、宴歌，多用於喜慶宴會，遊戲式的輪番接唱或對唱，常即興

發揮，無伴奏。如敬酒歌《金盃》，前兩節的歌詞是：

金盃裡的美酒芳香流溢，賽拉爾白咚賽，

結拜們喲，讓我們在一起娛樂歡聚，賽拉爾白咚賽。

銀杯裡的美酒醇香流溢，賽拉爾白咚賽，

朋友們喲，讓我們在一起娛樂歡聚，賽拉爾白咚賽。

人們一邊唱著敬酒歌，一邊給客人敬上美酒。布里亞特蒙古族宴歌中的《羊腿歌》，只能在婚禮的送親宴禮中演唱，表達了父母對姑娘的不捨之情，年長的歌手舉杯祝福，用高亢動聽的歌聲叮囑要出嫁的姑娘。結婚宴禮開始後，參加者演唱蒙古族民歌，當宴禮達到高潮時，人們到戶外跳舞並唱歡樂歌。蒙古族舞蹈中的「筷子舞」和「盅碗舞」，直接用飲食器具作為舞蹈的道具。「筷子舞」是在強烈、歡快的音樂伴奏下，飛舞手中的筷子快速旋轉，敲擊肩、肢骨節，團團起舞，令人目不暇接。蒙古族有酒就有歌舞宴樂，有歌舞也必有美酒助興，場合不分大小，或者一家男女老幼，或者鄉鄰親友來訪，或者遇喜慶吉日，大家圍坐在一起不拘形式，邊歌邊舞，宴樂歡娛。

蒙古族的口頭文學多在祭祀、婚儀、喪葬中應用，有不少反映飲食文化內容的

◀圖8-6　現代內蒙古地區宴飲上的歌舞

唱詞，如「酒歌」「宴歌」。其中，宴歌《長生天》說：

> 長生藍天，人生苦短。江河歸海，心性本善。猛虎狂嘯，勇士揮刀。
>
> 今日年少，明朝垂老。湖岸綠藻，匯聚錢鳥。君子寬厚，友朋相交。
>
> 飛禽走獸，知其族類。人有良知，自當相愛。金色世界，地域廣闊。
>
> 何須相殘，各自開拓。斡難河源，一汪聖泉。我族昌盛，子孫繁衍。

這是用於正式宴會上所唱的宴歌。在蒙古族的婚禮上，常見有飲食文化方面的頌歌。如內蒙古烏審旗蒙古族娶親的時候，領親人唱的歌詞為：

> 呈福呈祥！幸福長安，吉祥如意！
>
> 在遠古一天，聖主成吉思汗，為娶孛兒帖哈屯，親身前往迎親，
>
> 翻過不可踰越的大山，走過不可橫渡的沙漠，
>
> 獻上五道珍饈佳餚，奉上九種精美食品。
>
> 我們沿襲這聖神禮度，摘來東山各類水果，
>
> 採來西山甜蜜珍果，北山上袖珍小甜果，南山樹上誘人香果；
>
> 各地城府美味糕點，帶來二千五百種；
>
> 炒熟碾淨炒米，袋米兩石五斗整；
>
> 還有整壇白酒，整隻整隻綿羊，整箱整箱磚茶，
>
> 整升整升茶葉，整斤整斤食糖，
>
> 用整牛皮作袋，勒緊捆牢，車載馬馱，來到這裡。
>
> 新郎與我，使出全身力氣，汗流滴滴，方才卸完，
>
> 是搬到灶前，數清才收？還是連同皮口袋，一起交付？

這首婚禮歌詞涉及了水果、糕點、炒米、白酒、綿羊、磚茶、食糖等食品。

此外，詩歌、民歌、散文、小說中，還有很多關於蒙古族傳統飲食文化的描述，如頌揚草原上的馬、牛、羊以及傳統的生產和生活方式，也有對奶酒、奶食、肉食等美食的描述。如內蒙古敖漢旗蒙古族求婚時所唱的民歌：

> 求之多次被尊重，求之少次受卑視，駿馬走行精疲力盡，求婚之酒喝空了甕。
>
> 金杯裡斟滿了清涼的奶酒，捧在潔白的哈達上向您獻上，

遵照祖輩商定的婚事，您把寵愛的女兒許給我。

銀杯裡斟滿了聖潔的奶酒，放在長壽的哈達上敬獻給你，

遵著先過的強訂的婚約，您把美麗的女兒許給我。

騎上雪白的駿馬我想並肩馳騁，親愛的姑娘請你體察我的心情，

踐守前約我們一起返回故鄉吧，可否和我一起起程。

騎上黃駱駝我想相依而行，親愛的姑娘請你接受我的愛情，

遵照前約回家鄉，可否和我約定終身。

　　蒙古族敬酒獻茶以長輩、老人為先，並有告誡和祝福詞。若晚輩是男性，敬酒時則要單腿跪地，雙手捧酒杯，長輩告誡說：「希望你孝敬父母，尊老愛幼，為國效力。」若是兒媳給婆婆獻茶敬酒，則要雙腿下跪，舉右手掌在自己右鬢側表示三叩請安，婆婆則說：「希望你們的行為讓長輩滿意放心，子女滿堂，終生幸福。」遇有女兒給父母獻茶敬酒，就要連磕三個響頭，父母祝福：「女兒能得到稱心如意的夫婿，太平幸福，以誠相待。」另外，在婚儀、祭儀的宴飲中，都有祝詞或祭詞相誦。在平時的聚會上，也要輪流唱傳統歌曲，有時還邊唱邊舞，其他人則以酒助興。使人們置身於宴飲與藝術結合的濃郁氛圍中。

九、民俗活動中的飲食文化內涵

　　民俗中的飲食活動是飲食主體為了消費食物而採取的各種行為舉動和特殊習慣的總稱，其中有部分飲食活動具有某種文化的象徵意義，就是說人們在特定時間和場合中為滿足心理需要和社會需要而採取的帶有像徵性、禮儀性和規範化的行為舉動，往往反映出飲食主體與飲食客體之間的互動關係。這種象徵性主要體現在人們對食物的選擇、分配、製作中的舉動，禮儀中的飲食作用以及交往中的飲食媒介等方面，利用飲食作為傳遞信息的重要表現形式，來溝通物像表面和意象內涵之間的關係，尤其在人生禮儀、歲時節慶、人際交往、宗教祭祀以及其他社會活動中為表達某些觀念意識和心理狀態而採取的飲食活動，都具有像徵性。

❶·生育民俗中的飲食文化內涵

在生育方面，北方民族需要有眾多的人口來增強民族本體的勢力，但由於生產方式的不同，諸如放牧等勞動與農活相比勞動強度低，男女老少皆可幹，所以中北牧區與中原農區的「重男輕女」和「多子多福」的生育觀不同，形成「性別同一」的游牧生育觀，表現出遊牧文化與農耕文化的不同文化內涵。

又如，在現當代的內蒙古中西部地區民間，當一個男嬰出世後，人們都會蒸虎饃向該家主人道喜，誇其得一虎子。當孩子長得健康活潑時，人們又會誇其長得虎頭虎腦。嬰兒滿月，人們也以虎饃賀喜，這種風俗是大人為保護孩兒而形成的，大人們認為，虎為百獸之王，勇猛威武，以虎寓兒，希冀如虎。孩子過「百日」和十二歲生日時，用面做成大圈形成的饃，通常男孩多用生肖動物作連接大圈饃的造型，女孩多用蓮花為造型，用大圈饃從頭到腳套三圈，象徵著孩子生命的開始或成人禮，以示驅魔鎮邪，吉祥如意。

❷·婚嫁民俗中的飲食文化內涵

在婚禮中，飲食同樣具有某種文化的象徵意義。蒙古族在許婚宴上，要讓訂婚的男女共吃羊頸肉，因這種肉多筋、堅韌、耐嚼，象徵兩人以後的生活經久不離、永結合好。同時，在婚宴上還有喝交杯酒的習俗，表示永結同心、白頭偕老。

北方游牧民族有婚前以牲畜作為聘禮和婚禮中宴飲的習俗，以牲畜納聘是為了表示男方的誠意，也有對女方父母養育女兒的一種感謝方式，同時具有擴大女方家產的意思。結婚當天，將新娘接到新郎家，待下馬後，要雙雙通過兩堆旺火，象徵著愛情的堅貞不渝、家業興旺發達，也含有闢邪消災之意。達斡爾族在婚禮上，女方送親的隊伍到達男方家後，吃飯的時候要偷偷將碗藏起來帶回去，以示將吉祥和喜慶帶給家人。

❸·喪葬及祭祀民俗中的飲食文化內涵

在喪葬和祭祀禮儀中，不同的時期形成某些特殊的服喪禁忌規範，就是說在飲食、衣著、居住、言語等行為方面加以限制，以表示對死者的哀悼之情。

蒙古族也以飲食作為祭品，如錫林郭勒草原祭敖包活動，有好幾個有名的敖包，其中翁貢敖包位於鑲黃旗北部，每年農曆五月二十五日為祭祀時間，祭祀時，官員和賓客先在敖包西北就坐，主祭喇嘛往敖包裡撒五穀種子、奶食、茶食，向敖包獻肉食、奶食。眾喇嘛誦讀經文時，參加祭祀者把帶來的肉食、奶食、酒、果等擺在敖包前的平台上，焚香、點燃柏枝、祈禱，請天地、聖主、神靈、祖宗降福祿於人間，保佑風調雨順，水草豐美，五畜興旺，安樂太平。喇嘛誦經完畢，青年男子便開始爭搶平台上的食物。這一儀式稱為「搶福祿」。之後，與大家一起分享。這些民俗活動，都作為一種特定的象徵符號，借此表達人們對神靈的某種精神寄託，祈盼平安富足、人壽年豐的美好願望。

又如興安盟的蒙古族臘月二十三晚上祭火神，以羊胸骨、酒、奶製品、阿木蘇等為供品，由長者主持，口誦祈求萬壽。除夕夜，各家在院內壘燃篝火，大家向火中扔羊踝骨、蹄子、酒、肉等，全家拉手圍著火轉圈，男子從篝火上跳過，鳴放獵槍，表示辭舊迎新、消除災難。火，曾經是給人類帶來光明、帶來溫暖的聖物，更給人們帶來了熟食，人們崇拜火，以豐盛的食品祭祀之，不忘火的歷史功績。

❹ · 歲時節慶民俗中的飲食文化內涵

在歲時節慶的民俗中，飲食作為重要的、具有像徵意義的一種符號，傳遞著文化信息。在現代的蒙古族中，飲食在春節中占有重要的地位。過節期間，各家要團聚歡樂，吃團圓飯，喝團圓酒，祭灶洗燈盞。除夕日，煮手把肉，炒各種菜，全家團圓聚餐。晚上的蒙古包內燈火通明，一起飲酒歡樂。正月初一，牧民們穿上嶄新的衣服，結伴給雙親、長輩、老年人磕頭、請安、獻哈達、敬酒，祝願老人和長輩身體健康、晚年幸福。同時，各家備好酒、手把肉、大米肉粥、點心、糖果等，等待親朋好友前來拜年。

這些民俗年復一年綿延不絕，表現了中華民族重親情、尚禮儀，尊老人、重和睦的民族文化思想。

中北地區的人們在多種民俗中都以飲食作為文化象徵符號來表達各種思想，無一

不充盈著人們樸實的祝願和訴求。作為文化符號，其中蘊含著當地人們的生育觀、愛情觀、幸福觀等，表達了對美好生活的憧憬與嚮往。現今，在市場經濟和外來文化的衝擊下，一方面傳統的飲食活動和風俗逐漸發生著變化，另一方面在原有的基礎上不斷創新，使飲食文化顯示出更加旺盛的生命力。

第四節　注重營養平衡和食養食療

　　隨著科學技術的發展，以及人們對飲食資源的充分開發，中北地區不但畜牧業非常發達，而且農業、園藝、漁業、經濟作物等都得到前所未有的開發和利用。人們的飲食已不僅僅是為瞭解決溫飽，更多的是為了營養和健康。如今，牛奶已成為城鎮居民每日餐中必不可少的食品，新鮮的牛、羊、豬、雞肉和蔬菜隨時可食，搭配合理。政府關心國民健康素質與合理膳食，各種政策和有效措施相繼出台。如一九八二年、一九九二年的全國第二、第三次營養調查，一九九三年國務院頒佈的《九十年代中國食物結構與發展綱要》，一九九七年中國營養學會制定的《中國居民膳食營養參考攝入量》等。這些引導中國食品生產、食品加工和國民飲食觀念、習慣與膳食結構的活動，對中北地區民眾飲食生活走向科學化具有重大的意義。

　　追求飲食營養，首先要有科學的飲食結構，要注意糧食、蔬菜、肉食、水果、牛奶的合理搭配。其次要改變餐制，徹底改變早餐「馬虎」、中餐「湊合」、晚餐「豐盛」的現狀。營養學研究表明，一日三餐中早餐最為重要，用好早餐勝似服用補藥。科學的早餐包括穀類、肉類、蛋類、奶類、蔬菜、水果，其中具備三類以上就算是宜於健康的早餐。合理的三餐應該是早飯吃飽、午飯吃好、晚飯吃少。早、中、晚餐攝入熱能分別約佔全天總熱能的30%、40%、30%，比例非常適當。[1]最後要注意「營養病」或「營養過剩病」的發生，中國的兒童和青少年糖尿病患者

---

[1]　任百尊主編：《中國烹飪百科全書・膳食篇》，中國大百科全書出版社，1995年。

第八章　中華民國至中華人民共和國時期

目前正以每年5%的速度遞增，過去這種病常見於老年人之中，而今，年輕患者不斷增加，主要是因為飲食結構不合理，造成了營養失衡。

飲食營養與現代科技有著密切的關係，食品科技能使食物在製作、加工、保藏等方面既不破壞營養，又可增加食品產量，還可延長食用期。食品加工行業引進了許多先進的生產設備，出現了全自動生產線，如糧油加工、畜產品加工、乳製品、糕點、豆腐、醬醋、酒類、飲料等生產線，使食品加工業的效率提高幾倍、幾十倍。在食品生產業中，有一個十分重要的問題就是包裝。若保鮮、包裝技術落後，食品會腐爛、變質，更談不上營養。現代食品企業都採用了先進的保鮮、包裝技術，使食品和飲料的保質期延長，避免了不必要的浪費。

目前，介紹飲食營養和飲食療法的論文與著作很多，除國家頒發的有關「綱要」和「指南」外，《中國食品報》《美食導報》《食品導報》《中國烹飪》《營養學報》等報刊上，經常刊登飲食營養和飲食治療方面的文章。出版的著作有《中國烹飪百科全書》（任百尊主編，中國大百科全書出版社，1995年）、《烹飪概論》（陳光新著，高等教育出版社，1998年）、《飲食營養與衛生》（劉國芸著，中國商業出版社，2000年）、《飲食文化概論》（趙榮光、謝定源著，中國輕工業出版社，2000年）等。特別是裴聚斌等編著的《蒙古族飲食圖鑑》（內蒙古人民出版社，2010年），全方位、系統地總結了蒙古族及內蒙古地區飲食文化的發展演變，從理論上釐清了蒙古族飲食的體系要素構成和在新時期的創新方向與成果，建立了蒙古族飲食的科學體系，展示出蒙古族特色菜餚的獨特原料、烹飪技術、菜品特色、風味特點等內容。這些文章和著作對豐富和探討飲食營養理論，促進現代中北地區飲食理論的發展都有重要的意義。

隨著我國改革開放的深入進行，全球經濟一體化格局的逐步形成，飲食文化的交流將會更加寬泛，人們對飲食文化理論的認識也更加關注。在我國中北地區，近年來加大對草原生態環境的保護力度，使北方民族傳統的飲食文化有了一個良好的外部天然環境。生態環境的良性循環，又使畜牧業有了進一步的發展，以保證人們有充足的肉食、奶食等營養食品，這一點如今已經基本做到，包括許多農村、牧區對肉食、奶食的需求已基本能得到滿足。人們生活質量的提高，對農作物的種植、

耕作和養殖業、畜牧業、食品加工業的快速發展將起到推動作用，也帶動了人們對飲食市場、飲食服務、飲食衛生、烹調技法的更高要求。現今的北方民族，在繼承古代游牧民族飲食理論的基礎上，飲食觀念有了很大的改變，注重食品的營養保健和食療方法，把飲食理論全面而普遍地提高到營養型的層次上，使飲食生產和飲食生活走向科學化、規範化和營養化。

中北地區經過漫長的人類歷史發展，飲食理論從雛形、初步發展、逐步完善，到近現代的創新，形成了「草原飲食傳統論」，歸納起來大致有十四個方面的內容。即取給方式論：就地取食，自給自足；膳食配置論：肉乳為主，米麵配餐；烹製方式論：熱熟為先，杜絕生食；餐飲次序論：白食在先，紅食在後；飲食慣制論：進食有時，餐點並行；技能餐具論：以刀進餐，實用獨特；菜餚風格論：菜系單立，品種穩定；茶事習俗論：熱飲奶茶，冷用茶食；飲酒風尚論：以飲聯誼，凝聚友緣；節慶美食論：宴飲豐富，肉饜酒足；飲食功能論：強體卻病，保精養力；飲食旨趣論：烹飪貴簡，崇尚原味；飲食品格論：敬惜天物，崇樸尚儉；饗客之道論：客至如歸，優禮有加。「草原飲食傳統論」的這些內容在前文中都已論述，它們是中北地區飲食文化的真實內涵。

第五節　飲食非物質文化遺產的現狀與保護

中北地區的飲食非物質文化遺產在形成與發展過程中，與黃河流域、長江流域的飲食非物質文化遺產共存並行，相互影響，相互補充，共同締造了中華民族的飲食非物質文化遺產，它是中北飲食文化的重要組成部分。由於獨特的草原生態環境和歷史文化背景，居住在中北地區的人們逐漸形成了游牧式的生產和生活方式，同時也吸收了其他地區的文化特質。中北地區飲食的本身是屬於物質文化的內涵，但從飲食形成、製作工藝上講，應該又屬於非物質文化遺產的範疇。在當今保護與搶救非物質文化遺產的熱潮中，中北地區飲食非物質文化遺產的界定、保護與搶救工

作也引起了學術界和社會的關注和重視，通過建立相關的保護機制，用飲食的物質載體反映製作技藝、風俗習慣以及與之相關的文化現象。

一、中北地區飲食非物質文化遺產的現狀

從二〇〇六年開始，國務院陸續公佈了幾批國家級非物質文化遺產名錄。二〇〇六年公佈了第一批名錄，共有518項；二〇〇八年公佈了第二批名錄，共有564項，有134項為擴展項目；二〇一〇年公示了第三批國家級非物質文化遺產名錄推薦項目名單，共有349項。特別是二〇一一年二月二十五日由十一屆全國人大常委會第十九次會議正式通過了《中華人民共和國非物質文化遺產法》，並於六月一日正式實施，說明我國非物質文化遺產的保護工作已經受到國家重視。目前，已由中國藝術研究院中國非物質文化遺產研究保護中心牽頭，正式啟動了中國非物質文化遺產的搶救工程。這項工作雖然剛剛開始，就有了一批專職的研究和工作人員，成立了國家非物質文化遺產保護工作專家委員會。這標誌著我國對非物質文化遺產的保護已納入正常軌道。

中北地區飲食非物質文化遺產在飲食文化中占有重要的地位，主要包括飲食器的製作與傳承、飲食的製作與傳承、飲食環境的變化與飲食思想觀念、飲食民俗、飲食藝術、飲食保藏技術、飲食社會功能等。在中北飲食文化區內，古代民族就創造了豐富的飲食非物質文化，如匈奴的馬奶酒製作技藝，鮮卑的奶酪、乾酪、燒餅、羊血灌腸的製作技藝，契丹的奶粥、凍梨、貔狸饌的製作技藝，党項的麵食（蕎麥餅）製作技藝，女真的炒米製作技藝，蒙古族的行帳八珍製作技藝等，流傳至今，成為珍貴的文化遺產。

近現代保留下來飲食非物質文化遺產以及與飲食相關的遺產，有的已經列入國家、省、市級非物質文化遺產的名錄。如內蒙古鄂爾多斯婚禮、根河市鄂溫克族樺樹皮製作技藝、鄂爾多斯市成吉思汗祭奠等列入了國家級第一批非物質文化遺產名錄；內蒙古阿拉善盟烤全羊技藝列入了國家級第二批非物質文化遺產名錄，阿魯科爾沁旗與西烏珠穆沁旗蒙古族婚禮列入了國家級第二批非物質文化遺產擴展名錄；

詐馬宴列入了內蒙古區級第一批非物質文化遺產名錄，武川縣蓧麵飲食製作技藝列入了區級第一批擴展項目；豐鎮市隆盛莊月餅製作技藝、涼城縣鴻茅藥酒釀造工藝、多倫縣清真八大碗、庫倫旗蕎麵製作技藝、呼和浩特市麥香村燒賣製作技藝、錫林郭勒盟酸馬奶療法、莫力達瓦達斡爾族自治旗達斡爾族昆米勒採食習俗、克什克騰旗達爾罕興畜節等列入了區級第二批非物質文化遺產名錄；烏拉特中旗石哈河地區蓧蕎麵的傳統製作工藝列入了巴彥淖爾市第一批非物質文化遺產名錄等等。

二、中北地區飲食非物質文化遺產的保護與對策分析

從現階段各級政府頒佈的非物質文化遺產名錄的分類看，飲食非物質文化遺產基本屬於手工技藝與民俗類，不屬於一個專門的類別，這種情況是不利於專項保護的。就是說在大項的分類中，根本體現不出飲食非物質文化遺產，只能在表面上看到手工技藝或民俗，與其他的手工技藝或民俗活動並列在一起，不易被政府或學術界所重視。所以，為利於保護工作的開展與研究，建議將飲食非物質文化遺產作為一個單獨分類。迄今為止，關於飲食非物質文化遺產保護的學術會議召開的較少，而二〇一一年八月在杭州召開的「亞洲食學論壇」就是以「留住祖先餐桌的記憶」為主題，將對飲食非物質文化遺產保護工作有極大的推進作用。其實，飲食非物質文化遺產所包括的種類很多，在客觀條件和人員配備齊全的情況下，可以全方位地進行調查與搶救工作，以防止更多遺產的流失、損壞和瀕危現象的發生，從而保護珍貴的飲食非物質文化遺產。

在搶救和保護中北飲食非物質文化遺產過程中，筆者根據多年的調查研究經驗，提出幾點保護意見。

❶．規範飲食非物質文化遺產的調查與研究工作

在保護飲食非物質文化遺產的過程中，為了避免盲目徵集名錄，要規劃詳細的調查方案，首先要選定飲食非物質文化遺產分布集中的地區。如內蒙古的呼倫貝

爾、錫林郭勒、赤峰、通遼、阿拉善、鄂爾多斯等地區，為歷史上各個古代民族與近現代蒙古族比較集中的區域，遺留下豐富的飲食非物質文化遺產資源，便於挖掘飲食文化的內涵。然後再到那些保存較少的地區做調查，來補充飲食非物質文化遺產的資料。可按照區域劃分派遣若干個工作隊，重點地區可單獨派遣一個工作隊。根據要搶救、保護、調查的對象，在工作隊之下設工作組，每組由專業研究人員和各種技師組成。如搶救徵集阿拉善烤全羊技藝小組，必須有全面懂得蒙古族餐飲文化的研究人員，還應有現場技術處理人員，對烤全羊技藝作原始記錄，包括歷史背景、傳承流變、選羊、宰殺、燙洗、配料、燃料、溫度、烤製以及烤熟後的禮儀活動等內容。回來後再做系統的資料整理，然後寫出調查報告。在條件成熟時，可以向觀眾展示各種飲食的手工技藝與民俗活動展覽，讓世人更深地瞭解其文化內涵。甚至走出國門，與國際接軌，爭報聯合國教科文組織啟動的口頭及非物質文化遺產的保護項目，進一步從更深層次上促進草原地區的社會、經濟發展，在全球化的過程中發揮越來越重要的作用。

　　❷・建立飲食非物質文化遺產博物館和原生態飲食非物質文化遺產保護區

　　中北地區歷史上有東胡、匈奴、鮮卑、烏桓、突厥、回紇、党項、女真、蒙古等民族，近現代有蒙古、回、鄂溫克、鄂倫春、達斡爾等民族，並且為蒙古族主要的聚居區。這些民族的飲食製作、飲食器的製作、飲食觀念與思想、飲食民俗、飲食藝術、飲食保藏技術、飲食社會功能等，都具有歷史價值、情感價值、文化價值和使用價值，屬於保護的對象，一旦遭到破壞，就不能再生，不可替代。如果能以非物質文化遺產博物館和原生態非物質文化遺產保護區等形式保存下來，那麼民族文化遺產、傳統風俗等一系列文化因素均具有特定的價值和意義。

　　在調查過程中，對那些飲食非物質文化遺產集中的地區，建立原生態文化保護區，如內蒙古鄂爾多斯婚禮風俗文化保護區、根河市鄂溫克族樺樹皮製作技藝保護區、阿拉善烤全羊技藝保護區、武川縣莜麵飲食製作技藝保護區、庫倫旗蕎麵製作

技藝保護區、呼和浩特市麥香村燒賣製作技藝保護區、錫林郭勒酸馬奶製作與療法保護區、烏拉特中旗石哈河蓧蕎麵傳統製作工藝保護區等。這樣既能有效地保護飲食非物質文化遺產，又能帶動旅遊經濟的發展，對繁榮草原地區的經濟、文化將會起很大的促進作用。在此基礎上還應該建立保護飲食非物質文化遺產的長效機制和規劃，使這一項工程一直保持下去。一些老字號和餐飲業公司，如果資金、場地等條件具備的情況下，可以建立中小型的博物館，如豐鎮市隆盛莊月餅文化博物館、涼城縣鴻茅藥酒文化博物館、呼和浩特市麥香村燒賣餐飲文化博物館等。通過博物館中的展覽和「活態」表演，進一步傳播中北飲食文化的歷史知識，推進飲食非物質文化遺產的保護與宣傳工作。

❸ · 注重挖掘飲食非物質文化遺產的傳人

在調查中北飲食非物質文化遺產的基礎上，注意挖掘民間技藝掌握者和傳人，因為他們是真正的飲食技藝的傳承者。但現今的狀況是飲食製作的傳人越來越少，有些飲食非物質文化遺產面臨著瀕危的狀態，因而保護現有民間飲食製作技藝掌握者也是一項比較緊迫的工程。同時，政府和企業出資舉辦飲食非物質文化遺產的學習班，讓那些飲食製作技藝得以長久的保存。目前列入國家級飲食非物質文化遺產傳承人的只有掌握阿拉善烤全羊製作技藝的趙鐵鎖，區級的也比較少，這不利於飲食非物質文化遺產的保護。如武川縣蓧麵製作技藝，作為製作者必須懂得從生蓧麥到做成能吃的蓧麵食品，要經歷三次生三次熟的過程，即所謂的「三生三熟」原則，脫下的蓧麥籽粒、炒熟的麥粒磨成蓧麵、手工製作蓧麵食品為「三生」，炒熟的蓧麥顆粒、開水和麵、蒸煮熟的蓧麵食品為「三熟」。只有掌握了蓧麥的屬性以及製作過程中的「三生三熟」原則，才能最終做成合格的蓧麵食品，否則做出來的蓧麵食品會令人產生黏牙或生硬的感覺。這種食品含有大量的煙酸、蘆丁、其亞油酸、黃酮苷、酚類及特有的鎂、鋅、鈣等礦物質元素，具有軟化血管、降低血脂、降低空腹血糖等作用，對預防和治療高血壓、心血管病、糖尿病等具有一定的效果，為國家推薦的食療保健食品之一。但現在掌握蓧麵製作技藝的人越來越少，必

須盡快確定傳承人，使這一傳統技藝繼續傳承下去，從而有利於飲食非物質文化遺產的保護。

　　中北飲食非物質文化遺產反映在傳統手工技藝和民俗活動中。有關部門應通過實地調查，瞭解到分布的狀況，並對此提出保護的對策和建議，本著「保護性開發和開發中保護」的原則振興具有地方特色的飲食傳統工藝和民俗風情等。如果能在具有代表性的飲食非物質文化遺產集中的地區建立原生態的遺產保護區，並憑藉優勢資源開發利用，結合旅遊資源的開發，不僅能對飲食非物質文化遺產起到傳承的作用，還可以促進飲食文化產業的發展。在學術界，有的學者提出將非物質文化遺產產業化會使保護工作偏離實際意義，筆者覺得這些學者擔憂的情況可能會出現。這裡所說的將非物質文化遺產進行產業化的轉變，並不是說所有的遺產都可以轉化，而是說應適當選出一些有代表性的遺產作為文化產業的資源，這樣可以防止保護遺產工作偏離正常軌道。

　　在中北飲食非物質文化遺產的保護和開發中，一方面可將傳統的飲食製作技藝方面的遺產直接轉化為飲食文化產業，創造地域性的飲食品牌，如阿拉善烤全羊製作技藝、豐鎮隆盛莊月餅製作技藝、庫倫蕎麵製作技藝、呼和浩特麥香村燒賣製作技藝、錫林郭勒酸馬奶製作技藝、武川莜麵製作技藝等，當然這裡有的食品製作技藝已經轉化為文化產業，甚至創出飲食品牌；另一方面可將飲食遺產融入民俗表演和節日活動中，如鄂爾多斯蒙古族婚禮、成吉思汗祭奠、克什克騰旗的興畜節、莫力達瓦達斡爾族自治旗的昆米勒採食習俗等，飲食行為或飲食活動在這些民俗中占有很大的比例，有的甚至以飲食作為活動的主線。這樣，既可以繼承和保護飲食非物質文化遺產，還能在民眾中宣傳保護遺產的意識，更能鋪就飲食文化產業的正常發展軌道。因此，如果將飲食非物質文化遺產的資源利用好，不但不會破壞遺產保護工作，還能在保護的基礎上促進飲食文化產業的發展，這需要多方面合作才能順利進行。如果能將飲食非物質文化遺產與飲食文化產業有機地結合起來，既能很好地保護非物質文化遺產，又能促進社會經濟的增長，還能在民眾中推廣對非物質文化遺產的普及教育。

參考文獻※

一、古籍文獻

〔1〕中華書局編輯部·二十四史·北京：中華書局，2000·

〔2〕葉隆禮·契丹國志·上海：上海古籍出版社，1985·

〔3〕司馬光·資治通鑑·北京：中華書局，1956·

〔4〕李燾·續資治通鑑長編·北京：中華書局，1979·

〔5〕蘇轍·欒城集·上海：上海古籍出版社，1987·

〔6〕王安石·臨川先生文集·北京：中華書局，1959·

〔7〕王溥·五代會要·上海：上海古籍出版社，1978·

〔8〕王欽若，等·冊府元龜·北京：中華書局：1960·

〔9〕馬端臨·文獻通考·北京：中華書局，1986·

〔10〕徐夢莘·三朝北盟會編·上海：上海古籍出版社，1987·

〔11〕耶律楚材·湛然居士文集·北京：中華書局，1986·

〔12〕蕭大亨·夷俗記·濟南：齊魯出版社，1997·

〔13〕葉子奇·草木子·北京：中華書局，1983·

〔14〕厲鶚·遼史拾遺·上海：上海人民出版社，1958·

〔15〕戴錫章·西夏紀·銀川：寧夏人民出版社，1988·

二、現當代著作

〔1〕摩爾根·古代社會·楊東蓴，譯·北京：商務印書館，1977·

〔2〕道潤梯步·蒙古秘史·呼和浩特：內蒙古人民出版社，1979·

〔3〕薩囊徹辰·蒙古源流·道潤梯步，譯校·呼和浩特：內蒙古人民出版社，1980·

〔4〕道森·出使蒙古記·呂浦，譯·北京：中國社會科學出版社，1983·

〔5〕佚名·黃金蒙古史綱·朱風，賈敬顏，漢譯·呼和浩特：內蒙古人民出版社，1985·

※　編者註：本書「參考文獻」，主要參照中華人民共和國國家標準GB/T 7714-2005《文後參考文獻著錄規則》著錄。

〔6〕馬林諾夫斯基·文化論·費孝通，譯·北京：中國民間文藝出版社，1987·

〔7〕賽音吉日嘎拉，沙日勒岱·成吉思汗祭奠·郭永明，譯·呼和浩特：內蒙古人民出版社，1987·

〔8〕馬文·哈里斯·文化唯物主義·張海洋，王曼萍，譯·北京：華夏出版社，1988·

〔9〕王健群，陳相偉·庫倫遼代壁畫墓·北京：文物出版社，1989·

〔10〕費孝通·中華民族多元一體格局·北京：中央民族學院出版社，1989·

〔11〕郝維民·內蒙古自治區簡史·呼和浩特：內蒙古大學出版社，1991·

〔12〕馬宏偉·中國飲食文化·呼和浩特：內蒙古人民出版社，1992·

〔13〕魯克才·中華民族飲食風俗大觀·北京：世界知識出版社，1992·

〔14〕王仁湘·飲食與中國文化·北京：人民出版社，1993·

〔15〕烏雲畢力格，等·蒙古民族通史：四·呼和浩特：內蒙古大學出版社，1993·

〔16〕內蒙古自治區文物考古研究所，等·遼陳國公主墓·北京：文物出版社，1993·

〔17〕寧昶英·塞上風俗·呼和浩特：內蒙古大學出版社，1993·

〔18〕楊·道爾吉·鄂爾多斯風俗錄·呼和浩特：蒙古學社，1993·

〔19〕徐世明，毅松·內蒙古少數民族風情·呼和浩特：內蒙古人民出版社，1993·

〔20〕內蒙古文物考古研究所·內蒙古文物考古文集：一·北京：中國大百科全書出版社，1994·

〔21〕呂一飛·胡族習俗與隋唐風韻·北京：書目文獻出版社，1994·

〔22〕馮繼欽，孟古托力，黃鳳岐·契丹族文化史·哈爾濱：黑龍江人民出版社，1994·

〔23〕萬建中·飲食與中國文化·南昌：江西高校出版社，1995·

〔24〕田廣林·契丹禮俗考論·哈爾濱：哈爾濱出版社，1995·

〔25〕張碧波，董國堯·中國古代北方民族文化史·哈爾濱：黑龍江人民出版社，1995·

〔26〕劉雲·中國箸文化大觀·北京：科學出版社，1996·

〔27〕中國社會科學院考古研究所·大甸子——夏家店下層文化遺址與墓地發掘報告·北京：科學出版社，1996·

〔28〕徐萬邦，祈慶福·中國少數民族文化通論·北京：中央民族大學出版社，1996·

〔29〕黃淑娉，龔佩華·文化人類學理論與方法·廣州：廣東高等教育出版社，1996·

〔30〕中國社會科學院考古研究所·敖漢趙寶溝——新石器時代聚落·北京：中國大百科全書出版社，1997·

〔31〕內蒙古文物考古研究所·內蒙古文物考古文集：二·北京：中國大百科全書出版社，

中
國
飲
食
文
化
史

中
北
地
區
卷

1997．

〔32〕林耀華．民族學通論．北京：中央民族大學出版社，1997．

〔33〕葉新民．元上都研究．呼和浩特：內蒙古大學出版社，1998．

〔34〕宋蜀華，白振聲．民族學理論與方法．北京：中央民族大學出版社，1998．

〔35〕魏堅．內蒙古中南部漢代墓葬．北京：中國大百科全書出版社，1998．

〔36〕何明，吳明澤．中國少數民族酒文化．昆明：雲南人民出版社，1999．

〔37〕徐萬邦．中國少數民族節日與風情．北京：中央民族大學出版社，1999．

〔38〕姚偉鈞．中國傳統飲食禮俗研究．武漢：華中師範大學出版社，1999．

〔39〕內蒙古自治區文物考古研究所，等．朱開溝——青銅時代早期遺址發掘報告．北京：文物出版社，2000．

〔40〕劉國芸．飲食營養與衛生．北京：中國商業出版社，2000．

〔41〕趙榮光，謝定源．飲食文化概論．北京：中國輕工業出版社，2000．

〔42〕馬文・哈里斯．食物與文化之謎．葉舒憲，戶曉輝，譯．濟南：山東畫報出版社，2001．

〔43〕卡羅琳・考斯梅爾．味覺．吳瓊，葉勤，張雷，譯．北京：中國友誼出版公司，2001．

〔44〕何滿子．中國酒文化．上海：上海古籍出版社，2001．

〔45〕瞿明安．隱藏民族靈魂的符號——中國飲食象徵文化論．昆明：雲南大學出版社，2001．

〔46〕魏堅．廟子溝與大壩溝——新石器時代遺址發掘報告．北京：中國大百科全書出版社，2004．

〔47〕魏堅．內蒙古地區鮮卑墓葬的發現與研究．北京：科學出版社，2004．

〔48〕方李莉．費孝通晚年思想錄——文化傳統與創造．長沙：岳麓書社，2005．

〔49〕趙榮光．中國飲食文化史．上海：上海人民出版社，2006．

〔50〕張景明．中國北方游牧民族飲食文化研究．北京：文物出版社，2008．

〔51〕裴聚斌，等．蒙古族飲食圖鑑．呼和浩特：內蒙古人民出版社，2010．

〔52〕張景明，王雁卿．中國飲食器具發展史．上海：上海古籍出版社，2011．

三、期刊、報紙

〔1〕汪宇平．伊盟薩拉烏蘇河考古調查簡報．文物參考資料，1957（4）．

〔2〕朱貴．遼寧朝陽十二台營子青銅短劍墓．考古學報，1960（1）．

〔3〕鄭隆．內蒙古扎賚諾爾古墓群發掘簡報．考古，1961（12）．

〔4〕劉觀民・內蒙古巴林左旗南楊家營子的遺址和墓葬・考古，1964（1）・

〔5〕李作智・內蒙古陳巴爾虎旗完工古墓清理簡報・考古，1965（6）・

〔6〕黎瑤渤・遼寧北票縣西官營子北燕馮素弗墓・文物，1973（3）・

〔7〕洲傑・赤峰缸瓦窯村遼代瓷窯調查記・考古，1973（4）・

〔8〕遼寧省博物館・法庫葉茂台遼墓記略・文物，1975（12）・

〔9〕田廣金・桃紅巴拉的匈奴墓・考古學報，1976（1）・

〔10〕黑龍江省文物考古工作隊・黑龍江畔綏濱中興古城和金代墓群・文物，1977（4）・

〔11〕內蒙古博物館，內蒙古文物工作隊・呼和浩特市東郊舊石器時代石器製造場發掘報告・文物，1977（5）・

〔12〕李作智・呼和浩特市東郊出土的幾件元代瓷器・文物，1977（5）・

〔13〕喀喇沁旗文化館・遼寧昭盟喀喇沁旗發現唐代鎏金銀器・考古，1977（5）・

〔14〕邵國田・敖漢旗李家營子出土的金銀器・考古，1978（2）・

〔15〕安志敏・海拉爾的中石器遺存——兼論細石器的起源和傳統・考古學報，1978（3）・

〔16〕鐘侃，李志清，李範文・西夏八號陵發掘簡報・文物，1978（8）・

〔17〕董居安・寧夏石壩發現墨書西夏文銀器・文物，1978（12）・

〔18〕項春松・內蒙古解放營子遼墓發掘簡報・考古，1979（4）・

〔19〕吳祁驤・酒泉、嘉峪關晉墓的發掘・文物，1979（6）・

〔20〕項春松・遼寧昭烏達地區發現的遼墓繪畫資料・文物，1979（6）・

〔21〕寧篤學，鐘長發・甘肅武威西郊林場西夏墓清理簡報・考古與文物，1980（3）・

〔22〕田廣金，郭素新・內蒙古阿魯柴登發現的匈奴遺物・考古，1980（4）・

〔23〕巴右文，成順・內蒙古昭烏達盟巴林右旗發現遼代銀器窖藏・文物，1980（5）・

〔24〕王靜如・敦煌莫高窟和安西榆林窟中的西夏壁畫・文物，1980（9）・

〔25〕項春松，王建國・內蒙古昭盟赤峰三眼井元代壁畫・文物，1982（1）・

〔26〕項春松・內蒙古赤峰市元寶山元代壁畫墓・文物，1983（4）・

〔27〕夏鼐・北魏封和突墓出土薩珊銀盤考・文物，1983（8）・

〔28〕崔璇，斯琴，劉幻真・內蒙古包頭市阿善遺址發掘簡報・考古，1984（2）・

〔29〕楊虎，顧智界・內蒙古敖漢旗周家地墓地發掘簡報・考古，1984（5）・

〔30〕山西省大同市博物館・山西大同石家寨北魏司馬金龍墓・文物，1984（6）・

〔31〕李慶發・朝陽袁檯子東晉壁畫墓・文物，1984（6）・

〔32〕韓孔樂，韓兆民・寧夏固原北魏墓清理簡報・文物，1984（6）・

〔33〕賈振國·西漢齊王墓隨葬器物坑·考古學報，1985（2）·

〔34〕新疆維吾爾自治區博物館·溫宿縣包孜東墓葬群的調查和發掘·新疆文物，1986（2）·

〔35〕王志浩·准格爾旗發現西夏窖藏·文物，1987（8）·

〔36〕陸思賢，鄭隆·內蒙古臨河縣高油房出土的西夏金器·文物，1987（11）·

〔37〕高毅，王志平·內蒙古伊金霍洛旗發現西夏窖藏文物·考古，1987（12）·

〔38〕陝西省法門寺考古隊·扶風法門寺塔唐代地宮發掘簡報·文物，1988（10）·

〔39〕劉曉光·內蒙古巴林右旗罕山遼代祭祀遺址發掘報告·考古，1988（11）·

〔40〕魏堅，郭治中·內蒙古察右前旗廟子溝遺址考古紀略·文物，1989（12）·

〔41〕敖漢旗博物館·敖漢旗發現的元代金銀器窖藏·內蒙古文物考古，1991（1）·

〔42〕曹建恩，齊曉光·內蒙古克什克騰旗龍頭山遺址第一、二次發掘簡報·考古，1991
（8）·

〔43〕山西省考古研究所·大同南郊北魏墓群發掘簡報·文物，1992（8）·

〔44〕王大方，李興盛·內蒙古涼城縣後德勝元墓清理簡報·文物，1994（10）·

〔45〕項春松，李義·寧城縣小黑石溝石槨墓調查清理報告·文物，1995（5）·

〔46〕齊小光，王建國，從豔雙·遼耶律羽之墓發掘簡報·文物，1996（1）·

〔47〕鄭紹宗·河北宣化遼張文藻壁畫墓發掘簡報·文物，1996（9）·

〔48〕楊虎，劉國祥·內蒙古敖漢旗興隆窪聚落遺址1992年發掘報告·考古，1997（1）·

〔49〕魏堅，計紅，李興盛·內蒙古清水河縣山跳　墓地·文物，1997（1）·

〔50〕項春松·內蒙古赤峰市大南溝新石器時代墓地的發掘·文物，1997（4）·

〔51〕尚曉波·遼寧省朝陽市南大街遼代銅鐵器窖藏·文物，1997（11）·

〔52〕李克舉，田立坤，孫國平·朝陽十二台鄉磚廠88M1發掘簡報·文物，1997（11）·

〔53〕邵國田·敖漢旗羊山1-3號遼墓清理簡報·內蒙古文物考古，1999（1）·

〔54〕邵國田·敖漢旗喇嘛溝遼代壁畫墓·內蒙古文物考古，1999（1）·

〔55〕邵國田·敖漢旗七家遼墓·內蒙古文物考古，1999（1）·

〔56〕宋德金·遼金文人與酒·社會科學戰線，1999（2）·

〔57〕張景明·內蒙古巴林左旗王家灣金代墓葬·考古，1999（4）·

〔58〕王未想·內蒙古巴林左旗滴水壺遼代壁畫墓·考古，1999（8）·

〔59〕安英新·新疆伊犁昭蘇縣古墓葬出土金銀器等珍貴文物·文物，1999（9）·

〔60〕於淑華·遼代的音樂歌舞與酒文化·昭烏達蒙族師專學報，2000（2）·

〔61〕宋蜀華·論中國的飲食文化與生態環境·中央民族大學學報，2001（1）·

〔62〕吉林大學邊疆考古研究中心・2002年內蒙古林西縣井溝子遺址西區墓葬發掘紀要・考古與文物，2004（1）・

〔63〕塔拉，張亞強・內蒙古通遼市吐爾基山遼代墓葬・考古，2004（7）・

〔64〕衛奇・薩拉烏蘇河舊石器時代考古史(上)・文物春秋，2005（5）・

〔65〕衛奇・薩拉烏蘇河舊石器時代考古史(下)・文物春秋，2005（6）・

〔66〕楊海鵬，姚玉成，謝勇・哈爾濱新香坊墓地出土的金代文物・北方文物，2007（3）・

〔67〕李麗新・從考古發現看遼代契丹族的飲酒習俗・遼寧工程技術大學學報，2010（2）・

〔68〕張景明・飲食人類學與草原飲食文化研究・青海民族研究，2010（4）・

〔69〕楊柳・中國少數民族酒文化・釀酒，2011（6）・

〔70〕張景明・論中國北方草原飲食文化的生態觀・內蒙古社會科學，2012（2）・

索引※

A

阿善文化　34，40，44，55

B

白泥窯文化　34，39

白食　281，308

北方系青銅文化　75

北客置酒　132，171

匕　19，36，39，49，57，64，71，74，81，
　　130，133，193，194，197，207，235

波斯　114，115，118，119，147，183，
　　184，212，230，250

C

茶道　22，129，141，165，167，169，177

茶經　130，131

長生天　19，302

《冊府元龜》　213

炊煮器　36，39，46，57，65，69，70，73，
　　136，137，194，195，242

D

達斡爾族　3，282，283，287，290，294，
　　300，304，310，313

打製石器　4，16，35

索引

大食　147，183，192，212，227

大興安嶺　18，24，25，105，116，122

大窯文化　4，29，30，32，41

丁零　5，60，62，115

東胡　3，22，60，61，62，65，69，70，
　　71，73，81，113，311

E

鄂倫春族　63，282，283，287，288，289，
　　290，300

鄂溫克族　3，282，283，287，289，290，
　　294，297，300，310，312

F

風乾肉　278

鳳形陶杯　19，36

釜　70，109，136，146，195，198

父系氏族　28，41，42，43，44

富河文化　34，35

G

高昌　147，180，183

高車　91，99，105，115

龜背形刮削器　4
　　45，57

簋　39，45，46，49，52，53，54，57，
　　207，239

※　編者註：本書「索引」，主要參照中華人民共和國國家標準GB/T 22466-2008《索引編制規則（總則）》
　　　編制。

後記

一九九八年六月，由中國箸文化博物館主辦的「中國箸文化研討會」在大連市經濟技術開發區舉行，會議期間筆者承蒙本書主編、浙江工商大學中國飲食文化研究所所長趙榮光教授的委託，擔任《中國飲食文化史‧中北地區卷》的編寫工作。當時，由於涉足飲食文化研究的時間比較短，深感壓力沉重，便先擬好詳細的編寫提綱，提交趙榮光教授審閱，在得到首肯後就著手該書的編寫工作。經過一年多的資料收集，於二〇〇〇年八月完成初稿，經趙榮光教授審閱，最後定稿。後經十餘年的時間，該書的出版工作幾經波折，最終迎來了出版的曙光。

二〇〇四年，筆者考入中央民族大學民族學專業攻讀博士學位，對民族學的理論與方法進行了系統學習，隨著學習的不斷深入，深感中國飲食文化的精深與博大，於是在學科理論的指導下，以中國飲食為載體，竭力構建中國飲食人類學的理論與研究方法。在此基礎上發表了相關的學術論文二十篇，出版和撰寫了《中國北方游牧民族飲食文化研究》《草原飲食文化研究》《中國飲食器具發展史》等學術專著，主持了2008年國家社會科學基金特別委託項目《草原文化研究二、三期工程》之《草原飲食文化研究》。這些成果基本上是站在飲食人類學的視野中，運用人類學、民族學、考古學、歷史學、藝術學、生態學等學科的理論、研究方法及資料而完成的。因此，在二〇一一年接到《中國飲食文化史‧中北地區卷》書稿的修改意見以後，覺得原來的書稿內容缺乏理論的指導和實踐的考證，便與中國輕工業出版社的馬靜編審、方程編輯進行溝通，重新編寫了這部等待出版已久的著作。

在寫作、重新寫作和出版過程中，筆者深感耕耘的艱辛。由於時間緊迫，編寫任務又重，加之學院的學科建設等工作，只能利用一切可以利用的時間去寫、去想、去查閱資料，最終完成了書稿。可喜的是我所供職的大連大學美術學院成功獲得美術學、設計學一級學科碩士學位授權，孩子也如願考上了中國美術學院史論專業，該書也算是作為一份賀禮來慶祝學科點獲批和孩子學業第一步的成功。書中的圖片由作者調研時拍攝，大連大學美術學院老師關宇辰做了後期加工，劉洪帥繪圖，謹此表示感謝。

張景明

二〇一二年九月於大連寓所

為了心中的文化堅守
——記《中國飲食文化史》（十卷本）的出版

　　《中國飲食文化史》（十卷本）終於出版了。我們迎來了遲到的喜悅，為了這一天，我們整整守候了二十年！因此，這一份喜悅來得深沉，來得艱辛！

（一）

　　談到這套叢書的緣起，應該說是緣於一次重大的歷史機遇。

　　一九九一年，「首屆中國飲食文化國際學術研討會」在北京召開。掛帥的是北京市副市長張建民先生，大會的總組織者是北京市人民政府食品辦公室主任李士靖先生。來自世界各地及國內的學者濟濟一堂，共敘「食」事。中國輕工業出版社的編輯馬靜有幸被大會組委會聘請為論文組的成員，負責審讀、編輯來自世界各地的大會論文，也有機緣與來自國內外的專家學者見了面。

　　這是一次高規格、高水準的大型國際學術研討會，自此拉開了中國食文化研究的熱幕，成為一個具有里程碑意義的會議。這次盛大的學術會議激活了中國久已蘊藏的學術活力，點燃了中國飲食文化建立學科繼而成為顯學的希望。

　　在這次大會上，與會專家議論到了一個嚴肅的學術話題——泱泱中國，有著五千年燦爛的食文化，其豐厚與絢麗令世界矚目——早在一百七十萬年前元謀（雲南）人即已發現並利用了火，自此開始了具有劃時代意義的熟食生活；古代先民早已普遍知曉三點決定一個平面的幾何原理，製造出了鼎、鬲等飲食容器；先民發明了二十四節氣的農曆，在夏代就已初具雛形，由此創造了中華民族最早的農耕文明；中國是世界上最早栽培水稻的國家，也是世界上最早使用蒸汽烹飪的國家；中國有著令世界傾倒的美食；有著製作精美的最早的青銅器酒具，有著世界最早的茶學著作《茶經》……為世界飲食文化建起了一座又一座的豐碑。然而，不容迴避的現實是，至今沒有人來系統地彰顯中華

民族這些了不起的人類文明，因為我們至今都沒有一部自己的飲食文化史，飲食文化研究的學術制高點始終掌握在國外學者的手裡，這已成為中國學者心中的一個痛，一個鬱鬱待解的沉重心結。

這次盛大的學術集會激發了國內專家奮起直追的勇氣，大家發出了共同的心聲：全方位地占領該領域學術研究的制高點時不我待！作為共同參加這次大會的出版工作者，馬靜和與會專家有著共同的強烈心願，立志要出版一部由國內專家學者撰寫的中華民族飲食文化史。趙榮光先生是中國飲食文化研究領域建樹頗豐的學者，此後由他擔任主編，開始了作者隊伍的組建，東西南北中，八方求賢，最終形成了一支覆蓋全國各個地區的飲食文化專家隊伍，可謂學界最強陣容。並商定由中國輕工業出版社承接這套學術著作的出版，由馬靜擔任責任編輯。

此為這部書稿的發端，自此也踏上了二十年漫長的坎坷之路。

（二）

撰稿是極為艱辛的。這是一部填補學術空白與出版空白的大型學術著作，因此沒有太多的資料可資借鑑，多年來，專家們像在沙裡淘金，爬梳探微於浩瀚古籍間，又像春蠶吐絲，絲絲縷縷傾吐出歷史長河的乾坤經綸。冬來暑往，飽嘗運筆滯澀時之苦悶，也飽享柳暗花明時的愉悅。殺青之後，大家一心期待著本書的出版。

然而，現實是嚴酷的，這部嚴肅的學術著作面臨著商品市場大潮的衝擊，面臨著生與死的博弈，一個繞不開的話題就是經費問題，沒有經費將寸步難行！我們深感，在沒有經濟支撐的情況下，文化將沒有任何尊嚴可言！這是苦苦困擾了我們多年的一個苦澀的原因。

一部學術著作如果不能靠市場賺得效益，那麼，出還是不出？這是每個出版社都必須要權衡的問題，不是一個責任編輯想做就能做決定的事情。一九九九年本書責任編輯馬靜生病住院期間，有關領導出於多方面的考慮，探病期間明確表示，該工程必須下馬。作為編輯部的一件未盡事宜，我們一方面八方求助資金以期救活這套書，另一方面也在以萬分不捨的心情為其尋找一個「好人家」「過繼」出去。由於沒有出版補貼，遂被多家出版社婉拒。在走投無路之時，馬靜求助於出版同仁、老朋友——上海人民出版社的李偉國總編輯。李總編歷史出身，深諳我們的窘境，慷慨出手相助，他希望能削減一些字數，並答應補貼十萬元出版這套書，令我們萬分感動！

但自「孩子過繼」之後，我們心中出現的竟然是在感動之後的難過，是「過繼」後的難以割捨，是「一步三回頭」的牽掛！「我的孩子安在？」時時襲上心頭，遂「長使英雄淚滿襟」——它畢竟是我們已經看護了十來年的孩子。此時心中湧起的是對自己無錢而又無能的自責，是時時想「贖回」的強烈願望！至今寫到這裡仍是眼睛濕潤唏噓不已……

經由責任編輯提議，由主編撰寫了一封情辭懇切的「請願信」，說明該套叢書出版的重大意義，以及出版經費無著的困窘，希冀得到飲食文化學界的一位重量級前輩——李士靖先生的幫助。這封信由馬靜自北京發出，一站一站地飛向了全國，意欲傳到十卷叢書的每一位專家作者手中簽名。於是這封信從東北飛至西北，從東南飛至西南，從黃河飛至長江……歷時一個月，這封滿載著全國專家學者殷切希望的滾燙的聯名信件，最終傳到了「北京中國飲食文化研究會」會長、北京市人民政府食品辦公室主任李士靖先生手中。李士靖先生接此信後，如雙肩荷石，沉吟許久，遂發出軍令一般的誓言：我一定想辦法幫助解決經費，否則，我就對不起全國的專家學者！在此之後，便有了知名企業家——北京稻香村食品有限責任公司董事長、總經理畢國才先生慷慨解囊、義舉資助本套叢書經費的感人故事。畢老總出身書香門第，大學讀的是醫學專業，對中國飲食文化有著天然的情懷，他深知這套學術著作出版的重大價值。這筆資助，使得這套叢書得以復甦——此時，我們的深切體會是，只有餓了許久的人，才知道糧食的可貴！……

在我們獲得了活命的口糧之後，就又從上海接回了自己的「孩子」。在這裡我們要由衷感謝李偉國總編輯的大度，他心無半點芥蒂，無條件奉還書稿，至今令我們心存歉意！

有如感動了上蒼，在我們一路跌跌撞撞泣血奔走之時，國賜良機從天而降——國家出版基金出台了！它旨在扶助具有重要出版價值的原創學術精品力作。經嚴格篩選審批，本書獲得了國家出版基金的資助。此時就像大旱中之雲霓，又像病困之人輸進了新鮮血液，由此全面盤活了這套叢書。這筆資金使我們得以全面鋪開精品圖書製作的質量保障系統工程。後續四十多道工序的工藝流程有了可靠的資金保證，從此結束了我們捉襟見肘、寅吃卯糧的日子，從而使我們恢復了文化的自信，感受到了文化的尊嚴！

（三）

我們之所以做苦行僧般的堅守，二十年來不離不棄，是因為這套叢書所具有的出版

價值——中國飲食文化是中華文明的核心元素之一，是中國五千年燦爛的農耕文化和畜牧漁獵文化的思想結晶，是世界先進文化和人類文明的重要組成部分，它反映了中國傳統文化中的優秀思想精髓。作為出版人，弘揚民族優秀文化，使其走出國門走向世界，是我們義不容辭的責任，儘管文化堅守如此之艱難。

季羨林先生說，世界文化由四大文化體系組成，中國文化是其中的重要組成部分（其他三個文化體系是古印度文化、阿拉伯—波斯文化和歐洲古希臘—古羅馬文化）。中國是世界上唯一沒有中斷文明史的國家。中國自古是農業大國，有著古老而璀璨的農業文明，它是中國飲食文化的根基所在，就連代表國家名字的專用詞「社稷」，都是由「土神」和「穀神」組成。中國飲食文化反映了中華民族這不朽的農業文明。

中華民族自古以來就有著「五穀為養，五果為助，五畜為益，五菜為充」的優良飲食結構。這個觀點自兩千多年前的《黃帝內經》時就已提出，在兩千多年後的今天來看，這種飲食結構仍是全世界推崇的科學飲食結構，也是當代中國大力倡導的健康飲食結構。這是來自中華民族先民的智慧和驕傲。

中華民族信守「天人合一」的理念，在年復一年的勞作中，先民們敬畏自然，尊重生命，守天時，重時令，拜天祭地，守護山河大海，守護森林草原。先民發明的農曆二十四個節氣，開啟了四季的農時輪迴，他們既重「春日」的生發，又重「秋日」的收穫，他們頌春，愛春，喜秋，敬秋，創造出無數的民俗、農諺。「吃春餅」「打春牛」「慶豐登」……然而，他們節儉、自律，沒有掠奪式的索取，他們深深懂得人和自然是休戚與共的一體，愛護自然就是愛護自己的生命，從不竭澤而漁。早在周代，君王就已經認識到生態環境安全與否關乎社稷的安危。在生態環境嚴重惡化的今天，在掠奪式開採資源的當代，對照先民們信守千年的優秀品質，不值得當代人反思嗎？

中華民族篤信「醫食同源」的功用，在現代西方醫學傳入中國以前，幾千年來「醫食同源」的思想護佑著中華民族的繁衍生息。中國的歷史並非長久的風調雨順、豐衣足食，而是災荒不斷，迫使人們不斷尋找、擴大食物的來源。先民們既有「神農嘗百草，日遇七十二毒」的艱險，又有「得茶而解」的收穫，一代又一代先民，用生命的代價換來了既可果腹又可療疾的食物。所以，在中華大地上，可用來作食物的資源特別多，它是中華先民數千年戮力開拓的豐碩成果，是先民們留下的寶貴財富；「醫食同源」也是中國飲食文化最傑出的思想，至今食療食養長盛不衰。

中華民族有著「尊老」的優良傳統，在食俗中體現尤著。居家吃飯時第一碗飯要先奉給老人，最好吃的也要留給老人，這也是農耕文化使然。在古老的農耕時代，老人是

農耕技術的傳承者，是新一代勞動力的培養者，因此使老者具有了權威的地位。尊老，是農耕生產發展的需要，祖祖輩輩代代相傳，形成了中華民族尊老的風習，至今視為美德。

中國飲食文化的一個核心思想是「尚和」，主張五味調和，而不是各味單一，強調「鼎中之變」而形成了各種復合口味，從而構成了中國烹飪豐富多彩的味型，構建了中國烹飪獨立的文化體系，久而昇華為一種哲學思想——尚和。《中庸》載「和也者，天下之達道」，這種「尚和」的思想體現到人文層面的各個角落。中華民族自古崇尚和諧、和睦、和平、和順，世界上沒有哪一個國家能把「飲食」的社會功能發揮到如此極致，人們以食求和體現在方方面面：以食尊師敬老，以食饗友待客，以宴賀婚、生子以及陞遷高就，以食致歉求和，以食表達謝意致敬……「尚和」是中華民族一以貫之的飲食文化思想。

「一方水土養一方人」。這十卷本以地域為序，記述了在中國這片廣袤的土地上有如萬花筒一般絢麗多彩的飲食文化大千世界，記錄著中華民族的偉大創造，也記述了各地專家學者的最新科研成果——舊石器時代的中晚期，長江下游地區的原始人類已經學會捕魚，使人類的食源出現了革命性的擴大，從而完成了從矇昧到文明的轉折；早在商周之際，長江下游地區就已出現了原始瓷；春秋時期筷子已經出現；長江中游是世界上最早栽培稻類作物的地區。《呂氏春秋‧本味》述於二千三百年前，是中國歷史上最早的烹飪「理論」著作；中國最早的古代農業科技著作是北魏高陽（今山東壽光）太守賈思勰的《齊民要術》；明代科學家宋應星早在幾百年前，就已經精闢論述了鹽與人體生命的關係，可謂學界的最先聲；新疆人民開鑿修築了坎兒井用於農業灌溉，是農業文化的一大創舉；孔雀河出土的小麥標本，把小麥在新疆地區的栽培歷史提早到了近四千年前；青海喇家麵條的發現把我國食用麵條最早記錄的東漢時期前提了兩千多年；豆腐的發明是中國人民對世界的重大貢獻；有的卷本述及古代先民的「食育」理念；有的卷本還以大開大闔的筆力，勾勒了中國幾萬年不同時期的氣候與人類生活興衰的關係等等，真是處處珠璣，美不勝收！

這些寶貴的文化財富，有如一顆顆散落的珍珠，在沒有串成美麗的項鏈之前，便彰顯不出它的耀眼之處。如今我們完成了這一項工作，雕琢出了一串光彩奪目的珍珠，即將放射出耀眼的光芒！

（四）

　　編輯部全體工作人員視稿件質量為生命，不敢有些許懈怠，我們深知這是全國專家學者二十年的心血，是一項極具開創性而又十分艱辛的工作。我們肩負著填補國家學術空白、出版空白的重託。這個大型文化工程，並非三朝兩夕即可一蹴而就，必須長年傾心投入。因此多年來我們一直保持著飽滿的工作激情與高度的工作張力。為了保證圖書的精品質量並儘早付梓，我們無年無節、終年加班而無怨無悔，個人得失早已置之度外。

　　全體編輯從大處著眼，力求全稿觀點精闢，原創鮮明。各位編輯極儘自身多年的專業積累，傾情奉獻：修正書稿的框架結構，爬梳提煉學術觀點，補充遺漏的一些重要史實，匡正學術觀點的一些訛誤之處，並誠懇與各卷專家作者切磋溝通，務求各卷寫出學術亮點，其拳拳之心殷殷之情青天可鑒。編稿之時，為求證一個字、一句話，廣查典籍，數度披閱增刪。青黃燈下，蹙眉凝思，不覺經年久月，眉間「川」字如刻。我們常為書稿中的精闢之處而喜不自勝，更為瑕疵之筆而扼腕嘆息！於是孜孜矻矻、秉筆躬耕，一句句、一字字吟安鋪穩，力求語言圓通，精煉可讀。尤其進入後期階段，每天下班時，長安街上已是燈火闌珊，我們卻剛剛送走一個緊張工作的夜晚，又在迎接著一個奮力拚搏的黎明。

　　為了不懈地追求精品書的品質，本套叢書每卷本要經過四十多道工序。我們延請了國內頂級專家為本書的質量把脈，中華書局的古籍專家劉尚慈編審已是七旬高齡，她以古籍善本為據，為我們的每卷書稿逐字逐句地核對了古籍原文，幫我們糾正了數以千計的舛誤，從她那裡我們學到了非常多的古籍專業知識。有時已是晚九時，老人家還沒吃飯在為我們核查書稿。看到原稿不盡如人意時，老人家會動情地對我們喊起來，此時，我們感動！我們折服！這是一位學者一種全身心地忘我投入！為了這套書，她甚至放下了自己的個人著述及其他重要邀請。

　　中國社會科學院歷史研究所李世愉研究員，為我們審查了全部書稿的史學內容，匡正和完善了書稿中的許多漏誤之處，使我們受益匪淺。在我們圖片組稿遇到困難之時，李老師憑藉深廣的人脈，給了我們以莫大的幫助。他是我們的好師長。

　　本書中涉及各地區少數民族及宗教問題較多，是我們最擔心出錯的地方。為此我們把書稿報送了國家宗教局、國家民委、中國藏學研究中心等權威機構精心審查了書稿，並得到了他們的充分肯定，使我們大受鼓舞！

　　我們還要感謝北京觀復博物館、大連理工大學出版社幫我們提供了許多有價值的歷

史圖片。

為了嚴把書稿質量，我們把做辭書時使用的有效方法用於這部學術精品專著，即對本書稿進行了二十項「專項檢查」以及後期的五十三項專項檢查，諸如，各卷中的人名、地名、國名、版圖、疆域、西元紀年、謚號、廟號、少數民族名稱、現當代港澳臺地名的表述等，由專人做了逐項審核。為使高端學術著作科普化，我們對書稿中的生僻字加了注音或簡釋。

其間，國家新聞出版總署貫徹執行「學術著作規範化」，我們聞風而動，請各卷作者添加或補充了書後的參考文獻、索引，並逐一完善了書稿中的註釋，嚴格執行了總署的文件規定不走樣。

我們還要感謝各卷的專家作者對編輯部非常「給力」的支持與配合，為了提高書稿質量，我們請作者做了多次修改及圖片補充，不時地去「電話轟炸」各位專家，一頭卡定時間，一頭卡定質量，真是難為了他們！然而，無論是時處酷暑還是嚴冬，都基本得到了作者們的高度配合，特別是和我們一起「摽」了二十年的那些老作者，真是同呼吸共命運，他們對此書稿的感情溢於言表。這是一種無言的默契，是一種心靈的感應，這是一支二十年也打不散的隊伍！憑著中國學者對傳承優秀傳統文化的責任感，靠著一份不懈的信念和期待，苦苦支撐了二十年。在此，我們向此書的全體作者深深地鞠上一躬！致以二十年來的由衷謝意與敬意！

由於本書命運多蹇邅延多年，作者中不可避免地發生了一些變化，主要是由於身體原因不能再把書稿撰寫或修改工作堅持下去，由此形成了一些卷本的作者缺位。正是我們作者團隊中的集體意識及合作精神此時彰顯了威力——當一些卷本的作者缺位之時，便有其他卷本的專家伸出援助之手，像接力棒一樣傳下去，使全套叢書得以正常運行。華中師範大學的博士生導師姚偉鈞教授便是其中最出力的一位。今天全書得以付梓而沒有出現缺位現象，姚老師功不可沒！

「西藏」「新疆」原本是兩個獨立的部分，組稿之初，趙榮光先生殫精竭慮多方奔走物色作者，由於難度很大，終而未果，這已成為全書一個未了的心結。後期我們傾力進行了接續性的推動，在相關專家的不懈努力下，終至彌補了地區缺位的重大遺憾，並獲得了有關審稿權威機構的好評。

最令我們難過的是本書「東南卷」作者、暨南大學碩士生導師、冼劍民教授沒能見到本書的出版。當我們得知先生患重病時即趕赴探望，那時先生已骨瘦如柴，在酷熱的廣州夏季，卻還身著毛衣及馬甲，接受著第八次化療。此情此景令人動容！後得知冼先

生化療期間還在堅持修改書稿，使我們感動不已。在得知冼先生病故時，我們數度哽咽！由此催發我們更加發憤加快工作的步伐。在本書出版之際，我們向冼劍民先生致以深深的哀悼！

在我們申報國家項目和有關基金之時，中國農大著名學者李里特教授為我們多次撰寫審讀推薦意見，如今他竟然英年早逝離我們而去，令我們萬分悲痛！

在此期間，李漢昌先生也不幸遭遇重大車禍，嚴重影響了身心健康，在此我們致以由衷的慰問！

（五）

中國飲食文化學是一門新興的綜合學科，涉及歷史學、民族學、民俗學、人類學、文化學、烹飪學、考古學、文獻學、地理經濟學、食品科技史、中國農業史、中國文化交流史、邊疆史地、經濟與商業史等諸多學科，現正處在學科建設的爬升期，目前已得到越來越多領域的關注，也有越來越多的有志學者投身到這個領域裡來，應該說，現在已經進入了最好的時期，從發展趨勢看，最終會成為顯學。

早在一九九八年於大連召開的「世界華人飲食科技與文化國際學術研討會」，即是以「建立中國飲食文化學」為中心議題的。這是繼一九九一年之後又一次重大的國際學術會議，是一九九一年國際學術會議成果的繼承與接續。建立「中國飲食文化學」這個新的學科，已是國內諸多專家學者的共識。在本叢書中，就有專家明確提出，中國飲食文化應該納入「文化人類學」的學科，在其之下建立「飲食人類學」的分支學科。為學科理論建設搭建了開創性的構架。

這套叢書的出版，是學科建設的重要組成部分，它完成了一個帶有統領性的課題，它將成為中國飲食文化理論研究的扛鼎之作。本書的內容覆蓋了全國的廣大地區及廣闊的歷史空間，本書從史前開始，一直敘述到當代的二十一世紀，貫通時間百萬年，從此結束了中國飲食文化無史和由外國人寫中國飲食文化史的局面。這是一項具有里程碑意義的歷史文化工程，是中國對世界文明的一種國際擔當。

二十年的風風雨雨、坎坎坷坷我們終於走過來了。在拜金至上的浮躁喧囂中，我們為心中的那份文化堅守經過了煉獄般的洗禮，我們坐了二十年的冷板凳但無怨無悔！因為由此換來的是一項重大學術空白、出版空白的填補，是中國五千年厚重文化積澱的梳

理與總結，是中國優秀傳統文化的彰顯。我們完成了一項重大的歷史使命，我們完成了老一輩學人對我們的重託和當代學人的夙願。這二十年的泣血之作，字裡行間流淌著中華文明的血脈，呈獻給世人的是祖先留給我們的那份精神財富。

我們篤信，中國飲食文化學的崛起是歷史的必然，它就像那冉冉升起的朝陽，將無比燦爛輝煌！

《中國飲食文化史》編輯部

二○一三年九月

亮點書系．中國文化通史 A1002001

中國飲食文化史·中北地區卷

主　　編　趙榮光
版權策畫　李　鋒
責任編輯　楊婉慈

發 行 人　林慶彰
總 經 理　梁錦興
總 編 輯　張晏瑞
編 輯 所　萬卷樓圖書股份有限公司
排　　版　菩薩蠻數位文化有限公司
印　　刷　博創印藝文化有限公司
封面設計　菩薩蠻數位文化有限公司

出　　版　昌明文化有限公司
桃園市龜山區中原街 32 號
電話 (02)23216565
發　　行　萬卷樓圖書股份有限公司
臺北市羅斯福路二段 41 號 6 樓之 3
電話 (02)23216565
傳真 (02)23218698
電郵 SERVICE@WANJUAN.COM.TW
大陸經銷
廈門外圖臺灣書店有限公司
　電郵 JKB188@188.COM

ISBN 978-986-496-174-0
2021 年 3 月初版二刷
2018 年 1 月初版
定價：新臺幣 380 元

如何購買本書：
1. 劃撥購書，請透過以下郵政劃撥帳號：
　帳號：15624015
　戶名：萬卷樓圖書股份有限公司
2. 轉帳購書，請透過以下帳戶
　合作金庫銀行 古亭分行
　戶名：萬卷樓圖書股份有限公司
　帳號：0877717092596
3. 網路購書，請透過萬卷樓網站
　網址 WWW.WANJUAN.COM.TW
大量購書，請直接聯繫我們，將有專人為您
服務。客服：(02)23216565 分機 610

如有缺頁、破損或裝訂錯誤，請寄回更換
版權所有·翻印必究
Copyright©2021 by WanJuanLou Books CO., Ltd.
All Right Reserved　　**Printed in Taiwan**

國家圖書館出版品預行編目資料

中國飲食文化史. 中北地區卷 / 趙榮光著. --
初版. -- 桃園市：昌明文化出版；臺北市：
萬卷樓發行, 2018.01
　冊；　公分
ISBN 978-986-496-174-0(平裝). --
1.飲食風俗 2.中國
538.782　　　　　　　　　　107001810

本著作物經廈門墨客知識產權代理有限公司代理，由中國輕工業出版社授權萬卷樓圖
書股份有限公司出版、發行中文繁體字版版權。